CHANSON-LEXIKON

Chanson-Lexikon

Von Siegfried P. Rupprecht

LEXIKON IMPRINT VERLAG

Vorwort

Hinter dem Begriff Chanson verbirgt sich mehr als nur die lapidare Bezeichnung für ein ein- und mehrstimmiges Lied. Wie kaum eine andere Musikgattung verfügt das Chanson über eine wechselvolle Geschichte voller Höhen und Tiefen.

Im 13. Jahrhundert heißt es noch die Chanson und gilt als eine der Hauptformen mittelalterlicher Liedkunst. Drei Jahrhunderte später gehört das Chanson zur bürgerlichen Gesellschaftskultur mit erzählendem, oft frivolem Text und meist homophonem Satz. Seinen Höhepunkt an Ausdruckskraft, Aggression und Deutlichkeit erlangt es vor allem in Zeiten politischen Wandels. Seit jeher treiben Affären und Skandale, Unrecht und Korruption nicht nur den Gang der Geschichte voran, sondern auch die Intensivität des Chansons. Bis heute hat sich daran wenig geändert. Nicht selten entpuppt sich das Genre dabei als launisches Chamäleon. Hier die zärtliche Poesie, oft eingebettet in Liebesgefühlen und -schwüren, dort das knallharte Anprangern sozialer Mißstände und Unregelmäßigkeiten.

Heute empfindet man das Chanson als unverzichtbaren Teil der geistigen Auseinandersetzung zwischen den Menschen, seiner Umwelt und seiner Zeit. Intensiver und direkter als andere Musikgattungen fordert es zur Stellungnahme heraus.

Die Verständigung über die musikalische Populärform ist allerdings nicht einfacher geworden. Ging es früher bei den Chansonspezialisten um Diskussionen, wo der eine oder andere Stil anfängt oder endet, so sind nach der Auswalzung des Chansons klare Richtlinien und Eingrenzungen kaum mehr möglich. Hinzu ist eine ungeheuer schnelle Entwicklung des Chansons gekommen, seit die Schallplattenindustrie in den frühen zwanziger Jahren neue Türen aufgestoßen und die Kommerzialisierung dieser Musikrichtung immer weiter vorangetrieben hat. Durch diesen steten Wandel ist mittlerweile sogar eine exakte Definition des Markenzeichens Chanson kaum mehr möglich.

Mit dem vorliegenden Nachschlagewerk soll deshalb versucht werden, etwas mehr Klarheit in das Dickicht Chanson zu bringen. Absichtlich ist der Begriffsbogen weit gespannt worden, da es für den Chansoninteressierten wenig hilfreich ist, lediglich Plattentitel und Eckdaten aneinanderzureihen. So gibt es zum Teil ausführliche Biographien mit essayistischem Einschlag, da sich das Chanson leichter erschließen läßt, wenn zuvor der Mensch, der es schafft, im Rahmen seiner Epoche und Umwelt deutlich wird. Oft kommen daher Interpreten, Komponisten und Autoren mit Zitaten zu Wort oder erscheinen im Spiegel zeitkritischer Äußerungen. Eine Fülle von Zeitungen und Zeitschriften, aber auch eine Reihe von Literaturwerken haben dafür wertvolle Basisarbeit geleistet. Wo eigene Formulierungen aus früheren publizistischen Arbeiten oder Presseinformationen eingeflossen sind, sind diese nicht extra nach ihrer Herkunft gekennzeichnet.

Dennoch: Es gibt kein Lexikon, das alle in einem Genre gebrauchten Wörter verzeichnet und für jede auftauchende Frage eine Antwort bereithält. Ein informatives, dabei aber handliches Nachschlagewerk über das Chanson mit seiner über ein Jahrtausend langen Geschichte herauszugeben, erfordert angesichts der Fülle des Stoffes Auswahl, Akzentsetzung, Gewichtung und damit auch enorme Verkürzung. Hinzu kommt, daß man je nach Aufgabenbereich, Interesse und Neigungen an ein Lexikon unterschiedliche Ansprüche stellt. So wird mancher Leser dieses oder jenes Stichwort vermissen, ein anderer dafür überflüssig finden.

Verschwiegen werden soll aber auch nicht die Problematik der Recherche. Da gibt es Stars, die mit ihren Biographien hinterm Berg halten, unterschiedliche Geburtsdaten angeben oder sie mit vorgerücktem Alter gänzlich verschweigen, es gibt Plattengesellschaften, die diskographische Auskünfte über Chansonkünstler verweigern, weil diese das Label verlassen haben und folglich nicht mehr von wirtschaftlichem Interesse sind. Hinzu kommen Informationen, die oft nichts anderes als Mythen und Legenden sind. Deshalb bleibt ein lückenloses, objektives Nachschlagewerk ein Traumgebilde.

Die in diesem Buch genannten Namen und Begriffe haben alle dazu beigetragen, daß es heute das Chanson gibt. Dieses Lexikon ist also auch eine kleine Geschichte des Chansons, wenn man versteht, Zusammenhänge zu erkennen. Letztendlich soll es dazu beitragen, daß das Chanson bewußter erlebt wird und daß sich damit die Freude an diesem Genre vertieft, ein Genre, das es trotz der zunehmenden Urbanisierung geschafft hat, seine Identität zu bewahren.

Siegfried P. Rupprecht

Einführung

Die Feststellung, daß in Frankreich jedes Lied ein Chanson ist, ist zunächst verwirrend. Für den Nichtfranzosen, speziell für den Deutschen ist Chanson ein Markenzeichen, ein Qualitätsbegriff. Man denkt automatisch an Größen wie Edith Piaf und Maurice Chevalier, an Juliette Gréco und Yves Montand, an Georges Brassens und Charles Aznavour. Oder an unvergessene Titel wie »La vie en rose«, »Nathalie«, »Milord«, »Paris canaille« und »Non, je ne regrette rien«. Ein Phänomen, das elitären Wandel und Wechsel erzählt, ein Phänomen aber auch, das Dynamit in den Rillen enthält und für Zündstoff im sozialen und politischen Bereich sorgt.

Das Chanson ist eng mit der Geschichte Frankreichs verbunden. Es reflektiert das Wesen des Volkes, es dokumentiert seine Entwicklung durch die Jahrhunderte, urteilt Jacques Canetti. Es ist der treueste Spiegel der Volksstimmung. Liebe, Hochzeit, Tod, Krieg, Meer und Handwerk sind die Inhalte des Chansons. Mal kraftvoll und mit tiefer Emotionalität, mal sprühend und spottend.

Den hohen Stellenwert des Chansons zeigt, daß große Dichter und Schriftsteller wie Jean-Paul Sartre, Kurt Tucholksy, Erich Kästner und Bertolt Brecht Texte für dieses Musikgenre verfaßt haben. Das Chanson ist ein eigenständiges Ausdrucksmittel. Es benützt Wort und Ton, wie Charles Imbert verdeutlicht, ist aber als Ganzes weder Dichtung noch Musik, sondern die auflösliche Verbindung beider.

Das Schöne am Chanson sei, daß es so menschlich ist, meint Dietrich Schulz-Koehn. Und weiter: Es ist unmittelbar, intim, es kleidet Gedanken und Empfindungen, die wir alle haben, in eine leicht faßliche, ansprechende Form, es ist Kunst, ohne prätentiös zu sein. Es sei nicht so anspruchsvoll wie die Werke der ernsten Musik, aber auch nicht aggressiv und herausfordernd, ja anstrengend wie manches an der heutigen Folkmusik, und natürlich sei es nicht trivial oder langweilig wie die Mehrzahl der Schlager. Ihm haftet etwas von Eleganz und der Kunst des savoir vivre an, undefinierbar wie Parfüm.

Kein Volk, verdeutlicht der Historiker Pierre Barbier, habe so ausgiebig, so farbig und so argwöhnisch seine Geschichte besungen wie das französische. Die überlieferten Chansons lassen mühelos die politische, wirtschaftliche und soziale Entwicklung des Landes nachvollziehen. Sie geben Stimmungen wieder und malen Bilder liederlicher und aufmüpfiger Epochen. Und nicht selten legen sie gerade in Zeiten politischen Wandels die Praktiken der Herrschenden schonungslos offen.

Die ersten nachweisbaren chansonartigen Gesänge sind Kriegslieder, die zur Zeit des Fränkischen Reiches gesungen wurden. Soldaten und Untertanen des Merowingerkönigs Chlodwig (466 bis 511), so der Bischof und Historiker Gregor von Tours, haben ihren Führer mit Chorgesängen gelobt. Der Sieg des Merowingerherrschers Lothar über die Sachsen im Jahr 622 sei in Liedstrophen verherrlicht worden, überliefert der Geschichtsschreiber Hildegardus. Sie seien von Mund zu Mund geflogen und hätten die Frauen zum Reigentanz animiert.

Davor stehen Chansons in Vulgärsprache, Brauchtumstänze und lateinische Singkombinationen vereint nebeneinander. Vor allem die cantica nefaria, das lasterhafte Lied aus vorchristlicher Zeit, findet viele Liebhaber. Das niedere Volk singt es im angestammten, mit lateinischen Wortfetzen durchsetzten Dialekt. Der Adel interpretiert es in griechischer oder lateinischer Sprache und tanzt dazu mit eindeutigen Gesten. Selbst in den Klöstern werden die teilweise deftigen und zur Sache gehenden Trink- und Liebeslieder gern und oft gesungen. Der heilige Ambrosius sieht sich deshalb veranlaßt, die Christen aufzufordern, sich nicht mit Verderben bringenden Liedern zu vergnügen, die das Herz zur sinnlichen Liebe anregen oder gar verführen.

Das Konzil von Agde im Jahr 500 verdammt schließlich die »lasterhaften Chansons« und »unzüchtigen Tänze«. Saint-Césaire, Bischof von Arles, spricht das Verdikt über die teuflischen Lieder. Das Konzil von Châlons geht im Jahr 650 noch einen Schritt weiter. Es droht Exkommunikation, Auspeitschung und Höllenpein dem an, der Lieder mit Inhalten der Begierde, des Beischlafs oder »anderen Obszönitäten« verfasse, verbreite oder singe.

Chansons des ersten Jahrtausends sind nur wenige, und diese meist nur bruchstückweise, erhalten geblieben. Die mündlich überlieferten Gesänge sind vergessen oder frommen Eiferern zum Opfer gefallen. Kaiser Karl der Große hat beispielsweise eine Chansonsammlung angelegt, die die Heldentaten und Kriege seiner Vorfahren rühmen. Karls Sohn Ludwig, genannt der Fromme, bringt dafür allerdings kein Verständnis auf. Er überläßt die barbarischen Chansons dem Feuer.

Die ersten französisch geschriebenen Unterhaltungslieder finden sich erst an der Wende vom 11. ins 12. Jahrhundert. In dieser Zeit des kulturellen Aufschwungs – der Dichter Chrétien de Troyes schreibt die Erzählung Parzival und Lancelot, auf dem Felsen von Mont Saint-Michel wird eine Benediktinerabtei errichtet und die Kathedrale von Reims im hochgotischen Stil erbaut – erreicht auch das epische Chanson seine erste Blütezeit. Gleichzeitig beginnt die Mehrstimmigkeit in Form von Terzen und Sextensingen.

Episch sind die Chansons de geste, Strophenlieder, die von christlichen Helden und deren Taten handeln und voller mythologischer Anspielungen sind. Über einhundert Texte sind davon erhalten, dagegen nur wenige Melodien. Eine von diesen Melodien ist in dem Stück »Li gieus de Robin et de Marion« von Adam de la Halle überliefert. Das bekannteste und künstlerisch bedeutendste Chanson de geste ist das altfranzösische Rolandslied (um 1100). Es verherrlicht Karl den Großen und seinen Neffen Roland, der 778 mit seinen Mannen gegen die arabische Übermacht gefallen sein soll.

Beim Volk finden vor allem die knappen und prägnanten Complaintes Anklang. Das sind weltliche Klagelieder, die sich in erster Linie an die Phantasie des Zuhörers wenden. Parallel dazu runden sie das Bedürfnis nach Übersinnlichem und sagenhaften Begebenheiten ab. Das berühmteste Beispiel dieses Genres ist das Chanson »Le roi Renaud«, das in tragischen Versen aus der Sicht von Mutter und Ehefrau die Hoffnungen und Ängste um den im Krieg kämpfenden Sohn und Geliebten darstellt.

Etwa zwischen 1000 und 1230 entsteht neben der Complainte das weit kunstvollere lyrische Chanson der Troubadours. Einher gehen wechselnde politische Spannungen und Differenzen in der Feudalgesellschaft. Zudem sucht die im 11. Jahrhundert zur ideologischen Führung aufgestiegene römische Kurie ihren Einfluß auch auf die byzantinische Kirche auszudehnen. Als Papst Urban II. 1095 auf dem Konzil zu Clermont die christlichen Ritter zur Befreiung des Heiligen Grabes und damit zum Heiligen Krieg gegen die Ungläubigen aufruft, löst er damit eine breite Kreuzzugsbewegung aus. Menschen aller Klassen und Schichten strömen aus christlicher Motivation, mehr noch aus politischen und wirtschaftlichen Gründen zum Kreuz. Die Aufmärsche gegen Araber, Syrer und türkische Seldschuken bringen den Hafenstädten einen mächtigen Aufschwung von Handel und Verkehr. Die neue Wirtschaftsblüte beflügelt das gesteigerte Lebensgefühl und führt die ritterliche Kultur zu ihrem Höhepunkt. Die Ideale sind Zucht, Treue, christliche Barmherzigkeit und Minnedienst.

Daraus entwickelt sich der Minnesang, die Liebeslyrik der höfisch-ritterlichen Kultur. Die erwählte Dame des Herzens heißt darin bel vezer (Schöner Anblick) oder bel deport (Schöne Freude). Die Minne, die Liebe des Ritters, gilt dabei meist einer bereits verheirateten Frau. Die ritterliche Liebe des Mittelalters ist keineswegs eine eheliche Liebe, hat dann auch Friedrich Engels die Legende der platonischen Minne zerstört. Im Gegenteil. In ihrer klassischen Gestalt steuert sie mit vollen Segeln auf den Ehebruch los, und ihre Dichter und Sänger feiern ihn.

Die Blüte der provenzalischen Liebespoesie sind die Albas. Diese Liedgattung schildert in glühenden Farben, wie sich der Ritter im Bett mit seiner Herzensdame vergnügt, während draußen der Wächter steht, der ihn vor dem Auftauchen des Hausherrn warnt, damit er unbemerkt entkommen kann. Viele Sänger stellen dabei die Szene der Trennung und des Abschieds in den Mittelpunkt. Weitere Themen der Musikpoesie der Troubadours sind Naturverbundenheit, hohes Lebensgefühl und die Freuden von Fest- und Trinkgelagen.

Der Troubadour spielt dabei seine Chansons instrumentalisch selbst oder er läßt sich von einem in seinem Dienst stehenden Jougleur begleiten. Die Musik schöpft er im allgemeinen aus der Gregorianik und nur gelegentlich aus der Volksmusik. Unter den Meistern des Gesangs befinden sich teilweise angesehene und kreative Leute, so Wilhelm VII., Herzog von Aquitanien, und Bernart de Ventadorn, von dem das heute noch bekannte Chanson »Lancan vei la folha« stammt. Einen guten Ruf besitzt auch Peire d'Alvernhe, dessen Chanson »Rossinhol, el seu repaire« von Paul Heyse formgetreu nachgedichtet wurde.

Rund 200 Jahre währt die Blüte der Troubadourpoesie. Dann ist sie innerlich erschöpft und verflacht in Trivialität, banalen Wiederholungen und Monotonie. Die Eintönigkeit rührt vom stilisierten Wortschatz und der uniformen Gefühlsskala der Troubadours her, die nur Bewunderung, Schmerz und Hoffnung kennt, resümiert Felix Schmidt.

Im Norden Frankreichs beginnt der Minnesang erst in der zweiten Hälfte des 12. Jahrhunderts. Den provenzalischen Troubadours im Süden des Landes entsprechen nördlich der Loire die Trouvères. Sie stammen überwiegend aus dem Adelsstand. Chansons von Thibaut IV., Graf von Champagne und König von Navarra, werden noch heute gern gesungen. Der künstlerisch bedeutendste Trouvère ist allerdings Adam de la Halle. Seine lyrischen Werke zeichnen sich durch elegante Sprache, vielschichtige Inhalte und einfallsreiche Musik aus.

Aber auch Zeitkritik ist angesagt. Straßenlieder – satirische, antiklerikale und frivole Gassenhauer – spiegeln die Stimmungen in der breiten Masse wider. Fahrende Scholaren und vagabundierende, nicht zu Amt und Pfründe gekommene Kleriker tragen sie auf Marktplätzen und in Bürgerhäusern vor. Aber auch auf den Puys, den Versammlungsorten der französischen Meistersänger, erklingen sie.

Einer der bekanntesten Puy-Sänger ist der im 13. Jahrhundert hochgeschätzte Dichter und Gaukler Rutebeuf. In biographisch angehauchten Chansons beschreibt er das armselige Wanderleben der fahrenden Sänger. Harte Kritik übt er am Schmarotzertum von Papst und Kirche, die sich auf Kosten der Gläubigen bereichern. Mit ihrer Offenheit und ihrem deutlichen Tadel ziehen sich die Sänger nicht selten den Haß der Obrigkeit und des Klerus zu. Die Mächtigen wehren sich mit zahlreichen Gesetzen und Verordnungen. Das Edikt von 1395 verbietet beispielsweise »auf Plätzen und woanders Reime oder Chansons über den Papst, den König und den Adel vorzutragen«.

Trotz der Verschiedenartigkeit hat das Chanson im 14. Jahrhundert eine feste Form gefunden. Die Troubadours und Trouvères haben die französische Poesie gefestigt und ihren Ruf erhalten. Während Jougleurs und Bänkelsänger die Dichtkunst durch alle möglichen Phantasien in den Abgrund des Vulgären und des zweifelhaften Geschmacks treiben, faßt Charles Imbert die Entwicklung des Liedes zusammen. »So oder so, wir verdanken den Sängern dieser Epoche die Blumenspiele, die Dichterturniere, die Liebeshöfe und edlen Schulen, welche Anmut und feines Gebaren lehren und so die Poesie mit festen Fundamenten untermauern, wovon das Chanson glückliche Gewinne zieht.«

Das 14. und 15. Jahrhundert ist in Frankreich von den Wirren des Hundertjährigen Krieges (1339 bis 1453) gekennzeichnet. Neben den Attacken mit England um den französischen Thron beinhaltet diese Epoche eine verwirrende Fülle von aristokratischen Parteifehden, sozialen Aufständen und Kämpfen. Die Poeten behandeln in ihren Chansons sowohl historische Ereignisse dieser Scharmützel als auch die Säkularisation des Lebens. Durch die Entdeckungsfahrten wird der Gesichtskreis erweitert und ein neues Weltbild vorbereitet. Die Philosophie löst sich von der Scholastik. Das Ideal der weltbewußten Persönlichkeit findet auch im Chanson Einzug. Eustache Deschamps, der das satirische Chanson liebt und hier Schärfe und Engagement einbringt, differenziert zu jener Zeit dann auch zweierlei Arten von Musik: eine künstliche, die Übung erfordert, und eine natürliche, die man durch Nachahmung aneignen kann. Die Chansons populaire, die Sirventes und deren Vulgärform, die Chansons sottes, reiht er demzufolge in die Rubrik der natürlichen Musik ein,während er die Chansons artistique als künstliche Musik definiert.

Die Zeitspanne des Hundertjährigen Krieges hat auch einen der größten von Frankreichs Dichtern hervorgebracht: François Villon. Seine Perfektion, die kühne Artistik, mit der er metrisch, rhythmisch und reimtechnisch schwierige Gebilde schafft, macht ihn zum ersten großen französischen Chansonlyriker. Seine Sprache ist zupackend, direkt, hart und knapp, voll von Gegensätzen.

Humanismus und die freie Entfaltung der Naturwissenschaften, der Technik und der Kunst schlagen sich auf Musik und Wort nieder. Es entsteht eine eigene Lieddichtung, das subtilere und literarische Chanson. »Es entwickelt sich in seiner alten Anmut und pflegt weiterhin die unmittelbaren Gefühle«, macht Charles Imbert aufmerksam. Seine Form dagegen wird feiner, Rhythmus und Reim gewinnen an Kraft und Farbe, der Bau erweist sich als solider.

Johannes Gutenberg ist es, der mit der Erfindung des Buchdrucks um 1445 die Geschichte des Chansons in eine neue, entscheidende Bahn rückt. Durch ihn ist der Notendruck nur noch eine Frage der Zeit. Die Chansons haben nun eine rasche Multiplakationsmöglichkeit.

Dazwischen gibt es immer wieder Leitfiguren, die Generationen von Chansonpoeten inspirieren. Eine davon ist Français Rabelais. Von seiner Sprachgewalt und Phantasievielfalt zehren unzählige Chansonschöpfer. Daneben entpuppt sich Rabelais in seinen Büchern als Chansonchronist. Er zitiert viele heute noch bekannte Werke, wie das Jean Molinet zugeschriebene derb-erotische »Les gros vits« oder »Faulte d'argent c'est douleur non pareille«, und nennt Clément Marot, der der alten gallischen Chansonpoesie die Treue hält, als die Renaissance die Antike Mode nach Frankreich bringt.

König François I. schlägt mit seiner kostspieligen Kriegs- und zügellosen Verschwendungspolitik ein neues Kapitel in der Geschichte des Chansons auf. Während man im Palast höfische Lieder singt, wächst in den Städten und auf dem Land die Unzufriedenheit. Das Volk macht sich in satirischen Liedern Luft. Den unterschiedlichen gesellschaftlichen Ursprüngen entsprechend, entwickelt sich das Chanson nun vielgestaltig. Immer mehr wird es zum Ventil der Masse. Mit Chansons werden soziale Mißstände und die Praktiken von Justiz, Machthabern und Kirchenfürsten angeprangert. Die Französische Revolution (1789 bis 1795) bringt mit »Ah, ça ira« und »La carmagnole des royalistes« eine der berühmtesten Chansons hervor. Jetzt wird das Lied zur Waffe des Volkes.

Pierre-Jean de Béranger nutzt diese Möglichkeit besonders aus. Mit seinen Chansons verspottet der Dichter Kaiser Napoleon und seine Eroberungspolitik, streut Gift gegen Bürokraten und Polizei und mokiert sich über politischen Opportunismus. Felix Schmidt nennt Béranger zu recht »den berühmtesten, bis heute nicht vergessenen Namen in der Geschichte des politischen Chansons«. Heinrich Heine bezeichnet ihn als eine »derart überraschend gesunde Erscheinung inmitten einer kranken Gesellschaft«.

Die Zeiten wandeln sich. In Frankreich zertrümmert Louis Bonaparte die Zweite Republik. Das Volk sucht ein neues Ventil für seinen Unmut und entdeckt es in den Cafés-concerts. Sie blühen im Paris der fünfziger Jahre des 18. Jahrhunderts kometenhaft auf. Die Amüsierbetriebe werden in erster Linie von einem kleinbürgerlichen Publikum besucht. Als intellektuelles und künstlerisches Pendant entwickeln sich die elitären Clubs und Gesellschaften, in denen zumeist die Oberschicht ihr Zuhause findet und den literarisch ambitionierten Chansons lauschen.

Das gemachte Chanson hebt schließlich 1881 Rodolphe Salis aus der Taufe. Er eröffnet auf dem Montmartre das Künstlerkabarett »Le Chat Noir«. Damit wird er zum Stammvater einer neuen Kunstrichtung: des Cabaret artistique. Hier hat auch Aristide Bruant seine großen Auftritte, einer jener Chansonsänger, der als Liedermacher-Ahnherr beschworen wird. Mehr noch: Der Pionier des naturalistischen Chansons steigt zur Kultfigur auf, der schon mal sein Publikum mit deftigen Worten beschimpft. Mit seinen Worten, die wie Peitschenhiebe sind, beeinflußt er die deutschen Dichter. Das Cabaret artistique wird zum Leitbild des Kabaretts in Deutschland.

Vor allem Yvette Guilbert macht sich hier einen Namen. Sie gastiert um die Jahrhundertwende oft in Berlin und vermittelt überzeugend dem deutschen Publikum die neuartige Chansonkunst. Die ersten Kabaretts schießen aus dem Boden. Doch auf die politische Satire und soziale Kritik, die das französische Chanson auszeichnen, verzichten zunächst die deutschen Kabarettbetreiber. Die Zensur hätte solche kecke Verhöhnung der Regierung niemals durchgehen lassen, notiert Ernst von Wolzogen, der 1901 in Berlin das erste deutsche Kabarett, das »Überbrettl«, eröffnet. So konsumiert das Publikum das sich ohne Widerhaken präsentierende Chanson wie einen Schlager.

Nach dem Ersten Weltkrieg herrscht eine ungeheure Wirkung. Die Menschen wollen zerstreut werden – sie wollen lachen, doch es ist ein bitteres, zynisches Lachen. Jetzt wird die Kunst politisch, und man bricht mit Traditionen um des Brechens willen. Komponisten versuchen, neue Musik populär zu machen, aber sie soll auch eine Botschaft haben. Zu dem großen Komponisten-Dreigespann Mischa Spoliansky, Friedrich Hollaender und Rudolf Nelsen gesellen sich die Autoren Marcellus Schiffer, Frank Wedekind und der politisch engagierte Satiriker Kurt Tucholsky. Sie eignen sich die neue Formen an und machen daraus etwas, das wahrscheinlich als das repräsentativste deutsche Chanson der damaligen Zeit gelten kann. Als weitere helle Sterne am Kabaretthimmel etablieren sich die Sängerinnen Trude Hesterberg, Rosa Valetti, Gussy Holl und Blandine Ebinger. Die Halbfranzösin Margo Lion singt Parodien und Claire Waldoff verkörpert mit ihrer rauhen Stimme die Berliner Volkssängerin schlechthin.

Das deutsche Chanson hat mittlerweile auch die politische Satire entdeckt. Als Beispiel dient Mischa Spolianskys »Ich bin einVamp«. Hier brüstet sich die Sängerin, das Bett der Madame Pompadour, einen Kuß von Valentino und – auf einem Ehrenplatz – Hitlers ersten Schnurrbart zu besitzen. Das Kabarett der Weimarer Zeit mit seinen Chansons verleiht der Geschichte eine andere Perspektive. Ganz abgesehen von der Freizügigkeit dieser Lieder in Sachen Sex, von ihrem Zynismus und ihrer Einstellung gegen das Establishment sind sie auch subversiv. Man tanzt damals buchstäblich auf dem Vulkan. Als dieser Vulkan aber ausbricht, begräbt er sowohl die Chansons als auch deren Macher unter sich. Die Nazis setzen noch eines drauf: Eine Menge ernsthafter, tiefgründiger Chansons wird von den braunen Machthabern kurzerhand als entartet abqualifiziert. Die Folge: Eine ganze Ära von Chansons wird jäh ausgelöscht.

International erlebt das Chanson, wie überhaupt die Unterhaltungsbranche, eine Phase der Hochkonjunktur. Sieger und Verlierer lechzen nach Zerstreuung. Man hat nach dem Krieg unter der mißlichen Lage keine andere Wahl, als entweder darunter zu leiden oder darüber zu lachen. Aufwendige Revuen bringen ebenso neuen Drive wie eine Unzahl von Modetänzen. Maurice Chevalier macht mit seinem frankophilen Charme aufmerksam, die Mistinguett und die wohlgeformte Josephine Baker.

Auch nach dem Zweiten Weltkrieg hat das französische Chanson nichts von seiner Anziehungskraft verloren. Guy Béart bezeichnet es in den fünfziger Jahren noch immer als ein »verlängertes Schlagwort, einen Faustschlag«. Neben den bereits etablierten Stars gesellen sich neue: Yves Montand, das Ensemble Les Frères Jacques, Juliette Gréco, Boris Vian, Marcel Mouloudji, Georges Brassens, Edith Piaf.

In Deutschland findet das Chanson erst Mitte der sechziger Jahre wieder ein Forum. Das »Festival Chanson Folklore International« auf Burg Waldeck im Hunsrück fördert während der kurzen Zeit seines Bestehens das literarisch ambitionierte Chanson. Die Institution entläßt eine Vielzahl an Sängern, die in den siebziger Jahren als Liedermacher das Chanson oder das chansonartige Lied neu beleben und ihm eine neue Zukunft verschaffen.

Doch zurück zum französischen Chanson: Nach seiner Entdeckung als pure Unterhaltungsware ist manche scharfe Klinge stumpf. Angesichts der Gesetze, die vom Markt, den Zuhörerquoten und der Unternehmenspolitik der Plattenfirmen diktiert werden, haben Chansons, die Humor und Satire auf ungewöhnliche Weise mit Musik verbinden, keine Chance mehr. Das heutige Chanson ist zwar noch zuweilen kritisch, aber nicht mehr provokant, eher gefällig.

Doch das moderne französische Chanson versteht es, die Techniken seiner Tradition aufzugreifen und ihm sprachlich wie musikalisch aktuelle Impulse zu geben. Hinzu kommt die neue textliche Nahrung durch die gesellschaftlichen Auseinandersetzungen. Geblieben sind die Markenzeichen: Sinnlichkeit, Charme und Wortwitz.

Hinweise für die Benutzer

Stichwortfolge: Unter Vorbehalt der nachfolgenden Bemerkungen sind die einzelnen Stichwörter streng alphabetisch geordnet. Auf grammatische Angaben (Artikel usw.) sowie auf die Sprachherkunft des Stichwortes ist verzichtet worden.

Die Umlaute ä, ö und ü werden wie die zugehörigen Grundlaute o, o und u behandelt und eingeordnet. Dagegen werden die Umlaute ae, oe und ue wie getrennte Buchstaben alphabetisiert. Begriffe, die aus mehreren Wörtern bestehen, zum Beispiel »deutsches Chanson« und »Schall und Rauch«, werden für die alphabetische Ordnung wie ein Wort behandelt.

Adelsprädikate und Namensbestandteile – von, de, da la, du und andere – werden nach Sprachgebrauch alphabetisiert. Mit alphabetisiert werden dagegen die Artikel La, Le, Les vor Orts- und Personennamen.

Aussprachebezeichnungen: Von der Aufnahme spezieller Aussprache- und Betonungszeichen ist abgesehen worden. Sie bedürfen oft selbst wieder einer Erklärung, können dem Uneingeweihten kein genaues Bild vermitteln und hätten zudem den für die Behandlung der Sache zur Verfügung stehenden Raum stark beschränkt.

Verweise: Verweise (→) werden grundsätzlich nur dort gesetzt, wo zum Verständnis eines Textes der Text eines anderen Stichwortes herangezogen werden muß oder wo ein Stichwort in enger Verbindung mit einem anderen steht.

A

A.B.C.

→ Théâtre de l‘ A.B.C.

Adam de la Halle

(genannt auch Adam d’Arras oder Adam le bossu – der Bucklige), französischer Dichter und Komponist, geboren um 1237 in Arras, gestorben um 1288 vermutlich in Neapel. Er ist einer der bedeutendsten → Trouvères und Sohn angesehener Bürgersleute. In der Zisterzienser-Abtei Vaucelles erhält er eine fundierte Klerikerausbildung. Schon bald stellt er fest, daß er nicht zur Geistlichkeit berufen ist und seine Interessen und Talente auf anderen Gebieten liegen. Er entscheidet sich für eine weltliche Laufbahn. In seiner Vaterstadt tritt er einer Sängervereinigung bei. Ein Universitätsstudium führt ihn nach Paris. Seit 1271 steht er im Dienste von Robert II. von Artois. Mit ihm kommt er nach Neapel an den Hof von dessen Onkel, Karl von Anjou, des Königs von Sizilien. Seine lyrischen Chansons, → Rondeaux und → Balladen zeichnen sich durch elegante Sprache und einfallsreiche, anmutige, oft dreistimmige Komposition aus. Er gilt nicht nur als elementarer Musikant, sondern auch als reflektierender Zeitgeist. Unter anderem schreibt er zwei Chansonspiele: »Li jus Adan ou de la feuillie« und »Li gieus de Robin et de Marion«. Sie sind Vorläufer der späteren Opéra comique und der komödiantischen → Vaudeville. Seine Poesie ist von »unmittelbar anrührender Echtheit des Gefühls, voll Anmut, blühender Sinnlichkeit und von kritischer Beobachtungsgabe« (Wilhelm Neef). Damit präsentiert er sich als ein Vertreter jenes Künstlertypus, für dessen Schaffen ästhetische und literarische, zugleich aber auch weltanschauliche Beweggründe maßgebend sind.

Adamo, Salvatore
belgischer Chansonsänger italienischer Herkunft, geboren am 31. Oktober 1943 in Comiso bei Vittoria (Sizilien). 1946 siedelt seine Familie nach Belgien um. Entdeckt wird er 1960 bei einem Nachwuchswettbewerb von »Radio Luxemburg«. Mit den ersten Plattenaufnahmen verbucht er lediglich Achtungserfolge. 1965 tritt er in der → Music-hall → »Olympia« auf. Zu dieser Zeit ist er bereits Frankreichs Gesangsstar Nummer 1. Drei Jahre später notieren ihn die Hitlisten als erfolgreichsten Plattenverkäufer in Belgien und Frankreich. Anfang der siebziger Jahre erzielt er besonders in Deutschland große Popularität als Interpret meist selbstkomponierter und -getexteter anspruchsvoller Schlager und Chansons (unter anderem »Die alte Dame« und »Kieselsteine«). Sein Lied »Es geht eine Träne auf Reisen« ist dort ein Millionenseller. Seine eindrucksvolle Stimme vergleicht ein Kritiker mit »den silbrigen Ornamenten sprühenden Meergischts«. »Sie umschwirren den Hörer, drängen sich vor, schäumen hoch und tragen Melodie und Text mit sich fort. So entsteht Gemütsatmosphäre, die mit ihrer Ursprünglichkeit manchmal im Gegensatz steht zur inhaltlichen Textaussage. Vielleicht ist gerade diese Mischung von Raffinesse, Frische und Natürlichkeit das Geheimnis der Breitenwirkung seiner Chansons.«

Agricola, Alexander
niederländischer oder deutscher Komponist, geboren 1446, gestorben 1506 in Valladolid. Er steht von 1471 bis 1474 im Dienste der Sforza in Mailand. Danach ist er in den Niederlanden tätig und seit 1500 bis zu seinem Tod in der Kapelle Phillips des Schönen von Burgund. Mit seinen feierlichen und farbenprächtigen Werken gehört er zu den berühmtesten Musikern der Zeit vor und um 1500. Beim ersten Hören erwecken seine Variationen den Eindruck, als ergehe sich die Phantasie frei schweifend in musikalischen Träumereien. Doch schnell erschließt sich seine kunstvolle Arbeit in klarem, folgerichtigen Aufbau. Bei ihm spürt man kaum den Aufwand an handwerklichem Können. Aber gerade das »Gekonnte« in der Durchformung verleiht seinem Werk den besonderen Reiz des »Natürlichen«. Bereits die frühesten Drucke von Mensuralmusik beinhalten sein Schaffen. Von ihm sind mehrere Messen, Motetten und rund einhundert Chansons erhalten.

Alba

→ provenzalisches → Tagelied der → Troubadours. Gehört zu den profanen Chansons und zur Gattung der bürgerlichen französischen Liebesdichtung. Die älteste bekannte Alba stammt aus dem Anfang des 11. Jahrhunderts und wird in der Vaticana zu Rom aufbewahrt. Sie ist lateinisch gedichtet mit provenzalischem Refrain. Über dem Text deuten → Neumen die Melodie an. Die erste Strophe lautet: »Noch ist die Sonne nicht aufgegangen. / Morgenröte erhebt sich über dem Land. / Der Wächter ruft: Ihr Schläfer, stehet auf!« Der Refrain heißt: »Die Sonne steigt aus dem Meer. / Die Morgendämmerung ist da. / Sie wandert über die Hügel und schaut auf euch herab. / Das Dunkel ist besiegt.« Die Alba singt der Wächter des Liebhabers, der bei seiner Angebetenen schläft. Der Aufseher warnt bei Ankunft des Ehemanns oder sagt den Morgen an.

Alberich de Besançon

französischer Dichter. Er lebt im 11. Jahrhundert. Das → Alexanderlied geht auf ein Gedicht von ihm zurück.

Albers, Hans

(eigentlich Hans Philipp August Albers), deutscher Schauspieler und Sänger, geboren am 22. September 1891 in Hamburg, gestorben am 24. Juli 1960 in München. Er ist der Sohn eines Schlachters, besucht die Oberreal- und Realschule, verläßt sie jedoch ohne Abschluß. Auch eine kaufmännische Lehre bricht er ab. Er nimmt Schauspielunterricht und findet sein erstes Engagement in Bad Schandau. Danach arbeitet er an verschiedenen Bühnen und Theatern als Schauspieler, Sänger, Tänzer, Komiker und Artist. Nach anfänglichen Nebenrollen im Film als Gauner und Liebhaber baut ihn »Ufa«-Regisseur Erich Pommer zum Star auf. Er verkörpert den unbekümmerten Draufgänger und Helden, dem selbst in auswegslosen Situationen alles gelingt. Es folgen Rollen in Filmen wie »Der blaue Engel«, »Bomben auf Monte Carlo«, »Der Mann, der Sherlock Holmes war«, »Wasser für Canitoga«, »Münchhausen« und »Große Freiheit Nr. 7«. Nach dem Zweiten Weltkrieg arbeitet er zunächst wieder in Berlin und München am Theater. Kurze Zeit später meldet sich erneut der Film. Er spielt unter anderem in den Streifen »Vor Sonnenuntergang«, »Nachts auf den Straßen«, »Johnny rettet Nebrador« und »Der Mann im Strom«. Seine strahlende und ungekünstelte Art spiegelt sich auch in seinen Liedern wider. Er gilt bei Kritikern »als einer der hervorragendsten Vertretern des deutschen Chansons, und das nicht nur, weil die meisten Jahre seiner Karriere in die unfruchtbaren dreißiger und die Kriegsjahre fallen«. Seine bekanntesten Chansontitel sind »Sag, wie heißt du«, »La Paloma« und »Ich kam von Alabama«. Sein Lied »Auf der Reeperbahn nachts um halb eins« wird zum Evergreen. »In seinen Chansons ist ihm theatralisches Pathos ebenso fremd wie ausladende Gestik und illustrative, äußere Wirkung. Das macht den Zuhörern trotz szenischer Sehnsucht den Zugang zu seinen Liedern leicht.«

Alexander, Peter
(eigentlich Peter Neumayer), österreichischer Schlagersänger, geboren am 30. Juni 1926 in Wien. Er besucht zwei Jahre das Max-Reinhardt-Seminar, spielt dann als Buffo an einem Wiener Theater. 1954 kommt er zum Film, wo er meist in Musikrollen spielt oder den naiven Tolpatsch mimt. Später zum Fernsehen. Er singt vor allem Schlager und Operettenmelodien, aber auch chansonhafte Lieder. »Seine Lieder kommen direkt, ihnen fehlt alles Anekdotische oder programmatisch Aufgesetzte« (Elvira Maiberger). Sein späteres Werk ist in der Qualität unterschiedlich. »Es gibt einige gute Passagen darin unter sehr viel Spreu« (Hans-Ulrich Kreutzer).

Alexanderlied
Es wird um 1125 von dem Pfaffen Lamprecht verfaßt. Es basiert auf einem französischen Gedicht von → Alberich de Besançon und stellt zum erstenmal in Deutschland einen antiken Stoff im geistlichen Sinne dar. Die darin vorkommende Versart wird als → Alexandriner bezeichnet.

Alexandra
(eigentlich Alexandra Doris Nefedov), deutsche Schlager- und Chansonsängerin, geboren am 19. Mai 1942 in Heydekrug (Ostpreußen), gestorben am 31. Juli 1969. Während ihrer kurzen Karriere hat sie sich mit anspruchsvollen Liedern (unter anderem »Zigeunerjunge« und »Sehnsucht«) internationale Erfolge ersungen. Ihr Titel »Erstes Morgenrot« kommt gerade in die Hitparaden, als

sie mit ihrem Auto tödlich verunglückt. Geschickt stilisiert ihre Plattenfirma sie aus marktwirtschaftlichen Gründen zur Legende hoch. Ihre Chansons nennt man »glühende Schmelztiegel«, eine »fragmentarische Chronik ihrer Künstlertätigkeit«. »Sie nimmt klingende Formen in sich auf und spiegelt sie in der Form eines ausdrucksstarken Vortrages« (Markus Ebermann). Bei der musikalischen Umsetzung ihrer lyrischen Bilder greift sie auf sehr einfache, durch Tradition vertraute Darstellungsmittel zurück. Am sprechendsten ist dabei die Einbeziehung von atmosphärischer Sehnsucht als Symbol romantischer Verbundenheit. »Alexandras Chansons sind fein differenzierte Glaubensbekenntnisse, die nur dem ahnenden Gefühl sich aufs innigste erschließen.«

Alexandriner

Ein, nach seiner Verwendung in der altfranzösischen Dichtung »Roman d'Alexandre« (um 1180) benannter zwölfsilbiger, jambischer Reimvers mit Zäsur nach der sechsten Silbe. Es haben sich verschiedene Arten herauskristallisiert, so der heroische Alexandriner, paarig gereimt (aa bb), der elegische Alexandriner, verschränkt gereimt (abab) und der romantische Alexandriner, mit zwei Trennungen nach der zweiten und vierten Silbe und Versbrechung. Er kommt zuerst im → Alexanderlied um 1125 vor.

Altaroche

französischer Chansonsänger, erste Hälfte des 19. Jahrhunderts. Er ist kurze Zeit Abgeordneter, ab 1850 Direktor des Theaters »Odéon«. Mit seinen kritischen Chansons »Gras, gros et bête« und »Pétition d'un voleur à un roi son voison« gehört er der Nachfolge von → Pierre-Jean de Béranger an. In seinen Liedern schafft er fein ziselierte Stimmungsbilder. Eindringlich gestalten sich auch seine sozialen Chansons wie »Le prolétaire«, »Le peuple a faim« und »L'impôt du pauvre«. »Altaroche legt seine Finger in Wunden, bohrt darin und macht dadurch seine Zuhörer nachdrücklich auf Mißstände und Ungerechtigkeiten aufmerksam.«

Ancien régime

Heute eine allgemeine Bezeichnung für »alte Regierungsform«. Ursprünglich bezeichnet man damit das absolutistische System vor der → Französischen Revolution von 1789. Diese Zeit bringt eine Flut von meist satirischen und spöttischen Chansons hervor.

Andersen, Lale

(eigentlich Liselotte Bunnenberg), deutsche Chansonsängerin, geboren am 23. März 1908, gestorben am 29. August 1972 in Wien. Sie liebäugelt schon in frühen Jahren mit einer Künstlerkarriere. 1937 singt sie dem Direktor des Berliner »Kabarett der Komiker« das Chanson »Eine kleine Sehnsucht« von → Friedrich Hollaender vor und wird darauf hin engagiert. 1938 geht sie nach München. Ein einziges Lied macht sie dann weltberühmt: Am 14. August 1941 spielt der deutsche Wehrmachtssender »Radio Belgrad« erstmals das von Norbert Schultze komponierte und von Hans Leip getextete Lied »Lili Marleen« – und »Millionen Soldaten in den feindlichen Armeen träumen von Frieden und von der Heimat« (Stern). Der Titel wird in insgesamt 42 verschiedene Sprachen übersetzt und gesungen und gilt als das »klassische Lied des Zweiten Weltkrieges«. Nach dem Krieg ist Lale Andersen rasch vergessen. 1960 singt sie »Ein Schiff wird kommen«, die deutsche Version des Titels »Never On Sunday«, und setzt damit knapp eine Million Schallplattenexemplare ab. Ein Jahr darauf siegt sie beim Wettbewerb »Song For Europe«. 1967 tritt sie von der Bühne ab. Hollywood verfilmt ihr Leben, nicht zuletzt wegen ihres weltweiten Bekanntheitsgrades während der Kriegsjahre. »Unerreicht bleibt ihr künstlerischer Stil, bleiben der Reichtum ihrer Ausdrucksweise und die Schönheit ihrer Präsentation, bleibt besonders der bezaubernde Charme ihrer Persönlichkeit.«

Arbeiterlied

Es ist eng mit politisch brisanten Zeitepochen verbunden. Sein Einsatz bündelt die Notwendigkeit gemeinsamen Handelns. Es erweist sich vor allem als wirkungsvolle Waffe im Klassenkampf und bei der Abwehr von Macht- und Kriegsgerassel. Die Chansons rufen zur Aktivität. Gleichzeitig mobilisieren sie den Gemeinschaftssinn. In ihnen verspürt man »den Atem der harten Klassenauseinandersetzung, das Ringen um eine friedlichere Welt, frei von Unterdrückung und Not, frei von Kriegsgefahr und faschistischer Bedrohung« (Inge Lammel). → »Die Internationale«, von → Eugène Pottier verfaßt und von → Pierre Degeyter vertont, gehört zu den berühmtesten Arbeiterhymnen. Auch das polnische → Revolutionslied »Warschawjanka« hat die internationale Arbeiterbewegung für ihre Belange auserkoren. Hoch in der Gunst steht weiter die → »Marseillaise«. Die Arbeiterklasse hat sich hier vor allem der sprühenden Vitalität der Melodie bedient, um darin durch neue Texte aktuell-politische Inhalte und Forderungen auszudrücken. Die Wirksamkeit der Arbeiterchansons im politischen Tageskampf ist auch den staatlichen Behörden nicht verborgen geblieben. Sie strengen wegen Aufruhr

Arbeiterlied: eine wirkungsvolle Waffe im Klassenkampf.

und »Aufruf zum Klassenhaß« Prozesse gegen Sänger, Autoren und Schallplattenverleger an, verbieten den Abdruck sowie die Verbreitung der Liedtexte und den Besitz derartiger Aufnahmen.

Argot
Bezeichnung für die französische »Gaunersprache«, auch für die Sondersprache einer sozialen Schicht und im weitesten Sinn für die Umgangssprache.

Arletty
(eigentlich Arlett-Léonie Bathiat), französische Filmschauspielerin und Chansonsängerin, geboren am 15. Mai 1898 in Courbevoie, gestorben am 24. Juli 1992 in Paris. Sie boxt sich aus einfachen Verhältnissen nach oben: zunächst Arbeiterin, Stenotypistin, dann Mannequin und Sängerin. »Ich habe einfach meine Natur und mein Talent sprechen lassen«, erinnert sie sich. 1918 tritt sie in verschiedenen Pariser → Music-halls auf und singt Chansons. Später debütiert sie vorwiegend in komischen Rollen am Theater, dann wird der Film auf sie aufmerksam. 1930 erhält sie ihre erste Filmrolle (»La douceur d'aimer«). Weitere Streifen folgen, unter anderem »Le jour se lève« (Der Tag bricht an), »La fille de Madame Angot« (Der Sohn von Madame Angot), »Les perles de la couronne« (Die Perlen der Krone) und »Les enfants du paradis« (Kinder des Olymp). Nach dem Zweiten Weltkrieg steht sie neben ihrer Filmarbeit auf zahlreichen Theaterbühnen. Sie spielt in Stücken von Tennessee Williams, Brendan Behan und → Jean Cocteau. »In ihren Chansons liegt keine Spur von Resignation. Sie liebt fein abgetönte verschwebende Stimmungen, die dennoch sofort auf den Punkt kommen.«

Arno, Siegfried
deutscher Schauspieler und Sänger, geboren am 27. Dezember 1895 in Hamburg, gestorben am 17. August 1975 in Woodland Hills (Kalifornien). Nach der Realschule wechselt er an eine Hamburger Kunstgewerbeschule. Dort arbeitet er zunächst als Modezeichner. Doch die darstellende Kunst läßt ihn nicht los. Als Schauspieler debütiert er am Stadttheater in Harburg. Nach dem Ersten Weltkrieg hat er Engagements an verschiedenen Theatern, unter anderem in Hamburg, Prag und Berlin. 1932 gastiert er im Berliner »Kabarett der

Komiker« und singt Chansons. Arno fällt hier vor allem wegen der Geschlossenheit seines künstlerischen Stils auf. Mitte der zwanziger Jahre verpflichtet ihn der Film. In verschiedenen Rollen kann er hier sein Komikertalent ausleben. 1933 verläßt er Deutschland und emigriert zunächst nach Holland. Nach einem unsteten Wanderleben durch verschiedene europäische Staaten trifft er 1939 in Hollywood ein. In den USA arbeitet er am Broadway und spielt in verschiedenen TV-Serien mit. 1966 erhält er das Filmband in Gold für sein »langjähriges und hervorragendes Wirken im deutschen Film«.

Ars antiqua

Der Begriff (deutsch: alte Kunst, alte Lehre) kommt um 1320 in Paris auf. Er bezeichnet die wesentlich auf Frankreich, speziell auf Paris bezogene Musik des 13. Jahrhunderts. Die besonderen Kennzeichen der Ars antiqua sind unter anderem die Ausbildung der Mensuralnotation und die Vorrangstellung der Motette. Papst Johannnes XXII. verordnet sie »als maßgebend für die Pflege der mehrstimmigen Musik im Gottesdienst.« Die Ars antiqua wird im 14. Jahrhundert von der → Ars nova abgelöst, die freieren Ausdruck in die strenge Regelhaftigkeit der Musik bringt. Unter der Bezeichnung versteht man heute die erste Blüte der musikalischen Mehrstimmigkeit, die ihren Ausgangspunkt in Nordfrankreich und in der Notre-Dame-Schule in Paris hat.

Ars nova

Der Begriff (deutsch: neue Kunst, neue Lehre bezeichnet einen neuen, verfeinerten Kompositionsstil, der ab dem 14. Jahrhundert von Frankreich ausgeht. Die neue Notationsart ermöglicht eine Verfeinerung der Satztechnik. Sie wird benannt nach einer Schrift von → Philippe de Vitry, die um 1320 in Paris erscheint. Die Ars nova gipfelt im Schaffen von → Guillaume de Machaults. Später wird der Begriff für eine Epoche verwendet, die ihren Mittelpunkt in Frankreich hat und von hier besonders auf die italienische Musik ausstrahlt.

Assonanz
Bei der Lyrik der → Troubadours bezieht sich der Begriff nur auf den Gleichklang der Vokale, nicht der Konsonanten, als vollständiger Reim.

Attaignant, Pierre
Nach der Erfindung des Notendrucks beginnt er in Frankreich als einer der ersten mit dem Druck von mehrstimmigen Chansons. Von 1527 bis 1549 gibt er 35 Chansonbände heraus.

Aube
Realistisches Liebeschanson zur Zeit der → Minnesänger, → Troubadours und → Trouvères. Hier wird der Abschied und die Trennung der Liebenden im Morgengrauen besungen. Im deutschen → Minnesang entspricht ihr das → Tagelied.

Aubade
Morgenlied der → Troubadours und → Minnesänger. Im 17. und 18. Jahrhundert ist damit ein Morgenständchen gemeint, das zu Ehren einer Person unter deren Fenster musiziert wird. Gegenstück: die abendliche → Serenade. Später wird Aubade zum Titel von Charakterstücken, beispielsweise bei George Bizet und Maurice Ravel.

Aznavour, Charles
(eigentlich Varenagh Aznavourian), französischer Chansonsänger, geboren am 22. Mai 1924 in Paris. Er ist Sohn eines armenischen Sängerehepaares. Seine Eltern sind 1923 vor den Türken aus Istanbul geflohen und haben in der Seine-Metropole ein Restaurant eröffnet. Zusammen mit seiner Schwester erhält er Schauspiel- und Klavierunterricht und singt im Chor der Saint Severin-Kirche. Durch die Zugehörigkeit zu einer ethnischen Minderheit fühlt er sich als Außenseiter – eine Erklärung für seinen Ehrgeiz nach Berühmtheit und sozialem Aufstieg. Das Chanson »Autobiographie« beschreibt eindrucksvoll im Rückblick aus dem Jahr 1980 diese Situation: »J'ai ouvert les yeux sur un meublé triste / Rue Monsieur-le-Prince au Quartier Latin / Dans un milieu de chanteurs et d'artistes / Qu'avaient un passé pas de lendemain / Des gens merveilleux un peu fantaisistes / Qui parleient le russe et puis l'armenien / Si mon père était

chanteur d'opérette / Nanti d'une voix que j'envie encore / Ma mère tenait l'emploi de soubrette / Et leur troupe ne roulait pas sur l'or« (Ich wurde auf einem traurigen Möbel geboren, / Rue Monsieur-le-Prince im Quartier Latin, / Im Milieu der Sänger und Künstler, / Die eine Vergangenheit kannten, aber kein Morgen. / Ein wunderbares Volk, aber ein wenig verrückt. / Die russisch und ein wenig armenisch sprachen. / Mein Vater war Operettensänger, / Mit einer Stimme, um die ich ihn noch heute beneide. / Meine Mutter war als Soubrette angestellt, / Aber ihre Truppe war nicht gerade besonders reich). Beeinflußt wird Aznavour vor allem durch → Charles Trenet und → Maurice Chevalier. Die Wirren des Zweiten Weltkrieges behindern ihn erheblich in seiner Kreativität. Er arbeitet in verschiedenen Berufen, unter anderem als Zeitungsverkäufer, um sich finanziell über Wasser zu halten. 1941 begegnet er dem Pianisten Pierre Roche. Mit ihm gründet er das Duo »Roche et Aznavour«. Frische, eingängige und teilweise schwungvolle Lieder wie »Le feutre taupé« und »Poker« bringen die ersten Erfolge. 1946 verschafft Francis Blanche den beiden Kontakt zu → Edith Piaf. Die Sängerin begeistert sich vor allem für die Texte von Aznavour und bringt ihn dazu, für die gemeinsame Arbeit in ihr Haus zu ziehen. »Ich war ihr Komponist, ihr Textdichter, ihr Sekretär, ihr Beichtvater, Laufbursche und Liebhaber. Für acht Jahre hat sie mich an die Kette gelegt. Für ein paar Tage mein Herz mit Liebe erwärmt und für den Rest meines Lebens mit vielen Erinnerungen und einer tiefen Zärtlichkeit zu ihr erfüllt«, blickt er zurück. Edith Piaf nimmt einige seiner Texte für ihre Chansons, unter anderem die Titel »Jezebel«, »Rien de rien«, »Il y avait«, »Il pleut«, »Une enfant« und »Plus bleu que tes yeux«. Schon bald textet er auch für andere Künstler wie → Pattachou, → Juliette Gréco, → Eddie Constantine und → Gilbert Bécaud. Zwischenzeitlich gewinnt → Georges Ulmer 1947 mit dem Chanson »J'ai bu« des Duos Roches / Aznavour den → »Grand Prix de l'Académie du Disque Français«. Weniger Erfolg hat Charles Aznavour zunächst als Sänger. Die Kritiker lassen kein gutes Haar an ihm. »Sich mit einer solchen Gestalt und einer solchen Stimme vor ein Publikum zu begeben ist pure Idiotie und beweist die völlige Ahnungslosigkeit des Künstlers«, heißt es. Ein anderer nennt »jedes seiner Chansons ein Plagiat« und den Sänger »einen gemeinen Betrüger, den man bezahlen sollte, damit er schweigt.« Doch

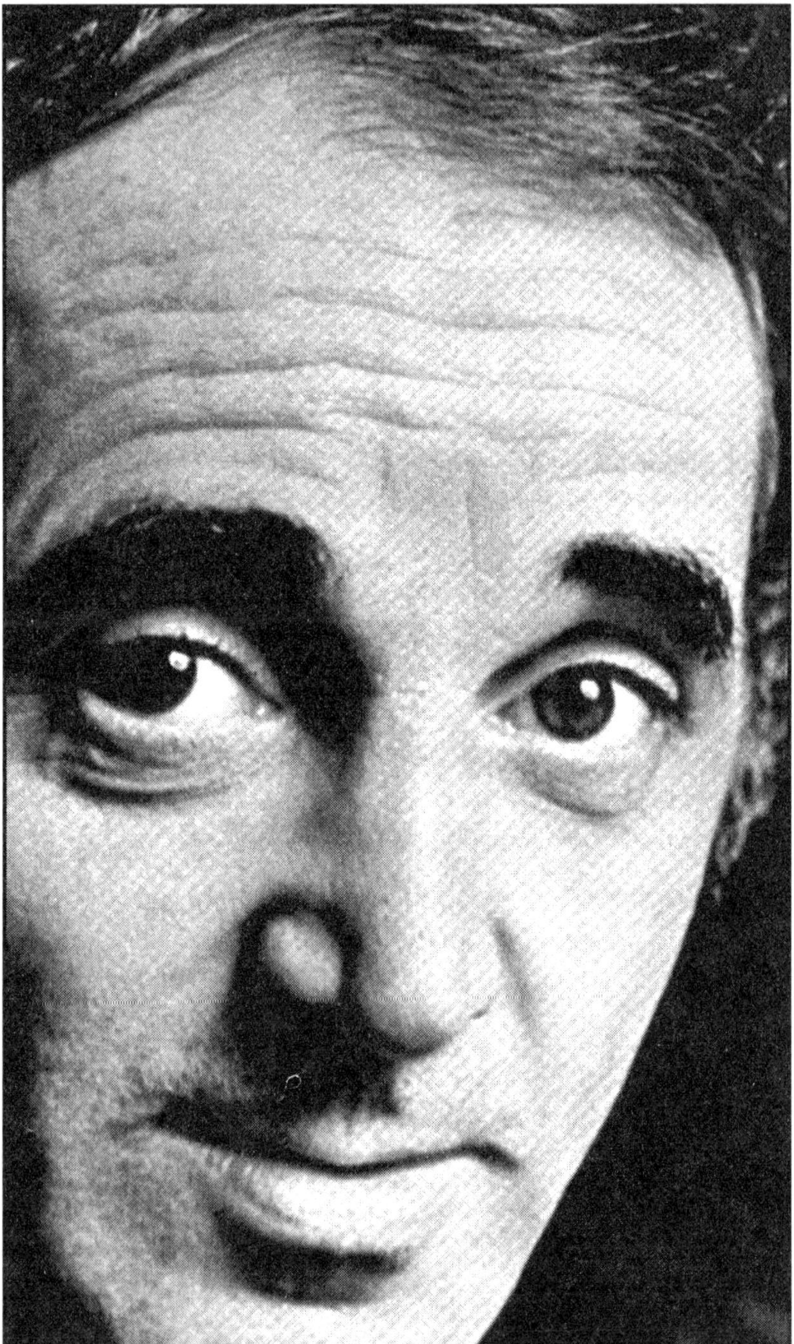

Aznavour schweigt nicht. Er tritt im »Crazy Horse« zwischen zwei Striptease-Nummern auf, präsentiert sich in New York und Montreal – ohne Erfolg. Den Durchbruch schafft er erst 1953 mit einer Tournee durch Nordafrika. Das Publikum in Casablanca feiert in frenetisch. Ein Jahr darauf nimmt ihn Bruno Coquatrix, Direktor der Pariser → Music-hall → »Olympia«, unter Vertrag. Als »Vedette américaine« singt er im Vorprogramm einer Show sieben Chansons, darunter den Titel »Sur ma vie«, das wenig später sein erster Schallplatten-Hit wird. Seinen größten Erfolg in Deutschland erzielt er 1962 mit dem Titel »Du läßt dich geh'n«. In Großbritannien hat er 1974 mit der Titelmelodie zu der Fernsehserie »Seven Faces Of Woman« einen großen Hit. Die Presse bezeichnet ihn nun als den »Napoleon des Chansons«, eine Anspielung sowohl auf seine Körpergröße, als auch auf seinen Tatendrang. Durch seinen ungebrochenen Einsatz macht er auch als Filmschauspieler Karriere. Bereits Anfang der dreißiger Jahre steht er zum erstenmal auf einer Theaterbühne. 1938 folgt sein Filmdebüt in »Les disparus de Saint-Agil«, ein Streifen, in dem auch der junge → Mouloudji eine seiner ersten Rollen spielt. Aufhorchen läßt er im Filmgeschäft in den fünfziger Jahren vor allem mit »C'est arrivé à 36 chandelles«. Hier spielt er unter der Regie von Henri Diamant-Berger an der Seite von → Charles Trenet, seinem großen Vorbild. 1959 überzeugt er mit seiner »zurückgenommenen Eindringlichkeit, zuweilen Schüchternheit und Kargheit des Stils« (Lexikon Filmschauspieler international) in → Jean Cocteaus »Le testament d'Orphée« (Das Testament des Orpheus). Internationale Anerkennung als Schauspieler gelingt ihm in François Truffauts »Tirez sur le pianiste« (Scheißen Sie auf den Pianisten). Hier wie auch in »Un taxi pour Tobrouk« (Taxi nach Tobruk) und »Le passage du Rhin« (Jenseits des Rheins) spielt er den vom Schicksal benachteiligten, guten Kerl. Für seine Darstellungskraft erhält er zahlreiche Preise und Auszeichnungen. Zu einigen Filmen komponiert er auch die Musik, unter anderem zu »Le diable et les dix commandements« (Der Teufel und die zehn Gebote) und »Paris au mois d'août« (Paris im Monat August). Die Kompositionen bieten meist einen auf Jazzrhythmen aufgebauten, raffinierten Sound. Um 1975 ist er wieder verstärkt auf der Bühne anzu-

Charles Aznavour: rauchige Stimme mit erotischem Flair.

treffen, schlägt nun aber mit Chansons wie »Ils sont tombés« oder »Comme ils disent« ungewohnt politische Töne an. 1980 erscheint seine wohl wichtigste Platte, »Autobiographie«. Im gleichen Zeitraum arbeitet er an so illustren Filmobjekten wie Volker Schlöndorffs »Die Blechtrommel« (1979), der Thomas-Mann-Verfilmung »Der Zauberberg« (1981) von Hans W. Geissendörfer und Claude Chabrols »Les fantômes du chapelier« (1982). Die Inhalte seiner unzähligen Chansons, wie »Viens au creux de mon éaule«, »Tu veux«, »On ne sait jamais«, »Après l'amour« und »Je veux te dire adieu«, sind meist autobiographischer und damit selbstreflektierender Natur, beinhalten oft Trostlosigkeit und Niederlage oder kreisen um das große Thema der Liebe. Diesen → Chansons d'amour verleiht er durch seine rauchige Stimme ein erotisches Flair und eine besondere Aussagekraft. »Aznavour«, sagt → Maurice Chevalier, »ist der erste, der es wagt, die Liebe so zu besingen, wie man es bisher noch nicht vernommen hat.« Aznavour dringt mit seinen Texten in die Intimsphäre seiner Hörer ein, nennt die Dinge beim Namen: »Après l'amour, / Quand nos corps se détendent, / Après l'amour, / Quand nos souffles sont courts, / Nous restons étendus, / Toi et moi, presque nus, / Heureux sans rien dire, / Eclairés d'un même sourire« (Nach der Liebe, / Wenn unsere Körper sich entspannen, / Wenn wir außer Atem sind, / Bleiben wir liegen, / Du und ich, / Fast nackt, glücklich, / Wortlos lächelnd, / Nach der Liebe / Sind wir ein einziges Wesen). Seine brüchige Stimme, die jahrelang niemand hören will, gilt der »Times« als das »größte stimmliche Ereignis der modernen Zeit«. Staatspräsident Charles de Gaulle sagt über ihn: »Er hat eine Ausstrahlung, um die ich ihn beneide.«

B

Baker, Josephine

amerikanische Tänzerin und Sängerin, geboren am 3. Juni 1906 in St. Louis, gestorben am 12. April 1975 in Paris. Sie ist die Tochter eines Spaniers und einer Negerin. Sie wird 1925 berühmt durch ihre Auftritte im Rahmen der Tanzgruppe »Black Birds« in Paris. Sie verkörpert den für diese Darstellungsform erforderlichen Künstlertypus in idealer Weise, hat eine makellose Figur, versteht es, sich graziös zu bewegen und besitzt eine charmante, tragende Stimme. Im »Théâtre des Champs-Elysées« singt und tanzt sie, nur mit einem Gürtel aus Bananenlaub »bekleidet«. Man arrangiert um den kaffeebraunen Star herum → Revue um Revue, so im → »Folies Bergère« und im → »Casino de Paris«. Sie tanzt die neuen amerikanischen Schiebetänze wie Foxtrott, Onestep, Twostep und interpretiert Cansons, die man ihr auf den Leib schreibt. »Mehr schlecht als recht gereimte Texte, zu denen der modische Schlagerkomponist → Vincent Scotto die Musik komponiert«, befindet Wilhelm Neef. Ihre bekanntesten Chansons sind »J'ai deux amours«, »Si j'etais blanche«, »Sans amour« und »Dites-moi Joséphine«. Sie dreht mehrere Filme. Im Zweiten Weltkrieg ist sie Mitglied der → Résistance. Sie setzt sich für die Gleichberechtigung der Rassen ein und adoptiert zahlreiche Kinder. Der Erfolg von Josephine Baker basiert vor allem auf ihrer erotischen Ausstrahlung. »Ihr gelingt es, Phantasien freizusetzen und das männliche Publikum in einem Zustand leidenschaftlicher Erregtheit zurückzulassen.« Gleichzeitig »weckt sie Assoziationen an verheißungsvolle Nächte«. Ihre Chansons »enthalten einen bunten Reigen glatter Melodien. Rhythmische und textliche Akzente werden meist vermieden. Kein Wunder. Josephine Baker wirkt bereits allein. So sind ihre Lieder meist nur das Alibi für ihre raumfüllende Präsentation. Betörend, mal sanft und unschuldig, dann wieder erotische Femme fatale.«

Balada

Tanzchanson, → Ballade.

Ballade

Sie ist ursprünglich ein volkstümliches Tanzlied, dann eine der Hauptformen der einstimmigen Kunst der → Troubadours und → Trouvères. Auch in der mehrstimmigen Musik des 14. Jahrhunderts, wie bei → Guillaume de Machault, tritt die Ballade in den Vordergrund. Hier zeigt sie sich vor allem als solistisch vorgetragenes Lied mit Melodie in der Oberstimme und zwei oder drei instrumentalen Begleitstimmen. Im 15. Jahrhundert ist sie noch vertreten bei Künstlern wie → Guillaume Dufay und → Gilles Binchois. Dann geht die Ballade in den Chansons auf. Im 18. Jahrhundert wird sie als Gedicht mit vorzugsweise episch-dramatischen Elementen, die sagenhafte Begebenheiten schildern, wieder ein Begriff. Als selbständige Liedkomposition entwickelt sich die Ballade Ende des 18. Jahrhunderts nach Gottfried August Bürgers »Leonore«. In den Vertonungen seines Gedichtes erhält meist jede Strophe ihre eigene Melodie, oft wechseln Gesang, Melodrama und reine Deklamation miteinander ab. Den rechten Balladenton treffen später Karl Loewe und Franz Schubert. Frédéric Chopin führt die Ballade in die Instrumentalmusik ein.

Ballard

Bedeutender französischer Musikverlag des 16. bis 18. Jahrhunderts. Er wird 1551 in Paris von Robert Ballard und Adrian Le Roy gegründet. Seine größte Bedeutung erreicht der Verlag im 17. Jahrhundert. Mit wenigen Ausnahmen druckt er die gesamte französische Musik. Das Unternehmen muß 1790 seinen Betrieb einstellen. Es endet mit dem Entzug der Privilegien nach Ausbruch der → Französischen Revolution.

Bänkelsang

Der Gesang, den die umherziehenden Sänger seit dem 17. Jahrhundert auf Straßen und Märkten zur Laute, Violine oder Drehorgel vortragen. Die Bezeichnung geht auf die kleine Bank (süddeutsche Verkleinerungsform: bänkel) zurück, auf der der Bänkelsänger während der Darbietung seiner Lieder steht. Er besingt mit monotoner, langgezogener Stimme und eingeschobenen Prosaerläuterungen schauerliche und aufregende Aktualitäten, wie Verbrechen und Katastrophen, sowie wunderbare oder rührende Ereignisse. Nicht selten wird der Inhalt der Lieder auf Bildtafeln dargestellt oder auf Zetteln (fliegende Blätter) gedruckt und verkauft. Die einfachen Melodien entlehnen die Sänger oft von volkstümlichen Liedern. In der zweiten Hälfte des 18. Jahrhunderts greift die Kunstdichtung den Bänkelsang auf. Als Lied und Chanson der → Moritat wird er bis ins 20. Jahrhundert vom → Kabarett gepflegt. In seiner Art dichten unter anderem → Frank Wedekind, → Christian Morgenstern, → Joachim Ringelnatz und → Bertolt Brecht.

Barbara

(eigentlich Monique Serf), französische Chansonsängerin, geboren am 9. Juni 1930 in Paris. Sie ist die Tochter einer russischen Mutter und eines elsässischen Vaters. Während der deutschen Besatzung im Zweiten Weltkrieg flieht sie mit ihrer Familie unter anderem nach Grenoble. Nach dem Krieg kehrt sie nach Paris zurück. Dort studiert sie Gesang, erhält den Preis der »Ecole Supérieur de musique« und 1947 den »Prix Léopold Bellan«. Ein Jahr später studiert sie am Pariser Konservatorium. Die sich anbahnende Karriere wird allerdings durch ihre Ehe mit einem Jura-Studenten und dem damit verbundenen Umzug nach Brüssel unterbrochen. Als die Ehe in die Brüche geht, zieht sie zurück nach Paris. Sie singt in den → Cabarets des Quartier Latin Chansons aus dem Repertoire von → Yvette Guilbert und Lieder, unter anderem von → Léo Ferré und → Jacques Brel. Wegen ihrer stets schwarzen Bühnenkleidung verleiht ihr das Publikum bald den Beinamen »Schwarze Witwe«. 1960 erhält Barbara für ihre Schallplatte mit Chansoninterpretationen von → Georges Brassens den → »Grand Prix de l'Académie du Disque Français«. Trotz der hohen Auszeichnung bleibt sie im künstlerischen Abseits. Zu ihrem Höhenflug setzt sie erst 1963 an, als sie ihr Repertoire auf eigene Chansons umstellt und → Georges Brassens sie unter seine Fittiche nimmt. Ein Auftritt in der populären Fernsehsendung »Mardi des capucines« bringt ihr schließlich viel Aufmerksamkeit. Der Zuhörerkreis vergrößert sich. Es folgen vielbeachtete Auftritte in den → Music-halls → »Bobino« und → »Olympia«. Barbaras Stimme zeichnet sich durch Filigranität aus. Auch ihre Lieder strahlen meist Zartheit und Eleganz aus. »Ich bin sehr bedächtig im Umgang mit meinen Themen, Texten und Tönen«, meint sie. Dies sei ein Ausdruck der Spuren, die die Kriegsjahre hinterlassen haben. Einige Chansontitel: »Nantes«, »Pierre«, »Le bel âge«, »A mourir pour mourir«, »Paris 15 août«, »Dis quand reviendras-tu?«, »Le temps des Lilas«, »La solitude«. Felix Schmidt charakterisiert ihre Werke so: »Es sind Chansons, die Barbaras besessene Egozentrik artikulieren, Lieder, in denen sie psychologischen Exhibitionismus treibt, ihre Gier, Menschenscheu und Verwundbarkeit preisgibt. Sie kennen nur zwei Dinge: nimmersatte Sehnsucht nach Liebe und eine gewaltige Lebensangst.«

Barde

ursprünglich keltischer Sänger und Dichter, der von religiösen und heldischen Ereignissen berichtet. Er begleitet seine Lieder auf der Harfe. Als letzter irischer Barde gilt Tourlough O'Carolan. Im Mittelalter werden Barden in Schottland oft als erbliche Diener der Fürsten und Adligen an den Hof gezogen. Neuere Bardendichtung geht auf Macphersons »Ossian« zurück. Heute Bezeichnung für → Liedermacher und Chansonsänger wie → Konstantin Wecker oder → Ludwig Hirsch.

Barrière, Alan

französischer Chansonsänger, geboren am 18. November 1935 in La Trinité-sur-Mer (Bretagne). Er kommt 1961 in die Endausscheidung des »Coq d'or« des französischen Chansons ins → »Olympia«. Unter anderem gelangen seine Kompositionen »Cathy« und »La Marie Joconde« in die französische Hitparade. 1963 vertritt er mit »Elle était si jolie« Frankreich im Eurovisions-Wettbewerb. Drei Jahre später wird er in der → Music-hall → »Bobino« mit dem »Ehrenband des französischen Chansons« ausgezeichnet. Seine Texte zeugen von unbeschwerten Ereignissen, Begegnungen und Eindrücken. Musikalisch bevorzugt er Transparenz und instrumentale Ökonomie. »Seine Chansons heben sich vom formelhaft-einschläfernden Leerlauf der Musikszene positiv ab.«

Basselin, Olivier
französischer Volksdichter. Er lebt nach 1400 in der Normandie und soll 1450 im Kampf gegen die Engländer gefallen sein. Er dichtet satirische Volkslieder und Gassenhauer, die nach seiner Heimat Val-de-Vire (Tal der Vire), später → Vaux-de-Vire und → Vaudeville, benannt werden. Er soll der Erfinder der → Chansons à boire (Trinkchansons) gewesen sein. Die Bibliothek in Caen bewahrt ein autographes Manuskript auf, das Experten ihm zu schreiben.

Bastille
Am Tor Saint-Antoine in Paris gelegene Zwingburg. Sie ist im 14. Jahrhundert erbaut worden und dient später als Staatsgefängnis. Am 14. Juli 1789 kommt es durch bewaffnete Bürger zum Sturm auf die Bastille, die als Symbol des bourbonischen Despotismus gilt. Mit der Erstürmung und Zerstörung beginnt die → Französische Revolution (1789 bis 1795). Zahlreiche Chansons haben den Volksaufstand und den Sturm auf die Bastille zum Inhalt.

Bastille: Symbol der Tyrannei.

Béart, Guy

französischer Chansonsänger, geboren 1930 in Nizza. Béart erlernt zunächst den Beruf eines Ingenieurs für Brückenbau. Nebenbei verfaßt er Chansons und tritt in Kleinkunstbühnen auf. → Jacques Canetti verpflichtet den singenden Intellektuellen für sein → Cabaret »Les → Trois Baudets«. Ferner schreibt er mehrere Theaterstücke. Sie stehen hauptsächlich unter dem Einfluß von Franz Kafka. 1957 wendet er sich schließlich ganz dem Chanson zu. Bereits seine erste Schallplattenaufnahme, »L'eau vive«, wird ein Beststeller. Béart schöpft in seinen Chansons immer wieder aus dem früheren Berufsleben. So stellt er wiederholt Fluch und Segen der Technik in den Mittelpunkt seiner Texte. Gleichzeitig gibt er sich düster und konfrontiert holzschnittartig mit der Macht des Schreckens. In »Alphabet« geht die Erde unter und in »Les temps étranges« inszeniert er eine Horrorvision, in der Menschen durch radioaktive Staubwolken mutieren. Das Chansons »Quie suis-je« sieht ihn als Außenseiter, der, anstatt durch feuchte Erde durch Schwefel und Asphalt geistert. Auch in seinen Titeln »Laura«, »L'agent double«, »Poste restante«, »Moitié moi, moitié toi« und »Le chapeau« legt er immer wieder eindringliche Zeugnisse mystisch-visionärer Szenen und seiner Sehnsucht nach Menschenliebe ab. Über den Ausdruckswert des Chansons sagt er: »Es ist eine Kunstpille, ein verlängertes Schlagwort, ein Faustschlag.« Seine oft statisch und präzis konstruierte, aber eingängige Musik unterstreicht seine Grellheit, Ausdrucksübersteigerung und Entstellung der Bildhaftigkeit als adäquates Stilmittel.

Bécaud, Gilbert

(eigentlich François Silly), französischer Chansonsänger, geboren am 24. Oktober 1927 in Nizza. Er studiert Musik am Konservatorium in Nizza. Von 1950 bis 1952 arbeitet er als Klavierbegleiter von Jacques Pills. Dann fällt er → Edith Piaf auf, die ihn als Sänger fördert. Er komponiert für sie unter anderem das Chanson »Je t'ai dans la peau«, für Dalida den Hit »Am Tag, als der Regen kam« und für → Marlene Dietrich »Marie-Marie«. 1953 bekommt er den → »Grand Prix de l'Académie du Disque Français« für seine Schallplatte »Quand tu danses«. Ein Jahr später debütiert er als → Vedette in der → Music-hall → »Olympia« und erhält wegen seines schwungvollen Temperaments das Etikett »Monsieur cent ville Volts« (Monsieur 100 000 Volt). Bécaud transportiert die Stilistik des amerikanischen Jazzgesangs ins Französische und revolutioniert mit dieser Ausdruckskraft die Chansonszene. In seinen Texten blickt er nach vorn, baut Lebensmut auf und ist optimistischer Gegenpol zum resignativen Geist der Intellektuellen von → Saint-Germain-des-Prés, tröstet mit dichterischen Träumen und plädiert für Freundschaft, Toleranz und universales Harmoniestreben. Romantische Lyrik lebt nur selten in seinen Werken auf. Mit Chansons wie »Têtes de bois«, »C'était mon copain«, »Je veux te dire adieu«, »L'important c'est la rose«, »Monsieur le Président, Directeur Général et le lapin« und »Et maintenant« klettert er weiter die Erfolgsleiter hinauf. Nach einer Reise in die Sowjetunion kreiert er unter Benutzung des russischen Folkloreliedes »Kalinka« seine berühmte »Nathalie«.

Gilbert Bécaud: Monsieur 100 000 Volt.

Belina

(eigentlich Lea Nina Rodzynek), deutsche Chansonsängerin, geboren am 6. Februar 1925 in Sterdyn (Polen). Sie ist die Tochter polnischer Juden. Als die Nationalsozialisten in Polen einfallen, taucht sie mit falschen Papieren in einer Hamburger Fabrik unter. Sie wird jedoch denunziert, von der Gestapo verhaftet und gefoltert. Ihr gelingt die Flucht, sie kommt aber bald erneut in ein Lager, bis die Engländer sie befreien. Nach dem Krieg lebt sie zunächst in Hamburg, spielt an einem jiddischen Theater in Paris und konzentriert sich auf Folkloresongs und Chansons. 1957 macht sie im Studio von »Radio Beromünster« ihre ersten Rundfunkaufnahmen. Bei Dreharbeiten zu dem Fernsehfilm »Porträt einer Sängerin« lernt sie den Gitarristen Siegfried Behrend kennen. Mit ihm gründet sie ein Duo. Es entstehen einige Langspielplatten, unter anderem »Folklore-Sessions. 24 Songs And One Guitar«. Ihre schnörkellose, bestechende Vokaltechnik bewahrt ihre Lieder und Chansons vor Klischees und Kitsch. Zusammen mit dem ausgereiften Gitarrenspiel Behrends ermöglicht das Duo dem Publikum einen neuen intellektuellen Zugang zum Thema Folklore und Chanson. 1981 startet die, bei ihren Auftritten zumeist schwarz gekleidete Künstlerin ein Solo-Comeback, nachdem sie sich ein Jahrzehnt vorher vom Showgeschäft zurückgezogen hatte. Das auf den Markt gebrachte Album »Meine Phantasie« enthält unter anderem Chansons von → Jacques Brel. Mit ihrer Absage an theatralische Konventionen bringt sie die existentialen Zustände und Grunderfahrungen in ihren Liedern formal in stimmliche Schwingungen zum Ausdruck. Scheinbar mühelos offenbart sie das Erleben der Zeitlichkeit und der Vergänglichkeit der Isolation in dichtester musikalischer Atmosphäre. »Gegen Angst, Ungewißheit, Bedrohung und Schmerz wehrt sich der Mensch, indem er sich betätigt, indem er spielt oder singt«, meint sie. Besonders eindrucksvoll verarbeitet sie ihre chansonhaften jiddischen Interpretationen. Darin drückt sie musikalisch die gesamten Erfahrungen ihrer Jugendjahre während des Zweiten Weltkrieges aus, betont sie.

Belle Epoque

Die Glanzzeit, die »schöne Epoche«, des französischen Bürgertums von 1885 bis 1914, in der Technik und Verkehr große Fortschritte machen (Weltausstellung 1889 und 1900, Bau des → Eiffelturms, Eröffnung der Métro). Kunst, Literatur und Musik genießen eine nahezu unbeschränkte Freiheit und Förderung. Das bürgerliche Leben ist von Vergnügen und der Mode bestimmmt. Die Leichtlebigkeit dieser Ära hat sich nachdrücklich in den Chansons niedergeschlagen.

Bellman, Carl Michael

(Pseudonym: Fredman), schwedischer Dichter, geboren 1740, gestorben 1795 in Stockholm. Der volkstümlichste Dichter Schwedens schreibt treffliche, von Humor durchwirkte Schilderungen der nordischen Natur und der Alltäglichkeiten. Er versteht sich darauf, das Leben zu feiern. »Ich wißt doch: Trinken ohne Trinkspruch ist reine Sauferei. Also liebe Schwestern, liebe Brüder: Ich wünsche euch einen Sarg aus hundertjährigen Eichen, die heute gepflanzt werden«, verkündet er. »Die schlimmste Verkennung, die ihm zuteil wird, ist die spießige Anekdote, die den tänzerischen Geist zum Saufbruder erniedrigt und ihn mit den grotesken Gestalten seiner dichterischen Verklärung – heiterem Bacchusvolk aus Schenken, Bällen und lasziven Gartenfeten – ranglos gleichsetzt oder verwechselt« (Georg Schwarz). → Hannes Wader hat Bellmans »Episteln« bearbeitet und mit → Reinhard Mey und → Klaus Hoffmann unter dem Albumtitel »Liebe. Schnaps. Tod« neu eingespielt. Bellmans Chansons strotzen »vor Lebenslust, Todesahnung und Wirtshausraufereien, die Lust machen zum Mitfeiern« (Die Woche).

Benatzky, Ralph

(eigentlich Rudolph Benatzky), österreichischer Komponist, geboren am 5. Juni 1884 in Mährisch-Budwitz, gestorben am 17. Oktober 1957 in Zürich. Er ist in München Schüler von Generalmusikdirektor Felix Mottl. 1926 geht er nach Berlin. Hier hat er Ende der zwanziger und Anfang der dreißiger Jahre seinen größten Erfolg. Er schreibt Revue-Operetten, musikalische Lustspiele, Kabarettstücke und Chansons. Seine Singspieloperette »Im Weißen Rößl« (1930) gehört noch heute zu den erfolgreichsten Werken des musikalischen Unterhaltungstheaters. Ähnlich große Resonanz verbuchen die musikalischen Lustspiele »Meine Schwester und ich« (1930) und »Bezauberndes Fräulein« (1933). Mit »Axel an der Himmelstür« (1936) gelingt ihm die frühe Form eines deutschen Musicals. 1933 verläßt er Deutschland. Über Wien und Paris gelangt er 1940 nach Hollywood. Seit 1948 lebt er in Zürich. Ralph Benatzky vereinigt Wiener Charme und Musikalität in sich. Zusammen mit seiner Frau Josma Selim – eine der beliebtesten → Diseusen der zehner und zwanziger Jahre und eine der letzten strahlenden Erscheinungen eines verschwundenen Kunstgenres – gehört er zu den wenigen, die Chansons auf Konzerttourneen darbieten. Weltberühmt wird sein Werk »Ich möcht' einmal wieder in Grinzing sein«. »Seine musikalische Substanz ist der schöne Schein, die bunte, schillernde Illusion«, meint ein Kritiker. »Seine Frische, seine Harmonien wirken bestrickend und aufreizend zugleich.«

Benkhoff, Fita
deutsche Schauspielerin und Sängerin, geboren am 1. Oktober 1908 in Dortmund, gestorben am 26. Oktober 1967 in München. Kritiker bezeichnen sie als charakterstarke Bühnenakteurin. Sie gastiert unter anderem an Theatern in Dortmund, Lübeck, Düsseldorf, Breslau, Wien und Berlin. Sie singt derb-komische Chansons, wie »Ich habe eine starke und eine schwache Seite« und »Wenn die Männer wüßten, wie die Frauen sind«. »Ihre eigenwilligen Lieder sind für eine breite Hörerschicht ausgerichtet. Da bleiben für ausgeprägte Individualität und ausgeklügelte Raffinessen wenig Spielräume« (Mathias Schnabel).

Béranger, Pierre-Jean de
französischer Dichter, geboren 1780, gestorben 1857. Er ist in der Geschichte des französischen Chansons eine der außergewöhnlichsten Persönlichkeiten. Durch seine Entschlossenheit und direkte, ungeschönte Beurteilung der aktuellen Ereignisse wird er von seinen Zeitgenossen geachtet und bewundert, aber auch gehaßt und verspottet. Er ist der Sohn eines Schneiders und arbeitet zunächst als Buchdrucker, später als Kanzleischreiber an der Universität von Paris. Er ist überzeugt von der Gerechtigkeit und der weisen Machtentscheidung der Regentschaft. Doch Korruption, höfische Intrigen und Vorteilsnahmen enttäuschen ihn. In seinen Werken sieht er ein Mittel, sein Unverständnis darüber aufzuarbeiten und zugleich zur Aufklärung beizutragen und unlautere Machenschaften anzuklagen.

Er heroisiert die Vaterlandsliebe, die Ehrlichkeit und die unbedarfte, unschuldige Jugend. Verstärkt weist er in seinen Chansons auch auf Armut und Elend hin, die er jedoch für eine bessere Tugend hält als speichelleckerischen politischen Opportunismus. Mit Béranger bleibt das Lied »nicht mehr bloßer Spiegel, sondern wandelt sich zur bewegenden Kraft« (Charles Imbert). Seine Chansons, wie »Le bon Français«, »Lex boxeur« oder »La frande orgie«, richten sich unumwunden gegen Zensur, politische Wendehälse und korrupte Beamte. Sie sind äußerst populär und werden sowohl in den kleinbürgerlichen → Goguettes als auch in den vornehmen Salons und → Caveaux gesungen. »Seit das Volk 1789 die Geschichte des Landes in die Hand genommen hat, entwickeln sich die patriotischen Gefühle und Gedanken aufs schönste, was unsere Geschichte beweist. Das Chanson als ›Ausdruck der Gefühle des Volkes‹ erhebt sich jetzt zur Aussage der höchsten Freuden und Leiden, welche der bürgerlichen Klasse Triumph oder Niederlage bereiten«, legt Béranger dar. Der französische Schriftsteller Stendhal attestiert ihm,

Pierre-Jean de Béranger: feste Größe im französischen Chanson.

»keine große Bewegung der öffentlichen Meinung verstreichen zu lassen, ohne in seinen Versen zum Ausdruck zu bringen, was die Leute in Paris laut aussprechen. Seine Chansons sind geradezu nationale Oden: sie wenden sich an den ureigensten Charakter der Franzosen.« Aufsehen erregt er 1813 mit seinem Chanson »Roi d'Yvetot«, das sich kritisch mit dem Machthaber und den Privilegien der Obrigkeit auseinandersetzt, und das das Volk mit viel Beifall und Resonanz aufnimmt. Louis XVIII. läßt dem Dichter mitteilen, unter »gewissen Voraussetzungen« könne man über das Werk hinwegsehen. Béranger verzichtet auf den »Handel«. Er fühlt sich in der Gunst der liberalen → Bourgeoisie geborgen. Doch dies ist ein Trugschluß. Man wirft ihm vor, sein Chanson »Le vieux drapeau« habe das Volk zu Kundgebungen und Mißfallensäußerungen aufgehetzt. Er wird seines Postens an der Universität enthoben und wegen »Verletzung der guten Sitten, eines Angriffs auf die öffentliche Moral und Religion und wegen Beleidigung des Königs« unter Anklage gestellt. Das Urteil: drei Monate Gefängnis und 500 Francs Geldstrafe. Auch der Nachfolger von Louis XVIII., Charles X., hat Probleme mit der offenen und direkten Kritik des Dichters. Als Béranger 1828 seine Chansons gegen die Bürokratie, die Kirche und die Aristokratie unter dem Titel »Chansons inédites« herausbringt, kommt es erneut zum Prozeß. Diesmal wird er wegen Majestätsbeleidigungen, Religionsfrevel und Aufforderung zum Widerstand gegen die Regierung zu einer Gefängnisstrafe von neun Monaten und einer Geldbuße von 10 000 Francs verurteilt. Béranger verfaßt aber nicht nur politische Chansons. Er schreibt auch Stücke mit satirischen Inhalten. Hier schaut er dem Volk aufs Maul, greift seine Sorgen und Nöte auf und zeichnet so kleine Zeitgemälde. Wie illuster und bedeutend Béranger ist, zeigen die Urteile verschiedener berühmter Persönlichkeiten. »Er hat nie eine gelehrte Schule, nie eine Universität besucht, und doch sind seine Lieder so voll reifer Bilder, so voll Grazie, so voll Geist und feinster Ironie und von einer solchen Kunstvollendung und meisterhaften Behandlung der Sprache, daß er nicht die Bewunderung von Frankreich, sondern des ganzen gebildeten Europas hat«, stellt Johann Wolfgang von Goethe begeistert fest. Heinrich Heine bekennt 1849: Béranger sei eine derart überraschend gesunde Erscheinung inmitten einer kranken Gesellschaft, daß er ihm in Deutschland nichts an die Seite zu setzen wüßte. Der Politiker Adolphe Thiers nennt den Sänger den »französischen Horaz«. Der französische Dichter und Staatsmann François-René Chateaubriand sagt: »Wie La Fontaine in der Fabel, so erreicht Béranger im Chanson den höchsten Stil.«

Berceuse

Wiegenlied, eigentlich »wiegende Frau«, wörtlich »die Einlullende«. Unzählige Chansons behandeln das Thema in volkstümlicher Form.

Bergerette

In der zweiten Hälfte des 15. Jahrhunderts eine dem → Virelai textlich und musikalisch ähnliche Refrainform mit nur einer Hauptstrophe. Im 17. und 18. Jahrhundert bezeichnet man in Frankreich darunter ein Chanson mit pastoralem oder amourösen Text, der → Brunette verwandt.

Berlin

Hauptstadt und größte Stadt Deutschlands, liegt an der Mündung der Spree in die Havel, an einem weitverzweigten Netz von Kanälen. Die Stadt entsteht 1307 aus der Vereinigung von Cölln und Berlin und wird Vorort des Märkischen Bundes und Mitglied der Hanse. Sie gewinnt schnell an Bedeutung und wird in der Mitte des 15. Jahrhunderts das politische Zentrum des Kurfürstentums Brandenburg. 1709 steigt Berlin zur königlichen Residenz auf. Mit der Kaiserproklamation in Versailles wird Berlin 1871 Hauptstadt des neugegründeten Deutschen Reiches und entwickelt sich zu einer mitteleuropäischen Metropole. 1912 schließt sich die Kommune zu einem Zweckverband mit umliegenden Städten und Ortschaften zusammen. Acht Jahre später hebt sich Groß-Berlin als eigene Provinz aus der Taufe. Während des Zweiten Weltkrieges leidet die Stadt vor allem durch die schweren Luftangriffe der Alliierten. Dennoch bleiben zahlreiche monumentale Bauwerke erhalten, so das Brandenburger Tor, das Zeughaus und die Marienkirche, während das Reichstagsgebäude, die Staatsoper und die Universität teilweise zerstört werden. Nach Ende des Krieges wird die Stadt einer Viermächteverwaltung (USA, Sowjetunion, Großbritannien und Frankreich) unterstellt und in vier Besatzungssektoren aufgeteilt. Im Juni 1948 sperrt die Sowjetunion die Landwege für den

Güter- und Personenverkehr nach West-Berlin und unterbricht die Stromversorgung. Der Kreml will mit der Blockade die Westalliierten aus der Stadt vertreiben und die Gründung eines westdeutschen Staates verhindern. Die West-Berliner können weder Milch noch frisches Gemüse einkaufen. Tagelang erhält die Bevölkerung Notrationen. Die westlichen Besatzungsmächte beschließen, den Status der Stadt zu erhalten. Am 26. Juni 1948 starten sie die größte Luftbrücke der Geschichte. Britische und amerikanische Flugzeuge transportieren rund um die Uhr Hilfsgüter nach Berlin. Bei fast 280 000 Flügen bringen sie rund 1,5 Millionen Tonnen Güter in die blockierte Stadt: neben Kleidung, Werkzeugen und Maschinen aller Art, auch 1,2 Millionen Tonnen Kohle und 362 000 Tonnen Nahrungsmittel. 57 000 Personen sind an dem Unternehmen beteiligt. 22 Flugzeuge stürzen ab, 76 Menschen sterben für die Freiheit Berlins. Die Kosten der Luftbrücke belaufen sich insgesamt auf rund 200 Millionen US-Dollar. »Schaut auf diese Stadt«, ruft Bürgermeister Ernst Reuter den Völkern der Welt zu. Im Mai 1949 geben die Russen auf. Am 1. Oktober 1950 wird West-Berlin deutsches Land mit eigener Verfassung und Verwaltung. Es umfaßt zwölf Bezirke mit einer Fläche von rund 480 Quadratkilometer. Ost-Berlin, Regierungssitz der Deutschen Demokratischen Republik (DDR), teilt sich in acht Bezirke und circa 403 Quadratkilometer auf. Am 17. Juni 1953 rufen die Arbeiter in Ost-Berlin zu einem Aufstand auf, der mit sowjetrussischer Militärhilfe niedergeschlagen wird. Am 13. August 1961 riegeln bewaffnete Einheiten der Volkspolizei und Betriebskampfgruppen der DDR die Zugänge nach West-Berlin mit Stacheldraht und Straßensperren ab. Zwei Tage später wird mit dem Bau einer 165 Kilometer langen Mauer um West-Berlin begonnen. Durch den Bau der Mauer ist die Teilung Berlins besiegelt. An ihr sterben bei Fluchtversuchen 178 Menschen. Im Juni 1963 besucht US-Präsident John F. Kennedy die geteilte Stadt und begeistert die Bevölkerung mit den Worten »Ich bin ein Berliner«. Erst 28 Jahre später kommen Ost- und West-Berliner wieder ungehindert zusammen. Massenproteste, eine massive Verschlechterung der Wirtschaftslage in der DDR, die politische und wirtschaftliche Öffnung der Sowjetunion gegenüber dem Westen und eine anhaltende Fluchtwelle von DDR-Bürgern haben im Vorfeld Löcher in den »Eisernen Vorhang« gerissen. In der Nacht vom 9.

auf den 10. November 1989 fällt vollkommen überraschend die Berliner Mauer. Nach freien Wahlen, Währungsunion und dem Beitritt der neugegründeten Länder erfolgt die Wiedervereinigung Deutschlands. Vor dem Schöneberger Rathaus feiern die Menschen 1990 enthusiastisch die deutsche Einheit. Entsprechend dem Beschluß des deutschen Bundestages von 1991 wird Berlin Parlaments- und Regierungssitz. – Berlin zählt in den zwanziger Jahren zu den Hochburgen des deutschen literarischen Chansons. Möglich hat es eine urbane Kulturszene gemacht, trotz der Einengung durch die moralischen und politischen Zwänge der preußischen Zensoren. Die ironische Auseinandersetzung mit den aktuellen Modeerscheinungen gilt als hochmoderne Kunst eines neuen Jahrhunderts. → Ernst von Wolzogen eröffnet hier 1901 das Künstlerkabarett → »Überbrettl«. Im gleichen Jahr heben → Max Reinhardt das → »Schall und Rauch« sowie → Otto Julius Bierbaum das »Trianon-Theater« aus der Taufe. Weitere Lokalitäten dieses Genres sind »Der hungrige Pegasus«, »Im siebenten Himmel«, »Die silberne Punschterrine«, »Die Schminkschatulle«, »Die grüne Minna«, »Klimperkasten«, »Roland von Berlin« und das »Kabarett Unter den Linden«. Die meisten vor dem Ersten Weltkrieg ins Leben gerufenen → Kabaretts halten sich allerdings nicht lange. Nach dem Krieg ist wieder Max Reinhardts »Schall und Rauch« da, weiter das »Karussell«, das → »Café Größenwahn«, Werner Fincks »Katakombe«, → Rosa Valettis »Larifari«, das »Kabarett der Komiker«, die »Rakete« und »Die Rampe«. Die → »Wilde Bühne« wird von → Trude Hesterberg eröffnet und ist durch die Aufritte von → Bertolt Brecht unvergessen. Die Berliner Künstlerkabaretts ziehen, ähnlich wie die in → München, begabte Dichter, Komponisten, Sänger und Schauspieler an und mausern sich zu einem kulturellen Kommunikationszentrum. Sie greifen in ihren Werken gerne das »Milljöh« mit seinen Arbeiterfrauen und Kleinbürgern auf, setzen sich mit Pickelhauben und den Droschkenkutschern in ihren steifbockigen Pelerinen auseinander, weisen auf Weißbierwirte und Luden, nachkriegszeitliche Schieber, Zuhälter, Nutten, Arbeitslose, Handwerker, Invaliden und bleichgesichtige, rachitische, altkluge Kinder mit frechem Mundwerk hin. Die Kabarettisten schauen dem Volk »aufs Maul«, wissen in ihren »Verhältnissen« oft besser Bescheid als das Einwohnermeldeamt oder die Sittenpolizei, gehen sie doch bei vielen in der Familie oder in den Destillen, wo man Buletten, Bratheringe, Eisbein mit Sauerkraut oder Rollmöpse ißt, ein und aus. Sie kennen ihre Dirnen- und Verbrecherlieder, ihre gastfreundlichen Festivitäten, ihren nicht umzubringenden Optimismus und ihre Kunst, auch unter den schmachvollen Lebensbedingungen noch glücklich zu sein. »Elend, achwo, Elend iss nur wennde hinkiekst und mußte ja nich«, heißt es salopp. Lieder wie das vom Leierkastenmann, der »Krummen Lanke« oder der Sportpalastwalzer laden in den zwanziger Jahren ebenso zu einem musikalischen Streifzug durch Berlin ein wie die → Moritat von Fritze Bollmann oder der Gassenhauer »Das war in Schöneberg«. Fred Weyrich, Produzent unter anderem von → Hildegard Knef, berichtet über das einstige Berlin: »Man schreibt 1930 – da gibt es in Berlin an die vierzig täglich spielende Theater, rund 200 Kinos, darunter zehn prunkvolle Uraufführungshäuser. In den Filmateliers Babelsberg, Tempelhof, Johannisthal, Grunewald und einigen kleinen mehr werden jährlich über 120 Spielfilme gedreht. Berlin hat 4,3 Millionen Einwohner. Aus den vielen Tanzpalästen, den großen → Varietés und winzigen Kabaretts tönen die melodiösen Schlager und Chansons, die es für Zweimarkfünfzig auf zerbrechlichen Schellackplatten zu kaufen gibt. Das ist Milljöh!« Nach dem Zweiten Weltkrieg büßt Berlin durch die Zoneneinteilung seine kulturelle

Berlin: einst Hochburg des deutschen literarischen Chansons.

Vormachtstellung ein. Die Wiedervereinigung mit ihrem finanziellen Kraftakt stellt die Gemeinsamkeiten der Lebensverhältnisse und der Kulturlandschaft in Ost und West langsam wieder her. Berlin heute: das sind Bürgerviertel und Trabantenstädte, Villenvororte und Parkanlagen, Kaufrausch und Alternativoasen, Bahnhöfe und Industriekultur. All diese auf den ersten Blick widersprüchlich erscheinenden Aspekte vereinigt Deutschlands Weltstadt in sich.

Bernart de Ventadour
(auch Bernart de Ventadorn), → Troubadour, geboren zwischen 1125 und 1130 auf Schloß Ventadour (Corrèze), gestorben um 1195 im Kloster Dalon bei Périgueux (Dordogne). Er hält sich nach 1152 mehrere Jahre am normannischen und englischen Hof auf. Ihm gelingt es, dichte Chansons zu schaffen, die Sehnsucht, Traum und Verlangen beinhalten. Er verfaßt zahlreiche Liebeschansons auf die Gattin Heinrichs II., Eleonore von Aquitanien. Von ihm stammt das heute noch bekannte Lied »Lancan vei la Folha«.

Bertran de Born
→ Troubadour, gestorben 1215. Er gehört dem Ritterstand an und schreibt vorwiegend → politische Chansons, in denen er sich kritisch mit den Machthabern und dem Klerus auseinandersetzt. Sein Andenken im Deutschen ist durch Gedichte Heinrich Heines gewahrt.

Bierbaum, Otto Julius
deutscher Schriftsteller, geboren 1865, gestorben 1910. Ausgelassen-humoristische Dichtungen machen ihn zum Hauptvertreter der → Bohème. 1894 gibt er die Zeitschrift »Pan« heraus. Er eröffnet 1901 das »Trianon-Theater« in Berlin und stoßt später zu den → »Elf Scharfrichtern«. Er ist Verfasser zahlreicher Chansons, unter anderem »Schlagende Herzen«, »Rosen«, »Der melancholische Narr«, »Lied in der Nacht« und »Der alte Orgelmann singt«. Er schreibt Romane (»Pankrazius Graunzer«, »Das schöne Mädchen von Pao«, »Prinz Kuckuck«), Novellen (»Kaktus«), Sing-, Bühnen- und Tanzspiele (»Gugeline«, »Pan im Busch«, »Stelle und Antonie«) und Gedichte (»Irrgarten der Liebe«). In seinem Roman »Stilpe« stellt er die Idee des »literarischen → Varietés« dar. Bierbaum vergleicht das

Chanson mit einem »hübschen Strauß, in dem die Blumen lachen. Die paar dunkle Flecken dazwischen, ernste Blätter aus dem Herbste, stören das Ganze nicht, heben es nur.«

Biermann, Wolf

(eigentlich Karl-Wolf Biermann), deutscher Lyriker und → Liedermacher, geboren am 15. November 1936 in Hamburg. Er ist der Sohn kommunistischer Arbeiter. Sein Vater wird verhaftet, als er Waffenlieferungen an Franco sabotiert, und 1943 in Auschwitz getötet. Diese Wurzeln prägen entscheidend sein Leben. 1953 wechselt er in die DDR über. Dort studiert er Politische Ökonomie, dann Philosophie und Mathematik. 1957 unterbricht er sein Studium und arbeitet bis 1959 als Regieassistent am »Berliner Ensemble«. Hier lernt er → Hanns Eisler kennen, dessen Arbeiten für seine weitere künstlerische Entwicklung von entscheidender Bedeutung sind. Anfang der sechziger Jahre beginnt er unter dem Einfluß von → Georges Brassens, des amerikanischen Protestsängers Bob Dylan sowie des Dramatikers → Bertolt Brecht und des traditionellen → Arbeiterliedes Texte zu schreiben. Er liebäugelt mit Bibelgeschichten und läßt auch mal → Moritaten und Kinderreime einfließen. Er bezeichnet sich als → Liedermacher. Er sucht darin Annäherung an sein Vorbild, den »Stückeschreiber« Bertolt Brecht und charakterisiert damit den künstlerischen Schaffensdrang als simplen Arbeitsprozeß, fern von überhöhter Intuition. Als das DDR-Regime 1960 den Bau der Berliner Mauer beschließt, nimmt er zum Realsozialismus eine kritische Haltung ein und dokumentiert dies mit aufmüpfigen Liedern. Sein Theaterstück »Berliner Brautgang« setzt sich mit der Liebe in der geteilten Stadt auseinander. Von 1961 an leitet er das von ihm mitbegründete »Berliner Arbeiter- und Studententheater«, das 1963 von der Partei verboten wird. Im gleichen Jahr schließt ihn die SED aus. Dazu entstehen seine Lieder »Die Ballade von dem Mann, der sich eigenhändig beide Füße abhackte« und »Antrittsrede des Sängers«. Nach einer Konzerttournee durch Westdeutschland (1964) und einem Auftritt mit Wolfgang Neuss auf der Abschlußkundgebung des Ostermarsches 1965 in Frankfurt / Main erhält er von der DDR-Regierung absolutes Auftritts- und Ausreiseverbot. Während dieser Zeit schreibt Biermann weiterhin Lieder, Gedichte, Theaterstücke, macht Aufnahmen und gibt Interviews.

Seine Publikation »Die Drahtharfe« wird mit seinen Balladen, Gedichten und Liedern zu einem der meistgelesenen Lyrikbänden der deutschen Nachkriegsliteratur. Gemeinsam mit Robert Havemann entwickelt er sich zur Zentralfigur einer Opposition gegen bürokratischen Feudalsozialismus. 1974 verleiht ihm die Stadt Köln den Jacques-Offenbach-Preis. Die Jury begründet ihre Auszeichnung unter anderem damit, daß Biermann etwas zu sagen habe. »Er ist ein politisch selbstbewußter Dichter, ein atemberaubend sensibler und wacher Musiker. Ein Interpret, der ungemein differenziert zu Werke geht, kraftvoll, beißend, ironisch, mit schauspielerischer Intensität.« An anderer Stelle wird er als »würdiger Nachfolger von → François Villon, → Georges Brassens und Bertolt Brecht« bezeichnet. Das Auftrittsverbot dauert elf Jahre. 1976 erhält er überraschend ein Aus- und Wiedereinreisevisum der DDR für eine Tournee durch die Bundesrepublik. Einige Tage nach dem ersten Konzert wird Biermann die DDR-Staatsbürgerschaft aberkannt und er wird ausgebürgert. Diese Maßnahme, die erstmals seit dem Nationalsozialismus in einem deutschen Land ergriffen wird, führt zu heftigen internationalen Protesten. Biermann ist gezwungen in Westdeutschland zu bleiben und zieht nach Hamburg. Sein erstes Album, das im Westen entsteht, heißt »Trotz alledem«. 1980 geht er mit seinem Programm »Es grünt so grün« auf Tournee, um sich »in die deutsche Politik einzumischen«. Im Februar des gleichen Jahres erhält er den Deutschen Kleinkunstpreis für Chansons des Mainzer Forum-Theaters »unterhaus«. Auch in seinem neuen Domizil bleibt er ein unbequemer Kritiker, der gesellschaftliche Mißstände schonungslos und ungeschminkt anprangert. Biermann orientiert sich nicht an herkömmlichen musikalischen Maßstäben. Dadurch gewinnt er einen unverwechselbaren und höchst intensiven Ausdruck, der die Forderungen seiner Texte nach einer besseren Gesellschaft, nach Veränderung traditioneller Werte und Normen eindrucksvoll unterstreicht. »Ob er gegen eine blutlose Staatsbürokratie, gegen Kleinmut und gesamtdeutsche Haltungsschwächen ansingt, ob er von seiner Liebe klagt, die ihm eine unmenschliche Umgebung zerstört hat – immer sieht er sich selbst als Teil eines Ganzen« (Thomas Rothschild).

Billaut, Adam
französischer Chansonsänger, geboren 1602, gestorben 1662. Er erlernt den Beruf des Schreiners. Zeitgenossen nennen ihn den »Vergil des Hobels«. »Wird bei ihm ein Brautbett bestellt, liefert er auch gleich das Hochzeitsgedicht mit, muß er einen Sarg anfertigen, dichtet er zusätzlich eine Grabinschrift« (Felix Schmidt). In Paris spezialisiert er sich auf Trinkgesänge. Sein Bacchantenchanson »Aussitôt que la lumière« erfreut sich großer Beliebtheit. Die erste Strophe lautet: »Aussitôt que la lumière / A redoré nos coteaux, / Je commence ma carrière / Par visiter mes tonneauy. / Ravi de revoir l'aurore, / Le verre en main, je lui dis: / Vois-tu sur la rive maure / Plus qu'à mon nez de rubis?« (Wenn der Strahl der alten Sonne / Sanft vergoldet Berg und Tal, / Dann betrachte ich voll Wonne / Meine vollen Fässer all. / Hingerissen von dem Scheine / Halt' das Glas ich in der Hand. / Sag mir: Siehst du mehr als meine / Rote Nase vorderhand?). Billaut gelingt es, in der feinen Pariser Gesellschaft Fuß zu fassen. Vom mächtigen Kardinal und Staatsmann Richelieu, der von der Bedeutung der Kultur überzeugt ist, erhält er eine Rente. Pierre Corneille, der Schöpfer der klassizistischen französischen Tragödie, und François-Marie Voltaire widmen ihm Verse.

Binchois, Gilles
niederländischer Komponist, geboren um 1400 in Mons, gestorben am 20. September 1460. Der weltoffene Kleriker ist von 1430 bis 1456 Schloßkaplan in der Hofkapelle von Herzog Phillip des Guten von Burgund. Er hält sich nicht lange damit auf, Vorbilder nachzuahmen. Bereits in jungen Jahren interessiert er sich für die Differenzierung auf dem Gebiet der Harmonik. Sein künstlerischer Weg führt ihn in fester Geradlinigkeit zu neuen musikalischen Farben und Formen, gibt ihnen Virtuosität, Sinn und Gehalt. So entwickelt er neben → Guillaume Dufay maßgeblich die frühneuzeitliche Musik. Erhalten sind von ihm zahlreiche geistliche Werke und über fünfzig eindrucksvolle Chansons. Er gehört zu den bedeutendsten Chansonkomponisten seiner Zeit und gilt als Abbild für das Wesen des Schöpferischen.

Blondel de Neele
(auch Nesle) → Trouvère im 12. Jahrhundert. Von ihm sind etwa 30 Chansons erhalten. Mit seinem Namen ist der treue Spielmann verknüpft, der seinen Herrn, König Richard Löwenherz, in der Gefangenschaft des Herzogs Leopold von Österreich durch ein Lied entdeckt und ihn befreit. Er reflektiert in seinen anmutigen, einfachen Chansons wie »Cuer desirous apaie dousours et confors« den Alltag, macht aber auch auf die Unzulänglichkeiten des Lebens aufmerksam.

Bobino
bekannte → Music-hall am linken Seine-Ufer in Paris. Der Veranstaltungsort weist eine lange Tradition auf. Hier beginnen zahlreiche Chansoninterpreten ihre Karriere. Auf der anderen Seite gastieren dort unzählige Stars der Szene.

Böse Buben
deutsches Kabarettensemble. Hinter der Gruppe verbergen sich Rudolf Bernauer, Carl Meinhard, Dr. Leopold Wulff, → Oscar Straus und → Leo Fall. In ihrem Repertoire streben die Mitglieder eine Mischung von melodischer Leichtigkeit und sprachlichem Biß an.

Bohème
unbekümmertes Künstlerleben und -milieu. Das ungebundene und oft leichtsinnige Leben in den Kneipen, Cafés und Ateliers spiegelt sich in Romanen (Henri Murger) und Opern (Giacomo Puccini und Ruggiero Leoncavallo) wider. Als Bohemien wird ein unbürgerlicher Mensch bezeichnet.

Bonbonnière
Künstlerkabarett in München. Die Chansonsängerin → Gussy Holl ist Mitbegründerin des Lokals. In der Anfangszeit weist das Unternehmen allerdings keinen großen Erfolg auf. Erst unter der Führung von Hans Gruß geht es ab 1912 aufwärts. Es mausert sich zu einem der bedeutendsten Künstlerkabaretts Deutschlands. Entscheidend am Erfolg beteiligt ist der Komponist → Ralph Benatzky. Er trägt lange Zeit die Verantwortung für die künstlerische Leitung des → Kabaretts. Die »Bonbonnière« behauptet sich selbst über kritische

Zeiträume wie den Ersten Weltkrieg und die Inflation hinweg. Am 7. November 1923, einem Tag vor dem Ludendorff-Hitler-Putsch, dringen SA-Leute in das Lokal ein und schlagen → Peter Kreuder auf der Bühne zusammen.

Botrel, Théodore

französischer Chansonsänger und -texter, geboren 1868, gestorben 1925. Der Bretone ist dem bereits seit Traditionen in musikalischer Bewegung Befindlichem zugetan. Regionalen Musikelementen entlockt er assoziative Ausstrahlungen. So fließen in seinen Chansons »Au son du biniou« wiederholt folkloristische Farbtupfer ein. Unter anderem vertont → Paul Delmet Werke von ihm.

Bourgeoisie

Bürgerschaft. In Frankreich seit Ende des 16. Jahrhunderts die wohlhabende und besitzende Klasse der Bürger. Im 19. Jahrhundert wird die großindustrielle und großhändlerische Bürgerschicht von den marxistischen Parteien heftig befehdet. Bourgeoisie wächst so zum Schimpfwort für die Gesamtheit der vom Proletariat bekämpften Stände.

Bourgogne

das alte französische Herzogtum Burgund. Es liegt zwischen dem Pariser Becken und dem Jura, durch die Burgundische Pforte bei Belfort mit der Oberrheinischen Tiefebene verbunden. Graf Richard von Autun gründet 884 das Herzogtum Bourgogne. Nach einer wechselvollen Geschichte mit Intrigen, Morden, politischen Vermählungen und Landerweiterungen avanciert das Herzogtum unter Philippe le Bon (Philipp der Gute) und Charles le Téméraire (Karl der Kühne) im 15. Jahrhundert zu einem politischen und kulturellen Machtzentrum. Der Hof in Châlons-sur-Saône wird für fahrende Musikanten, Dichter und Gaukler zu einem Tummelplatz der Attraktionen. Besondere Zugkraft besitzen die üppigen Feste, bei denen Musiker, Sänger und Artisten ihr Können demonstrieren. Humoristen bringen die Höflinge zum Lachen, indem sie ihnen auf amüsante Weise den Spiegel der Zeit vorhalten. Über die Musik- und Chansonpraxis am Hofe des Herzogs Philippe le Bon berichten Chronisten anläßlich eines Banketts: zu beiden Seiten der Tafel sind

Dekorationen aufgebaut – eine Kirche mit bunten Glasmalereien, einer klingenden Glocke und vier singenden Kapellsängern auf der einen, und eine riesige Pastete, in der 28 Instrumentalisten Platz nehmen, auf der anderen Seite. Drei Knabenstimmen beginnen ein »très doulce chanson« (ein sehr liebliches Chanson). Sänger in der »Kirche« und Instrumentalisten in der »Pastete« ergänzen sich bei der Ausführung der Musikdarbietungen. »Trois doulches voix« (drei liebliche Stimmen) singen das Chanson »La saulvegarde de ma vie«. Als Attraktion wird ein majestätischer Hirsch hereingeführt, auf dem ein Knabe sitzt und mit sehr hoher und klarer Stimme singt: »Je ne vix incques la pareille«. Charles le Téméraire fällt bei den Burgunderkriegen (1474 bis 1477) gegen die Eidgenossen auf der Flucht bei Nancy. Durch die Heirat seiner Tochter Maria mit Maximilian I. kommen 1482 die Niederlande und die Franche-Comté (Freigrafschaft) um Héricourt an die Habsburger, während Ludwig XI. von Frankreich das Herzogtum Bourgogne und die Picardie als Mannslehen einzieht.

Boyer, Lucienne

französische Schauspielerin und Chansonsängerin, geboren 1903. Sie beginnt ihre Karriere als Schauspielerin. In den zwanziger Jahren gastiert sie im exklusiven → Cabaret »Chez Fysher«. Später tritt sie monatelang am New Yorker Broadway auf. Auch in Berlin hinterläßt sie ihre Visitenkarte. Dort singt sie vor begeistertem Publikum im »Kabarett der Komiker«. 1928 nimmt sie ihre erste Schallplatte auf: »Tu me demandes si je t'aime«. Jahre später erhält sie den → »Grand Prix de l'Académie du Disque Français«. Anlaß für die Auszeichnung ist ihre Interpretation eines 1925 enstandenen Chansons von Jean Lenoir, das heute zu den bekanntesten Werken seiner Gattung gehört: »Parlez-moi d'amour«. Die Aufnahme ist typisch für den damaligen Chansonmarkt, der ganz auf Sentimentalität abzielt. Die Aufnahme hat besonders in Deutschland einen großen Erfolg.

Brassens, Georges

französischer Chansonsänger, geboren am 22. Oktober 1923 in Sète, gestorben am 30. Oktober 1981 in Saint-Cély-du-Fesc. Kaum ein anderer Chansonautor oder -interpret vermag die typischen Gefühle des Durchschnittsfranzosen so zu verdichten wie Brassens. Er findet es »verrückt«, für manipulierte Ideen zu sterben (»Les deux oncles«) und verherrlicht in seinen Liedern den Individualismus. Er lobt das gute Leben und greift bürgerliche Traditionen und Konventionen an wie Moral und Religion. Staat und Gesellschaft sind vor ihm auch nicht sicher. »Jeder trägt in seiner Brust eine schlummernde Revolte – man muß sie nur wecken«, meint er. Schon zu Lebzeiten ist er eine legendäre Gestalt, die seine Fans mit einem wahren Personenkult feiern. Mit oft romantischen, zum Teil provozierenden Liedern wie »Le bistró« und »Oncle Archibald« macht er sich zum Sprachrohr des »kleinen Mannes auf der Straße«. Seine Eltern sind einfache Leute, der Vater ein Maurer, die sich jedoch viel um ihn kümmern und mit ihm musizieren. Der mittelmäßige Schüler begeistert sich schon früh für das Chanson und steht stark unter dem Einfluß seiner Vorbilder → Charles Trenet und → Maurice Chevalier. Zusammen mit Freunden spielt er in einer kleinen Kapelle, die bei Festen und Familienfeiern auftritt. Mehr aus romantischer Abenteuerlust als aus krimineller Veranlagung schließt er sich kurz vor Ende seiner Schulzeit einer Jugendbande an. Diese stiehlt vor allem von Verwandten Geld und Schmuck. 1939 wird er geschnappt. Brassens kommt mit einer milden Strafe davon, leidet aber fortan unter der negativen Etikettierung. Ein Jahr später bricht er vorzeitig die Schule ab und geht als Hilfsarbeiter einer Autofabrik nach Paris. Bald kündigt er jedoch seine Arbeitsstelle und widmet sich ganz dem Schreiben von Chansons. 1942 veröffentlicht er seinen ersten Gedichtband (»A la venvole«), muß jedoch im März des folgenden Jahres zur Zwangsarbeit nach Deutschland gehen. Während seiner Zeit beim Autokonzern BMW in Basdorf schreibt er an einem Roman und einigen Chansons, die diese schwierige Zeit widerspiegeln. Eindrucksvoll ist vor allem das Lied »Pauvre Martin«: »Il creusa lui-même sa tombe / En faisant vite, en se cachant / Et s'y étendit sans rien dire / Pour ne pas déranger les gens« (Er gräbt sich selbst ein Grab, / Macht es schnell, legt sich hinein, / Streckt sich nieder, ohne etwas zu sagen, / Um die Leute nicht zu belästigen). 1944 erhält er Heimaturlaub. Er setzt sich ab, bleibt in Paris, versteckt sich bei Freunden und schlägt sich mit Gelegenheitsarbeiten durch. Er arbeitet weiter an seinem Roman »Lalie Kakamou« und neuen Chansons. Während dieser Zeit hat er eine, für ihn sehr eindrucksvolle und abenteuerliche Romanze mit einem Straßenmädchen. Diese Erfahrungen regen ihn zu Liedern an wie »Le mauvais sujet repenti«, die er in den beginnenden fünfziger Jahren veröffentlicht. Doch der große Erfolg will sich nicht einstellen. Brassens resigniert nicht. Er arbeitet weiter an seinem Stil und verbessert seine theoretischen Kenntnisse über Poesie. Er entwickelt eine Mischung aus literarisch hochwertigem Stoff und zotigen Mini-Geschichten, gepaart mit grotesken Obszönitäten, spöttischen Kommentaren und ironischen Zitaten. Im erhabenen und perfekten Versmaß der → Alexandriner verbreitet er Hohn und Spott, vereint französisches Volkslied mit literarischer Tradition. Mit dieser explosiven Mixtur zieht er los gegen die verhaßten Spießbürger, Opportunisten und Heuchler. Bei Brassens ist Nonkonformismus der gute Ton. Er selbst gehört seit Ende des Zweiten Weltkrieges der »Féderation anarchiste« an. Mit seinen Chansons versucht er auf subtile Art und Weise »Sand ins Getriebe des Establishments« zu streuen und sieht sich auch in Zeiten, in denen Millionen seiner Platten verkauft werden, noch als kleiner Mann im Abseits der Gesellschaft. 1951 hat er seine erste große Chance: über einen Freund lernt er den Sänger Jacques Grello kennen. Dieser vermittelt ihm eine Auftrittsmöglichkeit in dem renommierten → Cabaret »Le Lapin à Gill«. Das Publikum kann sich jedoch für die zotigen Texte nicht erwärmen. Ein Jahr später arrangieren Freunde ihm ein Treffen mit der populären Chansonsängerin → Patachou. Sie nimmt einige seiner Lieder in ihr Repertoire auf und verschafft ihm Kontakt zum Kunstdirektor der Schallplattenfirma »Philips«, → Jacques Canetti. Dieser wittert in Brassens ein Talent und produziert mit ihm die Single »Le gorille«. Der Damm ist gebrochen. Es folgen zahlreiche Auftritte im → »Bobino« und im → »Olympia«. 1953 nimmt er den → »Grand Prix de l'Académie du Disque Français« entgegen und spielt vier Jahre später unter der Regie von René Clair in dem Film »Porte des Lilas«. Eine besondere Ehre wird ihm zuteil, als er 1966 in dem sonst für klassische Werke vorbehaltenen Pariser »Théâtre National Populaire« auftreten darf. Ein Jahr später zeichnet ihn die »Académie Française« mit dem Lyrikpreis aus. Eine Auswahl seiner Chansons: »La mauvaise réputation«, »Le fossoyeur« und »Bonhomme«. Mit seiner Beerdigung auf dem Friedhof der einfachen Leute, verdeutlicht er zum letzten Mal seine Solidarität zu den Randständigen der Gesellschaft. Brassens betrachtet das Chanson »als eine unmittelbare Ausdrucksmöglichkeit, eine etwas anachronistische Art, die Dinge zu lieben, die um uns sind und die keiner gerne verlieren will«. Gisbert Haefs faßt zusammen: »Er hat sein eigenes Idiom geschaffen, das es ihm erlaubt, in einem Atemzug feierlich und höhnisch zu sein, feinste höfische Rhetorik und Gossenjargon zu einer einzigen, flexiblen, nuancenreichen Sprache zu verschmelzen.«

Brauer, Arik

(eigentlich Erich Brauer), österreichischer Maler und → Liedermacher, geboren am 4. Januar 1929 in Wien. Der jüdische Schustersohn wächst in häuslicher Geborgenheit auf. Seinen Vater hört er oft jiddische und russische Lieder singen, während er in dessen Werkstatt seinem Hobby, der Malerei, nachgeht. Als die Deutschen in Wien einmarschieren, ist seine idyllische Kindheit vorbei. Von 1938 bis 1945 wird er in einem Sammellager untergebracht. Nach dem Krieg studiert er an der Wiener Akademie der Bildenden Künste und begibt sich später auf eine ausgedehnte Weltreise. Mit seiner Frau Neomi zieht der Künstler nach Paris. Hier nehmen sie unter dem Namen »Neomi & Arik Bar-Or« drei Schallplatten mit israelischer Folklore auf. Bekannt wird er jedoch zunächst nicht mit seinen Liedern, sondern durch seine Malerei. Mit seinen üppigen und farbenfrohen Werken etabliert er sich als einer der führenden Künstler der »Wiener Schule des phantastischen Realismus«. Er gibt die Musik kurzzeitig auf, legt dann aber 1965 anläßlich einer Bilderausstellung die Schallplatte »Brauer singt seine Malerei« vor. Hier transportiert er fünf seiner Werke in die Sprache der Melodie. »Diese Lieder eines Malers zeigen bereits die Stärken Brauers: seine unbegrenzte Phantasie, der Mythen und Märchen näher sind als Geometrie und Logik, seine Verbindung von ästhetischen und humanistischen Fragestellungen, das Denken in Bildern« (Thomas Rothschild). 1971 erscheint, mittlerweile wieder in Wien, das erste Album, das reißenden Absatz findet. Ein Erfolg, den er nach zwei Jahren wiederholt. In den folgenden Jahren widmet er sich verstärkt dem Theater und der Malerei. »Ich habe keine Lust, mich von der Kommerzialisierung einnehmen zu lassen«, betont er. 1971 gestaltet er die Kulissen zu → Kurt Weills Ballett »Die sieben Todsünden«. Später stattet er die Aufführungen »Medea« an der Staatsoper in

Wien und »Die Zauberflöte« an der »Opéra Paris« aus. Vor allem mit den Liedern in wienerischem Dialekt, die sich allerdings »durch die Instrumentierung und die Arrangements bisweilen bedenklich der üblichen allzu gefälligen Schlagermusik nähern« (Thomas Rothschild), zeichnet Brauer ein deutliches Bild der damaligen Gesellschaft und stellt sich dabei auf die Seite der kleinen Leute. Eindrucksvoll sind besonders die chansonhaften Lieder, in denen er Erlebnisse aus dem Dritten Reich verarbeitet (»Die Spinnerin«, »Rostiger, die Feuerwehr kommt«). Der Dialekt dient ihm dabei als verfremdendes Element, mit dem er die intellektuelle Aussagekraft seiner Texte verschlüsselt. »Die Melodie kommt aus der Sprache. Du willst etwas mitteilen, möglichst ausdrucksvoll, und schon beginnen die Worte zu tanzen«, beschreibt er die Entstehung seiner Lieder. »Arik Brauer singt Lieder von der Straße für die Straße. Er greift auf unmittelbare Situationen und Mitmenschen seines Lebenskreises zurück und zeigt die Nöte, die Freuden, die Ängste« (Walter Schurian).

Brecht, Bertolt

(eigentlich Berthold Eugen Friedrich Brecht) deutscher Dichter, Dramatiker und Regisseur, geboren am 10. Februar 1898 in Augsburg, gestorben am 14. August 1956 in Ost-Berlin. Er ist der bedeutendste aller deutschsprachigen Chansonpoeten des 20. Jahrhunderts. Er stammt aus einer angesehenen bürgerlichen Familie, der Vater ist Direktor einer Papierfabrik. Bereits während seiner Schulzeit erscheinen seine ersten Gedichte und Kurzgeschichten in den »Augsburger Neuesten Nachrichten«. Nach dem Abitur beginnt er 1917 ein Medizinstudium in München. 1918 wird er als Sanitäter zum Militär eingezogen. Er ist kurze Zeit als Krankenpfleger in einem Lazarett tätig. Aus dem dort Erlebten resultiert die spätere radikalpazifistische Haltung Brechts. Zu dieser Zeit treten auch seine charakteristischen Konturen klar hervor. Er schreibt innerhalb von vier Tagen aufgrund einer Wette den balladesken Lebenslauf »Baal«, ein »wildes und formloses, herrliches und schweinisches, inbrünstiges und brünstiges Schnapsschenkenbacchanal voll herrlicher Balladen Villonschen Stils« (H. Lüthys). Nach dem Tod seiner Mutter übersiedelt er 1920 nach München. Zwei Jahre später heiratet er die Augsburger Sängerin Marianne Zoff. Konträr und handfester, trotz andersartiger Beteuerungen wohl vom Naturalismus beeinflußt, ist das zweite Stück Brechts, das 1922 in München uraufgeführte Schauspiel »Trommeln in der Nacht«. Es ist die Geschichte des in das Berlin des Revolutionstaumels heimkehrenden Frontsoldaten Andreas Kragler, der seine Braut als Geliebte eines rücksichtslosen Schiebers und Kriegsgewinnlers wiederfindet. Die Heimkehrer-Komödie sichert ihm die Beachtung weiter literarischer Kreise. Brecht, der inzwischen Dramaturg an den von Otto Falckenberg geleiteten Münchner Kammerspielen geworden ist, befindet sich beim Hitlerputsch in München auf der Verhaftungsliste. Falckenberg wird zum ersten Wegbereiter Brechts. Von ihm übernimmt er die Vorliebe für die scharfe Pointierung des Dialogs, für den Effekt des Paradoxen, für die Lockung des Widerspruchs. 1924 gelingt ihm der Sprung nach Berlin, wo er gemeinsam mit Carl Zuckmayer Dramaturg am »Deutschen Theater« unter → Max Reinhardt ist. In Berlin lernt er Helene Weigel kennen, die 1928 seine zweite Frau wird. Seine folgenden Stücke, wie »Eduard II.«, »Im Dickicht der Städte« und »Mann ist Mann«, haben nicht die Resonanz von »Trommeln in der Nacht«. Den durchschlagenden Erfolg bringt »Die Dreigroschenoper«. Das Bühnenstück wird am 31. August 1928 im Berliner »Theater am Schiffbauerdamm« uraufgeführt, eine radikale Modernisierung der englischen »Beggars Opera« von John Gay zur Parodie auf die heroische Oper überhaupt, mit berühmt gewordenen Songs nach → François Villon und Rudyard Kipling. Die Musik dazu schafft → Kurt Weill. Das Werk stellt als »Darstellung der bürgerlichen Gesellschaft« die Weltanschauung und jegliche bürgerliche Ordnung bloß, in der sich ein Polizeichef nach dem Grundsatz: »Erst kommt das Fressen, dann kommt die Moral« mit einem Banditenchef verbündet und dieser durch die Begnadigung des Königs vor dem Galgen bewahrt bleibt. Die Kritiken, die in den nächsten Tagen erscheinen, sind mittelmäßig. Vom Fehlen jeglicher »modernen oder politischen Satire« ist die Rede, vom Mangel an »schöpferischer Tat«, sogar von »politischer Leichenschändung«. Das alles stört das Publikum wenig. Innerhalb kürzester Zeit sind sämtliche Vorstellungen ausverkauft. In Berlin bricht das »Dreigroschenfieber« aus. Bald spielt man das Stück nicht nur in der Reichshauptstadt sondern in ganz Deutschland und Europa. Ihre Lieder werden zum Kennzeichen der zwanziger Jahre, ihre Schöpfer Brecht und

Weill weltberühmt. Der sensationelle Erfolg beruht darauf, daß es Brecht gelingt, in einer theatralisch wirkungsvollen Mischung von parodistischer Handlung und Songs gleichsam einen Extrakt der »roaring twenties« zu brauen, zündend, frech und von kaltschnäuziger Brillanz. »Rechtsbewußte Zeitgenossenschaft als Dramatiker, seine wirkungssichere Intellektualität, die sich weltanschaulich mit einem illusionslosen materialistischen Realismus verbindet, machen ihn in den späten zwanziger Jahren zu einer der herausragenden Erscheinungen des literarischen Lebens« (Knaurs Großer Schauspielführer). Als Brecht und Weill 1929 »Aufstieg und Fall der Stadt Mahagonny« herausbringen, bleibt die Wirkung beim Publikum aus: Er tendiert zwar wie ehedem nach »links«, studiert jetzt aber in Abendkursen den Marxismus. Eine Reihe von Lehrstücken und Schulopern entstehen, die er in den Dienst der kommunistischen Propaganda stellt. Als zu Beginn des Jahres 1933 mehrere Brecht-Aufführungen polizeilich verboten werden und am 27. Februar der Reichstag in Flammen aufgeht, sind es der Alarmsignale genug. Er flieht mit seiner Familie und einigen Freunden nach Prag. Am 10. Mai brennen seine Bücher auf dem Scheiterhaufen vor der Berliner Oper. Jahrelang führt er nun das unstete Leben eines Emigranten, »die Länder öfter wechselnd als die Schuhe«. Über Österreich und die Schweiz geht er zunächst nach Dänemark, später nach Schweden, Finnland und 1941 über Wladiwostok nach Kalifornien, wo er sich in Santa Monica bei Hollywood niederläßt. Er schreibt »Deutsche Satiren« für den deutschen Freiheitssender und gibt von 1936 an mit Lion Feuchtwanger und Willi Brodel die in Moskau erscheinende Zeitschrift »Das Wort« heraus. In den Jahren der Emigration entstehen die großen, heute als »klassisch« geltenden Hauptwerke. In den spanischen Bürgerkrieg führt der 1937 herausgebrachte Einakter »Die Gewehre der Frau Carrar«. Ein Jahr später verfaßt er das Schauspiel »Das Leben des Galileo Galilei«. Zwischen 1938 und 1940 entsteht das Parabelstück »Der gute Mensch von Sezuan«. Der größte Publikumserfolg und das dramatische Hauptwerk Brechts überhaupt nach der »Dreigroschenoper« wird die 1939 geschriebene und 1941 in Zürich uraufgeführte Chronik aus dem Dreißigjährigen Krieg »Mutter Courage und ihre Kinder«. Ein Jahr später schafft Brecht nach Erzählungen der Dichterin Hella Wuolijki das Volksstück »Herr Puntila und sein Knecht Matti«. Mehr Beachtung als dieses Stück findet das 1944 / 45 verfaßte Schauspiel »Der Kaukasische Kreidekreis«. 1947 wird er in Washington einem Verhör wegen unamerikanischen Verhaltens unterzogen und verläßt daraufhin die USA. Die Alliierten verweigern ihm allerdings die Einreisegenehmigung nach Westdeutschland. So geht er im Sommer 1948 nach Ost-Berlin, wo er mit großzügigster Unterstützung der Behörden der DDR ein eigenes Ensemble begründen und sein modernes Theater kompromißlos verwirklichen kann. Brecht hat stets unter dem hautnahen Eindruck des Zeitgeschehens geschrieben. Die Folge: etliche seiner Bühnenstücke können heute nur noch mit einem gewissen Unbehagen zur Kenntnis genommen werden. »Dieser überreiche Dichter streut in alles, was er schafft, Keime von Gedanken und Sprünge, dazu bestimmt, ihr ganzes Leben erst später zu entfalten. Er ist überzeugt, daß jedes lebendige Werk aus eigener Kraft wächst und weiterarbeitet, daß es sich ändert mit jedem Hörer und Leser, den es erreicht. Bertolt Brecht hat bewirkt, daß die deutsche Sprache heute Spürungen und Gedanken ausdrücken kann, die sie, als Brecht zu dichten anfing, nicht auszusagen vermochte« (Lion Feuchtwanger). »In dem wir Brechts Werk aus der engen Verflochtenheit mit der Zeit herauslösen, erkennen wir das Zeitlose in ihm« (Aurel Schmidt). »Sein Werk sitzt wie ein Stachel im Fleisch unserer Zeit«, formuliert ein Rezensent drastisch. Figur des Widerstands in einem widerspruchsvollen Jahrhundert, macht sich Brecht zum Brennpunkt des großen Konflikts, der unsere Zeit durchzieht. Das ist seine Größe. Seine Tragik ist, daß dieser Konflikt, in seiner Person allein, nicht gelöst werden kann.« In Deutschland wird Brecht heute »eher in erstarrter Denkmalspflege oder zum unverbindlichen modernen ›Klassiker‹ entschärft angeboten – zwei Wege der Traditionspflege, die der experimentellen Spannung, unter der er selbst arbeitet, eklatant widersprechen« (Knaurs Großer Schauspielführer).

Brel, Jacques

französischer Chansonsänger und Lyriker belgischer Herkunft, geboren am 8. April 1929 in Brüssel, gestorben am 9. Oktober 1978 in Paris. Er entstammt einem bürgerlichen Elternhaus. Sein Vater ist Besitzer einer Wellpappefabrik. Brel besucht das Brüsseler »Institut Saint-Luis«, spielt dort in der Theatergruppe und ist Herausgeber einer Lyrikzeitschrift, in der er Werke von sich und seinen Freunden veröffentlicht. Nach der Schule arbeitet er im väterlichen Unternehmen und wird nach seiner Heirat 1950 zum Verkaufsdirektor befördert. Doch das Umfeld, in dem alles nach dem pendantischen Rhythmus des Vaters abläuft, ödet ihn an. Zuflucht findet er im Dichten von Chansons. 1952 wagt er den Schritt nach vorn: Über Beziehungen kann er in einer bekannten Show des belgischen Rundfunks auftreten und absolviert auch erste Livekonzerte, so unter anderem in den → Cabarets »Le Coup de Lune« und »La Rose Noire«. Ein Jahr später nimmt er mit den Chansons »Il y a« und »La foire« seine erste Singleplatte auf. Die Einspielung fällt beim Publikum durch, die Presse spricht von »Klischees und Plattheiten«. Doch der Kunstdirektor der französischen Schallplattenfirma »Philips«, → Jacques Canetti, erkennt das Talent Brels und holt ihn nach Paris. Canetti läßt ihn in seiner renommierten Theaterbühne »Les → Trois Baudets« auftreten und lädt ihn zur Produktion einer weiteren Schallplatte ein. Sie erscheint im Frühjahr 1954 und präsentiert eine breitgefächerte musikalische Palette. Brel verarbeitet darin hauptsächlich religiöse Themen. Dies wird von Kritikern als missionarischer Eifer fehlinterpretiert. In Wirklichkeit will er die Heuchelei und Bigotterie von Politik und Gesellschaft anprangern. → Juliette Gréco spürt allerdings die Ausdruckskraft seiner Chansons und debütiert mit seinem Titel »Le diable« in der → Music-hall → »Olympia«. Bis 1957 ist Brel vor allem auf Tournee und verstrickt sich in Liebschaften mit → Catherine Sauvage und Suzanne Gabriello, die ihn zu neuen Chansons inspirieren. Im selben Jahr erscheint seine dritte Platte, »Quand on n'a que l'amour«. Schon zwölf Monate später legt er eine weitere Einspielung (»Au printemps«) vor. Album auf Album folgt. Sein Stil wird differenzierter und zugleich prägnanter. Seine Chansons beinhalten intime Bekenntnisse und kritische Auseinandersetzungen mit der bürgerlichen Ordnung. Er geißelt die täglichen Scheinheiligkeiten und die Falschheit der Mitmenschen, die Verkrustung der bürgerlichen Moral und die Sinnlosigkeit des Militärs. Auf der anderen Seite präsentiert er poetische Augenblicksituationen und surrealistische Elemente. Als er 1961 für die erkrankte → Marlene Dietrich im »Olympia« einspringt, bedeutet dies den endgültigen Durchbruch. Das Publikum feiert ihn mit tosendem Applaus. Die darauf folgende Tournee führt ihn um die ganze Welt. Nach einem erneuten Auftritt im »Olympia« 1964, bei dem er seine »Symphonie fantastique« vorstellt, verdichten sich die Gerüchte vom Rückzug des Sängers von der Bühne. Tatsächlich absolviert er 1967 in Roubaix sein letztes Gastspiel und verlegt sein Aktionsgebiet auf den Film. Erst 1969 betritt er in dem Streifen »L'homme de la Mancha« (Der Mann aus La Mancha) – einer Musicalversion von Don Quichotte – wieder musikalisches Terrain. Trotz seiner Krebserkrankung produziert Brel 1971 mit der Chansonsängerin → Barbara den Film »Franz« und 1973 »Far-West«. Nach einer Erholungspause treibt es ihn 1977 nochmals ins Tonstudio. Todkrank nimmt er seine letzte Platte auf. »Brels Chansons sind nie glatt. Sie haben Widerhaken, Borsten. So verleiht er ihnen Farbe und Eindringlichkeit« (Hans-Ulrich Kreutzer). Musikalisch läßt er sich in keine Richtung drängen. Er adaptiert folkloristische und sakrale Elemente genauso wie Klänge von Jazz und Klassik. »Obwohl Brel auf traditionellen musikalischen Mustern aufbaut, bedient er sich nicht bequem eines vorgefertigten Materials, verlötet er nicht im Fertigbauverfahren bereits zugeschnittene Teile, sondern schmilzt mit Hilfe der Harmonik, des Kontrapunkts sowie der Instrumentation vorhandene Elemente zu einer neuen Legierung um, die den harten Belastungsproben seiner Texte gewachsen ist« (Matthias Henke).

Bruant, Aristide

französischer Chansonsänger, geboren am 6. Mai 1851 in Courtenay, gestorben am 11. Februar 1925 in Courtenay. Er nimmt in der Geschichte des Chansons einen besonderen Platz ein. Er ist der Sohn bürgerlicher Eltern. Auf dem Gymnasium erzielt er gute Leistungen, muß aber 1868 wegen einer finanziellen Notlage des Elternhauses die Schule abbrechen. Er beginnt eine Lehre bei einem Goldschmied und arbeitet, nachdem er beim Deutsch-Französischen Krieg als Freischärler beteiligt ist, bei der Eisenbahn als Rollkutscher. Um diese Zeit absolviert er bereits seine ersten Auftritte mit komischen Chansons in kleinen Kneipen. Nach Beendigung seiner Wehrpflicht treibt er sich hauptsächlich in den verrufenen Pariser Stadtteilen der Zuhälter, Prostituierten und Ganoven herum und wird Zeuge des dort herrschenden Elends. Diese Eindrücke saugt er in sich auf und verarbeitet sie in seinen Chansons. Hat er zuvor oberflächliche Schlager wie »Mad'moiselle« vorgetragen, berichtet er nun in Chansons wie »A la chapelle« und »Au bois de Boulogne« vom Bodensatz der Gesellschaft, aber auch vom Reiz und der Verruchtheit der Zuhälter, Messerhelden, Taschendiebe und Dirnen, vom Freud und Leid, der Not und Hoffnung der Ausgestoßenen. Mit seinem Chanson »Les Canuts« gelingt ihm ein sozialkritisches Lied von bleibender Wirkung. Sein bevorzugter Auftrittsort ist das Künstlerlokal → »Chat Noir« im Rotlichtviertel des → Montmartre. Hier verkörpert er mit seinen Schaftstiefeln, dem roten Hemd, breitkrempigem Hut und seinem Knotenstock das proletarisch-anarchistische Element. Der Maler → Henri de Toulouse-Lautrec verewigt ihn so auf seinen Plakaten. Bruant schreibt mit → Jules Youy zusammen die Chansons »Mademoiselle, écoutez-moi don« und feiert mit »Batignolles« (ein verrufenes Viertel auf dem Montmartre) seinen ersten großen Erfolg. Als das »Chat Noir« umzieht, richtet der Sänger in den alten Räumlichkeiten sein eigenes → Cabaret ein. Er nennt es → »Mirliton«. Das Lokal wird zum In-Treff der Schönen und Reichen. Diesem Publikum begegnet Bruant jedoch mit wüsten Beschimpfungen und zynischen Tiraden. Sein Herz schlage, verdeutlicht er, den sozial Ausgegrenzten, Verstossenen und Geächteten. Auf dem Höhepunkt seiner künstlerischen Karriere verkauft er sein Lokal und widmet sich fortan der Schriftstellerei. Sein erster Roman »Les basfonds de Paris« erscheint 1897. Erst Jahre später steht er wieder auf der Bühne. 1924 hat er im »Théâtre de l'Empire« seinen letzten Auftritt. Bruant gilt als »Pionier des naturalistischen Chansons«. Sich selbst bezeichnet er als Fürsprecher der »Opfer eines morschen Staates voll sozialer Ungerechtigkeit«. Er zeigt sprachlich neue Wege auf. Durch seine Refraintechnik und die Einbeziehung des → Argot wirkt er sogar stilbildend. So weht beispielsweise in → Bertolt Brechts Bühnenstücken »Die Dreigroschenoper« und »Aufstieg und Fall der Stadt Mahagonny« der typische rauhe Wind des Helden Bruants. »Um die Menschen der Straße und der Vorstädte zu zeichnen, bedient er sich ihrer eigenen Sprache, der er seine eigenen Formeln aufprägt« (Charles Imbert). Jeanne Landre beschreibt sein Werk besonders deutlich: »Kein einziger Held, der nicht Synthese irgendeiner unwürdigen Bande wäre. Der Autor scheint den faulen Kot eines jeden Stadtviertels aufgekehrt zu haben, um daraus eine bezeichnende Figur zu modellieren. In der Glacière wendet er sich an einen Stallburschen, in der Villette streicht er, dreiklappige Mütze auf dem Kopf und Zigarettenstummel im Mund, um die Schlachthäuser herum; bei der Madeleine wird er von der Kleidermotte geritten, die ihrerseits Wäsche trägt; in Grenelle regiert das Soldatenmädel; bei der Bastille die Bierkellnerin. Es fehlt nicht die Göre aus ›A batignolles‘, die ihren Papa nicht kennt; die alte Straßendirne aus ›A Montparnasse‹ und die Rotznasen ohne Unschuld...« Seit Bruant ist das Chanson »Welttheater in drei Minuten« (Paul Burkhard) und »schlackenloser Extrakt der Schauspielkunst« (Alfred Polgar). »In diesen Liedern ist alles, Kot und Glorie, Himmlisches und Niederstes«, stellt der Musikkritiker Alfred Kerr fest. »Mit einem Wort: Menschliches, Menschliches, Menschliches.«

Brumel, Antoine
(auch Brummel, Brunel), französischer Komponist, geboren um 1460, gestorben nach 1520 in Ferrara. Er ist 1483 Knabenchormeister an der Kathedrale von Chartres und von 1498 bis 1500 an Notre-Dame in Paris tätig. Ab 1505 arbeitet er als Kapellmeister am Hof von Alfons I. von Este in Ferrara. Er komponiert Messen, Motetten und Chansons. Seine natürlich quellende Melodik überzeugt durch die innere Wahrhaftigkeit seines künstlerischen Ausdrucks.

Brunette
ein- oder mehrstimmiges, einfaches Chanson. Die schlichten Texte handeln von zärtlicher Schäferidylle und Liebe, versenken sich in Natur- und Milieuschilderungen. Brunettes sind im 17. und 18. Jahrhundert beliebt und werden gesammelt herausgegeben, so vom Pariser Musikverlag → Ballard. Die Lieder sind nach einem bevorzugten Frauentyp der damaligen Zeit (die kleine Braune) benannt.

Burgund
→ Bourgogne.

Burg Waldeck
im Hunsrück. Hier findet von 1964 bis 1969 das → »Festival Folklore Chanson International« statt. Die Veranstaltungen etablieren in Deutschland ein neues Forum des Chansons.

Busch, Ernst
deutscher Schauspieler und Chansonsänger, geboren 22. Januar 1900, gestorben am 8. Juni 1980 in Berlin. Er entstammt dem Arbeitermilieu und beginnt eine Lehre als Maschinenschlosser. Während des Ersten Weltkrieges nimmt er Schauspiel- und Gesangsunterricht. Nach seiner Beteiligung am Matrosenaufstand 1918 beendet er im Jahr darauf seine Lehre. Bald wird er arbeitslos, kann aber aufgrund seiner sprachlichen und gesanglichen Ausbildung am Kieler Stadttheater unterkommen. Dort begegnet er Gustav Gründgens, Carl Zuckmayer, Bernhard Minetti und Hans Söhnker. 1927 zieht es Busch nach Berlin, wo er zu Erwin Piscators »Theater am Nollendorfplatz« stößt. In der folgenden Saison spielt er im »Theater am Schiffbauerdamm« in der Premiere von → Bertolt Brechts »Dreigroschenoper« mit. Daraus entsteht eine langjährige Zusammenarbeit mit dem Dichter. Auch gesanglich sorgt Busch für Aufmerksamkeit.

Ernst Busch: keine Konzessionen an den billigen Geschmack.

Mit dem »Abgesang der Straßenkehrer«, einem antikapitalistischem Lied, entfacht er einen Skandal und Randale. Ab 1928 tritt er bei Arbeiterkundgebungen mit → Hanns Eisler am Klavier auf, präsentiert sozialkritische Lieder und wird das »singende Herz der deutschen Arbeiterklasse« genannt. Mehr und mehr dehnt er seine künstlerischen Ambitionen auf weitere Bereiche aus: er ist im Radio zu hören, macht → Kabarett und spielt bis 1933 in mehreren Filmen mit, darunter in der Kinoversion der »Dreigroschenoper«. Vor den Nazis flieht er aus Deutschland, zuerst in die Niederlande und nach Belgien, dann weiter nach London. Dort produziert er mit Hanns Eisler das bekannte und äußerst eindrucksvolle Lied »Die Moorsoldaten«. 1935 geht er nach Moskau. Er beteiligt sich am Kampf gegen Francos Faschisten, indem er von den »Internationalen Brigaden« singt. Zudem nimmt er Schallplatten auf und veröffentlicht das Arbeiterliederbuch »Canciónes de las Brigadas Internacionales«. 1938 gründet er in Belgien das Kabarett »Der silberne Stier«. Zwei Jahre später verhaftet ihn die deutsche Wehrmacht und interniert ihn in Frankreich. 1942 flieht er, wird von der Gestapo gefaßt und ins Zuchthaus Berlin-Moabit gebracht. Er wird zu sieben Jahren verurteilt. Dem Todesurteil entgeht er nur duch die Intervention von Gustaf Gründgens. Nach dem Zweiten Weltkrieg gründet er in Berlin die Schallplattenfirma »Lied der Zeit«. Er produziert die besten Chansons von → Frank Wedekind auf Platte und führt damit eine Renaissance des Dichters herauf. Daneben erscheinen sechs Alben mit Chansons von → Kurt Tucholsky, von Hanns Eisler komponiert und von Ernst Busch interpretiert. Fortan tritt er mehr als Schauspieler hervor, vor allem in Stücken von Bertolt Brecht. Erst ab den sechziger Jahren ist er wieder verstärkt als Sänger zu hören und produziert zahlreiche Schallplatten. Dabei verwendet er vor allem → Arbeiterlieder und literarische Texte, aber auch geschichtliche Ereignisse. Seine politischen Absichten treten stets deutlich hervor. Stimmlich stellt er sich geradlinig, manchmal hart und ohne unnötige Verzierungen dar. »Er ist Individualist, fast eigenbrötlerisch, und doch ein Volksschauspieler und Volkssänger von breitester Wirkung. Er macht niemals Konzessionen an den billigen Geschmack und erreicht höchste Popularität«, beschreibt ihn der Kritiker Herbert Ihering. Für die »Frankfurter Allgemeine Zeitung« singt er als »kommunistischer Agitator wider die Weimarer Republik«.

C

Cabaret
Im engeren Sinn Schenke, in der Chansons gesungen werden. Seit Ende des 19. Jahrhunderts Etablissement mit Schankbetrieb und artistischen und musikalischen Darbietungen. Heute meist Nachtlokal, in dem Striptease gezeigt wird. Vergleiche auch → Kabarett.

Cabaret artistique
künstlerisches Kabarett.

Cabaret: Showbetrieb im Wandel der Zeit.

Café-concert
(Abkürzung: Caf'-conc'). Lokal mit szenischen, vokalen und instrumentalen Präsentationen. Ein findiger Kaffeehausbesitzer in Paris kommt 1848 auf die Idee, eine Art Podium zu errichten, auf dem sich die Künstler produzieren können. Vorher haben sie im Saal unter den Gästen gesungen. Die Cafés blühen inflationär auf. Als Orte der darbietenden Unterhaltung und der Kommunikation, an denen bevorzugt über Sensationen, Verbrechen, soziale Krisen oder politische Entscheidungen räsoniert wird, erobern sie sich neben den Kneipen schnell einen festen Platz. Das Repertoire dieser Einrichtungen geht oft nicht über das bloße Amüsement hinaus. Es besteht häufig in plump erotischen Chansons oder in Possenreißerei und billiger Tanzakrobatik. Die bekanntesten Café-concerts, die sogar komplette Theaterstücke aufführen lassen und für die unter anderem → Henri de Toulouse-Lautrec die Plakate malt, liegen an den großen Boulevards Saint-Martin und Saint-Denis, an den Champs-Elysées (»Les Ambassadeurs«) und auf dem → Montmartre (»Divan Japonais«, »Eldorado«, »Scala«, »Petit Casino«). Nach der Jahrhundertwende kommen auch in Deutschland die »Kaffeehäuser« verstärkt auf. Ihre Bezeichnungen (Kaffeestube, Tanz-, Konzert- und Künstlercafé) sind so vielfältig wie zunächst noch die sozialen Trennungen. Die Abgrenzungen in Mondänität und Proletariat verlieren allerdings in der sich differenzierenden Klassengesellschaft immer mehr an Bedeutung. Ihre soziale wie politische Bedeutung benennt Egon Erwin Kisch, der »rasende Reporter«, 1930 prägnant: »Das Kaffeehaus erspart uns sozusagen eine Wohnung, die man nicht unbedingt haben muß, wenn man ein Kaffeehaus hat.«

Café Größenwahn
Künstlerkabarett. Es wird von → Rosa Valetti im Dezember 1920 am Kurfürstendamm in Berlin gegründet.

Cancan
französischer Tanz voll Temperament in Rhythmus und Bewegung im 2 / 4-Takt. Er ist von 1830 bis um 1900 auf Pariser Bühnen und → Varietés heimisch. Wiederholt wird er wegen seiner Wildheit und seines lasziven Einschlags (Hochwerfen der Beine und Röcke mit

Blick auf die spitzenverzierte Unterwäsche) öffentlich verboten. Heute lebt er meist nur noch als Shownummer in anspruchslosen Vergnügungsstätten.

Café-concert: Künstlerpodium.

Canetti, Jacques

geboren 1909. Bruder des Schriftstellers und Nobelpreisträgers Elias Canetti. Einer der profiliertesten Talentsucher und -förderer seiner Zeit im Bereich des Chansons. Er organisiert die erste Frankreich-Tournee mit Louis Armstrong und holt → Marlene Dietrich nach Paris, um mit ihr eine französische Platte aufzunehmen. Er leitet die erste Rundfunksendung, die sich in regelmäßigen Folgen mit dem Chanson beschäftigt (»Le music-hall des jeunes«), und ist Programmdirektor bei den Schallplattengesellschaften »Polydor« und »Philips«. 1947 ruft er eine eigene Kleinkunstbühne ins Leben: »Les → Trois Baudets«. Canetti entdeckt unter anderem → Serge Gainsbourg, → Jacques Brel und → Félix Leclerc.

Canso

Lyrische Gattung, die hautpsächlich von Liebe und Verehrung erzählt. In der → provenzalischen Dichtung häufiger belegt und von den → Troubadours selbst am höchsten eingeschätzt. Sie besteht durchschnittlich aus fünf bis sieben gleichgebauten Strophen von beliebiger Verszahl. Vertreter sind unter anderem → Bernart de Ventadour und → Guiraut de Borneilh.

Cantica nefaria

frevelhafte Gesänge.

Cantus firmus

Hier handelt es sich um die führende, feste Melodie als kompositorische Grundlage für die Begleitstimmen. Sie kann nur für dieses Werk geschaffen oder auch eine bekannte, schon anderweitig verwendete Melodie sein. Im Mittelalter die Bezeichnung für den einstimmigen gregorianischen Gesang, der in gleichmäßigen Werten fortschreitet. Die Kunst der Cantus-firmus-Bearbeitung spielt in der Geschichte der europäischen Mehrstimmigkeit eine große Rolle, unter anderem in Messe und Motette, Chanson- und Liedform, in instrumentalen Lied- und Tanzvariationen und bis heute besonders in Formen der Orgel- und Chormusik.

Canzone

Eine vom 13. bis 16. Jahrhundert besonders in Italien gepflegte lyrische Dichtungsgattung provenzalischer Herkunft. Berühmt unter den mehrstimmigen Canzonen des 14. und 15. Jahrhunderts ist → Guillaume Dufays Liedmotette »Vergine bella«. Im 16. und 17. Jahrhundert bezeichnet man damit ein Instrumentalstück, das aus einem meist heiteren, einfachen, homophonen Chanson hervorgeht, zuerst in direkter Übertragung bereits vorhandener Lieder, später als Neukompositionen in ähnlichem Stil. Typisch für die Canzone ist eine dem Sprachrhythmus entlehnte Melodieführung sowie die Untergliederung in verschiedenartig gestaltete Teile. Ab etwa dem 18. Jahrhundert bezeichnet der Begriff ein vokales oder instrumentales lyrisches Musikstück.

Carmagnole

französisches → Revolutionslied. König Louis XVI. macht während der → Französischen Revolution (1789 bis 1795) von seinem Vetorecht Gebrauch und verbietet die Verteidigung der Stadt Paris. Das aufgebrachte Volk verspottet darauf hin ihn und seine Frau, die verhaßte Österreicherin → Marie-Antoinette, in dem Chanson »La Carmagnole des royalistes« als »Monsieur Veto«. Der Refrain lautet: »Dansons la Carmagnole! Vive le son du canon!«

Carmina burana

Liedersammlung des 13. Jahrhunderts aus der oberbayerischen Abtei Benediktbeuren. Die erst 1803 gefundene Pergamenthandschrift mit 318 Lieder entpuppt sich als die bedeutendste Sammlung weltlicher Lyrik des Mittelalters. Die Lieder sind wahrscheinlich in Südtirol oder in der österreichischen Steiermark entstanden. Experten schreiben die überwiegend mittellateinischen Texte namenlosen umherziehenden → Vaganten zu. Doch auch bekannte Dichter sind darunter. Die eingestreuten deutschsprachigen Lieder stammen unter anderem von → Walther von der Vogelweide und Neidhart von Reuenthal. Die Lieder erzählen sinnlich, derb und plastisch vom Leben im Mittelalter. »Hier zecht ein betrunkener Abt mit Saufbrüdern und Würfelspielen, da klagt ein gebratener Schwan sein Leid. Moral steht neben Spott und Satire, jungfräuliche Minne neben obszönen Gesängen zu Ehren von Frau Venus. Verse über die Kreuzzüge voller mythologischer Anspielungen, geistliche Spiele und zarte poetische Lieder runden das Bild ab. Doch über allem thront die Göttin des Schicksals« (Klaus Reichold / Bernhard Graf). Teile der Sammlung haben Carl Orff bei der Vertonung seiner »Carmina burana« als Vorlage gedient.

Carmina burana: Liedersammlung.

Casino de Paris

bekannter Amüsierbetrieb in Paris. Er besteht bereits vor dem Ersten Weltkrieg, geht aber 1914 in Konkurs. Jahre später riskiert Léon Volterra, der auch schon die → Music-hall → »Olympia« besitzt, eine Wiedereröffnung und führt das Lokal im neuen Glanz neuem Ruhm entgegen. Dem Unternehmen wird die Lancierung der → »Revue à spectacle« zugeschrieben. Hier debütierten die Stars der ersten Nachkriegszeit.

Caurroy, Eustache de

französischer Komponist, geboren am 4. Februar 1549 in Beauvais, gestorben am 7. August 1609 in Paris. Er ist zunächst Kapellmeister, ab 1578 Kirchenkapellmeister am französischen Hof. 1595 erhält er den Titel eines Hofkomponisten. Er schreibt Motetten und Psalmen, Messen und zahlreiche Chansons.

Caveau

Bezeichnung für eine bürgerlich-konservative Chansongesellschaft. Ihre Mitglieder sind meist liberale Literaten, Sänger und Komponisten. 1733 gründen Alexis Piron, Claude de Crébillon und Charles Collé die »Sociéte des dîners du Caveau«. Ein Zeitgenosse schreibt 1811: »Zu den Gästen gesellen sich unabhängige Männer mit fruchtbarem Geist, die Epikurs Lehre huldigen und aus ihr Nahrung für Herz und Kopf gewinnen.« Der führende Kopf der Caveaux ist → Pierre-Jean de Béranger. Heute ist Caveau die Bezeichnung für ein Chansonlokal.

Caven, Ingrid

(eigentlich Ingrid Schmidt), deutsche Chansonsängerin. Die in Burbach geborene Tochter eines Tabakhändlers geht in ihren Chansons einen klaren Weg, ohne irgendwelche Verschnörkelungen musikalischer oder textlicher Art. Persönliche Inhalte stehen vor politischen oder sozialkritischen Impulsen. Sie spielt mehrere Alben ein, die von der Kritik wegen ihrer Ausdruckskraft und ihres Charismas teilweise bejubelt werden. Auch im Film macht sie eine gute Figur, wenngleich ihr der richtige Durchbruch nicht gelingt.

G DE LA Re
GAS

Cercamon
(Pseudonym: Der Weitgereiste). → Troubadour im 12. Jahrhundert. Er verfaßt das erste → Kreuzchanson: »Vers de Lavador«.

Certon, Pierre
französischer Komponist, geboren um 1510 in Melun, gestorben am 23. Februar 1572 in Paris. In der französischen Seine-Metropole ist er seit 1529 an Notre-Dame tätig. Ab 1532 arbeitet er als Sänger an der Sainte-Chapelle. Erhalten sind von ihm Messen, Motetten und über 300 polyphone weltliche Chansons.

Champs-Elysées
Berühmte Parkanlage im Zentrum von Paris. Sie wird durchquert von der Avenue des Champs-Elysées, einer Prachtstraße mit vornehmen Ladengeschäften und Cafés und dem Palais d'Elysée, seit 1873 Sitz des französischen Staaatspräsidenten. Die Parkanlage wird in vielen Chansons genannt.

Chanson
allgemein volkstümlicher Gesang in verschiedenen Formen vom improvisierten Zweizeiler bis zum gesungenen Epos. Im allgemeinen besitzt der Text Priorität und die Melodie ist nur → »véhicule« (Fahrzeug, Träger). Seit Ende des 11. Jahrhunderts bezeichnet Chanson in Frankreich jedes lyrische Lied für eine Singstimme. Die Lyrik entwickelt sich aus volkstümlichen Liedern, Tanzliedern und Satiren seit dem 12. Jahrhundert unter dem Einfluß der französischen → Troubadours und → Trouvères zur Hof- und Kunstlyrik (→ Chrétien de Troyes, → Thibaut de Champagne, → Blondel de Neele). Die höfische Dichtung pflegt das Heldenepos (→ Chanson de geste), das vor allem Stoffe aus dem Bereich der Sagen (→ Alexanderlied, → Rolandslied) beinhaltet; eigene Wege geht der größte Lyriker des Mittelalters, → François Villon. Seit Mitte des 12. Jahrhunderts entstehen auch weltlich komische Chansons. → Adam de la Halle verfaßt mehrstimmige Singspiele Ende des 13. Jahrhunderts. Die Mehrstimmigkeit tritt nun als → Virelai und → Ballade auf. Von der Notre-Dame-Schule in Paris geht beispielsweise eine

eifrige Pflege der Motettenkomposition aus, bei der der → Cantus firmus meist bei der tiefsten Stimme liegt. Zu Beginn des 14. Jahrhunderts sind die Chansons überwiegend dreistimmig mit liedhafter Oberstimme und zweistimmiger instrumentaler Begleitung. Auffallend sind ihre von den Texten geprägten Charaktere und die häufige Verwendung von ausgeprägter Tonmalerei. → Philippe de Vitry und → Guillaume de Machault sind die Wegbereiter der kontrapunktischen Komposition der → »Ars nova«. In die Instrumentalmusik übertragen werden die Chansons zur → Canzone. Im 15. und 16. Jahrhundert übernehmen die Niederländer die Führung in der Musik. Die bedeutendsten französischen Vertreter sind Jean Mouton und Claude Goudimel. Sie schreiben mehrstimmige weltliche Chansons, Motetten und Messen. Im 16. Jahrhundert gehören die Chansons zur bürgerlichen Gesellschaftskunst. Sie beinhalten einen erzählenden, oft frivolen Text. Ihre Verbreitung verdanken die Lieder in erster Linie Straßensängern und umherziehenden Musikanten. Bis dahin heißt es immer noch eindeutig »la chanson«, »die« Chanson. Seit dem 17. Jahrhundert bezeichnet man als Chanson allgemein Strophenlieder. Die textlichen Inhalte reichen von der Galanterie bis hin zur politischen Satire. Die → Französische Revolution (1789 bis 1795) stellt einen Höhepunkt der gesellschaftlichen, sozialkritischen und politischen Chansondichtung dar (→ »La Carmagnole«). Ab dem späten 18. Jahrhundert umfaßt im Französischen die Bezeichnung »Chanson« alle Arten des ein- und mehrstimmigen Liedes. Es bürgert sich der Ausdruck »le chanson«, »das« Chanson, ein. Typisch stilistische Einzelzüge des Chansons sind starke Strophengliederung und Vorliebe für den → Refrain. Die Chanson sind inhaltlich vielschichtig. Sie behandeln Themen aus allen Lebensbereichen. Sie werden witzig, ironisch, satirisch oder aggressiv interpretiert. Die Entstehung des → »modernen Chansons« geht auf das seit der Mitte des 19. Jahrhunderts in Pariser → Café-concerts gepflegte aktuelle Gesellschaftslied zurück. → Jean-Jacques Rousseau hat die Spezifik des Chansons in seinem 1767 herausgegebenen »Wörterbuch der Musik so definiert: »Das Chanson ist ein kurzes, lyrisches Gedicht, das sich einfach mit angenehmen Dingen beschäftigt, getragen von einer Melodie, gesungen bei Gelegenheiten in Familie oder in Gesellschaft einer Geliebten oder einiger geliebten Freunde bei Tisch oder gesungen allein für sich, um die Langeweile zu vertreiben, wenn man reich ist, oder um Arbeit und Sorgen leichter zu ertragen, wenn man arm ist.« Adelbert von Chamisso meint 1838 in einem Vorwort zu der Übersetzung der Lieder von → Pierre-Jean de Béranger: »Das Chanson ist, wenngleich keine selbständige Macht, doch das Organ einer Macht, das Organ der Meinung bald des Volkes, bald der Parteien im Volke. ›La chansons‘, die volkstümliche, nicht zu unterdrückende Freiheit der Franzosen, vertritt bei ihnen die Stelle anderer Freiheiten (Rede- und Pressefreiheit, Petitionsrecht), die, wie das Beispiel Englands uns lehrt, in bedrohlichsten Zeiten das Sicherheitsventil des Dampfkessels sind.« André Thérive schreibt: »Das Chanson ist das einzige Band, das die Literatur mit der wirklichen Gesellschaft verbindet.« → Otto Julius Bierbaum zieht im September 1900 aus dem Schlagwort »angewandte Lyrik« die ästhetischen Gesetze des Chansons: »Es müssen Lieder sein, die gesungen werden können; das ist das Erste. Das Zweite und nicht minder wesentliche aber ist, daß sie für eine Menge gesungen werden können, die nicht etwa, wie das Publikum eines Konzertsaales, darauf aus ist, ›große Kunst‹ kritisch zu genießen, sondern die ganz einfach unterhalten sein will.« In Deutschland führen die Chansons zur Wende des 20. Jahrhunderts in die, von Naturalismus, Jugendstil und Neuromantik geprägten → Kabaretts der → »Elf Scharfrichter« und des → »Überbrettl« ein. Ihre heutige weite Verbreitung verdanken sie vor allem Film, Funk, Fernsehen, Schallplatte und CD. Sänger, Komponisten und Texter wie → Aristide Bruant, → Mireille, → Maurice Chevalier, → Charles Trenet, → Edith Piaf, → Patachou, → Boris Vian, → Juliette Gréco, → Georges Brassens, → Jacques Brel, → Léo Ferré, → Charles Aznavour, → Georges Moustaki, → Yves Montand, → Barbara und → Serge Gainsbourg zeugen vom Reichtum und Vielfalt der Chansons. Als bedeutende Repräsentanten des deutschen Chansons gelten unter anderem die → Liedermacher → Wolf Biermann, → Franz Josef Degenhardt, → Dieter Süverkrüp, → Reinhard Mey und → Konstantin Wecker. Das heutige Chanson hat aber auch seine Tücken. Von der einstigen Form ist im Lauf der Jahrzehnte und Jahrhunderte nur noch wenig übriggeblieben. »Vor allem der musikalische Liedbegriff ist derart unscharf geworden, daß schon die Typologie kaum noch möglich erscheint. Heute bezeichnet man das Chanson am besten als gehobenen, textbetonten Schlager.« Für den

Theaterkritiker Alfons Kerr hat das Chansons drei Anliegen: »Empörung und Daseinsseligkeit und Menschliches, Menschliches, Menschliches.« So ist das Chanson eine Mischung aus Dokumentarpoesie, Gesang und Begleitung. Oder poetischer ausgedrückt: Eine Hochzeit von Musik und Wort.

Chanson à boire

Trinklied. Es hat im Repertoire der → Vaganten eine uralte Tradition und seine Blüte vor allem im 17. Jahrhundert. Hier dominieren Schwülstigkeit und Zoten. Die Trinklieder beinhalten aber auch mythologische Anspielungen und gelehrte Aussprüche. Die Chansons werden oft nur mit dem Klang der Messer und Gläser begleitet. Lecerf de la Viévill schreibt im Jahre 1702: »Ist die Tafel zu Ende und haben Wein und Fröhlichkeit die Gemüter erhitzt, so verlangt man ein Trinklied: eine Begleitung wäre nichts als hinderlich, unpassend und erweckt den Eindruck eines geplanten Konzerts.« Als bedeutendster Spezialist in Sachen Trinkgesang etabliert sich → Adam Billaut.

Chanson à danser

Tanzlied. Meist von einfachem Charakter. Priorität besitzt dabei die ins Ohr (und in die Beine) gehende Melodie.

Chanson à grand vent

Lied der Dorfarmut, genannt nach einer Redensart aus Bresse (»mit starkem Wind«). So nennt man die Chansons von Bauern, die sich anstelle des Zugviehs selbst vor den Pflug spannen müssen und gegen den Wind angehen. Es bringt die Unzufriedenheit der Bauern zum Ausdruck, die die ganze Last der Kriege zu tragen hatten.

Chanson à hisser

Lied zum Hissen von Segeln und Flaggen auf Schiffen.

Chanson anecdotique

anekdotisches Lied, das manchmal historisch beglaubigte oder historischen Persönlichkeiten zugeschriebene Begebenheiten erzählt.

Chanson artistique

künstlerisches Lied, im Sinne und Stil des Chansons geschaffen. Sowohl die Poesie als auch die Musik kann hier Priorität besitzen; im ersten Fall spricht man von → Chanson littéraire (literarisches Lied), im zweiten Fall von → Chanson musicale (musikalisches Lied). Auch die Gleichwertigkeit von Poesie und Musik ist möglich.

Chanson à toile

→ Romanze, die man gerne zum Spinnen singt.

Chanson badine

erotisches Lied, im 12. Jahrhundert in gewagt-erotischer Vulgärsprache gedichtet. In der Renaissance werden dann unumwunden die »Freuden des Beischlafs« besungen. Im 18. Jahrhundert ersinnen ihre Autoren keine handfesten Zoten mehr, sie begnügen sich mit Zweideutigkeiten und unermüdlichen Anspielungen auf den »glücklichen Augenblick«. »Die meisten dieser Liebeschansons spiegeln die Armut der französischen Liebeslyrik in der Epoche wider – seichte Empfindsamkeit und falsche Naturliebe« (Felix Schmidt).

Chanson d'amour

Liebeslied. Die Liebe, mit all ihren Varianten, spielt im französischen Chanson eine große Rolle. Da ist von Lust und Leid, von Kummer und Freude, von Sehnsucht und Haß die Rede. Beispiel: »Les feuilles mortes« (Interpret: → Yves Montand, Text: → Jacques Prévert, Musik: → Joseph Kosma), eines der schönsten Chansons überhaupt. Edith Piaf, die stets die Liebe sucht und immer enttäuscht wird, hat aus vielen Blickwinkeln davon gesungen: »Les amants de venise«, »Droit d'aimer« oder »La vie, l'amour«. Ihr »Non, je ne regrette rien« läßt heute noch Schauer über den Rücken laufen. Von den mehr als 500 Chansons, die → Charles Aznavour getextet und meist auch komponiert hat, »handeln drei Viertel von Liebe, von der Liebe zwischen Mann und Frau oder von der Liebe zu Paris«.

Chanson de charme

sentimentales Liebeslied. Eines der bekanntesten ist der Titel »Parlez-moi d'amour« von Lucienne Boyer. Weitere Vertreter dieses Genres sind → Tino Rossi, → Jean-Claude Pascal und → Damia.

Chanson de geste
französisches Heldenepos des Mittelalters. Es beinhaltet Stoffe aus dem Sagenkreis → Karls des Großen, den Versroman mit seinem antiken, byzanthinischen und bretonischen Sagen- und Legendenbereich (Yvain und Perceval von → Chrétien de Troyes; → Alexanderlied) und die Novelle (Aucassin et Nicolette). Chanson de geste sind achtsilbig oder zehnsilbig mit einer Zäsur hinter der sechsten Silbe. Später werden Zehnsilbler mit Zäsur hinter der vierten Silbe und vor allem Zwölfsilbler (→ Alexandriner) modern. Die Strophen sind einreimig mit beliebig vielen Versen. Die Vortragsdauer schwankt zwischen zwei Stunden und zwei Tagen. Es sind mehr als einhundert Chansons de geste in altfranzösischer Sprache überliefert, meist aus dem 12. Jahrhundert und zum Teil mit einem Umfang von über 20 000 Versen. Die Strophenform ist die → Laisse. Am bekanntesten ist das »Chanson de Roland« (→ Rolandslied). Melodien sind nur wenige erhalten, angenommen wird aber, daß die Epen von einem Sänger (→ Jougleur) zur Begleitung von Fidel, später der Drehleier vorgetragen wurden. Eine der Melodien ist in »Li gieus de Robin et de Marion« von → Adam de la Halle überliefert worden. Bei den Chansons de geste unterscheidet man drei Zyklen: 1. »geste du roi« (Taten des Königs; dazu gehören das Rolandslied); 2. »geste de Guillaume« (Taten Guillaumes, des Sohnes eines fränkischen Edelmannes und einer Tochter Karl Martells); 3. »geste des barons révoltés« oder »geste Doon« (so genannt nach dem Stammvater Doon de Mayence aus einem Vasallengeschlecht von den Haimonskindern und von Ogier).

Chanson de gestes
Liedvortrag, der mit gut einstudierten, harmonischen Gesten ausgeschmückt ist. Vorreiter ist → Félix Mayol. Er hat seine Vortragsweise mit Mimik und Tanzschritten untermalt.

Chanson de marche
Marsch- beziehungsweise Soldatenlieder.

Chanson de matelots
Matrosenlieder. Henri Davenson notiert: »Wie merkwürdig, alles, was im Chanson reine Poesie ist, stammt aus dem Repertoire der

alten Segelschiffmarine. Den Matrosen, diesen ungehobelten Kerlen, verdanken wir die schönste Blüte der Poesie.« Knappheit und plastische Wirkung werden oft durch einen sehr freien Umgang mit der Grammatik erreicht, so in dem Chanson »Les filles de La Rochelle«.

Chanson de noces

Hochzeitslied. In dieser Gattung werden die unterschiedlichsten Gefühle wiedergegeben. Freude, Angst, Wünsche, Träume, Zweifel und Erwartungen des zukünftigen Paares tauchen in den Versen auf.

Chanson de toile

Arbeitslied nordfranzösischer Leinenweber. Mit ihm soll die schwere Arbeit angenehmer gestaltet werden.

Chanson de travail

Arbeitslied. Die Chansons weisen meist naive Texte und einfache Melodien auf, die die Tätigkeiten erleichtern sollen.

Chanson drolatique

Lied mit derb-lustigem Inhalt über Verwechslungen und tolpatschigen Situationen.

Chanson du gaillard

Lied mit frischem, lustigen Charakter.

Chanson enfantine

Kinderlied mit einfachen Reimen und leichter Melodie.

Chanson engagée

Lied mit engagiertem Text. Es greift soziale Probleme auf, wirkt zeitkritisch. Beispiel: Serge Nigg (»Un maréchal dans la forêt«, »Chant des mineur«).

Chansonette

lyrisches Lied der → Troubadours mit komödiantischem oder frivolen Inhalts. In neuerer Zeit umgangssprachlich auch die Bezeichnung für Chansonsängerin.

Chanson folastre
Lied mit ausgelassenem Inhalt oder sprühender Melodie.

Chanson galante
galantes Liebeslied. Vor allem im 18. Jahrhundert wendet es sich den Gefühlen und der Natur zu. Es findet vor allem im literarischen und philosophischen Dunstkreis von Voltaire, → Jean-Jacques Rousseau und Denis Diderot Form und Nahrung.

Chanson grivoise
frivol-erotisches Lied über Beischlaf, körperliche Annährungen, Wollüste und heimliche sexuelle Sehnsüchte.

Chanson historique
Lied, das historische Ereignisse behandelt.

Chanson légendaire
Lied, das meist eine fromme Geschichte von einem Heiligen erzählt, aber auch eine profane Sage oder Legende beinhaltet.

Chanson littéraire
literarisches Lied. Ein Qualitätsbegriff, der die poetische Überhöhung des gesprochenen Wortes durch die Musik ausdrückt.

Chanson militaire
Soldatenlied mit meist mutmachendem und heroischem Inhalt.

Chansonnier
im 12. bis 14. Jahrhundert Bezeichnung für französische Liederdichter, im Gegensatz zum Ependichter; in neuerer Zeit umgangssprachlich für Sänger von Chansons. Bezeichnung auch für die Liedersammlungen der → Troubadours und → Trouvères, in denen sowohl Text als auch Melodien überliefert sind. Zu den bedeutendsten gehören »Chansonnier du Roi«, »Chansonnier d'Urfe«, »Chansonnier d'Arras« und »Chansonnier de l'Arsenal«.

Chanson noire
Lied mit pessimistischem Inhalt oder »schwarzem Humor«.

Chanson populaire
Ein in allen Schichten der Bevölkerung bekanntes und lebendiges Lied, das in meist jahrhundertelanger schöpferischer Mitwirkung des Volkes zum Allgemeingut geworden ist. Seine Herkunft läßt sich oft nicht nachvollziehen.

Chanson réligieuse
religiöses Lied. Kirchenvertreter und -medien propagieren dieses Genre. Doch trotz des Starrummels um Père Duval hat diese Chansonart nur spezielle Liebhaber gefunden und ist nicht populär geworden.

Chanson sotte
unanständig-närrisches Lied, das oftmals zwischenmenschliche Beziehungen zum Inhalt hat.

Chanson vau-de-ville
Stadtläufiges Lied, oft Bezeichnung des im Parodieverfahren zustande gekommenen Chansons, dessen meist aktueller Text auf bekannte Chansonmelodien (→ Timbres) gedichtet wird. Als → Vaudeville bezeichnet man seit dem 18. Jahrhundert ein Theaterstück meist heiteren Charakters, in das Chansons auf bereits bekannte oder neu geschaffene Melodien eingestreut sind.

Chanson vaudevire
(vau-de-vire) Bezeichnung für das Trinkchanson. Angeblich nach der Heimatstadt Vire des legendären Schöpfers dieses Genres, → Olivier Basselin, benannt. Vaux-de-Vire heißen die pittoresken Höhenzüge längs dem Flüßchen Vire in der Normandie, der Heimat des »cidre« (Apfelwein). Das Genre ist durch → Jean Le Houx (ebenfalls aus Vire), dem Nachfolger oder Nachahmer Basselins, bekannt geworden.

Chanson voix-de-ville
Stimmen der Stadt. Bezeichnung für vornehmlich in bürgerlichen Schichten entstandenes, aus den sozialen, religiösen, politischen, beruflichen und intimen Sphären des Bürgertums schöpfendes Lied, das eine Zeitlang Gemeingut bestimmter Schichten ist. Auch

bezeichnet man alle Chansons, die nicht → Chansons populaire oder → Chansons artistique sind, als Voix-de-ville.

Chant

zum Singen bestimmtes Gedicht, Ode oder Hymne wie die → »Marseillaise« oder der → »Chant du départ«.

Chant du départ

(Gesang des Aufbruchs). Das nach der → »Marseillaise« berühmteste Chanson der → Französischen Revolution (1789 bis 1795). Gedichtet von → Marie-Joseph Chénier.

Chanteur de rue

Sänger, der seine Kunst auf Straßen oder Jahrmärkten ausübt.

Chanteur du Pont-Neuf

Chansonsänger auf der Neuen Brücke (→ Pont-Neuf) in Paris. Seit Anfang des 17. Jahrhunderts von Sängern bevorzugter Platz, ihre Gesangskunst darzubieten.

Chant révolutionaire

Kampfgesang, der die Masse zu Aufruhr und Streik auffordert. Vertreter: unter anderem → Pierre Dupont, → Eugène Pottier und → Pierre-Jean de Béranger.

Chant royal

eigentlich Königsgesang. Balladenähnliche Chansonform mit Widmungsstrophe.

Charles d'Orléans

Regent und Feldherr im → »Hundertjährigen Krieg« (1337 bis 1453), geboren 1394 in Paris, gestorben 1465 in Blois. In der Schlacht von Azincourt gerät er in englische Kriegsgefangenschaft. Erst nach 25 Jahren kehrt er von dort zurück. Die während seiner Gefangenschaft entstandenen Chansons besingen Heimweh, den Schmerz über den Verlust seiner Gattin und die Sehnsucht nach Frieden. Seine Werke lehnen sich an die Poesie der → Trouvères an.

Châtelein de Coucy

→ Trouvère im 13. Jahrhundert. Seine Chansons erlangen zu seiner Schaffensperiode große Berühmtheit, vor allem »Li nouveauz tanset mais et violete et roussignols me semont de chanter«.

Chat Noir

Künstlerlokal in Paris. → Rodolphe Salis eröffnet am 18. November 1881 am Boulevard Rochechouart auf dem → Montmarte eine Kneipe und gibt ihr – von Edgar Allan Poes Schauergeschichten angeregt – den Namen »Chat Noir« (Schwarze Katze). Das → Cabaret gestaltet Salis im Stil von Louis XIII. »Alte Waffen und antiker Krimskram zieren den Sims eines unheizbaren Renaissancekamins. Barocke Schranktüren und Kirchenampeln bestimmen die Atmosphäre. Maler, Zeichner und Bildhauer lassen sich von Salis anregen, die Wände mit Gemälden und Graphiken, die leeren Simse mit Statuen zu füllen, natürlich ohne Honorar. Salis gibt ihnen großmütig die Chance, bekannt zu werden« (Wilhelm Neef). Der Poet Maurice Donnay schreibt über den Musentempel: »Man kann sich kaum vorstellen, was 1881 in einem Cabaret auf dem Montmartre der Begriff ›Künstler‹ alles umfaßt an Jugend, Fröhlichkeit, Kühnheit, Zartheit, Phantasie, Sorglosigkeit, Armut, an Gewißheit in der Ungewißheit des nächsten Tages, an umstürzlerischen Theorien, an Aufschneiderei, an Gloriendunst und Tabaksqualm, an Durst, Bärten und Mähnen.« Ganz Paris – soweit es zahlungskräftig ist – verkehrt im »Chat Noir«: Snobs, Neureiche, Bankiers, Politiker und neugierige reiche Touristen. Salis gelingt es, der Konkurrenz stets eine Nasenlänge voraus zu sein, indem er bekannte Chansonsänger wie → Léon Xanrof und → Jules Jouy engagiert oder den Komponisten Erik Satie zur Mitarbeit einlädt. Die Auftritte von → Aristide Bruant werden zum besonderen Triumph. Schon bald tummeln sich die bekanntesten Chansonsänger und Künstler, unter anderem auch der Maler → Henri de Toulouse-Lautrec, in dem Etablissement. Léon Durocher berichtet: »Wir tummeln, obwohl Feinde des Wassers, in wiegenden Wogen. Wir sind bald gleichzeitig, bald nacheinander lyrisch, realistisch, melancholisch, satirisch, ernst, seiltänzerisch, mittelalterlich, fin-de-siècle, Zeitgenossen von Pindar und der → Pompadour, republikanisch, aristokratisch, chauvinistisch, anarchistisch, Pariser, Provinzler, Exoten, Ungaren, Rotznasen, Bretonen.«

Als das Unternehmen floriert, sucht sich Salis zu vergrößern. Zudem machen ihm die Zuhälter des Boulevard Rochchouarts das Leben schwer. Sie randalieren häufig. Einmal kommt es im »Chat Noir« zu einer Saalschlacht, bei der Salis verletzt und ein Kellner getötet wird. 1885 zieht das »Chat Noir« in das Haus eines Malers in die Rue Victor Massé um. Das Unternehmen existiert bis 1897, dann schließt es seine Pforten. Im selben Jahr stirbt Rodolphe Salis.

Chénier, Marie-Joseph

französischer Dichter, geboren 1764, gestorben 1812. Er verfaßt den → »Chant du départ«. Die Chronik berichtet, daß er dieses nach der → »Marseillaise« berühmteste Chanson der Revolution »auf dem Kaminsims im Salon Sarettes inmitten lärmender Unterhaltung in einem Augenblick fieberhaften patriotischen Stolzes« komponiert habe. Der »Chant du départ« wird im Juli 1794 in einem Konzert in den Tuilerien mit Solisten, Chor und Orchester uraufgeführt.

Chevalier, Maurice

(eigentlich Maurice Edouard Saint-Léon Chevalier), französischer Chansonsänger und Filmschauspieler, geboren am 12. September 1888 in Ménilmontant bei Paris, gestorben am 1. Januar 1972 in Paris. Er kommt aus ärmlichen Verhältnissen. Der Vater ist Maler, arbeitslos und Alkoholiker. Er versucht sich zunächst als Akrobat in Vorstadtkneipen, dann in verschiedenen anderen Berufszweigen, als Puppenmaler, Drucker, Verkäufer und Schreiner. Seinen ersten Auftritt als Sänger hat er um 1900. Bereits vier Jahre später steht er auf der Bühne der → Music-hall »Parisiana«. Bald darauf überzeugt er auch das als sehr kritisch bekannte Publikum des Marseiller »Alcazar«. Seine Show aus Tanz, Entertainment und fröhlichen Chansons kommt an. 1908 tritt er in einer → Revue der renommierten Music-Hall → »Folies Bergère« auf. Drei Jahre später ist er Partner der Chansonsängerin → Mistinguett, mit der er schließlich mehrere Jahre zusammenlebt. 1913 zieht ihn das Militär ein. Er nimmt am Krieg teil. Nach einer Verletzung gerät er in deutsche Kriegsgefangenschaft. 1916 kehrt er nach Paris zurück. Kurze Zeit darauf steht er wieder auf den Bühnenbrettern und plaziert seinen ersten Hit: »La madelon de la victoire«. Die nächsten Jahre gastiert er hauptsächlich in Operettenshows, die ihn bis nach New York führen.

Nach der Rückkehr im Jahr 1925 startet er mit großem Erfolg sein Chansoncomeback, das unter anderem den Evergreen »Valentine« hervorbringt. Das von Albert Willemetz getextete und von → Henri Christiné komponierte Schlagerchanson handelt von einem Mädchen mit kleinen, »gut geformten« Brüsten. Zwischen 1928 und 1934 hält er sich in Hollywood auf und dreht eine Reihe von Filmen. »Seine größte Popularität erlangt er als liebenswerter, jovialer und leicht ironischer Charmeur an der Seite von Jeannette MacDonalds in Filmoperetten von Ernst Lubitsch wie »The Love Parade« und »The Merry Widow« (Lexikon Filmschauspieler international). Zurück in Paris bringt er neue Erfolgschansons heraus. Zugleich unterstützt er → Charles Trenet in seiner Karriere, indem er 1937 dessen surrealistisch angehauchtes Lied »Ya d'la joie« singt und auf Schallplatte herausbringt. Darin erzählt er vom → Eiffelturm, der

Maurice Chevalier: das Strohhütchen als Markenzeichen.

kurzentschlossen spazierengeht, weil er sich langweilt. Die Scheibe verkauft sich rasant und wird ein Millionenhit. Nach dem Zweiten Weltkrieg arbeitet er zunächst wieder beim Film, unter anderem in René Clairs Streifen »Le silence d'or« (Schweigen ist Gold). 1947 geht er erneut auf US-Tournee, arbeitet beim Radio und steht in weiteren Filmen vor der Kamera. 1958 erhält er den »Oscar« für »seinen über ein halbes Jahrhundert währenden Beitrag zur Welt der Unterhaltung«. Sein letzter großer Auftritt findet am 26. Oktober 1968 im »Théâtre des Champs Elysées« statt. Chevalier ist neben der → Mistinguett der größte Chansonstar der zwanziger Jahre. »Le chevalier du charme« (Der Ritter des Charmes), wie ihn seine Fans liebevoll nennen, wird mit seiner einschmeichelnd rauhen Stimme, seinen typischen Markenzeichen (Strohhut und Spazierstöckchen) und seiner legeren Art zum Inbegriff des französischen Charmes und der frankophilen Leichtigkeit. Obwohl er fast keine Chansons geschrieben hat, bringen ihn die Kritiker immer wieder als Schöpfer in Verbindung mit dem, was er singt. »Jedes Chanson hat er auf seine ureigene Weise gestaltet, interpretiert und zum Leben erweckt.« Während Insider seine Fähigkeit zum Entertainment loben, stößt die Lyrik seiner Chansons auf Kritik. → Boris Vian stellt fest, daß in »seinen Texten die absolute Leere gähnt«. Die Schriftstellerin Sidonie-Gabrielle Colette schreibt über ihn: »Er hält einer minuziösen Kritik stand. Als Magnetiseur kann man es nicht besser machen als Maurice Chevalier.«

Choderlos de Laclos

Er lebt im 18. Jahrhundert und ist der Autor des 1782 verfaßten Romans »Les liaisons dangereuses«. Sein Chanson »La peureuse« gehört in die Sparte → Chanson artistique. Es besitzt versweise eingestreute und am Ende aneinandergereihte Refrainteile. Es ist bemerkenswert, da es in Abkehr von der Dekadenz des Rokokos ein neues bürgerliches Schönheitsideal predigt.

Chomel, Léonce

französischer Chansonsänger, Ende des 19. Jahrhunderts. Er singt Chansons mit zeitkritischen Inhalten. »Le siège de Sébastopol« kritisiert die Außenpolitik Napoleons III.

Chrétien de Troyes
altfranzösischer Dichter und → Trouvère, geboren 1140, gestorben 1191. Er gilt als Meister des höfischen Chansons und Sänger der ritterlichen Minne in Romanen wie »Vain und Perceval«. Er führt den Arthurroman in die höfische Literatur ein.

Christiné, Henri
französischer Chansonsänger und -komponist, geboren 1878, gestorben 1941. Er verfaßt zahlreiche Schlagerchansons mit modischer Tanzmusik und pseudo-folkloristischen Effekten wie »Amour noir et blanc«. Berühmt wird seine Musik zu dem von → Maurice Chevalier gesungenen Chanson »Valentine«.

Chronique scandaleuse
Sammlung von Schand- und Lästergeschichten.

Clark, Petula
englische Schlager- und Chansonssängerin, geboren am 15. November 1930 in Epsom. Sie tritt bereits mit sieben Jahren öffentlich auf. 1958 singt sie ihr erstes französisches Chansons. Zwei Jahre später macht sie mit dem Titel »Sailor« auf sich aufmerksam. 1961 hat sie mit einer Bearbeitung der Robert Stolz-Komposition »Salome« unter dem Titel »Romeo« einen Millionenhit. Für »Monsieur« (1962) erhält sie eine Goldene Schallplatte. Sie gastiert in der → Music-hall → »Olympia« und im »Alhambra«. Ihren größten musikalischen Erfolg schafft sie 1964 mit »Downtown«. Bis Ende der sechziger Jahre gelangen noch einige weitere Titel von ihr in die nationalen und internationalen Hitparaden.

Clé du caveau
(auch clef du caveau). Titel einer im Jahr 1811 veröffentlichten Sammlung von → Timbres für den Gebrauch der Mitglieder des → Caveau, um auf bestehende Melodien neue Chansontexte zu verfassen. Sie erweist sich vor allem für den Liebhaber und Erforscher des Chansons als äußerst nützlich. Die Sammlung beinhaltet 2350 Melodien.

Clemens non Papa, Jacobus
(eigentlich Jacques Clément), niederländischer Komponist, geboren um 1510, gestorben nach dem 21. April 1555 in Dixmuiden. Sein Beiname »non Papa« dient wahrscheinlich zur Unterscheidung von dem Dichter Jacques Papa, da sie beide zeitweilig in Ypern leben. Clemens non Papa ist Priester, 1544 »Sangmeister« an Sankt Donatian in Brügge, ab 1545 im Dienst von Philippe de Croy, Duc d'Arschot. Er mausert sich zu einem der bedeutendsten Komponisten der niederländischen Schule. Seine Werke, unter anderem Messen und Chansons, zeichnen sich durch geschmeidige Melodik und großen Wohlklang aus.

Clément, Jean-Baptiste
fanzösischer Chansonsänger, geboren 1836, gestorben 1903. Er ist Journalist und Soldat. »Das Äußere: kurzsichtig, etwas linkischer Gang; sein Geist: Nüchternheit, offen bis zur Grobheit, Empörung gegen die Ungerechtigkeit, Entsetzen vor dem Elend, verherrlicht die Ordnung«, charakterisiert ihn Jules Vallès. 1866 läßt er sich auf dem → Montmartre nieder. Ein Jahr später gerät er mit der kaiserlichen Zensur in Konflikt und schmachtet wie → Pierre-Jean de Béranger in den Zellen von Saint-Pélagie. Mit knapper Not entgeht er der Hinrichtung. Er flieht nach Brüssel. Dort komponiert er das bis heute bekannte Chanson »Le temps des cerises«. 1871 begibt er sich ins Asyl nach England. 1877 schreibt er die → Romanze »Les temps des cerises«. Zwei Jahre später erhält sie eine Melodie und findet eine rasche Verbreitung. Noch im Zweiten Weltkrieg wird sie gesungen, diesmal von den Mitgliedern der → Résistance.

Clerc, Julien
(eigentlich Paul-Alain Leclerc), französischer Chansonsänger und -komponist, geboren am 4. Oktober 1947 in Paris. 1966 begegnet er dem Liedtexter Etienne Roda-Gil, der fortan Texte zu einigen seiner Lieder besteuert. Zwei Jahre später singt er zusammen mit Patheé Marconi und veröffentlicht die Platte »La cavalerie«. Das Chanson spricht die Sehnsucht nach einer Zeit ohne Motorenlärm aus. 1969 übernimmt er die Hauptrolle in der französischen Fassung des Musicals »Hair«. Sein Auftritt im → »Olympia« wird für ihn zum Triumph, der ihm die Anerkennung der Öffentlichkeit und ein Lob von

→ Barbara und → Jacques Brel einbringt. 1971 erscheint das Chanson »Ce n'est rien«. Es wird sein erster großer Hit und bringt frischen Wind in die französische Chansonszene. Es folgt das Album »Julien«. Der daraus ausgekoppelte Titel »Si l'on chantait« entert ebenfalls die Hitlisten. Weitere Alben kommen auf den Markt: 1974 »Terre de France« und 1975 »No 7« mit dem Hit »This Melody«. Sein 1980 erscheinendes Album »Femmes, Indiscréation, Blasphème« geht mehr als 500 000 mal über die Ladentheken. Das markante Vibrato seiner Stimme, die schlichten, aber keineswegs abgegriffenen Melodien mit Bezügen zum Rock, dem amerikanischen Folksong und der französischen Folklore führt er zu einem unverwechselbaren, romantisch gefärbten Klangbild. 1984 trifft er David McNeil und produziert mit ihm seinen größten Hit, »Melissa«. Nach zehnjähriger Trennung arbeitet er 1990 erstmals wieder mit Etienne Roda-Gil zusammen. Die Wiedervereinigung schlägt sich in der

Julien Clerc: geschliffene Stimme.

Plattenveröffentlichung »Utile« nieder. 1997 sorgt er mit einem erneut »Julien« betitelten Album für Aufmerksamkeit. »Das Ergebnis vereinigt Gefühl, Rhythmus, Träumerei, Wanderlust – die Momente des Lebens, getragen von der geschliffenen Stimme.« Die von Julien Clerc vertonten Poeme geben sich mal phantastisch und surrealistisch, mal melancholisch und humoristisch. Seine Lieder »strahlen ein Licht aus und fangen einen Teil Menschlichkeit in ihrem Schimmer ein«.

Clercs de la basoche

Name einer Theatergesellschaft in Paris. Ihre Mitglieder sind Juristen. Man spielt → Moralités und → Farces.

Clochard

vagabundierender Bettler, der in Paris am Seine-Ufer unter den Brücken haust.

Cocteau, Jean

französischer Schriftsteller, Dramatiker und Filmregisseur, geboren 1889, gestorben 1963. Er ist vielseitig begabt, betätigt sich auch als Maler, Graphiker und Journalist. »Er gilt als der große Gaukler des modernen französischen Theaters, als ein Universaltalent, das weniger durch schöpferische Kraft, denn als phantasievoller Anreger wirkt. Er verfaßt psychologische Reißer, nimmt die klassische Mythologie surrealistisch verfremdet auf, spielt mit einer abstrakten, magischen Traumwelt und jongliert mit Tiefsinn ebenso wie mit Effekt« (Mosaik Schauspielführer). Seinen ersten großen Theatererfolg hat er mit der Tragödie »Orpheus« (1926). Es folgen unter anderem »Die geliebte Stimme« (1930), »Die Höllenmaschine« (1934) und »Bacchus« (1951). Auch der Reiz seiner Filme liegt nicht selten in der surrealistischen Verzauberung und seiner verrätselten Poesie. Er erregt Aufsehen unter anderem mit seinen Filmen »Le sang d'un poète« (Das Blut eines Dichters), »La belle et la bête« (Die Schöne und das Biest) und »Orphée« (Orpheus). 1955 wird er Mitglied der »Académie Française«. → Marianne Oswald rezitiert unter anderem seine »Chansons parlées«. → Charles Trenet läßt sich von seinem Werk inspirieren. → Francis Poulenc vertont von ihm → Chansons artistiques.

Cole, Nat »King«

(eigentlich Nathaniel Coles), amerikanischer Sänger, geboren am 17. März 1917 in Montgomery (Alabama), gestorben am 15. Februar 1965. Er beginnt seine Laufbahn als Jazzpianist. Seinen Beinamen »King« erhält er nach dem englischen Kinderreim »Old King Cole was a merry old soul«. Als Sänger entwickelt er sich zu einer führenden Gestalt im amerikanischen Showgeschäft. 1937 gründet er das »Nat King Cole Trio«. Vier Jahre später nimmt er »Sweet Lorraine«, seine erste Platte noch mit Trio, auf. 1944 kommt seine erste Soloplatte auf den Markt. »Seine charismatische Stimme gibt so manchen seiner Songs Chansonqualitäten«, urteilen Kritiker. »Seine Ausdruckskraft ist groß und gleichermaßen echt in der Darstellung des Innigen, Verträumten wie des Schwärmerischen und Leidenschaftlichen.«

Commune

kleinbürgerlich-proletarische Gruppe in Paris. Sie regiert zwischen dem 18. März und dem 28. Mai 1871. Sie will unter anderem den verlorenen Krieg gegen Preußen wieder in Gang bringen. Zahlreiche Chansons setzen sich mit dieser Gruppierung auseinander.

Compagnons de la Chanson

Eine Gruppe von neun Sängern, die 1945 erstmals an die Öffentlichkeit tritt. Sie rekrutiert sich aus dem 1941 von Louis Liébart in Lyon gegründeten Chor »Compagnons de la Musique«. Der Zusammenschluß wird von → Edith Piaf gefördert. Ihr Repertoire ist stark folkloristisch orientiert, was sich einmal aus der Herkunft aus einem Chor erklärt, zum anderen aus der Zeit des Krieges mit seiner Abschnürung von der Außenwelt und der Besinnung auf das Franzosentum. Der Titel »Les trois cloches« ist einer ihrer größten Erfolge.

Complainte

Klage- und Moritatenchanson, meist auf den Tod eines Helden. Es ist an keine bestimmte Form gebunden, braucht nicht einmal strophisch zu sein. Das berühmteste Beispiel einer alten Complainte ist die aus dem 16. Jahrhundert stammende → Ballade »Le roi Renaud«, ein Heimkehrerlied in tragischen Versen über → Jean Renaud.

Constantine, Eddie
(eigentlich Edward Constantine), Filmschauspieler und Sänger, geboren am 29. Oktober 1917 in Los Angeles, gestorben am 25. Februar 1993 in Wiesbaden. Er studiert von 1933 bis 1936 Gesang am Konservatorium in Wien, dann in New York. In Hollywood singt er im Rundfunk. Er ist Mitbegründer des Vokalensembles »The Five Musketeers«. 1948 kommt er nach Paris, gastiert in Nachtclubs, unter anderem 1950 im → »Moulin Rouge«. Durch → Edith Piaf erhält er entscheidende Impulse als Chansonsänger. 1952 spielt er seine erste Rolle in einem Film (»Egypt By Three«). In der Folgezeit verkörpert er meist in billig-produzierten Actionfilmen (»Heiße Lippen – Kalter Stahl«, »Harte Fäuste – heißes Blut«, Rote Lippen – blaue Bohnen«, Gangster, Rauschgift und Blondinen«, Küsse, Kugeln und Kanaillen«) den Typ des Draufgängers, der zuerst zuschlägt, bevor er denkt.

Coq à l'âne
(ungereimtes Zeug). So nennen die Franzosen seit dem 15. Jahrhundert die vertikalen → Quodlibets.

Couplet
Bezeichnet vom Mittelalter bis etwas zum 17. Jahrhundert die Strophe. Bedeutet aber auch das Reimpaar, das seit dem 16. Jahrhundert als Couplet de deux vers näher definiert ist, und die durch ungereimte Refrainzeilen gegliederten Abschnitte im → Rondeau. In späterer Zeit: kleines Lied in Operette und → Kabarett. Im letzteren vor allem ein mehrstrophiges Lied mit moralisierendem, zeitkritischen, spöttischem oder zweideutigem Inhalt.

Cour d'amour
Wettbewerb im Mittelalter, in dem Damen des Adelsstandes das beste Chanson küren.

Courtoisie
Ritterlichkeit besonders gegenüber Frauen. Die → Troubadours und → Trouvères unterwerfen sich in ihren Chansons bedingungslos dem Willen ihrer Angebeteten. Sie spiritualisieren die Liebe zur strengen Form.

Courtoisie: Treue für die Herzensdame.

Couté, Gaston
französischer Chansonsänger, zweite Hälfte des 19. Jahrhunderts. Das erste Repertoire von → Yvette Guilbert umfaßt unter anderem Chansons von Gaston Couté.

Cresquillon, Thomas
niederländischer Komponist, Geburtsjahr unbekannt, gestorben 1557 wahrscheinlich in Béthune. Er ist um 1544 Kapellmeister von Kaiser Karl V. in Brüssel, später in Löwen, Namur, Termonde und Béthune. Im Druck erscheint von dem bedeutenden Komponisten ein umfangreiches kirchenmusikalisches Werk sowie zahlreiche Chansons.

Crosby, Bing
(eigentlich Harry Lillis Crosby), amerikanischer Filmschauspieler und Sänger, geboren am 2. Mai 1901 in Tacoma (Washington), gestorben am 14. Oktober 1977 in Madrid. Nach dem Besuch der High School und der juristischen Fakultät einer Universität schließt er sich 1922 als Schlagzeuger und Sänger der Gruppe »The Musicaladers« an. Zahlreiche seiner Lieder haben Chansoncharakter. Einige seiner Songs werden mit dem »Oscar« ausgezeichnet. Neben seiner schnellen Karriere als Sänger verbucht er großen Erfolg im Filmgeschäft. Dort debütiert er 1930 mit den »Rhythm Boys« in »The Kind Of Jazz«. Sein letzter großer Filmerfolg datiert aus dem Jahr 1956. Neben Grace Kelly, Louis Armstrong und → Frank Sinatra ist er in dem Kino-Hit »High Society« zu sehen. Sein legendärer Song »White Christmas« entwickelt sich zu den meistverkauftesten Schallplatten aller Zeiten.

D

Damia

französische Chansonsängerin, geboren 1892 in Paris, gestorben 1978. Kritiker bezeichnen sie als die »lyrische Tragödie des französischen Chansons«. Bereits in jungen Jahren erlangt sie Starstatus. Sacha Guitry entdeckt sie und sorgt dafür, daß sie in der → Musichall »Alhambra« mit 18 Jahren die weibliche Hauptrolle erhält. Bei ihren Auftritten setzt sie als erste Interpretin systematisch Beleuchtungseffekte und Projektionen ein. Sie imponiert durch die enorme Spannweite ihres Liederfundus. Der sentimentale Vorstadtschlager »La chaîne« findet ebenso Aufnahme in ihre Programme wie die Paul Verlaine-Gedichte »Le ciel est pardessus le toit« und »D'une prison«. In ihrem ursprünglich ungarischen Chanson »Sombre dimanche« gibt sie der Weltuntergangsstimmung einer → Bourgeoisie Ausdruck, die keinen Ausweg aus ihrer gesellschaftlichen Krise sieht.

Danza

Tanzchanson.

Danzer, Georg

österreichischer → Liedermacher, geboren am 7. Oktober 1946 in Wien. Eng mit dem neuen Wiener Dialektlied verbunden, hat er »wie kein zweiter seine höchstpersönliche Position zwischen Schlager, Rocksong, Chansons und kritischem Lied gefunden« (Thomas Rothschild). Dennoch sei er kein »Berufswiener« und »Schmähtandler«, läßt er wissen. Aufmunterung und Weltschmerz, Ironie und Hintergründigkeit stehen in seinen Werken eng beieinander. »Ich will Tabus sprengen. Deshalb singe ich von Onanisten, von Fixern und sexuell Verklemmten, von Arschkriechern und Exhibitionisten.

Ich will die Leute aus ihrer Selbstsicherheit herausfegen«, so Danzer zu seinen Liedern, die sich um Sexualität und Drogen drehen, aber auch Sozialkritisches umfassen. Gleichzeitig versucht er, »hinter der Wirklichkeit, die Wahrheit zu sehen«. Er will an die Minderheiten herankommen. »Mit Minderheiten meine ich Leute, deren musikalischer Geschmack dem der Masse einen kleinen Schritt voraus ist«, verdeutlicht er. Dies gelingt ihm mit Werken, die in meist humoristischer Form dem Spießbürgertum einen Spiegel vorhält. Sie »stehen in Danzers Repertoire neben zärtlichen oder resignativen Liebesliedern und Reimen in der Tradition des Wiener Vorstadtschlagers, die einem elementaren Vergnügen an Sprachklängen und an verbaler Aggression nachgeben« (Thomas Rothschild). Danzer ist Sohn eines Beamten und einer Angestellten. In der Schule zeigt er sich außer in den Fächern Kunst und Deutsch wenig interessiert. Mit dreizehn beginnt er Gitarre zu spielen und sich für Musik zu begeistern. Nachdem er Schule und Wehrpflicht hinter sich gebracht hat, studiert er sechs Semester Psychologie und Philosophie, bricht das Studium jedoch bald ab und trampt nach Griechenland und Schweden. Als er 1967 wieder nach Wien zurückkehrt, beginnt er eigene Lieder zu schreiben. → André Heller, Marianne Mendt und → Erika Pluhar übernehmen zwar einige seiner Texte in ihr Repertoire, doch der eigene Erfolg stellt sich nicht ein. »Honigmond«, seine erste Langspielplatte, wird ein Flop. Zwei Jahre später, 1975, ist seine Durststrecke vorbei. Sein Lied »Jö schau«, in dem er einen Nackten durch das renommierte Wiener »Café Hawelka« stürmen läßt, spielt eine »Goldene Schallplatte« ein. 1977 erscheint die Scheibe »Unter die Haut«. Auch sie wird ein Erfolg, obwohl sich einige Radiostationen gegen den Drogensong »War das etwa Haschisch« sperren. 1978 singt er für das Bundeskriminalamt den Anti-Rauschgift-Song »Mach dich nicht mit Gewalt kaputt«, geht aber kurz darauf mit »Wir werden alle überwacht« – ein Text, der die polizeilichen Überwachungsmethoden anprangert – gleichzeitig in die Opposition. Danzers Werk gewinnt an politische Direktheit. »Ich war lange Zeit ein Zweifler mit grüblerischen Stirnfalten«, meint er. »Es ist ganz einfach an der Zeit, zu reagieren. Meine Lieder gehen jetzt ganz konkret auf politische, sozialkritische und persönliche Inhalte ein ohne irgendwelche Verschnörkelungen musikalischer oder textlicher Art.« Thomas Rotschild vergleicht seine beklemmende Anklage »Die Folter« mit → Konstantin Weckers vielgelobtem »Waidmanns Heil« und sein »Ich bin dagegen« als »deklamatorische Antwort« auf Michael Sardous »Je suis pour«. In »Und so weiter« greift er menschenunwürdige Zustände, oberflächliche Beziehungen und nicht bewältigte Vergangenheiten auf. Ist sein bisheriges Songmaterial auch von einem morbiden und depressiven Hang durchzogen gewesen, so sprüht das Album »Weiße Pferde« förmlich vor Frische und Elan. Er kehrt den bislang augenfälligen Pessimismus unter den Teppich und holt dafür Lebensbejahung und ein Stück vorwärtstreibende Energie hervor. Für Danzer ist die Musik wichtiger als der Text. Von seinen Songs seien ihm die am liebsten, gibt er zu, die er spontan geschrieben habe. Genau so wirkt sein musikalischer Vortrag: eher flüchtig und improvisiert, aber auch eingängig, ohne verkünstelte Extravaganzen. »Danzer empfängt wie eine Antenne, setzt die Signale in Formen um, filtert sie durch das Sieb des Poeten und entzieht sich dadurch jedes Schemendenken« (Hans-Ulrich Kreutzer).

Dearie, Blossom

amerikanische Sängerin und Pianistin, geboren am 28. April 1926 in East Durham (New York). Sie geht 1952 nach Paris, wo sie künstlerisch entscheidende Impulse bekommt. Dort singt sie Chansons französischen und angelsächsischen Ursprungs, vorzugsweise in intimen Rahmen, wobei sie sich selbst am Klavier begleitet.

Debraux, Emile

französischer Chansonsänger, geboren 1798, gestorben 1831. Er ist der Autor des berühmten Chansons → »Fanfan la Tulipe«. Der Freund von → Pierre-Jean de Béranger versucht zwischen den Zeilen seiner Chansons mit Anspielungen und Augenzwinkern die Massen zum Widerstand gegen Besatzung und → Restauration aufzurufen. Seine wichtigsten Chansons sind »Le conscrit«, »Le p'tit Mimile«, »La liberté de la presse« und »Lettre au ministre sur les abus de la liberté«. Seine Chansons werden gerne in Handwerker-Werkstätten und → Goguettes gesungen. Er stirbt an Tuberkulose, die er sich wahrscheinlich während eines Gefängnisaufenthaltes zugezogen hat.

Debussy, Claude
französischer Komponist, geboren am 22. August 1862 in Saint-Germain-en-Laye, gestorben am 25. März 1918 in Paris. Es gelingt ihm, althergebrachte musikalische Formen zu durchbrechen und etwas gänzlich Neues zu schaffen. Durch die Verwendung der Ganztonskala und spannungsloser Dissonanzen entwickelt er ein neues Klangkolorit mit eigenartigen Reizen, das er in stimmungshafter Art in meisterhafte Formen kleidet. Er ist das älteste von fünf Kindern. Mit neun Jahren erhält er Klavierunterricht. Ein Jahr später besucht er das Pariser Konservatorium. Mit 18 Jahren wechselt er vom Klavier- zum Kompositionsunterricht. Wiederholt verdingt er sich als Hauspianist reicher Gönnerinnen. 1884 gewinnt er mit der Kantate »L'enfant prodigue« den begehrten Rom-Preis, einen Kompositionsaufenthalt in der Villa Medici. Debussy führt ein unstetes Leben, aber sein Geschmack ist erlesen. Er liebt vornehme Kleidung und gutes Essen, hat kaum Geld und oft Probleme, sich die Gläubiger vom Hals zu halten. Er beginnt den herrschenden Musikgeschmack seiner Zeit abzulehnen und schließt sich einer Künstlergruppe von Symbolisten und Impressionisten an, die das literarische und musikalische Leben gegen Ende des 19. Jahrhunderts zunehmend bestimmen. 1894 wird sein Orchesterstück »Prélude à l'après-midi d'un faune« uraufgeführt, das unter anderem wegen seiner »übergangslos ineinander verwobenen Melodien« heftige Kritik erhält. Parallel dazu komponiert er zahlreiche Klavierstücke und Lieder auf Texte von fremden Autoren (unter anderem »Chansons de Bilitis«, 1897). Auch die Reaktionen zu seiner Oper »Pelléas et Mélisande« (1902) sind geteilt. Sie reichen von begeisterter Zustimmung bis zu beißender Häme. Der Musikkritiker Louis Laloy nennt das Werk des »musikalischen Revolutionärs« »luftige zarte Konstruktionen, denen das Knochengerüst fehlt«. 1905 erscheint das Orchesterwek »La Mer«. Debussy findet langsam Anerkennung und verdient mittlerweile als Komponist und Pianist genug, um seine Familie zu ernähren. Seine Konzertreisen führen ihn in zahlreiche Länder. Im Kabarett »Die → Elf Scharfrichter« sitzt er am Klavier und dirigiert die Chöre. Mit dem Beginn des Ersten Weltkriegs kommen seine Konzertreisen zu einem abrupten Ende. »Debussy gehört zu den originellsten Komponisten des 20. Jahrhunderts. Er setzt Klänge in ähnlicher Weise ein wie impressionistische Maler die Farben – etwa um den Ein-

druck von Sonnenlicht, von Regen, Wind, Wolken oder Wasser zu erzeugen.«

Degenhardt, Franz Josef

deutscher Schriftsteller und → Liedermacher, geboren am 3. Dezember 1931 in Schwelm (Westfalen). Nach dem Abitur 1952 studiert er Jura, absolviert 1960 sein zweites juristisches Staatsexamen und wird ein Jahr später Wissenschaftlicher Assistent am Institut für Europäisches Recht an der Universität Saarbrücken. 1963 beginnt er seine Karriere als Sänger. Schon immer hat er sich für Literatur interessiert und auch schon einige Gedichte geschrieben. Um sich Öffentlichkeit zu verschaffen, begleitet er sie mit seiner Gitarre und schafft so seine ersten Lieder. In ihnen übt er in Anlehnung an → Georges Brassens »die Kritik der leisen Töne, das poetische Bild, die anarchisch-surrealistische Metapher« (Thomas Rothschild), vereint nach eigenen Worten »Schauer und Parodie zur zeitgemäßeren Melancholie«. Die ersten Aufnahmen finden bei »Radio Bremen« statt. Anschließend erscheint seine erste Platte: »Zwischen Null Uhr und Mitternacht« (später wiederveröffentlicht unter dem Titel »Rumpelstilzchen«). 1964 läßt Degenhardt beim → »Festival Chanson Folklore International« auf → Burg Waldeck erstmals sein wohl bekanntestes Lied hören, »Spiel nicht mit den Schmuddelkindern«, das er 1965 als Titel seiner Langspielplatte übernimmt. Ein Jahr später promoviert er zum Dr. jur. und wird durch Wofgang Neuss, → Wolf Biermann und Rudi Dutschke zum »Sozialismus bekehrt«. In den folgenden Jahren beteiligt er sich aktiv an den Studentenprotesten und setzt sich für weitreichende gesellschaftliche Veränderungen ein. Er gibt seinen Posten an der Universität auf und geht 1969 als Rechtsanwalt der APO nach Hamburg. Hier setzt er sich vor allem für arme Bürger und Kriegsdienstverweigerer ein. Im Jahr zuvor erscheinen zwei neue Schallplatten, »Wenn der Senator erzählt« und »Im Jahr der Schweine«. In ihnen zeigt sich Degenhardts Stärke: »eine Figur zu zeichnen in einer Geschichte, bei der alle Details stimmen, die durch die Genauigkeit der Beobachtung Vertrautes erkennbar macht« (Thomas Rothschild). 1971 wird er aus der SPD ausgeschlossen, weil er sich für eine Linkskoalition einsetzt. Dennoch bleibt er seiner politischen Linie treu, bemüht sich offen um eine Volksfront. Künstlerisch ist er ungeheuer produktiv:

es erscheinen unzählige Schallplatten, unter anderem »Wallfahrt zum Big Zeppelin«, »Mit aufrechtem Gang«, »Wildledermantelmann«, »Der Wind hat sich gedreht im Lande«, »Durch die Jahre«, »Du bist anders als die anderen«, »Lullaby zwischen den Kriegen«, »Vorsicht Gorilla!«, »Junge Paare auf Bänken«, »Da müssen wir durch«, »Aus diesem Land sind meine Lieder«, »Wer jetzt nicht tanzt«, »Und am Ende wieder leben«, »Nocturn«, »Aus dem Tiefland« und »Weiter im Text«, Romane wie »Zündschnüre«, »Brandstellen«, »Petroleum und Robbenöl«, »Die Mißhandlung«, »Der Liedermacher«, »Die

Franz Josef Degenhardt: scharfe Zunge gegen das Spießertum.

Abholzung« und »August Heinrich Hoffmann, genannt von Fallersleben« sowie die Chansonsammlung »Spiel nicht mit den Schmuddelkindern«, die großen Absatz findet. Die Musik tritt bei Degenhardt immer hinter dem Text zurück. Auch sein Gesang ist eher sprachlich als melodiös. Inhaltlich zeigt er sich gesellschaftlich und sozial engagiert, wendet sich mit scharfer Zunge gegen die Etablierten und Mächtigen. Beeinflußt sieht er sich im besonderen von → François Villon, → Carl-Michael Bellman und → Aristide Bruant. »Degenhardts Figuren machen sich oft selbständig. Sie sind Typen, manchmal sympathisch, öfter unsympathisch, immer aber Konflikte unserer Gesellschaft in sich repräsentierend. In seinem Zorn und seinem Lachen über Spießertum steht er in der Tradition von → Wedekind, → Tucholsky und → Brecht. Im Inneren des Landes spürt er sie auf, die ewigen Kleinbürger, die dem Faschismus den Steigbügel halten« (Thomas Rothschild). Der Sänger »will auf seine Weise versuchen, die Menschen auf ihre Fehler aufmerksam zu machen, sie zu beeinflussen« (Hör zu). »Er gehört in die sehr deutsche Linie einer politischen Kunst, die markiert ist durch Künstler wie Bertolt Brecht, → Hanns Eisler, → Ernst Busch. Dort hat er seinen Platz, den kann ihm keiner mehr nehmen, und dort braucht ihn auch die Kultur, die mehr und mehr am Schwachsinn synthetischen literarischen und musikalischen Fast Foods zu ersticken droht« (Thomas Rothschild).

Degeyter, Pierre
französischer Komponist, geboren 1848, gestorben 1932. Er erlernt den Beruf des Drechslers. Seine Liebe gehört allerdings der Musik. 1888 komponiert er → » Die Internationale« (Text von → Eugène Pottier), die sich zu einer weit über die französischen Grenzen hinausgehende Arbeiterhymne entwickelt. Zeitlebens muß Degeyter um die offizielle Anerkennung seiner Autorschaft an diesem Lied kämpfen, die ihm durch Intrigen streitig gemacht wird.

Delmet, Paul
französischer Komponist, geboren 1862, gestorben 1904. Seine melodiösen → Romanzen und Chansons »Tout simplement«, »Mélancolie«, »Vous êtes jolie«, »Reine blonde« und »L'étoile d'amour« sind selbst noch in den zwanziger Jahren bekannt und gern

gesungen. Zu jener Zeit sprechen Insider gerne von einer »Melodie à Delmet« – gemeint ist ein reizend leichtes Tongebilde.

Delvard, Marya

Chansonsängerin, geboren 1874, gestorben 1965. Sie steigt zum weiblichen Star des Künstlerkabaretts »Die → Elf Scharfrichter« auf. Mit ihrer hageren Silhouette, dem engen hochgeschlossenen, schwarzen Kleid erinnert sie äußerlich an → Yvette Guilbert. Zudem übernimmt sie deren avantgardistische Technik des Gegen-die-Musik-Singens.

Désaugier, Marc-Antoine

französischer Chansonsänger, geboren 1772, gestorben 1827. Seine Kunst steht ganz im Dienste einer treuen und etwas possierlichen Abbildung seiner Zeitgenossen. Er ist Autor des heute noch bekannten Chansons »Paris à cinq heures du matin«: »L'ombre s'évapore, / Et déjà l'aurore / De ses rayons dore / Les toits d'alentour; / Les lampes pâlissent, / Les masions blanchissent, / Les marchés s'emplissent, / On a vu le jour. / De la Villette, / Dans sa charrette, / Suzon brouette / Ses fleurs sur le quai, / Et de Vincennes, / Gros-Pierre amène / Les fruits que traîne / Un âne efflanqué« (Der Schatten zerfließt, / Und schon übergießt / Das Morgenrot golden / Die Dächer rundum. / Die Lampen verblühen, / Die Häuser erglühen, / Die Märkte erwachen, / Der Tag ist da. / Aus dem Dorf / Mit der Karrette / Stößt Suzette / Blumen auf den Quai, / Und aus Vincennes / Karret Gros-Pierre / Mit dem Esel / Früchte her). → Pierre-Jean de Béranger nennt ihn in seinem Chanson »Paillasse« einen opportunistischen »Clown, der für jedermann seine Mätzchen macht, der ihn bezahlt«, erst für Napoleon, dann für die Monarchie.

Deschamps, Eustache

französischer Dichter, geboren 1340 in Vertus bei Eparnay, gestorben 1410. Er ist ein Neffe und Schüler → Guillaume de Machaults und besucht die Kathedralschule von Reims. Wegen seiner dunklen Hautfarbe wird er »morel« genannt. Er bevorzugt in seinem Schaffen die → Ballade und behandelt darin vor dem Hintergrund der

Marc-Antoine Désaugier: Spiegel der Gesellschaft.

historischen Ereignisse des → »Hundertjährigen Krieges« (1337 bis 1453) anfangs nationale Begeisterung, später Kriegsmüdigkeit und die Hoffnung nach Frieden. Daneben schreibt er flotte, zuweilen frivole Trinkchansons. Deschamps zeigt insbesondere in seinen satirischen Chansons eine scharfe Beobachtungsgabe und leidenschaftliches Engagement. Er sympathisiert mit den einfachen Leuten, mit den Bauern und Handwerkern. Sein Haß richtet sich gegen die ungerechte Obrigkeit, gegen die Steuerpolitik des Staates und der Kor-

ruption unter Charles VI. Er beeinflußt zahlreiche Poeten, unter anderem → Charles d'Orléans und → François Villon.

Descort

Chanson des 12. bis 14. Jahrhunderts, das die unerwiderte Liebe behandelt. Die Musik zerfällt in Sätze, die wiederholt werden. Meist folgen zwei metrisch gleiche Sätze. Im Descort soll die innere Zerrissenheit des nicht erhörten → Troubadours durch Unregelmäßigkeiten in Ausbau, Versart und Sprache sowie durch inhaltliche Ungereimtheiten deutlich zum Ausdruck gebracht werden.

Desnos, Robert

französischer Dichter. Sein Chanson »Le disparu« beschwört die Rue Saint-Martin, die von der Gestapo besonders heimgesuchte Straße in Paris, und ist dem als Märtyrer gefallenen André Platard gewidmet. Desnos, anfänglich Surrealist, findet im Schatten des Dichters und Romanciers Louis Aragon und des Lyrikers Paul Eluard den Weg zum Realismus. Er erkennt, daß »die Poesie nicht für Auserwählte da ist, sondern daß sie die einfachsten Seelen durchdringen muß«. Der Dichter stirbt im Konzentrationslager Theresienstadt kurz nach der Befreiung durch die Sowjetarmee. Die 1947 entstandene Komposition des → Chanson artistique »Le disparu« von → Francis Poulenc würdigt Robert Desnos postum.

Dessau, Paul

deutscher Komponist, geboren am 19. Dezember 1894 in Hamburg, gestorben am 28. Juni 1979. Er studiert ab 1910 in Berlin. Nach dem Studium beginnt er als Korrepetitor am Hamburger Stadttheater, ist zeitweilig Opernkapellmeister in Bremen und an der »Städtischen Oper« in Berlin tätig. Zu dieser Zeit hat er bereits unzählige Lieder in jenem frechen Musikstil der zwanziger Jahre der Atonalität und volkstümlichen Einfachheit komponiert. Hier verpflichtet er sich im besonderen dem → politischen Lied und macht anfangs mit sozialkritischen Texten und mit Liedern auf Texte von Hermann Hesse, Johann Wolfgang von Goethe und Theodor Storm auf sich aufmerksam. 1933 muß er als Jude nach Paris emigrieren. Dort findet er sein künstlerisches Selbstverständnis, begeistert sich für die zionistische Idee und verfaßt das Oratorium »Hagada« nach einem Text von Max Brod. Er komponiert aber auch Chansons des Widerstands. 1939 flieht er nach Amerika. Ausschlaggebend für sein Schaffen wird ab 1942 die enge künstlerische Verbindung mit → Bertolt Brecht, die von der politischen Parodie auf die nationalsozialistische Parteihymne (1943) über die großen Bühnenwerke bis hin zu einer ganzen Reihe von Liedern reicht. Daneben stehen auch immer wieder politische »Agitprop«-Lieder wie »Die Thälmannkolonne« (1936) oder, inzwischen wieder in Deutschland, 1949 das »Aufbaulied der FDJ«. Es folgt die Vertonung des Brecht-Hörspiels »Das Verhör des Lukullus«, ein »Requiem für Lumumba« und 1969 die Oper »Lanzelot«. »Flexibel bewegt er sich zwischen so gegensätzlichen Polen wie dem harmonisch und rhythmisch vereinfachten Massenlied und dem satztechnisch anspruchsvolleren, in seinen Mitteln reicheren Orchester- oder Bühnenwerk««(Reclams Konzertführer).

Deutsches Chanson

Von nachhaltigem Einfluß auf Deutschland ist der Zauber und Rummel des → Montmartre des 19. Jahrhunderts. Besonders die Kulturtempel → »Chat Noir« und → Aristide Bruants → »Mirliton« verkörpern das Spektrum »Chanson«. Hinzu kommen die Gastspiele französischer Chansongrößen in Deutschland. So tritt → Yvette Guilbert 1898 in Berlin auf. Ein Jahr später gibt das Ensemble des Pariser »La Roulette« im »Berliner Theater« seine Visitenkarte ab. Durch den Einfluß des künstlerischen → Cabarets sind Genre und Wort längst geläufig. Um die Jahrhundertwende schießen dann in den deutschen Großstädten Künstlerkabaretts wie Pilze aus dem Boden. 1901 hebt → Ernst von Wolzogen in Berlin das → »Überbrettl« aus der Taufe. → Max Reinhardt und seine Freunde gründen das → »Schall und Rauch« und in München eröffnet der »Simpl«. Ensembles wie »Die Galgenbrüder«, → »Die bösen Buben«, »Die → elf Scharfrichter« und → »Die sieben Tantenmörder« warten mit anspruchsvollen, unterhaltenden und politisch aggressiven Chansons auf. Dennoch ist das Handwerkszeug des frühen deutschen Chansons in erster Linie noch die virtuose Nachempfindung eines fremdstämmigen Genres. Als Wegbereiter, als »Stammvater« des deutschen Chansons, entpuppen sich → Christian Morgenstern und → Frank Wedekind. Vor allem letzterer entwickelt den Begriff »aus der Nachahmung des französischen Vorbild eigenschöpferisch weiter und ist für viele Interpreten nach ihm bis hin zu → Bertolt Brecht Vorbild« (Wilhelm Neef). Während viele Künstlerkabaretts bald wieder ihre Pforten schließen müssen, entwickelt sich ab 1912 die → »Bonbonnière« in München zum einem führenden Etablissement in Deutschland. Den Erfolg verdankt das Haus vor allem dem Komponisten und künstlerischen Leiter → Ralph Benatzky. Das Chanson in Deutschland ist aber auch ohne → Rudolf Nelson undenkbar. Seine Lieder sind anspruchsvoll und dennoch Unterhaltung in bestem Sinne. Zwei in ihrer Art einmalige Typen sind auch → Otto Reutter und → Claire Waldoff. Die Chansons in Deutschland verarbeiten vielerlei Einflüsse. Das → Bänkellied, die → Moritat, die Posse und das Singspiel werden miteinbezogen. Sie sorgen für eine Neubelebung und Anpassung an ihre Zeit. Während der Kriegsjahre von 1914 bis 1918 haben sozial- und zeitkritische sowie politisch-satirische Themen wenig Platz. Die Zensur schreitet gegen progressive Künstler massiv ein. Chauvinistische und militaristische Chansons, billiges Tingeltangel und Mittelmäßigkeit sind in dieser Zeitspanne deshalb verstärkt angesagt. Nach dem Ersten Weltkrieg regen sich neue Kräfte, neue Talente lassen aufhorchen und machen auf sich aufmerksam. Neue Formen entwickeln sich, so die → Revue mit eingestreuten Chansons. Hinzu kommt die zunehmende Emanzipierung der Frau. Chanson und → Kabarett, streckenweise fast identisch, erhalten dadurch neue, bisher nicht gekannte Impulse. »Von der Kokette bis zum Vamp, von der Dirne bis zur Neurotikerin reicht die Palette« (Dietrich Schulz-Koehn). Es ist die Zeit von → Blandine Ebinger, → Trude Hesterberg, → Gussy Holl, → Margo Lion und → Rosa Valetti. Sie verkörpern Typen, basteln Images: hier das bleiche, rührende Mädchen, dort das kesse, kaltschnäuzige Luder, auf der anderen Seite die frivole Graziöse, die exzentrische Dekadente und die Grandezza mit Herz. Zudem etablieren sich Komponisten von Format: → Friedrich Hollaender, → Werner Richard Heymann, → Mischa Spoliansky, → Kurt Weill. Die turbulenten zwanziger Jahre sorgen für bissige Texte und persiflierende Musik. → Kurt Tucholsky, → Walter Mehring und → Erich Kästner schreiben für Kabarettrevuen, satirisch, zeitkritisch, aggressiv, aber auch witzig-verspielt und ironisch-formvollendet. → Marlene Dietrich meint »Ich bin von Kopf bis Fuß auf Liebe eingestellt« und →

Ernst Busch singt David Webers »Stempellied 1929«. Als im Januar 1933 die braunen Horden an die Macht marschieren, beginnt in der Kultur die »Gleichschaltung«. Markante Persönlichkeiten des deutschen Chansons emigrieren ins Ausland. Chansonhafte Ironie, Spott und Kritik sind nicht erwünscht, stattdessen der optimistische Blick in herrliche, paradiesische Zeiten. Der von den Nationalsozialisten gebilligte Stil macht aus den Chansons »lahme Schlager«, oder sie werden wegen ihrer »Anzüglichkeit« und »Gefährdung der Sittlichkeit« verboten, wie → Claire Waldoffs »Hermann heeßt er« und → Zarah Leanders »Es geht alles vorüber, es geht alles vorbei«. Viele »Macher« der Chansonszene müssen für ihren politisch-satirischen Mut in Hitlers Konzentrationslagern bezahlen. Nach dem Zweiten Weltkrieg gibt es für das deutsche Chanson keinen Weg zurück in die »goldenen zwanziger Jahre«. Als wieder Musik gemacht wird, hat sich die Musikszene grundlegend geändert. Gefragt sind Internationalität und Vielseitigkeit der musikalischen Stilrichtungen. Die modernen Massenkommunikationsmittel und die Unterhaltungsindustrie haben die Musikgrenzen aufgeweicht und machen sie fließend. Neben »klassischen« Chansons, wie sie → Hildegard Knef und auch → Reinhard Mey präsentieren, gibt es durch → »Liedermacher« wie → Wolf Biermann, → Franz Josef Degenhardt und → Dieter Süverkrüp eine »Wiederbelebung« dieses Genres. Ihre Lieder greifen auf die Tradition des literarischen Kabaretts, das → Arbeiterlied oder die politischen und sozialkritischen Auseinandersetzungen zurück, und damit auf die Mittel des Chansons.

Dietrich, Marlene

(eigentlich Maris Magdalena von Losch), amerikanische Schauspielerin und Chansonsängerin deutscher Herkunft, geboren am 27. Dezember 1901 in Berlin, gestorben am 6. Mai 1992 in Paris. Sie ist die Tochter eines preußischen Offiziers. An den Musikhochschulen in Weimar und Berlin studiert sie Geige, bricht das Studium jedoch wegen einer akuten Sehnenscheidenentzündung ab. 1921 nimmt sei bei → Max Reinhardt Schauspielunterricht. Ihre erste Rolle spielt sie in der William Shakespeare-Komödie »Der Widerspenstigen Zähmung«. Als Sängerin debütiert sie in der → Revue »Von Mund zu Mund«. Für ihr zukünftiges Image holt sie sich Anleihen bei → Claire Waldoff, von der sie das → Timbre und ihre Art, sich auf der Bühne in männlicher Kleidung zu präsentieren, übernimmt. Von der Sängerin → Margo Lion schaut sie sich die kühle Vortragsweise und das spartanisch wirkende Make-up ab. Diese Kombination setzt sie in eine distanzierte, fast frostige erotische Ausstrahlung um. Auch der Film wird auf sie aufmerksam. Bei ihrer Filmpremiere 1922 (»So sind die Männer«) schlüpft sie in die Rolle einer Kammerdienerin. Es folgen Nebenrollen in einigen Gesellschaftsfilmen und der Titelpart in »Ich küsse Ihre Hand, Madame«. Der Regisseur Josef von Sternberg bietet ihr schließlich die Verkörperung der verruchten Nachtclubsängerin Lola in dem Film »Der blaue Engel« (1929) an. In diesem Streifen singt sie ihre berühmten, von → Friedrich Hollaender geschriebenen Chansons »Ich bin von Kopf bis Fuß auf Liebe eingestellt« und »Ich bin die fesche Lola«. Hier verkörpert sie den Prototyp des Vamps und begründet endgültig ihr Image als → Femme fatale: langbeinig, blond und männermordend. Ein Jahr später klopft Hollywood an. Es entstehen Filme wie »Flammende Herzen«, »Shanghai Express«, »Die blonde Venus«, »Das Haus der sieben Sünden« und »Die Freibeuterin«. Sie stellen ihr neues, auf amerikanische Verhältnisse ausgelegtes Image unter Beweis: die robuste, mit allen Wassern gewaschene Frau. Als erbitterte Nazi-Gegnerin beantragt sie vor Ausbruch des Zweiten Weltkrieges die amerikanische Staatsbürgerschaft. Von 1943 bis Kriegsende geht sie auf Tournee zur Truppenbetreuung der US-Soldaten hinter der Front. Dafür wird sie mit der »Medal Of Freedom« und dem Kreuz der Französischen Ehrenlegion ausgezeichnet. Nach Kriegsende entfernt sie sich immer mehr vom Film. 1953 startet sie eine neue Karriere als → Diseuse. Ihre Deutschland-Tournee 1960 ist von nachhaltigen Protesten wegen ihres Engagements während des Zweiten Weltkrieges überschattet. 1978 ist sie in »Schöner Gigolo, armer Gigolo« letztmalig in einer Filmrolle zu sehen. »Die Dietrich weiß zwar, daß ihre Chansons zu ihrem Image gehören wie ihre langen Beine, aber ihre Einstellung ist weniger musikalisch als vielmehr optisch, sie ist auf Film, Fernsehen und große Bühne ausgerichtet und auf das Politische« (Dietrich Schulze-Koehn). »Ihrer überwältigenden Wirkung kann man sich schwerlich entziehen. Allein ihr Anblick entfesselt eine gewaltige Schlagzeugkanonade« (Markus Ebelein).

Dîner du caveau
1733 gegründete Chansongesellschaft. Ihr gehören Literaten, Komponisten, Maler und Chansonsänger an wie Alexis Piron, Claude de Crébillon junior, Charles Collé, Charles-François Panard, Jean-Philippe Rameau und François Boucher. Die Vereinigung besteht mit Unterbrechungen bis 1766 und wendet sich in erster Linie den spöttischen, satirischen und politischen Chansons zu.

Dîner du vaudeville
Chansongesellschaft. Gegründet 1796. Sie besteht aus Mitgliedern der gesellschaftlichen Oberschicht an. Sie pflegen die Tradition des höfischen Liedes und singen Trink-, Liebes- und Tanzchansons der Aristokratie des → Ancien régime. Politische oder kritische Werke sind in dieser Chanson-Gesellschaft verpönt.

Diseuse
realistische Abart der Chansonssängerin, die mehr spricht als singt. Beispiel: → Yvette Guilbert.

Distel, Sacha
französischer Schlager- und Chansonsänger und Filmschauspieler, geboren am 29. Januar 1933. Er beginnt als Gitarrist. Insider prophezeien ihm eine so sensationelle Karriere wie dem berühmten Django Reinhardt. Verbindungen mit Jeanne Moreau und → Juliette Gréco und eine Liaison mit Brigitte Bardot steigern seine Popularität. 1958 wendet er sich dem Chanson zu. Zwischen 1962 und 1967 verbucht er auch etliche Hits in Deutschland, unter anderem »Adios Amigo«, »Der Platz neben mir« und »Die Frau mit dem einsamen Herzen«. In Frankreich ist er vor allem mit seiner Version von »Raindrops Keep Fallin‹ On My Head« erfolgreich.

Doete de Troie
Sie lebt im 13. Jahrhundert und ist die erste historisch belegte Chansonsängerin. Sie tritt am Hof des deutschen Königs und Minnesängers Konrad IV. in Mainz zusammen mit einem → Jougleur namens Hue de Braise-Selve auf.

Douai, Jacques
französischer Chansonsänger, geboren Anfang des 20. Jahrhunderts. Er wird der »Troubadour de la chanson« genannt. Mit weicher Tenorstimme trägt er alte Gedichte aus verschiedenen Jahrhunderten vor, die er oft selber vertont oder modernisiert. Seine ersten Plattenaufnahmen wirken wie eine Mischung aus Kunstlied, Chanson und Volksgut. Er sucht dem Chanson aus seiner nationalen Tradition heraus, ohne Rücksicht auf den »gemeinsamen Markt«, einen Platz im kulturellen Leben Frankreichs zu geben und es wieder zu einem persönlichen Ausdrucksmittel zu machen. Im Jahre 1955 bekommt er für seine erste Platte den → »Grand Prix de l'Académie du Disque Français«.

Douce France
Viele französische Chansons handeln vom »lieblichen Frankreich« und seinen Vorzügen, von der Heimatliebe, den Straßen und Brücken, den Gärten und Blumen. In dieser Mixtur sind Menschsein (humanité) und Jugend (jeunesse) zwei wichtige Schlüsselwörter des Chansons. Sie begegnen sich in der Lebensfreude und der Lust am Neuen.

Dranem
französischer Chansonsänger, geboren 1869, gestorben 1935. Er wird der »König des komischen Chansons« genannt. Um 1900 füllt er allein den Saal des »Eldorado«. Er versucht sich mit einem markanten Styling von seinen Konkurrenten abzuheben. Bei seinen Auftritten trägt er karierte Hosen und überdimensionale Schuhe. Sein Kopf ziert ein komisches Hütchen. Er wird zum Vorbild von → Maurice Chevalier. Später wendet er sich der Operette und dann dem Film zu.

Dubarry, Marie-Jeanne
(eigentlich Marie-Jeanne Béqus), Mätresse von König Louis XV. von Frankreich, geboren 1743, gestorben 1793. Die Prostituierte wird 1769 vom König mit dem Grafen Dubarry verheiratet, um bei Hofe eingeführt werden zu können. Sie erlangt politischen Einfluß und wird auf Veranlassung Robespierres während der → Französischen Revolution hingerichtet. Das Volk richtet zahlreiche Chansons

schmähenden Inhalts gegen die Geliebte des Königs. Beispiel: »Saht ihr nicht meine Dubarry? / Sie schlug mein Herz in Bande. / Futsch ging wegen ihr mir mein Esprit. / Geblieben ist die Schande. / Ihr holden Kinder vom Bordell, / Weilt sie bei euch? O sagt mir's schnell! / O gebt mir sie wieder! / Zwar weiß ich wohl, daß an Lakai'n / Sie ihre Gunst beschwerte, / Daß kein Friseur, kein Kutscherlein / Sie unerhört begehrte. / Dies aber weiß ich sicherlich: / Kein Kutscher liebte sie so wie ich ...«

Dufay, Guillaume

niederländischer Komponist, geboren um 1400, gestorben am 27. November 1474 in Cambrai. Er ist einer der bedeutendsten Chansonkomponisten seiner Epoche und ein Meister der vielstimmigen Musik. Mit Unterbrechungen ist er von 1428 bis 1437 Mitglied der päpstlichen Kapelle in Rom. Nach einem mehrjährigen Aufenthalt am Hof von Savoyen erhält er 1446 ein Kanonikat an Sainte Waudru in Mons, später den Titel eines »Kaplans des Herzogs von Burgund«. 1451 läßt er sich in Cambrai nieder. Er schafft in seinen Messen, Motetten und Chansons einen neuen Stil, der französische Techniken mit der italienischen und englischen Musik verbindet.

Dupont, Pierre

französischer Chansonsänger und -komponist, geboren 1821, gestorben 1871. Zeitweise Sozialist und Demokrat, dem Alkohol verfallen. Bekannt ist sein »Chant des ouvriers«. In dieser bildkräftigen → Ballade vom armen, unterdrückten Mann klagen die Proletarier über die Ausbeutung ihrer Arbeitskraft und über ihre ungesicherte Zukunft. Noch im Herbst 1852 warnt er in seinem Chanson »1852« im Hinblick auf die Wahlen vor monarchistischen Ambitionen der Bonapartes und Orléans. Dupont hat seine Chansons meist selbst komponiert. Die Intonation seiner Melodien erinnert an die → Revolutionschansons von 1789 bis 1795. Die späteren Kompositionen sind meist bürgerlich-sentimental.

E

Ebinger, Blandine

deutsche Chansonssänger, geboren am 4. November 1902 in Berlin. Bereits als Kind umgibt sie künstlerisches Metier: Ihr Vater ist Pianist, die Mutter Schauspielerin. Von ihr erhält sie schon als kleines Mädchen Schauspielunterricht. Später spielt sie Theater bei → Max Reinhardt. Von dort geht sie zum Künstlerkabarett → »Schall und Rauch«. Hier entdeckt sie der Komponist → Friedrich Hollaender und holt sie an → »Die wilde Bühne«. 1919 heiraten sie. Den Grundstein für ihre Karriere legt sie mit ihren Auftritten im → »Café Größenwahn«. In den »Liedern eines armen Mädchens« besingt Blandine Ebinger eindrucksvoll und sozialkritisch die Not von »Liesken Puderbach«. Titel wie das »Groschenlied« zeigen auf fast brutal-zynische Weise das Elend der Armen und Unterdrückten auf. Ihre Stärke liegt darin, daß sie die Lieder nicht nur singt, sondern in sie hineinschlüpft. Damit vermittelt sie dem Publikum ein plastisches Bild der Inhalte. In den folgenden Jahren ist sie immer wieder in Kabarettprogrammen und → Revuen zu sehen. Bekannt wird sie vor allem mit dem Chanson »Die Trommlerin« aus dem 1928 erscheinenden Stück »Es kommt jeder dran«. In diesen Jahren entstehen auch ihre ersten Schallplatten. 1936 flieht sie aus Deutschland. Sie emigriert nach Amerika und geht nach Hollywood, kann dort jedoch nicht an ihre großen Erfolge anknüpfen. Nach dem Krieg kehrt sie nach Berlin zurück und ist vor allem schauspielerisch tätig, unter anderem 1951 in dem Film »Der Untertan«. Lange Zeit ist es still um die Künstlerin. 1974 nimmt sie an den »Berliner Festwochen« teil und singt wieder die »Lieder eines armen Mädchens«. Auf der gleichen Veranstaltung gibt sie acht Jahre später ihre letzte Vorstellung. »Die Künstlerin geht behutsam und vorsichtig mit ihrer Tonalität um. Dabei haucht sie durch ihre Kreativität und ihr Einfühlungsvermögen den Texten ein Höchstmaß an Leben und Aussagekraft ein« (Helmut Bach). »Sie verkörpert den Typus des armen, bleichen, rührenden Mädchens aus den armen Bezirken von Berlin, wobei sie bis stark an die Grenze der Karikatur geht, indem sie die Rührseligkeit übertreibt und sich selbst künstlerisch davon distanziert, wodurch der chansonhafte Charakter stark unterstrichen wird« (Dietrich Schulz-Koehn).

Ebstein, Katja

deutsche Schlager- und Chansonssängerin, geboren am 9. März 1945 in Berlin. Lange Zeit fährt sie zweigleisig: hier hausbackene und seichte Schlager-Ersatzträume, wie »Der Stern von Mykonos« (1973), da Lieder mit literarisch-kabarettistischen und lyrischen Texten, → Couplets, Musicalsongs, Gospels und Chansons. 1970 und 1971 plaziert sie sich beim »Grand Prix Eurovision« mit den Titeln »Wunder gibt es immer wieder« und »Diese Welt« auf vordere Plätze. 1980 gelingt ihr beim gleichen Wettbewerb ein vielbeachteter zweiter Rang. Seit diesem Zeitpunkt spielt sie verstärkt Theater, unter anderem die »Rosa Fröhlich« in »Professor Unrat«, die »Jenny« in der »Dreigroschenoper«, die Buhlschaft in »Jedermann«. Große Bühnenerfolge hat sie mit dem Lyrikprogramm »Meisterinnenwerke aus zwei Jahrhunderten«, ihrem Heinrich-Heine-Abend und mit ihrem Programm, das sich rund um → Bertolt Brecht dreht. »Sie verläßt die festzementierten Gren-

Katja Ebstein: seichter Glitter und anspruchsvolle Chansons.

zen des kommerziellen Schlager-Glücklichmachens und zeigt das heutige Dasein. Nicht moralisierend, aber auch nicht beschönigend. Ihre Themen sind aktuell, der Gegenwart entnommen. Weg ist so mancher Glitterglanz; neu dagegen Elemente, die in ihr künstlerisches Konzept und ihr Persönlichkeitsbild passen« (Deutsche Post).

Eden-Concert
Unterhaltungshaus am Boulevard de Sebastopol in Paris. Hier treten die → Vedettes des Zweiten Kaiserreiches auf.

Eglantine, Philippe François Fabre d'
französischer Dichter und Komödienautor, geboren 1750, gestorben 1794. Von ihm stammt das romantische Chanson »Il pleut, il pleut, bergêre« mit der Melodie des Opernkomponisten Louis-Victor Simon. Die Melodie ist als → Timbre in die Chansonsammlung → »Clé du caveau« eingegangen. Der Text ist eine typische → Bergerette und zeichnet das künstliche Arkadien, wie es die Mode der Schäferpoesie liebt. Der Künstler ist Mitglied des Nationalkonvents und wird mit dem französischen Revolutionär Georges-Jacques Danton zusammen hingerichtet.

Eiffelturm
eiserner Aussichtsturm auf dem Marsfeld in Paris, mit 300 Meter Höhe bis 1930 das höchste Bauwerk der Welt. Von hier aus werden 1921 die ersten Radiosendungen ausgestrahlt. Personenaufzüge führen zu Restaurants in verschiedenen Höhen. In 276 Meter Höhe besitzt er eine Plattform, die einen Weitblick bis zu 150 Kilometer gestattet. Das Bauwerk wird 1889 für die Pariser Weltausstellung nach den Plänen des französischen Ingenieurs Alexandre Gustave Eiffel (1832 bis 1923) errichtet. Er kostet 6,5 Millionen Franc und hat ein Gewicht von rund neun Millionen Kilogramm. Zahlreiche Chansons besingen das Bauwerk, unter anderem → Maurice Chevalier in »Y a d'la joie«.

Eisler, Hanns
deutscher Komponist, geboren am 6. Juli 1898 in Wien, gestorben am 7. September 1962 in Ost-Berlin. Er ist kurze Zeit Schüler der Wiener Musikakademie, studiert von 1919 bis 1923 bei Arnold

Eiffelturm: monumentale Konstruktion zur Weltausstellung 1889.

Schönberg Tonsatz, Analyse und Komposition, hat daneben Verbindungen zu Arbeitergesangsvereinen in Wien. Seine erste Auseinandersetzung mit der Zwölftontechnik sind die »Fünf Palmström-Studien« nach → Christian Morgenstern. 1924 siedelt er nach Berlin über. Hier ist er als Musikkritiker und Lehrer am Klindworth-Scharwenka-Konservatorium, danach an der Marxistischen Arbeiterschule tätig. Er wendet sich ganz dem Kommunismus und der marxistisch-leninistischen Kunstanschauung zu, die er auch publizistisch vertritt, und nimmt aktiv teil an der Arbeiterbewegung und am antifaschistischen Widerstand. Das hat den Bruch mit dem Schönberg-Kreis und die Orientierung am volkstümlich-politischen Lied zur Folge. Vertont er anfangs noch Lieder aus »Des Knaben Wunderhorn«, von Joseph Freiherr von Eichendorff und Rainer Maria Rilke, so kommen später agitatorische Chorlieder und rein politisch zweckbestimmte Texte hinzu wie »Drum sag der SPD ade!« (1928), Texte von → Walter Mehring und → Erich Weinert, aber auch »Zeitungsausschnitte« (1925 / 26), »Wiegenlieder für Arbeitermütter« (1932 / 33) und »Couplet vom Zeitfreiwilligen« (1933). In der Zusammenarbeit mit → Bertolt Brecht und dem Schauspieler → Ernst Busch wandelt sich seine Tonsprache. Während dieser Zeit entstehen zahlreiche Schauspielmusiken, unter anderem zu Georg Büchners »Dantons Tod« und »Die letzten Tage der Menschheit« von Karl Kraus. 1933 verläßt er Deutschland. Er folgt Brecht nach Dänemark, wo die »Lenin-Kantate« und die Anfänge der »Deutschen Sinfonie« entstehen. 1937 schreibt er in Madrid Kampflieder für die spanischen Republikaner. 1938 geht er nach Amerika. Zusammen mit dem Philosoph Theodor W. Adorno schreibt er 1942 das Buch »Komposition für den Film«. Nach dem Krieg wird Eisler vor den MacCarthy-Ausschuß zitiert. Das gegen ihn verhängte Gefängnisurteil ruft in der Intelligenzschicht des Landes große Empörung hervor. Die Amerikaner schieben ihn daraufhin nach England ab. 1950 läßt er sich in Ost-Berlin nieder und ist als Kompositionslehrer an der Deutschen Akademie der Künste und der Deutschen Hochschule für Musik tätig. Zusammen mit → Paul Dessau ist er maßgeblich an der Koordination des Musiklebens der DDR beteiligt. Er komponiert über 40 Bühnenmusiken, auch zu Stücken von Bertolt Brecht, viele Filmmusiken, zahlreiche Vokalwerke und Lieder, unter anderem die Nationalhymne der DDR, »Auferstanden aus Ruinen«. Er gehört neben → Kurt Weill, Paul Dessau und später → Hans-Dieter Hosalla zu dem kleinen Kreis, der das deutsche Chanson zu einem kunstvollen und doch echt volkstümlichen Gesangstypus mit unverwechselbarem Profil entwickelt hat. »Hanns Eisler bewegt sich wie ein Seiltänzer über der scheinbar unüberbrückbaren Kluft zwischen der komplizierten Satztechnik der bürgerlich-avantgardistischen Dodekaphonie und den radikalen Vereinfachungen sozialrevolutionärer Agitationsmusik. Er bringt das Kunststück fertig, überall anzuecken, sich selber treu zu bleiben und schließlich doch allgemein anerkannt zu werden« (Mosaik Opern-, Konzertführer). »So manche musikalische Wendung, textbezogen oder rein instrumental, erzielt ihre Schlagkraft erst durch raffinierte Akkordrückungen, ryhthmisch-metrische Abweichungen oder satztechnisch verankerte Bildhaftigkeit« (Reclams Konzertführer).

Elf Scharfrichter

Künstlerkabarett in München. Der Chansonsänger Marc Henry geht nach dem Ende des Pariser → »Chat Noir« nach München. Hier baut er das → Kabarett mit → Frank Wedekind, Hanns von Gumppenberg, Max Halbe, Rudolf Presber, Rudolf Alexander Schröder, Eduard von Keyserling, → Ludwig Thoma, Otto Erich Hartleben, Peter Altenberg, Leo Greiner und Otto Falckenberg nach → Montmartre-Vorbildern wieder auf. Zu den »Scharfrichtern« stoßen später Paul Schlesinger und Ludwig Scharf, der politisch aggressive Texte beisteuert, wie »Ich hebe meinen Arm, ich balle meine Faust«. Aus dieser Ära stammt das berühmte → Frank Wedekind-Chanson »Ich hab meine Tante geschlachtet«, zu dem sich der Dichter wie zu vielen seiner Lieder die Melodie schrieb und das er selbst zur Laute sang. Noch ein berühmter Zeitgenosse ist bei den »Scharfrichtern« anzutreffen. → Claude Debussy sitzt zuweilen am Piano und dirigiert die Chöre.

Estampida

Tanzchanson, auch ein von zwei oder vier Instrumentalisten alternierend ausgeführtes Vortragsstück. Als älteste Estampida ist »Kalenda maya« (um 1190) von → Reimbaut de Vaqueiras überliefert.

F

Fall, Leo

österreichischer Komponist, geboren am 2. Februar 1873 in Olmütz (Mähren), gestorben am 16. September 1925 in Wien. Er ist der Sohn eines Militärkapellmeisters. Mit 14 Jahren kommt er auf das Wiener Konservatorium. Dann wird er Geiger in einer Wiener Militärkapelle und Kapellmeister an verschiedenen deutschen Bühnen. Ab 1906 ist er freischaffend in Wien tätig. Er zählt mit Franz Lehár und → Oscar Straus zu den bedeutendsten Vertretern der neueren Operette. Er komponiert etwa 20 Operetten, darunter »Der fidele Bauer« (1907) und »Die Dollarprinzessin« (1907), »Der liebe Augustin« (1912) und »Madame Pompadour« (1922), Opern, Singspiele und Chansons. Sein bekanntestes Chanson ist »Und Meyer sieht mich freundlich an«.

Fanfan la tulipe

Diese Figur symbolisiert den Landsertyp des 18. Jahrhunderts. Eine ganze Reihe von Chansons befassen sich mit ihm: »Les adieux de la tulipe« 1736, »Adieu, cher la tulipe« 1765, »Le retour de M. la tulipe« 1776, »Le départ du conscrit« 1810 und schließlich → Emile Debraux‘ »Fanfan la tulipe«. Die Musik zu letzterem Werk ist dem → Vaudeville »Thibaud, Comte de Champagne« 1813 entnommen.

Farce

Seit Ende des 14. Jahrhunderts eine volkstümliche Einlage, meist ein Schwank oder eine Posse mit Chansons. Sie wird vor allem im Karneval gespielt. In Deutschland setzt sich die Bezeichnung erst im 18. Jahrhundert durch, oft gleichbedeutend mit Posse.

Faure, Jules

französischer Chansonsänger, Ende 19. Jahrhundert. Er dichtet auf → Claude Joseph Rouget de Lisles berühmtes → Revolutionslied → »Marseillaise« den Titel »La Marseillaise de la Commune«.

Favart, Charles-Simon

französischer Lustspiel- und Singspieldichter, geboren 1710, gestorben 1792. Er bringt das in der Provinz gewachsene realistisch frische Théâtre de la foire (Jahrmarktstheater) nach Paris. Er schreibt über 150 Stücke und komponiert viele Chansons. Das von ihm gepflegte Genre ist das → Vaudeville.

Féerie

Begriff für die großen Ausstattungsrevuen der Chansonstars im 18. und 19. Jahrhundert.

Femme fatale

Imagebild einer Frau: betörend, erotisch und »männermordend«. Beispiele: → Marlene Dietrich als langbeiniges, blondes Vollweib in dem Film »Der blaue Engel«, → Zarah Leander oder → Josephine Baker.

Ferrat, Jean

französischer Komponist und Chansonsänger, geboren 1930 in Vaucresson. Der Chemielaborant macht im Pariser → Cabaret »Le → Colombe« die ersten Schritte in Richtung seiner neuen Laufbahn. Mitte der fünfziger Jahre schreibt er für seine Entdeckerin → Zizi Jeanmarie Liebeslieder. Später brilliert er als engagierter Sänger. In seinen Chansons plädiert er für Pazifismus und Verständigung, für Nachsicht und Brüderlichkeit. Auch heiße Eisen packt er an. In »Nuit et brouillard« stellt er die Deportationen französischer Patrioten durch die deutschen Invasoren zur Diskussion. Die Oktoberrevolution von 1917 ist für ihn ebenfalls ein Chansonthema. In »Potemkin« solidarisiert er sich mit den aufständischen Matrosen des gleichnamigen russischen Panzerkreuzers. Er feiert sie als seine Brüder, da sie gegen die Mächtigen Widerstand zeigen. Der staatliche französische Rundfunk sieht den Inhalt als zu brisant. Er belegt das Chanson mit einem Sendeverbot. Durch die Spielverweigerung wächst seine Popularität. 1965 erscheint Ferrats »Le sabre et le goupillon«, ein Chanson gegen das Bündnis der Präsidialdiktatur mit der Kirche. Darin geißelt er die Dogmatik der Kirche, nennt den Klerikalismus eine »unerbittliche Diktatur« und brandmarkt die »Vereinigung von Kirche und Armee«. »Die eine schwingt das Schwert, die andere das Ziborium, die eine beherrscht die Kunst, den Knüppel zu schwingen, und die andere denkt stillschweigend, daß dieser Knüppel etwas für sich habe ...«, meint er. Ferrat setzt sich auch mit den aktuellen Problemen seiner Zeit auseinander: In seiner → Ballade »La montagne« bedauert er die Landflucht und Verstädterung, aus denen für ihn die soziale Verelendung erwächst. Der Titel verkauft sich fünfmillionenmal. In »On ne voit pas le temps passer«, eine Art Nationalhymne der Frauenrechtsbewegung, trauert er mit den unzähligen Frauen, deren Leben sich nur zwischen fordernden Kindern, Kochtopf und Waschzuber abspielt.

Jean Ferrat: nennt die Kirche eine »unerbittliche Diktatur«.

Ferré, Léo

französischer Komponist und Chansonsänger, geboren am 24. August 1916 in Monte Carlo. Als Sohn des Kurhausdirektors von Monte Carlo verbringt er die ersten Stationen seines Lebens in der Welt der bürgerlichen Oberschicht. Nach dem Abitur auf einer Internatsschule studiert er in Paris Politik- und Rechtswissenschaft. In seiner Freizeit komponiert er Chansons. Bei Ausbruch des Zweiten Weltkriegs bricht er sein Jurastudium ab und geht nach Südfrankreich. Hier zieht er sich auf einen Bauernhof zurück und beschäftigt sich vor allem mit klassischer Musik und Opernpartituren. Er findet eine Anstellung bei »Radio Monte Carlo«, ist mal Sänger, mal Pianist oder Regieassistent. 1946 kehrt er nach Paris zurück. Dort verschafft er sich bald durch seine Auftritte im → »Quod Libet« Anerkennung, insbesondere durch seine Vertonungen bekannter französischer Lyriker wie Rimbaud, Baudelaire, Rostand, Apollonaire und → Rutebeuf. Ein besonderer Erfolg gelingt ihm 1948, als er für → Edith Piaf das Chanson »Les amants de Paris« vertont. In den folgenden Jahren wird es ruhiger um den Künstler. Verstärkt wendet er sich wieder der Klassik zu. Mitte der fünfziger Jahre holt ihn die Sängerin → Catherine Sauvage auf die Bühne des Chansons zurück, indem sie sein »Paris canaille« interpretiert. Sein Chanson »L'homme« bringt ihr gar den → »Grand Prix de l'Académie du Disque Français« ein. 1956 veröffentlicht er eine Gedichtsammlung, die sich in bitterböser, sarkastischer und schockierender Weise gegen die Werte der »besseren« Gesellschaft wendet. Mehrere dieser Gedichte vertont er und bringt sie auf Schallplatte heraus. Damit bekräftigt er seine Position als strenger Nonkonformist und Anarchist. Die → Bourgeoisie sitze immer noch wie die Giftspinne im Netz, umreißt er. Kritiker bezeichnen ihn dagegen der Heuchelei, da er in seinem opulenten Lebensstil die Freuden eines großbürgerlichen Daseins keineswegs verachtet. 1961 gelingt ihm mit den Vertonungen des Dichters Louis Aragon ein großer Plattenerfolg. 1964 und 1967 läßt er zwei weitere Alben mit vertonten Gedichten folgen. Aber auch mit eigenen Texten stößt er auf große Resonanz. 1973 tritt er im → »Olympia« auf. Sieben Jahre später erscheint mit »La violence et l'ennui« ein weiteres Album. 1981 gibt er eine Sammlung seiner Lyrikinterpretationen heraus. Dennoch gelingt Ferré nie der große Durchbruch. Seine Erfolge sind meist nur kurzzeitig. Kritiker führen das darauf zurück, daß die Adaption lyrischer Texte bei ihm Selbstzweck bleibt. Auch musikalisch bewegt er sich mit seinen überlastigen Arrangements im trivial-kitschigen Bereich. Nur selten findet er zu völliger Übereinstimmung von Poesie und Musik, wie etwa bei seinen Aragon-Vertonungen »Je chante pour passer le temps«, »Elsa«, »Je t'aime tant«, »L'affiche rouge«,

Léo Ferré: Gesellschaftskritiker, der die Freuden des Lebens genießt.

»Tu n'en reviendras pas«, »Les fourreurs« und »L' étrangère«. Ein wichtiger Kritikpunkt sei sein Ekletizismus, in dem er sich je nach Bedarf bei Klassik, Sakralmusik, Jazz und Folklore bedient, heißt es. Ferré interpretiert dagegen die Kombination dieser verschiedenen Elemente als anarchistisch-sarkastische Form der Verfremdung und als Ausdruck seiner künstlerischen Freiheit. Seine Gesellschaftskritik stellt ein Gemisch von Bürgerhaß, romantisch verbrämtem Dandytum und sozialistischen Utopien dar.

Festeau, Louis

Kaufmann und politischer Chansonsänger, geboren 1793, gestorben 1869. Er gilt als utopischer Sozialist und erbitterter Gegner Napoleons des Kleinen. Er besingt die Proklamation einer Arbeiterinternationalen und ruft das Volk zum Kampf gegen Ausbeutung und Willkür auf. Sein Chanson »Momus conspirateur« prangert 1850 die Unterdrückung der demokratischen Kräfte des Landes an. Seine bekanntesten Chansons sind unter anderem »Les peuples et les rois«, »Grande chasse« und »Les mineurs«.

Festival Chanson Folklore International

auf → Burg Waldeck im Hunsrück. Diese Veranstaltungsreihe rufen → Peter Rohland, die Brüder → Hein und Ossi Kröher sowie die »Arbeitsgemeinschaft Burg Waldeck« 1964 ins Leben. Mit ihrer Einrichtung peilen die Initiatoren ein »Bauhaus des europäischen Liedes« an. Einerseits soll die Veranstaltung das literarisch ambitionierte Chanson fördern, andererseits zielt es ab, die demokratische Liedkultur in Deutschland zu beleben, indem es sich an internationaler Volksmusik und Folklore orientiert. Das Festival gibt der deutschen Lied- und Chansonbewegung eine spürbare Wiederbelebung. Die auftretenden Künstler knüpfen an Agitprop-Lieder und Wandervogel, Songs der bündischen Jugend und beste Kabarett-Tradition an. Doch schon bald nehmen sich »diese Versuche aus wie die künstliche Beatmung eines klinisch Toten. Der Pfropf, der alle akustischen Adern der deutschen Chansonsänger verstopft, ist politischer Natur« (Die Welt). Nahezu alle Sänger, die in den siebziger Jahren unter dem Schlagwort → Liedermacher bekannt werden, passieren die Festivalbühne: unter anderem → Franz Josef Degenhardt, → Hanns Dieter Hüsch, → Joana, → Reinhard Mey, → Walter Moßmann, → Christof Stählin, → Dieter Süverkrüp und → Hannes Wader. 1969 findet das letzte Festival auf Burg Waldeck statt.

Fevin, Antoine de

französischer Komponist, geboren um 1473 wahrscheinlich in Arras, gestorben Ende 1511 oder Anfang 1512 in Blois. Er wirkt als Sänger am Hof von König Louis XII. von Orléans. Von seinen Werken sind mehrere Messen, Motetten und Chansons erhalten.

Fischer, Tim

deutscher Chansonsänger, geboren 1973 in Delmenhorst. Er heimst den ersten großen Erfolg zusammen mit dem Komponisten und Pianisten Rainer Bielfeldt mit dem Chansonprogramm »Zarah ohne Kleid« ein. Im Februar 1993 stellt er im »BKA« (Berliner Kabarett-Anstalt) unter dem Titel »Wenn die Liebe ausgeht« mit seiner Band den zweiten Chansonabend vor. Zum Programm gehören neben den Liedern von Rainer Werner Fassbinder und Peer Raben vor allem Texte von Hans Magnus Enzensberger, Wolf Wondratschek und Friedrich Hebbel. Unter dem Titel »Wenn die Liebe ausgeht« entsteht seine erste CD, unter anderem mit dem Chanson »Rinnsteinprinzessin«. Es folgen die Programme »Weil mir so ist« sowie »Und habt mich gern«, eine unkonventionelle Mischung aus Klassikern und zeitgenössischen Chansons. Eine Doppel-CD, die 1996 im Alten Sendesaal von Radio Bremen entsteht, enthält unter anderem den Zyklus »Lieder eines armen Mädchen«, Text und Musik von → Friedrich Hollaender, der diese Lieder 1921 / 22 für seine damalige Frau → Blandine Ebinger schrieb. Im Herbst 1996 hat das Programm »Lieder eines armen Mädchens« Premiere mit dem darin enthaltenen Zyklus »La bonne chanson« von Paul Verlaine, vertont von Serge Weber. Ein Jahr darauf werden unter dem Titel »Aus blauem Glase« Aufnahmen mit Liedern unter anderem von → Georg Kreisler und Cora Frost erarbeitet. »Tim Fischer erzählt Geschichten mit dem ganzen Körper, überzeugt mit Mimik und Gestik, schlendert über die Bühne, stampft, schwingt im Rhythmus, legt sich aufs Klavier, laut klagend: ›Kinder, das ekelt mich an‹« (Magdeburger Volksstimme). Die »Westdeutsche Zeitung« schreibt: »Tim Fischer ist ein Visionär des Wirklich und Wahrhaftigen in seinen traurigen, komischen, lachhaft-bösen, verzweifelten und verrückten Lebenslagen.

Wenn er heiße Tränen weint, bleibt er kalten Herzens, er ist trunken vor Sehnsucht und nüchtern in seiner Wahrnehmungsschärfe, beherrscht und zügellos. Bei ihm lernen wir spielend etwas über die Einsamkeit, Zärtlichkeit und Grausamkeit im Leben. So schamlos er sich lustig machen kann, so ernst nimmt er individuelles Leiden und menschlichen Schmerz. Sentimentalitäten unterwirft er dem

Tim Fischer: läßt hinter Masken lasziv das Obszöne hervor.

Härtetest. Eskapaden feuert er wie ein Repetiergewehr – erbarmungslos und treffsicher. Heften wir ihm also ein Prädikat an die schmale Brust, das einst Visconti auf Romy Schneider münzte: Sie sei die großherzige Begegnung mit der Katastrophe. Voilà, da haben wir Tim Fischer, wie er leibt und lebt.« Fischer greift mit seinen Chansons »hinein in den Rinnstein der Gosse, läßt lasziv auch das Obszöne hinter Masken hervor« (Meppener Tagespost), »malt Bilder aus dem Leben und anderen Situationen, farbig bis zu grellen Blenden, exzentrisch, extrem und gerade dadurch so echt« (Südwestpresse).

Folies Bergère

→ Music-hall in Paris. Das Haus wird 1867 in der Rue Richter eröffnet, muß aber schon bald darauf wieder schließen. Am 2. Mai 1869 ist Wiedereröffnung. Hier tummeln sich die bedeutendsten Chansoninterpreten.

Forst, Willi

(eigentlich Wilhelm Anton Frohs), deutscher Schauspieler und Sänger, geboren am 7. April 1903 in Wien, gestorben am 11. August 1980 in Wien. Nach dem Schulbesuch spielt er an verschiedenen Laien- und Provinzbühnen. 1925 tritt er in Operetten und → Revuen unter anderem am Berliner »Metropol«-Theater und am »Carltheater« in Wien auf. Drei Jahre später holt ihn → Max Reinhardt ans »Deutsche Theater« in Berlin. Sein Filmdebüt hat er zu dieser Zeit bereits längst hinter sich. Seine erste Rolle spielt er 1920 in dem österreichischen Film »Der Wegweiser«. Im Film verkörpert er den Bonvivant, den galanten und charmanten Eroberer. In dem Streifen »Bel Ami« singt er »Du hast Glück bei den Frau'n« (Musik von → Theo Mackeben). Kritiker bemängeln seine »dünne Stimme«, doch das Publikum umjubelt ihn. Anfang der dreißiger Jahre steigt er vor allem mit musikalischen Komödien zum Publikumsliebling auf. Aber auch als Regisseur feiert Forst Erfolge, unter anderem mit »Maskerade« und »Mazurka«. Nach dem Krieg sorgt er noch einmal für Aufsehen. Der von ihm inszenierte Film »Die Sünderin« wird wegen einer kurzen Nacktaufnahme von → Hildegard Knef zeitweise verboten.

François I.
König von Frankreich, geboren 1494, gestorben 1547. Durch seinen Sieg über die Schweizer bei Marignano (1515) bringt er Mailand in seine Gewalt, schließt mit Leo X. den Frieden von Bologna und ein Konkordat. 1519 unterliegt er in der deutschen Kaiserwahl gegen Karl V. Um die Vormachtstellung in Europa führt er vier Kriege, mit wenig Erfolg. Im Frieden zu Crépy muß er schließlich alle Ansprüche auf Italien aufgeben. Ungeachtet seiner militärischen Mißerfolge baut er Schlösser, schreibt Chansons auf seine vielen Mätressen und fördert den Humanismus und die Musik. Mit ihm beginnt eine neue Entwicklung in der Geschichte des Chansons. Die Hofkapelle besteht zu seiner Zeit hautpsächlich aus Geistlichen. François gründet eine aus Sängern und Instrumentalisten bestehende Kammermusik, die allerdings mehr den intimen Festen dient, die der König seinen Mätressen gibt. Fortan singt man bei Hof eigene, höfische Chansons. Der König trägt selbst schöpferisch zu dem Genre bei: Er verfaßt einige ansprechende → Couplets.

Französische Revolution
(1789 bis 1795). Sie wird hervorgerufen durch den Verfall der politischen Macht, durch die Finanzmisere des Staates und eine Wirtschaftskrise; ferner durch die Vorrechte des Adels (unter anderem Steuerfreiheit), durch den Ausschluß des wirtschaftlich erfolgreichen, selbstbewußten Bürgertums von politischer Verantwortung und durch die Verelendung kleinbürgerlicher und bäuerlicher Massen. Großen Einfluß auf die revolutionäre Entwicklung besitzen die Staatsideen der Aufklärung und das Beispiel der amerikanischen Revolution. So entstehen die Forderungen nach »Freiheit, Gleichheit und Brüderlichkeit« und nach »Volkssouveränität«. Am 14. Juli 1789 kommt es zum Sturm auf die → Bastille, das Staatsgefängnis, das als Symbol der Tyrannei gilt. Die Vorrechte des Adels werden aufgehoben und die Menschen- und Bürgerrechte verkündet. Unter dem Druck der Öffentlichkeit muß der König von Versailles nach Paris übersiedeln. Viele Adelige emigrieren. Die Ideen der Französischen Revolution verbreiten sich über Europa und tragen zur Gestaltung einer bürgerlichen Epoche bei. Zahlreiche Chansons machen den Aufstand der ausgehungerten Massen, ihre Kämpfe und die Forderungen nach Gerechtigkeit zum Inhalt.

Frères Jacques

französische Chansonsänger- und Kabarettgruppe. Sie besteht aus André und Georges Bellec, Paul Tourenne, François Soubeyran sowie dem Pianisten Pierre Philippe. Das Ensemble fängt mit burlesken Parodien auf rührselige Schnulzen an. Seine ersten Anhänger gewinnt es mit »L'entrecôte«. Nach der Tragödie vom anständigen Mädchen, das in die Gosse kommt, versucht es die Gruppe mit Spiritistengeschichten (»La queue du chat«). Ab 1944 wird sie in Pariser Nachtclubs bekannt mit musikalisch-kabarettistischen Interpretationen der Fabeln von La Fontaine. Das Quartett schmückt seine Lieder pantomimisch aus, schauspielert und kostümiert sich nicht selten mit zweifarbigen Trikots, schwarzen Zylindern und weißen Handschuhen. Es »bietet eine gestenreiche Commedia dell'arte, eine optische Orchestration des Chansons, einen Tanz der Körper und Hände, der zur akustischen Begleitung durch das Klavier hinzukommt«. Da kommt der schlichte, telegrammartige Stil von → Jacques Prévert entgegen. Mit Préverts von → Joseph Kosma vertontem Chanson »Barbara« treffen die Frères Jacques ins Herz der jungen Leute von → Saint-Germain-des-Prés. »Diese Gaukler, diese Clowns, diese Dichter, geben uns unsere Kindheit wieder«, stellt Jean Anouilh fest. Das Ensemble verkörpert gallischen Humor, Lebensfreude und Optimismus, etwas Melancholie und Resignation sind zuweilen auch dabei, aber Witz und Esprit behalten die Oberhand. Ihre Auftritte sind eine »einzigartige, originelle Mischung von Pantomime, Clownerie, Gesang und Parodie«.

G

Gace Brulé

altfranzösischer Lyriker, geboren um 1160 wahrscheinlich in Nanteuil-lès-Meaux, gestorben nach 1212. Der Ritter aus der Champagne ist Verfasser zahlreicher Chansons. Sie sind größtenteils mit Melodien überliefert.

Gainsbourg, Serge

französischer Chansonsänger, geboren am 2. April 1928 in Paris. Er studiert zunächst Malerei und arbeitet als Barpianist, bevor er sich 1958 dem Chanson zuwendet. Zunächst findet er jedoch nur bei einem Insiderkreis Anklang. Seine Werke sind für die breite Masse zu experimentell. Gainsbourg liebäugelt mit modernen Jazzrhythmen und sprachlicher Dekadenz, läßt zwischen dem Text noch Raum für Instrumentalsoli oder kalkulierten Improvisationen. Typisch ist auch seine Sprache, ein von Amerikanismen und Modewörtern durchsetztes Französisch. Seine Chansons kritisieren und belächeln oftmals die Reichen und Mächtigen. Sie sind von Zynismus geprägt, der humanistische Werte in Frage stellt. In Liedern wie »La femme des uns sous le corps des autres«, »Intoxicated man«, »Baby Pop«, »Comicstrip« und »Les sucettes« vermittelt er das Paris der Drugstores, des Fast Food, der Nachtclubs, der Junkies und Lolitas. Die Rolle der Frau reduziert er in seinen Texten zumeist als »parfümierter Luxusartikel«, der nur dekadente Erotik ohne Hirn ausstrahlt. Kritiker bezeichnen seine Werke als »brutal und überzogen«, andere als »Spiegelbild des wahren Paris«. Einer breiten Öffentlichkeit wird er bekannt mit Chansons, die er für Kolleginnen schreibt. → Juliette Gréco übernimmt »La Javanaise«, Michèle Arnaud »Les goémons« und → Petula Clark »La gadoue«. Teenager-Idol France Gall gewinnt

1965 mit seinem »Poupée de cire, poupée de son« den »Grand Prix d'Eurovision de la Chanson«. Einen Welterfolg landet er mit dem Titel »Je t'aime«, den er gemeinsam mit Jane Birkin singt. Das orgasmusverdächtige Liebesstöhnen auf der Platte entfacht einen handfesten Skandal und zieht zahlreiche Sendeverbote nach sich.

Galgenbrüder
Kabarettensemble. Die Gruppe wird von → Max Reinhardt, Friedrich Kayssler und den Brüdern Julius und Georg Hirschfeld in Berlin gegründet. → Christian Morgenstern bringt hier seine »Galgenlieder« und seinen »Palmström« ein.

Garconne
Bezeichnung eines Frauentyps in den zwanziger Jahren. Er zeichnet sich durch kleine Brüste und einer glatten Rückenlinie aus sowie durch die zum Herrenschnitt kupierten und mit Brillantine gelackten Haare.

Gaspar van Weerbeke
flämischer Komponist, geboren um 1440 wahrscheinlich in Oudenaarde, gestorben nach 1518. Er wirkt ab 1472 am Hof der Sforza in Mailand und ab 1481 als päpstlicher Kapellsänger in Rom, zwischenzeitlich auch am Hof von → Burgund. Sein Werk umfaßt Messen, Motetten und Chansons. Es ist stilistisch besonders an der zeitgenössischen italienischen Musik orientiert.

Gauloiserie
typisch französischer Witz und Humor.

Gaultier-Garguille
Französischer Schauspieler und Chansonsänger, geboren 1574, gestorben 1634. Berühmt wird er als Trio zusammen mit → Gros-Guillaume und → Turlupin. Seine Chansons erscheinen 1632. Er selbst ist mehr der Typ des Salonsängers, der für hohe Honorare in reichen Häusern auftritt.

Gauty, Lys

Französische Chansonsängerin, geboren 1908. Sie feiert ihren Einstand im → Cabaret »Chez Fysher«. Die Kritiker heften ihr bald das Etikett einer realistischen Interpretin an. Eine Einordnung, die sie vor allem wegen ihrer Erfolgslieder »Le bonheur n'est plus un rêve« und »Le bistrot du port« vornehmen. Die Künstlerin läßt sich aber in keine Schublade pressen. Der Komponist → Kurt Weill komponiert für sie unter anderem »Je te n'aime pas«. Gauty arbeitet auch mit → Joseph Kosma als Klavierbegleiter und mit dem Komponisten → Norbert Glanzberg zusammen.

Gaveaux, Pierre

Französischer Sänger und Komponist, geboren am 9. Oktober 1760 in Béziers, gestorben am 5. Februar 1825 in Charenton-le-Pont bei Paris. Er singt in Bordeaux, Montpellier und von 1789 bis 1812 in Paris. Sein Werk umfaßt etwa 40 Opern, ein Ballett, → Romanzen und → Revolutionslieder.

Gille, Eugène-Charles

Französischer Chansonsänger, geboren 1820, gestorben 1856. Er ist vaterlos und hilft bereits während seiner Kindheit der Mutter beim Korsettnähen. Später wird er Lagerarbeiter, wechselt dann in eine Bleiweißfabrik. Mit 19 Jahren tritt er der → »Lice chansonnière« bei. Für ihn ist das Chanson politische Agitation. Vorbild ist ihm → Pierre-Jean de Béranger, der seinerseits Gille sehr schätzt. Er gehört einer republikanischen Untergrundorganisation an. 1841 gründet er eine → Goguette namens »La → Ménagerie«. Hier beginnt er seine Abende mit den Worten: »Politische Chansons sind erlaubt. Man darf hier sagen: Scheiß auf den König!« Seine Gesellschaft erfreut sich großer Beliebtheit. Sie zählt bis zu 500 Mitglieder. 1846 besetzt die Polizei das Lokal und nimmt ihn fest. Ein Gericht verurteilt ihn wegen Gründung einer unzlässigen Organisation zu sechs Monaten Gefängnis. Die → Revolution von 1848 erlebt er als Leutnant der Bürgergarde. Er sympathisiert mit dem utopischen Kommunismus. Als sich Louis Bonaparte im Dezember 1852 zum Kaiser Napoleon III. ausruft, schleudert Gille der → Bourgeoisie die für ihn die Republik verraten hat, in seinem Chanson »La carte à payer« seine Verachtung entgegen. Er vervielfältigt seine

Chansons mit der Hand, da niemand sie zu drucken wagt. 150 Chansons sind seine Hinterlassenschaft. Ist Pierre-Jean de Béranger der Chansonsänger der Bourgeoisie, so singt Eugène-Charles Gille für das Proletariat.

Gilles

→ Pierrot.

Glanzberg, Norbert

Deutscher Komponist, geboren 1910. Nach seinem Studium am Konservatorium in Würzburg kommt er zur Berliner »Ufa«, um Filmmusiken zu schreiben. Er arbeitet für die Regisseure Billy Wilder und Max Ophüls, muß aber 1935 als Jude polnischer Herkunft vor den braunen Machthabern nach Paris fliehen. Hier übernimmt er die musikalische Zusammenarbeit mit → Lys Gauty. Er komponiert für sie die Chansons »Sans y penser« und »Le bonheur est entré dans mon cœur«. Zudem schafft er die Musik zu ihrem Film »La goualeuse«. Während der Kriegsjahre lebt Glanzberg in Internierungslager oder im Versteck bei seinem Komponistenkollegen Georges Auric. Nach Kriegsende gelingt es ihm, an seine früheren Erfolge anzuknüpfen. Er komponiert Chansons für → Edith Piaf (»Il fait bon t'aimer«, »Au bal de la chance«, »Padam! Padam!«), für → Yves Montand (»Les grands boulevards«, »Moi j'm'en fous«, »Mon manège à moi«) und fertigt die Filmpartitur zu dem Streifen »Le chanteur inconnu« an, in dem → Tino Rossi die Hauptrolle spielt.

Goguette

ursprünglich »fröhlicher Gesang«. Im 19. Jahrhundert nennt man so die Chansongesellschaften der fortschrittlichen Handwerker und Arbeiter. »Man singt Chansons und deklamiert alle möglichen Verse, schöngeistige und kritische. Unter letzteren fehlt es nicht an Attacken gegen das Regime und die Kirche. Die Goguettes sind einflußreiche Schulen mit patriotischem Unterricht. Betrachtet man die Entwicklung rückblickend, stellt man fest, daß hier der Grund gelegt wurde für die Bewußtseinsbildung des Volkes« (→ Vinçard-Ainé). Verschiedene Goguettes dienen republikanischen Geheimorganisationen. Unter Napoleon der Kleine gibt es rund 400 dieser Chansongesellschaften. »Das Chanson der Goguettes hat zu einer Zeit, da es in Frankreich noch 36 Prozent Analphabeten im Proletariat gibt, eine bedeutende Rolle für den Kampf gegen die Reaktion, für die Propagierung des utopischen Sozialismus und Kommunimus und für den beginnenden Klassenkampf zwischen → Bourgeoisie und Proletariat gespielt: Es informiert, agitiert und propagiert, übt Kritik an politischen und sozialen Mißständen, leistet Pionierdienste für die Arbeiterbewegung und singt den Traum von einer sozialistischen Gesellschaftsordnung« (Wilhelm Neef). Die bekanntesten Goguettes sind → »Lice chansonnière«, »La Pipe«, »Lapins«, »Oiseaux«, »Bergers de Syracuse«, »La → Ménagerie« und »Enfants du caveau«.

Goliard
→ Vagant.

Gombert, Nicolas
niederländischer Komponist, geboren nach 1490 wahrscheinlich in Brügge, gestorben um 1556. Er ist Hofkapellsänger und ab 1529 Magister am Hof von Karl V. Der dichtstimmige, polyphone Satz seiner Kompositionen gilt als eine vollendete Ausprägung des niederländischen Stils. Von ihm sind Messen, Motetten und etwa 60 Chansons überliefert.

Goudimel, Claude
französischer Komponist, geboren um 1514 in Besançon, gestorben im August 1572 in Lyon. Er verfaßt zahlreiche Chansons. Mehr Bedeutung erlangen allerdings seine mehrstimmigen Vertonungen im Motettenstil.

Graetz, Paul
deutscher Chansonsänger, geboren 1890, gestorben 1937. Er ist der männliche Lieblingsinterpret von → Kurt Tucholsky. Seine Berliner Schnauze könne wie ein Wasserfall sprudeln, heißt es. Für ihn entwickelt → Walter Mehring seine Tempogedichte, wie den zeitkoloristischen Text »Heimat Berlin«, den → Friedrich Hollaender vertont.

Grand-Guignol

großes Kasperle. Theater auf dem → Montmartre, das den Naturalismus persifliert und jeden Abend eine Tragödie, eine Komödie und eine → Farce präsentiert.

Grand Prix de l'Académie Charles Cros

Renommierter Musikpreis, der 1948 ins Leben gerufen wird. Der Name geht auf den französischen Gelehrten und Erfinder Cros zurück, der etwa gleichzeitig mit Edison die Sprechmaschine konstruiert und sie zum Patent anmeldet.

Grand Prix de l'Académie du Disque Français

Wichtiger Preis im Musikbereich. Er besteht seit 1931 und wird in verschiedenen Kategorien vergeben. Eine mehrköpfige Jury entscheidet über die jeweiligen Sieger der einzelnen Sparten.

Gréco, Juliette

französische Chansonsängerin korsischer Abstammung, geboren am 7. Februar 1927 in Montpellier. Ihr Vater ist bei der Polizei, kümmert sich aber nicht um die Familie. Auch ihre Mutter hat nicht viel für das Familienleben übrig. Nach der Scheidung der Eltern lebt sie bei ihren Großeltern. Der Großvater stirbt jedoch bald darauf und seine Frau wird geisteskrank, so daß sich die Mutter wieder um »La Toutoute«, wie die kleine Juliette genannt wird, und ihre Schwester kümmern muß. 1934 ziehen sie nach Paris. 1943 verhaften die Nazis zuerst die Mutter, die in der → Réstistance, der Widerstandsbewegung, aktiv ist, danach auch die beiden Schwestern. »La Toutoute« wird aber bald wieder entlassen und kommt in einer Pension unter, in der vor allem Künstler verkehren. Dadurch entwickelt sich ihr Wunsch, Schauspielerin zu werden. 1945 erhält sie ihre erste Statistenrolle am »Théâtre Français«. Bereits im nächsten Jahr spielt sie ihre erste Hauptrolle in Roger Vitracs Komödie »Victor ou les enfants de pouvoir« unter der Regie von Michel de Ré. 1956 richtet sie zusammen mit Künstlerfreunden im → Cabaret → »Tabou« einen Seitenraum ein, in dem sich so illustre Persönlichkeiten wie → Jean-Paul Sartre, Simone de Beauvoir, → Jean Cocteau, Albert Camus und → Boris Vian treffen. Bald wird der Club jedoch von der Schickeria erobert. Auslöser ist ein Zeitungsartikel, der den

Künstlertreffpunkt als Hort der »Höhlenmenschen« und »Existentialisten« bezeichnet und mit einem Foto von Juliette Gréco illustriert ist. Damit ist der Club und auch sie quasi über Nacht berühmt. Fortan gilt das »Mädchen mit den langen schwarzen Haaren, der schwarzen Kleidung und der blassen Haut« als »Königin der Existentialisten«, als »Muse von → Saint-Germain-des-Prés«. 1949 steht sie in dem von Jean Cocteau gedrehten Film »Orphée« (deutsch: »Orpheus«), kurze Zeit später in Julien Duvivers Streifen »Au royaume des cieux« vor der Kamera. Parallel dazu beginnt sie ihre Laufbahn als Sängerin. Ermutigt wird sie dabei von Jean-Paul Sartre. Er textet für sie das Chanson »Rue des blancs manteaux«, das sich schonungslos gegen Verräter und Kollaborateure wendet, und stellt sie dem Komponisten → Joseph Kosma vor. Dieser schreibt ihr sie passende Musik dazu. Ihr erster Auftritt findet im traditionsreichen Lokal »Le Boeuf sur le Toit« statt. Dem folgen Engagements im »La → Rose Rouge« und im → »Bobino«. 1950 gelingt ihr ein Glücksgriff, indem sie → Charles Aznavours Chanson »Je haïs dimanche« interpretiert und dafür ein Jahr später den »Grand Prix de la → S.A.C.E.M.« erhält. Kritik und Publikum gewöhnen sich an

Juliette Gréco: »Königin der Existentialisten«.

den »Inbegriff des Bürgerschrecks«, an ihre boshaften und aufrüttelnden Chansons. Aus ihr wird der »Schwarze Kolibri« mit der »seltsamen Stimme und dem undefinierbaren Reiz«. 1953 singt sie in New York und tourt durch Frankreich, 1954 tritt sie vor jubelndem Publikum in der berühmten → Music-hall → »Olympia« auf. In Chansons wie »La fourmi«, »Je suis comme je suis«, »La musique«, »Je suis bien« und »Striptease« besingt sie immer wieder Nichtalltäglichkeiten wie einen Liebesakt, der von Klängen einer Militärkapelle gestört wird, den Stolz einer Frau, die ihre amourösen Abenteuer aufschlüsselt, oder die Gefühlswelt einer Tänzerin, während sie sich entkleidet. Durch die reduzierte Form ihrer Darstellung, der Expressivität und Intellektualismus fehlt, erzielt sie eine charismatische Ausdrucksintensität. In den nächsten Jahren spielt sie neben → Charles Trenet und → Charles Aznavour eine Rolle in dem Film »C'est arrivé à 36 chandelles«. 1958 unterschreibt sie einen Kontrakt mit der Filmgesellschaft »20th Century Fox«. Die Filme »Die Wurzeln des Himmels«, »Die schwarze Lorelei« und »Die nackte Erde« sind allerdings wenig erfolgreich. Ihnen fehlt vor allem ein ausdrucksstarkes Rollenspiel. 1961 ist sie wieder als Sängerin im → »Bobino« zu sehen und interpretiert Chansons, die unter anderem → Jacques Brel, → Léo Ferré und → Georges Brassens für sie schreiben. Ein weiterer Höhepunkt der Karriere ist 1966 ihr Auftritt mit Georges Brassens im »Théâtre National Populaire«. 1972 veröffentlicht sie die Schallplatte »Un cri de cœur, un cri du corps«. Hier bedient sie sich Texten von Maurice Fanton. Zwei Jahre später folgt die nächste Albumveröffentlichung. Dann wird es künstlerisch ruhiger um sie. Mehr und mehr zieht sie sich aus dem öffentlichen Leben zurück. »Ihre snobistisch-intellektuelle Interpretation skeptischer Lieder ist typisch für die Empfindungen der jungen Nachkriegsgeneration, die alle Frechheiten für sich beanspruchen und jede moralische wie intellektuelle Unbequemlichkeit dem bequemen Respekt vor der Tradition vorzieht« (Felix Schmidt).

Gregor von Tours

(eigentlich Georgius Florentius), geboren um 540, gestorben 594. Er wird 573 zum Bischof von Tours gewählt. Neben seinen Amtsgeschäften betätigt er sich als Historiker. In zehn Büchern schildert er die fränkische Geschichte (»Historiae Francorum libri X«). In ihnen teilt er mit, daß die Soldaten und Untertanen des Königs Chlodwig I. ihren Führer mit chansonartigen Gesängen lobten. Seine Werke stellen die Hauptquelle für die Geschichte der Merowinger bis 591 dar.

Grenon, Nicolas
franko-flämischer Komponist des 14. / 15. Jahrhunderts. Er wirkt ab 1403 als Erzieher der Chorknaben an der Kathedrale von Laon und von 1421 bis 1424 als Musikmeister der Kathedrale von Cambrai. Mit seinen isorhythmischen Motetten und italienisch beeinflußten Chansons gehört er zu den wichtigsten Komponisten der französischen Musik des beginnenden 15. Jahrhunderts.

Grivoiserie
erotischer Witz voll pikanter Schlüpfrigkeit.

Gros-Guillaume
französischer Chansonsänger, um 1600. Er tritt zusammen mit → Gaultier-Garguille und → Turlupin als Trio auf. Das Ensemble ist zu seiner Zeit sehr bekannt und geschätzt.

Grothe, Franz
deutscher Komponist, geboren am 17. September 1908 in Berlin, gestorben 1982. Er absolviert ein Musikstudium und spielt zunächst in einem Berliner Tanzorchester. Sein Schaffen umfaßt über 170 Fimkompositionen, unter anderem zu dem Chansonfilm »Napoleon ist an allem schuld«. Weitere bekannte Titel sind »Man kann sein Herz nur einmal verschenken« (aus »Der Vorhang fällt«), »Sing mit mir« und »Einen Walzer für dich und für mich«. Er schreibt auch Operetten und ernste Musik.

Groupe de la nouvelle chanson
Eine Gruppe von Künstlern gründet 1950 diese Vereinigung. Sie tritt mit einer Erklärung an die Öffentlichkeit: Das französische Chanson sei sehr populär, weil es sich immer zur Aufgabe gemacht hat, den Freuden und Leiden sowie dem nationalen Trachten Ausdruck zu verleihen. Unter den Unterschriften finden sich Namen wie → Joseph Kosma und → Catherine Sauvage.

Groupe des Six

Komponistengruppe. Sie entsteht in den 1920er Jahren und strebt durch Abkehr von Romantik und Impressionismus eine Erneuerung der französischen Musik an. Sie wendet sich insbesondere gegen den aufkommenden Wagnerismus, der die Sprache in der Vokalmusik benachteiligt und die Stimme instrumental behandelt. Erreicht soll dies durch eine Hinwendung zu »profanen« Kompositionen mit knappen formalen Grundrissen und dem Verzicht auf verunklarendes Beiwerk werden. Die Gruppe ist eine Interessengemeinschaft, nicht ein Zusammenschluß Gleichgesinnter. Ihre Mitglieder verfolgen verschiedene Ziele und zeigen nur in ihrer antiromantischen Haltung Übereinstimmung. Ihr gehören unter anderem → Francis Poulenc, → Darius Milhaud, → Arthur Honegger und → Germaine Tailleferre an. Ihr steht auch → Jean Cocteau als literarischer Wortführer nahe.

Groupe Octobre

Zu dieser Vereinigung zählen unter anderem die Regisseure Yves Allegret und Jean-Paul Le Chanois. 1936 bringt sie → Jacques Préverts »Le tableau des merveilles«, frei nach Cervantes, mit Jean-Louis Barrault, → Marcel Mouloudji, Marcel Duhamel, Guy Decomble, Roger Blin und anderen heraus. Prévert schreibt für die Gruppe zahlreiche Chansons und Szenenfolgen.

Gründgens, Gustaf

deutscher Theater- und Filmschauspieler, Regisseur, geboren am 22. Dezember 1899 in Düsseldorf, gestorben am 7. Oktober 1963 in Manila. Er absolviert sein Schauspieldebüt 1917 am Fronttheater in Saarbrücken, danach besucht er die Hochschule für Bühnenkunst des Düsseldorfer Schauspielhauses. Es folgen Engagements, Auftritte und Inszenierungen an verschiedenen Bühnen und Kabaretts. 1929 holt ihn der Film. Er überzeugt unter anderem in Franz Langs »M« und in »Liebelei«. Von 1934 bis 1945 leitet er das Schauspielhaus in Berlin. Nach dem Zweiten Weltkrieg ist er von 1947 bis 1951 Generalintendant der Städtischen Bühnen in Düsseldorf, anschließend Geschäftsführer des Düsseldorfer Schauspielhauses, und von 1955 bis 1963 Intendant des Deutschen Schauspielhauses in Hamburg. Beste Kritiken erhält er für seine Darstellung als Hamlet, Mephisto und Faust. »Alle Register der schweren Kunst des Leichten zieht Gründgens in den Hauptrollen der Komödien als umschwärmter Pianist in Bahrs Lustspiel ›Das Konzert‹ und als geheimnisvoller ›unbekannter Gast‹ in T. S. Eliots tiefgründigem Salonstück ›Die Cocktail-Party‹.« Gründgens singt immer wieder mal Chansons auf der Bühne und auf Platte. Kritiker attestieren dem Staatsschauspieler und Regisseur »wenig Stimme, aber viel Esprit«. Er macht Aufsehen mit dem »Party-Chanson« als Drahtzieher der Hofintrige in Käutners Film »Das Glas Wasser«. Weitere gesangliche Darbietungen finden sich in dem Film »Capriolen« (1937) und in seiner Inszenierung von »Orpheus in der Unterwelt«.

Guido d'Arezzo

Komponist, lebt um 1000. Er setzt die → Neumen auf Notenlinien und legt damit die Tonhöhe fest.. Die von ihm eingeführte Bezeichnung der Töne mit Silben heißt Solmisation.

Guilbert, Yvette

französische → Diseuse, Chansonsängerin und Filmschauspielerin, geboren am 20. Januar 1867 in Paris, gestorben am 2. Februar 1944 in Aix-en-Provence. Sie gehört zu den absoluten Größen des Chansons, die künstlerisches Neuland betreten haben. Sie wächst in bescheidenen Verhältnissen auf, hält sich mit Näharbeiten, als Verkäuferin und Mannequin über Wasser. Die Bekanntschaft mit dem Hippodromdirektor Charles Zidler verschafft ihr Eingang in die Welt des Theaters. Sie nimmt Schauspielunterricht und hat ihren ersten Auftritt im »Théâtre Bouftes-du-Nord«. Als sie sich in diesem Metier nicht erfolgreich etablieren kann, tritt sie als Sängerin auf. Ihre kleine Stimme reicht allerdings für das → Vaudeville mit Orchesterbegleitung nicht aus. Sie entwickelt darauf hin einen eigenen Vortragsstil: Sie spricht mehr, als sie singt und kreiert den Typ der Diseuse. Damit hat sie im »Eldorado« zunächst einen Mißerfolg. Auch in Lyon fällt sie durch. Schließlich kommt sie im → »Eden-Concert« unter. Der dort wirkende Chansonsänger Eugène Baillet bestärkt sie in ihrem Vorsatz, sich als Diseuse auf das realistische, gesellschaftskritische Chanson zu spezialisieren. Mit seiner Hilfe baut sie ihr erstes Repertoire mit Chansons von → Jules Jouy und → Jean-Baptiste Clément auf. Von → Aristide Bruant übernimmt sie insbesondere seine Lieder aus dem Rotlichtmilieu. Optisch unterstreicht sie ihren Vortrag mit Gesten, Mimik und Kostümen, die die realistische Note unterstreichen soll. »Sie ist eine hagere Person, mit eckigen, saloppen, gesucht unschönen, aber suggestiven Gesten, die von einem erschreckenden Zynismus und einer verruchten Blasiertheit zeugen«, beschreibt Erich Klossowsky die Künstlerin. »Mit einem hysterisch leidenschaftlichen Akzent zwischen den großen schmalen Lippen hervorgestoßen, fallen die Worte: in einem degoutierten, ennuyierten Ton, rhythmisch abgehackt. Das blasse, knochige Gesicht, in dem über den spitzen Backen nur die grauen harten Augen zu glühen scheinen, wie phosphorisierend unter dem verblichenen Rot der welken strohigen Haare; die weite, helle Masse des schlichten, damenhaften Kleides, jäh durchschnitten zuweilen von den wie getuschten, langen zittrigen Flecken der Handschuhe, in denen die dürren Arme stecken; das lebendig gewordene Plakat, dieses Mannweib, halb verblühte Kokette, halb englische Gouvernante.« In ihrer Vokalität reizt sie alle Möglichkeiten der Stimme aus, um dem Text die größtmögliche Ausdruckskraft zu verleihen. Dabei singt sie »gegen die Musik« und spielt damit den Rhythmus des Textes gegen den der Musik aus. Als Charles Zidler 1887 das → »Moulin Rouge« eröffnet, ist Yvette Guilbert neben Paulus die Zugnummer. Der Maler → Henri de Toulouse-Lautrec hält sie in vielen Serien von Lithographien für die Nachwelt fest. Fünf Jahre später absolviert sie erfolgreiche Auftritte in Brüssel und Lüttich. In Paris erobert sie sich die Bühne des Künstlerkabaretts »Divan Japonais«. Die Zensurwächter führt sie an der Nase herum, in dem sie bei gewagten → politischen Chansons die von der Zensur verbotenen Worte einfach ausläßt. Einen großen Erfolg verbucht sie mit dem von ihr selbst als Musettewalzer komponierten Titel »Madame Arthur«, eine Satire auf den Typ der Lebedame, die sich großzügig von ihren Bewunderern aushalten läßt. Später interpretiert sie vor allem alte französische Chansons aus der Zeit der → Troubadours, der Renaissance und des → Pont-Neuf. In der Satire findet sie schließlich das Genre, das sie sucht. Dem Makabren und Ätzenden, dem beißenden Spott widmet sie fortan ihr Hauptaugenmerk. In Deutschland erntet sie damit in den Jahren nach dem Ersten Weltkrieg großen Beifall. Sie prägt vor allem das 1901 in München gegründete Ensemble »Die → elf Scharfrichter«. »Ob sie den sakralen Ton alter Legenden oder die ritterliche Melodie mittelalterlicher → Balladen anschlägt, ob sie als Rokokomädchen kokettiert oder als → Pierre-Jean de Bérangers ›Großmutter‹ aus behaglich keckem Lebensgenuß der bürgerlichen Kultur lächelt – sie gibt immer einen vollkommenen Stil« (Julius Bab). Einer der größten Höhepunkte ihrer Karriere ist ihr Auftritt in der 1937 von Ernst Josef Aufricht im Pariser »Théâtre de l'Etoile« inszenierten → Bertolt Brecht-Aufführung der »Dreigroschenoper«. Bereits 1925 ist sie in einer Faust-Verfilmung zu sehen gewesen. In den letzten Jahren ihres Lebens gründet sie mehrere Chansonschulen. Als erste gibt sie auch ein Lehrbuch heraus über »Die Kunst ein Chanson zu singen«. R. Maizeroy nennt sie »eine unvergleichliche Diseuse, der es gegeben ist, in drei Versen eine ganze Welt auszudrücken«.

Guilhem, Comte de peitieu

Herzog von Aquitanien, geboren 1071, gestorben 1126. Er gilt als führender → Troubadour, Haudegen und zynischer Frauenheld. Seine Chansons sind derb, frivol und humorvoll, oft schwankhaft und trivial.

Guillaume de Machault

französischer Komponist, Schriftsteller und Kleriker, geboren um 1300 in Machault, gestorben 1377 in Reims. Er reist als Sekretär Johanns von Luxemburg, des von höfisch-ritterlichen Idealen erfüllten Königs von Böhmen, durch Europa. Später ist er Domherr in Houdin, Saint-Quentin und ab 1340 in Reims ansässig. Ein Liebesverhältnis des 60jährigen mit der sehr jungen Péronne d'Armentières findet Niederschlag in seinem Versroman »Livre du voir dit«. Er tritt als Dichterkomponist mit zahlreichen → Balladen, → Rondeaux, → Chants royaux und → Lais hervor. Seine Werke reichen vom einstimmigen, freien, strophischen Chanson bis zur vierstimmigen Messe. Seine Motetten sind vorwiegend zwei- und dreiteilig gegliedert und oft »isorhythmisch«. Von ihm sind zahlreiche Kompositionen in rund 30 Quellen überliefert, deren Mittelpunkt die von ihm selbst überwachten Sammelhandschriften bilden. Er gilt als einer der Meister der → »Ars nova«, des »neuen Stils«.

Guinguette
Tanzlokal in der Vorstadt für Kleinbürger im 19. Jahrhundert.

Guiraut de Borneilh
→ Troubadour im 12. Jahrhundert. Er gilt als Meister der zeitgenössischen Lyrik. Seine Gedichte entstehen zwischen 1165 und 1199.

Guiraut de Riquier
→ Troubadour im 13. Jahrhundert. Seine Chansons entstehen zwischen 1254 und 1292. Besonders reizvoll sind seine → Pastourellen.

Guittone d'Arezzo
italienischer → Troubadour, geboren um 1230, gestorben 1293. Er führt in der Toskana das Szepter der Poesie und ist eine von seinen Zeitgenossen anerkannte Persönlichkeit. Die ersten 30 bis 40 Jahren seines Lebens ist er ein weltmännisch denkender Mann, der die Freuden des Lebens nicht verschmäht. 1261 tritt er in den geistlichen Orden der Ritter der Heiligen Maria ein. In allen Ortes des Landes finden sich seine Schüler, die mit ihm in poetischer Korrespondenz stehen. Diese Kommunikation vollzieht sich teils durch Übersendung von Briefen, teils durch Austausch von Sonetten und Chansons. Diesem Umstand ist es zu danken, daß Guittone und seine Schule die Wiege der italienischen → Tenzone geworden sind. Guittone selber geht ganz in der Begeisterung für die → provenzalische Dichtkunst auf. Er übernimmt die vorhandenen Muster und bildet sie in seiner Sprache nach, ohne etwas neues, charakteristisches oder persönliches hinzuzutun. Seine Werke beinhalten zumeist Liebesbeteuerungen und Eifersüchteleien, zuweilen aber auch fingierte Dialoge stark feindseligen Charakters mit gegenseitigen Beschimpfungen und Spöttereien. Zeit seines Lebens sträubt er sich, trotz aufkommender Neuerungen, die gewohnte Art provenzalisierender Dichtungen aufzugeben.

H

Hardy, Françoise

französische Schlager- und Chansonsängerin, geboren am 17. Januar 1944 in Paris. Sie beginnt 1962 ihre Karriere mit teilweise selbst getexteten und komponierten Liedern. In Deutschland wird sie bekannt unter anderem mit den Titeln »Frag den Abendwind« und »Ich bin nun mal ein Mädchen«.

Hedemann, Walter

deutscher → Liedermacher, geboren am 17. Juli 1932 in Lübeck. Nach dem Abitur 1950 beschließt er, Pianist zu werden. Er beginnt ein Musikstudium in Halle, wechselt nach einigen Semestern den Studienort und läßt sich in Berlin nieder. 1954 ändert er seine künstlerische Richtung und widmet sich der Germanistik und Anglistik. Nach seinem Examen 1959 tritt er im niedersächsischen Hameln ein Lehramt für Deutsch und Englisch an. Doch unter seiner bürgerlichen Schale brodelt ein kritischer und kreativer Geist, der ein Ventil findet, als Hedemann 1961 seinen Urlaub in Wien verbringt. In der »Marietta Bar« erlebt er einen Auftritt des österreichischen Kabarettisten Gerhard Bronner und beschließt selbst Lieder zu schreiben. »Der Verkehrsampelfan« ist sein erstes Lied. 1963 debütiert er im Rundfunk bei Radio Bremen. Zwei Jahre später nimmt er am → »Festival Chanson Folklore International« auf → Burg Waldeck teil. 1967 geht er als Sieger vor → Hanns Dieter Hüsch aus einem Sängerwettbewerb bei Radio Bremen hervor. Es folgen Schallplattenaufnahmen und begeisterte Kritikerstimmen. Trotzdem gelingt es ihm nicht, sich im Showbusiness zu etablieren. Er selbst führt dies auf die kommerzielle Reklamekultur zurück, in die er schubladenmäßig nicht hineinpaßt. Hedemann verarbeitet in seinen Liedern vor allem Satirisches und Sozialkritisches. Wenn er von Kernkraft, Spießbürgern und vom Überwachungsstaat singt, stellt er auf sarkastisch-spöttische Weise die Gesellschaft in Frage. Ziel seiner schonungslosen Darstellungen ist es, ein Bewußtsein für die Mißstände zu schaffen und vor den lauernden Gefahren zu warnen. Sowohl von der sprachlichen, als auch von der musikalischen Seite zeigt er sich dabei als äußerst virtuos. Die Musik wirkt leicht und luftig, hat gegenüber dem Text eine Eigendynamik. Dieser wiederum ist elegant gedichtet. Insgesamt schließt Hedemann mit seinen Liedern an das deutsche literarische Chanson der zwanziger Jahre an.

Heesters, Johannes

(eigentlich Johan Marius Nicolaas Heesters), niederländischer Filmschauspieler und Sänger, geboren am 5. Dezember 1903 in Amersfoort. Der Sohn eines Kaufmanns schlägt nach der Schulzeit eine Banklehre ein. Es folgt eine Gesangs- und Theaterausbildung in Amsterdam. Dort hat er seine ersten Auftritte. Mitte der dreißiger Jahre wechselt er als Tenor ins Operettenfach und debütiert 1934 an der Volksoper in Wien. Ein Jahr später gastiert er in Berlin an der »Komischen Oper«, im »Metropol«-Theater und »Admiralspalast« und wendet sich mehr und mehr dem Chanson zu. Seine Popularität verdankt er aber dem Film. 1924 spielt er seine erste Rolle in dem niederländischen Stummfilm »Cirque hollandais«. Seine nächste Filmrolle hat er erst zehn Jahre später in dem niederländischen Exilstreifen »Bleeke Bet«. Ab 1935 spielt er in zahlreichen »Ufa«-Filmen. Mit dem »Bettelstudent« wird er schlagartig berühmt. Es ist auch seine erste Zusammenarbeit mit Marika Rökk, mit der er zum »Traumpaar des deutschen Revuefilms« aufsteigt. Als Herzensbrecher, Bonvivant, Schwerenöter und Dandy gewinnt er die Herzen des Publikums. Seine Markenzeichen sind Seidenschal, Handschuhe, Frack und Chapeau Claque. »Johannes Heesters dreht einen Lustspiel- oder Operettenfilm nach dem anderen. Keiner davon schlecht, manche sogar sehr gut, alle unterhaltsam. Mit Schlagern, die zu Gassenhauern werden. Filme, die immer in einer wunderbaren heilen Welt mit Trallala und Hopsassa spielen, während draußen vor dem Kino die Welt in Trümmer geht« (Augsburger Allgemeine). Nach dem Zweiten Weltkrieg singt er in Operetten und Musicals. Über tausendmal verkörpert er die Rolle des Graf Danilo in Lehárs »Die lustige Witwe« und ist Hauptfigur in »Heut' geh ich ins Maxim«. Im Film der fünfziger Jahre bleibt er seinem Charme-Image treu. 1975 erhält er das Filmband in Gold für »langjähriges und hervorragendes Wirken im deutschen Film«.

Hegerová, Hana
tschechische Schauspielerin und Sängerin, geboren am 20. Oktober 1931 in Preßburg (Bratislava). Sie absolviert eine Ballett- und Theaterausbildung. Später wird sie für den Film entdeckt und singt in einem → Kabarett in Preßburg Chansons. Neben Liedern aus der Dirnenwelt nimmt sie auch politische, jiddische, französische und englische Titel in ihr Programm auf.

Heiberg, Kirsten
norwegische Schauspielerin und Chansonsängerin, geboren am 25. April 1912 in Kragerö. Sie kommt in den dreißiger Jahren in Deutschland zu Filmruhm. Zudem macht sie sich auch einen Namen als Interpretin von Chansons und als → Diseuse.

Heller, André
(eigentlich Franz Heller), österreichischer → Liedermacher, Unterhaltungskünstler und Autor, geboren am 22. März 1947 in Wien. Er stammt aus einer jüdischen Familie. Seine Eltern sind musisch veranlagt und geben dies an den Sohn weiter. Er ist ein sehr phantasievolles Kind und kommt deswegen wiederholt mit seinen Lehrern in Konflikt. Schon früh fängt er an Trompete zu spielen und interessiert sich für Schauspielerei und Zirkusartistik. Konsequenterweise nimmt er nach seinem Schulabschluß Schauspielunterricht. Als sich der Erfolg nach seinem ersten Auftritt in »Das Dreirad« von Fernando Arrabal nicht einstellt, heuert er als Moderator beim Österreichischen Rundfunk an. Nebenbei schreibt er Lieder. 1968 erscheint seine erste Schallplatte, zwei Jahre später das Nachfolgealbum. 1969 gibt er seinen Job beim Radio auf, weil er sich nicht für die »Verdummungsindustrie«, so Heller, prostituieren wolle. Anfang der siebziger Jahre, mittlerweile mit → Erika Pluhar verheiratet, verlegt er sich mit »King Kong King«, einer scharfen Parodie auf die österreichische Monarchie, aufs Theater. Überhaupt geht er in seinem Schaffen vornehmlich gegen das stereotype und

klischeetriefende Bild von Wien und ganz Österreich vor. 1976, von Erika Pluhar zwischenzeitlich wieder getrennt, erschließt er sich ein neues Aktionsfeld. Zusammen mit Bernhard Paul gründet er den Zirkus »Roncalli«. Unter Hellers Regie erweist sich das Unternehmen zwar als Publikumsmagnet, doch innerhalb kurzer Zeit kommt es zwischen den Gründern zum Zerwürfnis. Heller verläßt den Zirkus. 1979 erscheint eine weitere Platte mit Interpretationen von Chansons und Schlagern aus den zwanziger bis vierziger Jahren. Im gleichen Jahr veröffentlicht er auch den Prosaband »Auf und davon«. Beim Album »Verwunschen« (1981) geht Heller noch weiter in die Vergangenheit zurück, indem er Instrumente und Klänge der Renaissance und des Mittelalters einsetzt. Für diese Platte erhält er den »Deutschen Schallplattenpreis«. Zudem zeigt sich hier seine eindrucksvolle Methode, verschiedenste musikalische Stile zueinanderzuführen. Zeitgleich beginnt er sein Projekt »Trilogie der mögli-

André Heller: Verwandlungsreisender.

chen Wunder«, indem er wieder mit »Roncalli« arbeitet und das → Varieté »Flic Flac« aufwendig in Szene setzt. 1983 erstellt er mit der Pyrotechnik-Inszenierung »Theater des Feuers« den dritten Teil dieses Werkes. Mit der Platte »Abendland« gelingt es ihm erneut, »die Gegensätze des gesellschaftlichen Lebens ohne Zorn, ohne Resignation, oft mit Trauer, fast immer mit Hoffnung zu erfassen« (Deutsche Post). Heller empfindet sich nie als → Liedermacher. »Ich bin Aktionist, Verwandlungsreisender mit einem sentimentalen oder cholerischen Hang zum Singen. Ich schreibe sehr selten Lieder, und wenn, dann in extremen Situationen quasi als Notausgang«, so seine Selbstcharakterisierung. »Verwandlungsreisender« ist für ihn die Umschreibung für die ständige Veränderung seines künstlerischen Ausdrucksfeldes und auch seines Musikstils. »Ein Neben- und Ineinander von Eindrücken, Empfindungen, Farben, Bildern assoziativ verknüpft, bald Augenblicksbild, bald Erzählung, bald Anekdote; all dies spiegeln seine Einspielungen wider. Was Heller präsentiert, ist Musik erster Güte, ausgereift in Text und Interpretation, dezent instrumentiert und vorzüglich aufgenommen. Sein Themenkreis ist vielschichtig. Spezialitäten – trotzige Verzweiflung, hilfloses Engagement und dünner Hoffnungsschimmer – dominieren zwischen den Zeilen.«

Heltau, Michael

deutscher Schauspieler und Chansonsänger, geboren am 5. Juli 1933 in Ingolstadt. Sein Vater ist Bauingenieur, die Mutter Kontoristin. Seine Affinität zur Schauspielerei zeigt sich schon in jungen Jahren. Nach seinem Abitur 1951 nimmt er am Max Reinhardt-Seminar in Wien Schauspielunterricht. 1954, im Jahr nach seinem Abschluß, hat er sein Debüt in Würzburg. Rasch stellen sich die Erfolge ein: Filmrollen und eine Einladung von Fritz Kortner ans Münchner Residenztheater. 1957 verläßt Heltau Deutschland und geht nach Wien, um am »Theater in der Josefstadt« bei Aufführungen großer Dramatiker mitzuwirken. 1967 tritt er erstmals am Wiener Burgtheater auf. Neben seiner Theaterarbeit studiert er auf der Musikakademie Gesang. 1972 hat er in dem Musical »Helden, Helden« von → Udo Jürgens seinen ersten großen Auftritt als Sänger. Fast zweihundert Mal ist er in der Hauptrolle als »Hauptmann Bluntschli« zu hören und zu sehen. Dem folgen seine ersten Schallplattenproduktionen, »Statt zu reden, Heltau singt Brel«, »Ich schau' euch an« und »Heltau live«. Durch diese Erfolge als Chansonsänger kommt er zum Fernsehen und moderiert die Sendungen »Auf d' Nacht, Herr Direktor« und »Liederzirkus«. Trotzdem bleibt er der Schauspielerei treu und spielt beispielsweise in »Amadeus« die Hauptrolle oder in der »Dreigroschenoper« am Pariser Theater »Châtelet« die Rolle des »Mackie-Messer«. Heltau sieht sich selbst mehr Schauspieler als Sänger. Der Text ist ihm wichtiger als die Musik. »Heltaus Interpretationen stehen für sich. Mit satter Stimme singt er vertrautes und Verträumtes, verleiht der Phantasie Flügel, läßt festgezurrte Gedanken von der Kette, damit sie sich verselbständigen, ein Eigenleben entwickeln« (Deutsche Post). Die breite Palette seiner Lieder bringt den unverkennbaren Touch von Sensibilität, Bitterkeit, Nostalgie, Melancholie und nicht zuletzt von Lebendigkeit. Mit dem Album »Himmelhoch jauchzend zu Tode

Michael Heltau: verleiht der Phantasie Flügel.

betrübt« führt er mit charakteristischem Gesang und famosen Arrangements in das Genre des wienerischen Lieds.

Henry, Marc

(eigentlich Achille-Georges d'Ailly Vaucheret), französischer Chansonsänger, Ende 19. bis Anfang 20. Jahrhunderts. Bekannt macht ihn sein Chanson »La marche«. Er geht 1901 nach München und hilft → Frank Wedekind, nach Montmartre-Vorbildern ein deutsches → »Chat Noir« zu etablieren: »Die → elf Scharfrichter«.

Hesterberg, Trude

deutsche Chansonsängerin, geboren 1892 in Berlin, gestorben am 30. August 1967 in München. Sie ist die Tochter eines Drogisten. Im Gegensatz zu den meisten ihrer → Diseusen-Kolleginnen absolviert sie eine Schauspiel- und Gesangsausbildung. 1914 interpretiert sie »Die Kriegsfreiwilligen« von → Klabund und → Werner Heymann. Danach spielt sie in Operetten, springt 1919 im Ensemble → »Schall und Rauch« für die erkrankte → Gussy Holl ein und findet so ihr Metier, das literarische Chanson. Ende 1920 gründet sie das Künstlerkabarett »Die → wilde Bühne« in Berlin. Hier steht ihr mit Leo Heller ein erfahrener Dichter zur Seite, der ähnlich wie → Aristide Bruant die Welt der Huren, Diebe und Mörder besingt. Vom Genre her wird sie deshalb mit → Yvette Guilbert verglichen. Als »Die wilde Bühne« 1923 abbrennt, spielt sie wieder Operette, dann präsentiert sie sich in → Revuen im »Admiralspalast« (»Wann und wo?«). Eine ihrer größten Rollen ist in der »Dreigroschenoper«. Heinrich Mann schlägt sie für eine Rolle in dem Film »Der blaue Engel« vor, die dann → Marlene Dietrich erhält. 1934 zieht sie wieder ein eigenes → Kabarett auf, die »Musenschaukel«. Nach dem Krieg tritt sie in München auf. → Walter Mehring textet für sie die Idylle »Die kleine Stadt«, → Kurt Tucholsky ein Chanson, in dem sie eine mondäne Hausfrau aus dem Berliner Westen darstellt. »Trude Hesterberg ist eine typische Berliner Mischung von Kessheit und Pikanterie, von mondäner Damenhaftigkeit und Urbanität« (Dietrich Schulz-Koehn). Der Komponist → Friedrich Hollaender urteilt über sie: »Sie singt, sie schmettert, sie säuselt die schärfsten Lieder der Zeit. Am schärfsten sind sie ja, wenn man sie säuselt. Aber wer weiß das außer ihr? Gibt es je eine Wiedergeburt der begnadeten Yvette Guilbert, sie ist es!«

Heymann, Werner Richard

deutscher Komponist, geboren 1896, gestorben 1961. Er gibt dem Künstlerkabarett → »Schall und Rauch« als Hauskomponist das originelle, typische berlinische Gepräge. Er vertont unter anderem → Klabunds »Mit'n Zopp«, das → Annemarie Hase interpretiert. Später wendet er sich dem Tonfilm zu. Viele seiner Melodien werden zu deutschen Evergreens, wie zum Beispiel »Ein Freund, ein guter Freund« aus dem Film »Die drei von der Tankstelle« (1930).

Hielscher, Margot

deutsche Schauspielerin und Sängerin, geboren am 29. September 1921 in Berlin. Sie beginnt als Modezeichnerin, arbeitet als Kostümbildnerin beim Film und studiert später Gesang. Sie interpretiert französische Chansons oder chansoninspirierte Lieder.

Hildebrand, Hilde

deutsche Chansonsängerin. Sie wird 1932 von → Rudolf Nelson für seine beiden → Revuen »Es hat geklingelt« und »Etwas für Sie« entdeckt. Sie verkörpert die mondäne, berechnende Frau und wirkt modern-ironisch, wenn sie singt »Ich bin die Sünde persönlich« oder ihre berühmte »Dame von der alten Schule« mit dem Schluß »Ich bin verflucht und zugenäht«. Populär wird sie mit dem Chanson »Beim erstenmal da tut's noch weh« (aus dem Film »Die große Freiheit Nr. 7«).

Hirsch, Ludwig

österreichischer → Liedermacher, Chansonsänger und Schauspieler, geboren am 28. Februar 1946 in Weinberg (Steiermark). Er verbringt seine Jugend in Wien. Dort geht er aufs Gymnasium und studiert nach seiner Matura Graphik an der »Hochschule für angewandte Kunst«. An der von Fritz Muliar geleiteten »Schauspielschule Krauss« nimmt er Unterricht, daneben arbeitet er als Radiosprecher, -autor und -redakteur. 1973 ist er als Schauspieler tätig, unter anderem bei den Ensembles am Stadttheater in Regensburg und an den »Vereinigten Bühnen« in Wuppertal. 1975 steht er beim Wiener

»Theater in der Josefstadt« unter Vertrag. Drei Jahre später debütiert er bei den »Salzburger Festspielen«. 1977 tritt er mit eigenen Liedern erstmals öffentlich als Sänger auf. In den beiden folgenden Jahren veröffentlicht er die Langspielplatten »Dunkelgraue Lieder« und »Komm großer schwarzer Vogel«, die ihm in Österreich eine »Goldene Schallplatte« einbringen. Als einer der ersten wagt er sich erfolgreich daran, sich mit düsteren, makabren und unbequemen chansonhaften Liedern gegen die österreichischen Liedermacher-Symbole → Georg Danzer, → André Heller und → Arik Brauer zu stellen. 1979 erhält er von der Deutschen Phono-Akademie den »Deutschen Schallplattenpreis«. Die Jury hebt in ihrer Entscheidung »seine Texte voll poetischer Kraft und zynischem Biß« hervor, »deren unpopuläre Mahnung sich bewußt mit einschmeichelnden Noten verkauft«. Die »Rheinische Post« lobt »die Unverwechselbarkeit in Musik, Text und persönlicher Ausstrahlung«. Sein Album »Zartbitter« knüpft reibungslos an seine Vorgänger an. »Es wird wieder gekratzt und das Wahre zum Vorschein gebracht, hinter Kulissen geblickt, teils einfühlsam und zynisch, immer jedoch poetisch und

Ludwig Hirsch: Mahner mit einschmeichelnden Melodien.

literarisch engagiert. Ludwig Hirsch versteht es, Text und Musik zu einer Einheit zu verschmelzen, und auch einzeln betrachtet halten beide einer kritischen Prüfung stand. Er geht in Einzelheiten, bewältigt sie und schafft neue Möglichkeiten der Auseinandersetzung. Randnotizen gestaltet er erstaunlich lebendig und fügt sie harmonisch ins Gesamtbild ein« (Deutsche Post). Auch die Einspielung »Gottlieb« »tritt auf die Zehen, sanft, aber fühlbar«. Dabei zelebriert Hirsch am Anfang eine schöne heile Welt: »Es war eine eiskalte, glasklare Februarnacht. Irgendwo in einem kleinen Dorf, ganz hinten im südlichen Burgenland. Dort, wo die Tannen noch hoch und mächtig sind; dort, wo die fünf Dorfdeppen noch behutsan behütet bei ihren Familien leben dürfen. Dort wurde Gottlieb geboren ...« Um diesen Gottlieb spinnt Ludwig Hirsch seine Lieder und seine Geschichten und hält, wie er sagt, »den Leuten einen Spiegel vor«. »Ich muß mich ihrer Spielregeln, ihrer Waffen bedienen, damit sie reagieren«, meint er. Der Erfolg von Hirschs Liedern liegt in der magisch anmutenden Mischung aus Vertrautheit und Schrecken begründet. Mit seinem leichten Wiener Dialekt und seiner wohltemperierten Sprechgesangstimme baut er Atmosphären auf und schafft eine Umgebung, in der sich der Zuhörer sicher und geborgen fühlt, nur um ihm im nächsten Moment mit seinen Horrortexten das Messer des Schreckens zwischen die Rippen zu jagen. So beschreibt er in »I lieg am Rückn« wohlklingend, wie er lebendig begraben wird und auf die ersten Würmer wartet. Durch diese visionäre Kraft seiner Lieder und Texte beweist er seine Wurzeln bei Edgar Allen Poe oder Howard Philip Lovecraft. »Seine Lieder gehen unter die Haut und lassen nicht mehr los«, resümieren Kritiker. Antrieb seiner »dunkelgrauen Lieder«, wie er sie selbst bezeichnet, sei für ihn die Einsicht, daß man »ein bißchen unbequem sein muß. Ich suche Reibungspunkte, ich suche Reaktionen. Ich möchte die Menschen sozusagen mit schöner Musik einlullen und dabei etwas unter die Gürtellinie zielen. Aber ohne je den Zeigefinger zu heben. Ich finde es ungeheuer wichtig, in jeder Kunst, die man ausübt, sinnlich zu sein. Um keine Mißverständnisse hervorzurufen: Das Wort ›sinnlich‹ bedeutet für mich das Gegenteil von Papierrascheln, das Gegenteil von Zeigefinger.« Bei Ludwig Hirsch geht es um die Verlierer, die Gescheiterten, um Alpträume und eine ins Nichts gehende Sehnsucht nach einer besseren Welt. »Er erzählt eigenartig schräg und deshalb vielleicht besser als alles Ausgefeilte, Ambitionierte, Subtile, Geschmackssichere«, urteilt der »Mannheimer Morgen«. Und eine deutsche Wochenillustrierte schreibt: »Durch seine Lieder zieht sich ein roter Faden, ein roter Faden in allen Farbschattierungen. Das Karminrot des Wohlbehagens, das Dunkelrot der Liebe, das Rosarot der Toleranz und das Blutrot des Aufbegehrens.«

Histoire de la France par les chansons
achtbändiges Werk, in dem der Historiker Pierre Barbier rund 10000 historische Chansons überliefert.

Hoffmann, Klaus
deutscher Schauspieler, → Liedermacher und Chansonsänger, geboren am 26. März 1951 in Berlin. Sein Vater ist Finanzbeamter. Er stirbt, als der Junge zehn Jahre alt ist. Der Tod des Vaters trifft ihn »sehr schwer«, wie er betont. Als seine Mutter nach zwei Jahren wieder heiratet, empfindet er dies als erneutes Verlassenwerden. Diesen Schmerz kompensiert er durch das Schreiben von Liedern und Gedichten. Nach der Schule beginnt er eine Lehre als Außenhandelskaufmann, die er 1968 abschließt. Danach bricht er aus seinem Leben aus, packt seine Sachen und begibt sich mit einigen Freunden auf einen abenteuerlichen und strapaziösen Trip durch Asien. Als er 1979 nach Berlin zurückkehrt, nimmt er am Max Reinhardt-Seminar Schauspielunterricht. Parallel dazu tritt er wiederholt in Kleinkunstbühnen als Liedermacher auf. 1974 unterschreibt er einen Vertrag bei der »Freien Volksbühne Berlin«, spielt dort unter anderem den Romeo in »Romeo und Julia«. Zugleich macht er mit deutschen Interpretationen der Chansons von → Jacques Brel aufmerksam. Im gleichen Jahr veröffentlicht er seine erste Schallplatte. Bundesweit bekannt wird er durch seine Rolle des Edgar Wibeau in dem Fernsehfilm »Die neuen Leiden des jungen W.«, für die er 1976 die »Goldene Kamera« erhält. Platteneinspielungen folgen, so »Was bleibt?«, »Ich will Gesang, will Spiel und Tanz« und »Was fang' ich an in dieser Stadt«. 1978 bekommt er für seine Brel-Interpretationen den »Deutschen Kleinkunstpreis« in der Sparte Chanson des Mainzer Forum-Theaters »unterhaus«, 1980 den Preis der »Deutschen Phono-Akademie« für seine Platte »Westend«, auf der er eigene Lieder veröffentlicht hat. In der Nachfolgezeit löst er sich mehr und

mehr von seinen Vorbildern Jacques Brel, → Georges Brassens und → Jean Ferrat. Er wendet sich einem neuen musikalischen Stil zu: der Rockmusik. Dementsprechend nennt er seine neue Einspielung »Veränderungen«. Musikalisch zeigen sich Hoffmanns Lieder einfach und ohne unnötige Schlenker und Kapriolen. Seine Stimme ist eingängig und geübt. Dabei versucht er im Gegensatz zu anderen Schauspieler-Sängern nicht die Lieder schauspielerisch zu begleiten oder zu untermalen. Es kommt ihm auf die reine, unverfälschte Aussage von Text und Musik an. Neben den Chansons verarbeitet er in seinem künstlerischen Schaffen viel autobiographisches Material,

Klaus Hoffmann: »Was ich singe, habe ich auch erlebt.«

vor allem aus seiner Kindheit. Wichtig sind für ihn aber auch Freundschaftsbekundungen an seine Heimatstadt, die er in Liedern wie »Berlin«, »Kreuzbergwalzer« oder »Morjen Berlin« dokumentiert. Aber auch vor gesellschaftskritischen Themen macht er nicht halt (»Wenn ein Mann einen Mann liebt«). »Ordnungsliebende Analytiker haben Schwierigkeiten, Klaus Hoffmann in eine Schublade zu quetschen«, meint seine Plattenfirma in einer Pressemitteilung. »Er macht zwar Lieder. Aber der Zunft der Liedermacher möchte man ihn denn doch nicht zurechnen. Seinem Vortrag fehlt das klampfende Einerlei. Viel verdankt er den Großen des französischen Chansons. Doch einen puren Chansonsänger wird ihn keiner nennen wollen. Seiner Welt fehlen Plüsch und Parfüm. Natürlich kennt er als Mensch der Großstadt die Einsamkeit, singt auch von ihr. Doch von Wehleidigkeit weiß er nichts. Die literarischen Erfahrungen, die er als Schauspieler gesammelt hat, kommen ihm zugute, machen ihn aber nicht zum Bildungsprotz. Was er zitiert, hat er auch gelebt. Da, wo die Bluessänger im Ton magischen Raunens von ihrer Fahrt durch Alabama und Tennessee erzählen, reiht Klaus Hoffmann, ein Kipling unserer Tage, fernöstliche Stätten aneinander wie die Ziele einer langen Reise in das Land der Seele. Doch der Traum wird nie Flucht. Sich selbst ein Stück näher zu kommen ist wichtiger, und so hören wir neben dem Gesang auf die ferne Insel auch ganz konkrete Lieder auf Dinge, die uns nahe sind, wenn auch nicht unbedingt nahestehen: auf die Herrenmenschen und auf jene Gesellschaftsziege, die schick und proletarisch im Kampfanzug durch die High Society geistert, voller modischer Sprüche und ohne Liebe. Denn von der Liebe singt er immer wieder. Sie gilt auch den Erniedrigten, von der Gesellschaft Verpönten und wird, wenn etwa das bunte Treiben in einen Transvestiten-Laden zu schildern ist, durch berlinischen Witz der Sentimentalität entrissen.«

Holl, Gussy

deutsche Chansonsängerin, geboren 1888, gestorben 1966. Sie ist lange Zeit Star des Ensembles → »Schall und Rauch«. Dort singt sie zahlreiche Chansons von → Kurt Tucholsky, die von → Friedrich Hollaender vertont sind. Tucholsky gehört zu den heißesten Verehrern der Holl. »Sie kann alles: hassen und lieben, streicheln und schlagen, singen und sprechen – da ist kein Ton, der nicht auf der

Leier wäre«, meint er beeindruckt. So inspiriert verfaßt Tucholsky denn auch erotische Chansons für Gussy Holl: das zarte »... und in Japan ist alles so klein« und das vitale »Zieh dich aus, Petronella«.

Hollaender, Friedrich
deutscher Komponist, geboren am 18. Oktober 1896 in London, gestorben am 18. Januar 1976 in München. Er studiert zunächst Musik bei Engelbert Humperdinck. Zum → Kabarett kommt durch → Max Reinhardt, der ihn als Hauskomponist für das Künstlerkabarett → »Schall und Rauch« verpflichtet. Dort vertont er Gedichte von → Kurt Tucholsky für die Hauptaktrice der Bühne, → Gussy Holl, und Texter von → Walter Mehring für → Blandine Ebinger. Die letztere ist es auch, die seinen berühmten Titel »Wenn ich einmal tot bin« interpretiert. Weiter schreibt er unter anderem für Annemarie Hase parodistische Großstadtchansons, für → Trude Hesterberg literarische Chansons und die von → Marlene Dietrich in dem Kultfilm »Der blaue Engel« gesungenen Lieder »Ich bin von Kopf bis Fuß auf Liebe eingestellt« und »Ich bin die fesche Lola«. Neben seinen Liedern markiert er vor allem als Schöpfer satirischer, zeitkritischer und aggressiver Kabarettrevuen ein Stück Geschichte des deutschen Chansons. »In seinen achtzehn Revuen nimmt er alles aufs Korn, was er um sich herum beobachtet: die Politik, die Skandale, die Justiz und den Film, Korruption und Publikumsidole« (Dietrich Schulze-Koehn). Für seine → Revue »Bitte einsteigen« (1928) engagiert er keine geringere als → Josephine Baker. In »Es kommt jeder dran« wendet er sich gegen die Kriegshetzer und die Hurrapatrioten von 1914. In einem → Couplet seiner 1931 inszenierten Revue »Spuk in der Villa Stern« klagt er die Justizpraktiken der Weimarer Republik an. Auch seine Revue »Bei uns um die Gedächtniskirche rum« übt scharfe Kritik. Beredte Verteidiger können den Künstler vor größeren Problemen mit den Gerichten bewahren. 1932 bringt er seine Revue »Höchste Eisenbahn« mit dem Titelchansons »Falscher Zug« heraus. Über seine Revue »Es war einmal« bricht die Nazizeit herein. Hollaender emigriert im Februar 1933 über Paris in die USA, arbeitet dort unter dem Namen »Frederick Hollaender« und schreibt für 165 Filmen die Musik. Nach Ende des Zweiten Weltkrieges kehrt er nach Deutschland zurück.

Honegger, Arthur
französischer Komponist schweizerischer Herkunft, geboren am 10. März 1892 in Le Havre, gestorben am 27. November 1955 in Paris. »Mit seinem Namen verbindet sich kein fester Stilbegriff, vielmehr die Vorstellung eines die verschiedensten musikalischen und geistigen Einflüsse vom Jazz bis zur katholischen Gregorianik verarbeitenden Talents, dessen Wirken die Musik das 20. Jahrhundert wesentlich bereichert hat« (Mosaik Opern-, Konzertführer). Er studiert an den Konservatorien in Zürich und Paris und wird Mitglied der → »Groupe des Six«. Mit seinem Oratorium »Le roi David« und das Orchesterwerk »Pacific 231« (1923) gelingt ihm der internationale Durchbruch. Weitere Werke sind die Oper »Antigone« (1927) nach einem Text von → Jean Cocteau, das 1938 entstehende szenische Opern-Oratorium »Johanna auf dem Scheiterhaufen« und die frivol-witzige Operette »Die Abenteuer des Königs Pausole« (1930). Seine Musik, die unter anderem den Einfluß von Richard Strauss, Igor Strawinski, aber auch den des Jazz und der Unterhaltungsmusik erkennen läßt, ist vor allem geprägt durch einen überaus großen Reichtum an verschiedenen Stilmitteln und musikalischen Formen. Seine Chansons hat unter anderem → Marianne Oswald gesungen. In »Johanna auf dem Scheiterhaufen« greift er auf »Trimousette«, einem Chanson aus dem 18. Jahrhundert, zurück. »Es war immer mein Wunsch und mein Bemühen, eine Musik zu schreiben, welche für die große Masse der Hörer verständlich und doch vom Banalen soweit frei wäre, daß sie auch noch die wirklichen Musikfreunde zu fesseln vermochte. Vor allem in jenen Partituren, die in freundlicher Weise ›große Fresken‹ genannt worden sind, habe ich dieses doppelte Ziel verfolgt, indem ich versucht habe, in der Anlage so klar wie möglich zu sein, ohne jedoch auf harmonische und kontrapunktische Bereicherung des Klangmaterials zu verzichten«, bekennt Honegger.

Horton, Peter
deutscher Chansonsänger und Gitarrist, geboren am 19. September 1941 in Feldberg (Südmähren). Peter Horton hält nichts von Schablonendenken. Diese Einstellung ist vielleicht ein Resultat der vielen verschiedenen kulturellen Eindrücke, die er im Lauf seiner Kindheit sammeln konnte. 1945 verschlägt es seine Familie nach Öster-

reich, zuerst nach Markersdorf, dann nach Wien. Dort erhält er im Alter von sechs Jahren seinen ersten Klavierunterricht. Zwei Jahre später wird er bei den »Wiener Sängerknaben« aufgenommen, mit denen er Auftritte rund um die Welt bestreitet. An der Handelsakademie macht er später eine Ausbildung als Industriekaufmann, studiert dann aber Klarinette und Klavier am Wiener Konservatorium. 1960 steigt er als Bassist und Sänger bei der Profiband »The Flamingos« ein, nachdem er bereits in den Jahren zuvor immer wieder in Jazzclubs aufgetreten ist. 1963 zieht er nach Deutschland, um in Stuttgart Gesangs- und Gitarrenunterricht zu nehmen. Gleichzeitig tingelt er in Army-Clubs. Eine breitere Öffentlichkeit erreicht er erstmals über das Fernsehen, als er 1964 in einer Silvestersendung als Sänger auftritt. Daran schließt sich seine erste Schallplattenproduktion an. 1967 arbeitet er im Berliner »Theater des Westens« an der erfolglosen Rockoper »Robinson 2000« mit. Besser ergeht es ihm als Schlagersänger. Mit seinem Programm tourt er erfolgreich durch mehrere Länder. Seine unverwechselbare gitarristische Handschrift entsteht aus der Begegnung mit verschiedenen Musikkulturen und Lehrern in Rio de Janeiro und Cordoba. 1971 verlagert er sein Gewicht vom Schlager auf das Chanson. Über einen längeren Zeitraum entsteht eine Mixtur aus Gebrauchsmusik und anspruchsvoller Musik. Dabei zeigen seine Texte meist deutlichen Chansoncharakter, während die Melodik an Schlager erinnert. 1976 schreibt er seinen ersten reinen Chansontitel: »Ein Mann geht auf dem Asphalt«. »Ich mache nun Lieder, die meinem inneren Fortschritt entsprechen. Versöhnliche Lieder, die Kraftquellen sind«, erklärt er. 1978 ist Horton wieder im Fernsehen zu sehen. Er moderiert die Show »Café in Takt«. Gleichzeitig gründet er mit dem Gitarristen Siegfried Schwab das Duo »Guitarissimo«, das mit seiner brillanten Technik, den exzellenten Arrangements und einem sensiblen Repertoire verschiedener Musikrichtungen bald Kultstatus erreicht. Mit seinem Album »Komm näher« verbindet er Rock und Chansons. »Die Chance liegt im Lebendigen Du, welches nur in einem empfindsamen Ich wohnen kann«, meint er zu dieser Liaison. »Dieses Du will ich anregen und malen in Wort und Ton, den Farben meiner Seele.« 1984 beendet er seine Arbeit im »Café in Takt«, übernimmt aber zwei Jahre darauf mit »Hortons kleine Nachtmusik« ein ähnliches qualitätsorientiertes Fernsehprojekt. Die Musikhochschule Hamburg verpflichtet ihn für mehrere Jahre als Dozent. 1985 findet sich der Gitarrist Horton mit der Pianistin Slava Kantcheff, die er ein Jahr später heiratet, zu einem Duo zusammen, einer in der Musikgeschichte bislang einmalige Kombination sich filigran die Balance haltender Instrumente. »Beide wurden zu Protagonisten einer neuen Kultur natürlichen Klangerleben, lange bevor der Begriff ›unplugged‹ geprägt wurde« (Anneli Bronner). Es entstand eine spannungsgeladene Mischung aus Jazz, südamerikanischen Rhythmen und europäischer Klassik. Gewürzt wird der Cocktail mit literarischen Einlagen des Chansonsängers und Liedermachers Horton. Neben seiner musikalischen Virtuosität auf verschiedenen Instrumenten, die vor keiner Stilrichtung haltmacht und sich nicht in einen einzelnen Bereich zwängen läßt, zeigt sich Horton auch in seinen Texten eindrucksvoll. Seine Metaphern sind schöne, klar verständliche Bilder, die einleuchtend keiner Hinterfragung bedürfen. »Er beschreibt in seinen Chansons Vorgänge, teilweise minuziös und zartfühlend. Man spürt Tiefenpsychologisches. Schweife von herbeigeträumten Vorstellungsverknüpfungen und lyrische Ergüsse fehlen. Manches macht nachdenklich, verlangt nach Verdauung. Es kommen aber auch Denkanstöße. Ansichten werden freigelegt, Phantasien angeregt. Über allem liegt zumeist eine gewisse Wirklichkeitsskepsis. Die Welt wird als unvollkommen, als veränderbar dargelegt. Hortons Angebot ist breit gefächert, kritisch im Ton, zuweilen sachlich und ironisch-sarkastisch. Er zielt ins Zentrum menschlicher Existenz, behandelt die Verantwortung des Menschen, weckt gesundes Mißtrauen« (Hans-Ulrich Kreutzer). Kunst kennt er nicht als Begrenzung. So veröffentlicht er zahlreiche Bücher, unter anderem »Pomodoro«, »Mond über Sinai«, »Wer anderen nie ein Feuer macht«, »Hoffnung hat Appetit« und »Aphorismen und Poesie«. Horton ist ein engagierter Chansonsänger, will die Leute wachrütteln und nicht nur zum Nachdenken, sondern auch zum Handeln aufrufen. Dabei tobt er sich nicht nur auf den Schlachtfeldern der großen gesellschaftspolitischen Themen aus, sondern interessiert sich auch für die Probleme und Nöte der kleinen Leute.

Hosalla, Hans-Dieter
deutscher Komponist, geboren 1919. Zusammen mit → Kurt Weill und → Paul Dessau hat er das deutsche Chanson zu einem eigenständigen Gesangstypus entwickelt.

Hüsch, Hanns Dieter
deutscher → Liedermacher, Kabarettist und Chansonsänger, geboren am 6. Mai 1925 in Moers. Der Sohn eines Verwaltungsobersekretärs wächst, wie er rückblickend bekennt, »mit kleinbürgerlichem Mief und Vaters Vorliebe für Wagner und Klavierunterricht auf«. Er studiert 1945 in Gießen ein Semester Medizin, landet bald aber in Mainz. »Ich wollte zunächst Opernregisseur werden und studierte deshalb mit der rechten Hand Theaterwissenschaft, Literaturgeschichte und ein bißchen Philosophie, schrieb mit der linken Hand die ersten Gedichte und Chansons«, erinnert er sich. Mit Universitätsfreunden zieht er ab 1947 mit dem Kabarett »Die Tolleranten« durch Deutschland. 1949 stellt er sein erstes Soloprogramm vor: »Chansons, Gedichte und Geschichten«. Diese künstlerische Form ist von nun an sein steter Wegbegleiter, auch wenn er immer wieder in Gruppen auftritt. Von 1953 bis Ende der fünfziger Jahre inszeniert er jeweils zur Weihnachtszeit unter dem Titel »Weihnachtsmänner machen Geschichten« sein »kritisches Oratorium für Solo, Chor und Reißnagelklavier«, wie er es nennt. Drei Jahre später eröffnet er in Mainz das Kabarett »arche nova«, das bis 1962 besteht. 1959 kommt er erstmals mit der Zensur in Konflikt: der Westdeutsche Rundfunk lehnt es ab, seine pazifistischen Anti-Atom-Lieder »Carmina urana. Vier Gesänge gegen die Bombe« auszustrahlen. In den sechziger Jahren tritt Hüsch mehrmals zusammen mit Wolfgang Neuss, → Franz Josef Degenhardt und → Dieter Süverkrüp auf, veröffentlicht 1965 die Platte »Vier Chansons« und ein Jahr darauf sein Album »Chansons, Gedichte und Geschichten«. Gleichzeitig ist er auch als Schauspieler in Brecht-Aufführungen aktiv. 1962 übernimmt er an der »Komödie Basel« die Hauptrolle in »Der Hofmeister«, 1968 in »Flüchtlingsgespräche« im Frankfurter »Theater am Turm«. Danach arbeitet er beim ZDF für die Serie »Väter der Klamotte« als Synchronsprecher für alte Filme mit Pat und Patachon sowie Dick und Doof. 1972 tourt er mit Schobert & Black und → Hannes Wader. Weiter ist er immer wieder als Autor, Moderator

und Interpret im Fernsehen, unter anderem in der 18teiligen Familienserie »Der goldene Sonntag«, und im Rundfunk präsent. Auch die Schallplattenproduktion vernachläßigt er nicht. So entstehen unter anderem »Enthauptungen« (1971), »Das schwarze Schaf vom Niederrhein« (1978), »Das neue Programm« (1981), »Und sie bewegt mich doch« (1986), »Feine Komödien – Feine Tragödien« (1991), »Ein neues Kapitel« (1994) und »Meine Geschichten« (1998). »Hüsch zählt zu den Altmeistern seines Fachs, er hat beide Ohren an der Zeit und ist einer, der humorig, listig und aufmerksam die Geschehnisse kommentiert. Immer wieder fährt er seine Sensoren aus und hört die Grashalme wachsen.« Der Künstler »hält nichts vom lautstarken Trommeln, platten Witzen und donnerndem Szeneapplaus. Seine Geschichten und Chansons menscheln gewaltig. Der Meister der Spötterphilosophie stellt menschliche Schwächen ins Rampenlicht. Stromlinienförmiges lehnt er grundsätzlich

Hanns Dieter Hüsch: der Meister der Spötterphilosophie.

ab. Alles was ein bißchen schief ins Leben gebaut ist, findet Einlaß in seinen Mikrokosmos. Kenner nennen das Realsatire, bei Hüsch wird unbemüht das Alltägliche zum pointierten Witz.« Sein künstlerisches Credo fast Hüsch wie folgt zusammen: »Unser Leben besteht aus tausend und abertausend kleinen Geschichten. Seit Adam und Eva jagen sich die Tragödien und Komödien, die Kleinigkeiten und die ganz großen Taten und Torheiten. Davon muß ich reden und singen, stundenlang, tagelang, Abende lang, Nächte lang, von unserem Mut und unserer Angst, von unserem Zorn und unserer Zärtlichkeit, vom Zweifel und von der Zuversicht, vom Zähneputzen bis zur Henkersmahlzeit, von unseren kleinen Kunststücken, mit denen wir ständig versuchen das Leben zu meistern.« Hüsch ist einer, »der mit Himmel und Erde umgeht, als wär's sein täglich Brot, der mit Leichtsinn gegen die Schwermut, mit Unfug gegen das Unrecht antritt, sich selbst dabei nicht aus den Augen läßt und sich oft genug dem Gelächter preisgibt«.

Hundertjähriger Krieg

Bezeichnung für den 1339 bis 1453 zwischen England und Frankreich geführten Krieg, in dem der englische König Eduard III. die französische Krone beansprucht. Im Frieden von Brétigny im Jahre 1360 wird der erste Teil dieses Krieges beendet. England erhält Südwestfrankreich und Calais. Rund fünf Jahrzehnte später bricht der Krieg erneut aus. Die heftigen Kämpfe zwischen → Bourgogne und Orléans, die unter Charles VI. toben, erleichtern Heinrich V. von England die Eroberung der Normandie (1415). Im Bündnis mit dem mächtigsten Bourgogner, Philipp dem Guten, erreicht er, daß er als Gemahl der Tochter Charles' VI. zum Thronfolger von Frankreich anerkannt wird. Eine Wende zugunsten Frankreich erfolgt erst, als das als Mann verkleidete Bauernmädchen Jeanne d'Arc, die Jungfrau von Orléans, 1429 an den Hof des französischen Thronfolgers Charles VII. kommt und den Abbruch der Belagerung von Orléans durch die Engländer erreicht. Mit dem Ende des Hundertjährigen Krieges verlieren die Engländer alle Besitzungen auf dem Festland, mit Ausnahme von Calais, das bis 1558 in ihrem Besitz bleibt. Die Mißstände dieser Epoche fließen in satirischen und kritischen Chansons, → Balladen, → Lais, → Virelais und → Rondeaux ein. Einer der bekanntesten Vertreter ist → Eustache Dechamps.

Hydropathes

Dichterkreis. Hier tragen die Chansonsänger ihre Werke beim Klang der Gläser vor. Die trinkfreudigen Mitgliedern dieses elitären Vereins von Literaten, Malern und Musikern nennen sich in selbstverleugnender Bescheidenheit »Die Wasserjünger«. Zu ihnen gehört eine Schar prominenter Chansonautoren. Der Verein blüht im Verborgenen, bis ihn 1881 → Rodolphe Salis entdeckt und die Mitglieder überzeugen kann, ihre Produktionen öffentlich in seinem → Cabaret → »Chat Noir« vorzustellen.

Hyspa, Vincent

französischer Chansonsänger, zweite Hälfte des 19. Jahrhunderts. Er etabliert sich als Künstler im → »Chat Noir« und findet mit seinem Vortragsstil zahlreiche Anhänger.

I

Igelhoff, Peter

deutscher Komponist, geboren 1906 in Wien. Er schlägt zunächst eine Beamtenlaufbahn im Sozialministerium ein. 1932 beginnt er dann in Wien und später in London Musik zu studieren, um 1936 in Berlin Fuß zu fassen. Am bekanntesten wird er durch seinen Auftritt im »Kabarett der Komiker«, in der Berliner »Scala« und durch seine Schallplatten, die unter anderem Titel wie »Donaudampfschiffahrtsgesellschaftskapitän«, »Ich habe hundert Anerkennungsschreiben« und »Nachtgespenst« enthalten.

Inga & Wolf

deutsches Chansonduo. Ingrid (geboren am 19. August 1949) und Wolfgang Preuß (geboren am 5. Oktober 1949) bilden ab 1968 für einige Jahre ein erfolgreiches Gesangsensemble. Eine ihrer größten Erfolge ist der von → Reinhard Mey komponierte Titel »Gute Nacht Freunde«.

Internationale

Das Kampflied wird im Juni 1871 unmittelbar nach der blutigen Niederschlagung der Pariser → Commune von dem Textilzeichner → Eugène Pottier gedichtet und 1888 von dem Drechsler → Pierre Degeyter vertont. Um die Jahrhundertwende greift die Arbeiterbewegung das Lied auf und macht es zu einer internationalen Arbeiterhymne. In Deutschland sind mehrere Nachdichtungen bekannt, von denen sich die Emil Luckhardts aus der Zeit um 1910 durchgesetzt hat.

Internationales Chanson

Das → moderne Chanson als Lied in seiner speziellen Interpretation, Ausdrucksweise und Texthaltigkeit ist keineswegs eine reine französische Angelegenheit. Neben Deutschland (→ deutsches Chanson), das vor allem in den zwanziger und dreißiger Jahren mit Kabarettchansons boomt, haben sich Chansons auch in anderen Sprachgebieten entwickelt. Je nach Nation haben sich dabei spezielle Eigenheiten oder Schwerpunkte gebildet. Während der Franzose beim Chanson großen Wert auf den Text legt, richtet sich in Italien und Deutschland das Augenmerk mehr auf die Melodie und die Singbarkeit der Worte. In den angloamerikanischen Ländern gilt dagegen die optische Präsentation, die »Show«, als künstlerische und marktstrategische Priorität. Text und Musik sind zweitrangig. So bezeichnen es Experten als sehr schwierig, in England und in den USA Lieder mit dem typischen Markenzeichen »Chanson« zu finden. Dennoch gibt es dort eine Reihe von Interpreten, denen es immer wieder gelingt, Werke zu singen, die zum Genre Chanson zählen. Beispiele: → Frank Sinatra, → Bing Crosby, Cole Porter, → Barbra Streisand, Judy Garland, Perry Como, Dean Martin, Sophie Tucker oder → Nat King Cole. Ihre »Wort- und Musikschöpfungen haben jene undefinierbare und nicht übersetzbare ›sophistische‹ Qualität, die ihnen den Stempel des Unverwechselbaren aufprägen« (Dietrich Schulz-Koehn). Einige ihrer Titel besitzen den für das Chanson bedeutenden »gleichgewichtigen Dreiklang von Text mit Aussage, Musik mit kompositorischem Anspruch und Darstellung mit schöpferischem Format«. Lebendiger und vielfältiger ist das Chanson in anderen Ländern. Corry Brokken ist in den Niederlanden ein Begriff wie Conny Stuart, Liesbeth List und Jaap Fischer. In die Fußstapfen des Chansons sind auch die skandinavischen Ländern getreten. Legendären Ruf genießt dabei der im 18. Jahrhundert wirkende schwedische Sänger → Carl-Michael Bellman. Weitere Namen in diesem Kreis sind Lulu Zigler, Liva Weel und die Gruppe »Cooptimisten«. Ernst Rolf hat sich bei den skandinavischen Nationen als Revuesänger etabliert. Auch in Spanien lebt das Chanson auf, vor allem vor dem Bürgerkrieg. Später wird das katalonische Chanson um Raimon Pelegero ins Leben gerufen. Kaum Chansontradition findet man in Italien. »Die Ursache hierfür liegt in der dominierenden Rolle, die in Italien, der Heimat des Belcanto, die

Melodie und die Sangesseeligkeit spielen, das Wohlgefallen am eingängigen Melos, hinter dem das Wort unverhältnismäßig stark zurücktritt« (Dietrich Schulze-Koehn). Einzelne Künstlerinnen sind dort allerdings als → Bertolt Brecht-Interpretinnen ins Rampenlicht getreten, so Ornella Vanoni und → Milva. Genannt seien auch die → Diseuse Laura Betti sowie Laura Betti und Franca Valeri. Größere Verbreitung findet das Chanson dagegen in den ehemals kommunistisch regierten Ländern. Die tschechoslowakische Sängerin → Hana Hegerová gehört ebenso dazu wie die polnischen Künstler Mieczyslaw Fogg und Ewa Demarczyk. Chansonhafte Lieder gibt es auch aus der Sowjetunion und dem ehemaligen Jugoslawien zu vermelden. → Bulat Okudshawa und → Vladimir Vissotzki ziehen mit ihren Werken auf lustige, ironische und oft hintergründige Weise die offizielle Politik ins Lächerliche. Und der Humorist Frane Milcinski hat seine Karriere mit Chansons schon vor dem Zweiten Weltkrieg begonnen.

Isaac, Heinrich

flämischer Komponist, geboren um 1450 wahrscheinlich in Flandern, gestorben am 26. März 1517 in Florenz. Er arbeitet um 1480 als Organist in Florenz, ist von 1497 bis 1514 Hofkomponist Maximilians I. Ab 1514 lebt er wieder in Florenz. Er entwickelt sich zu einem der bedeutendsten Komponisten seiner Zeit. Er komponiert unter anderem »Choralis Constantinus«, Messen, Motetten, deutsche Liedsätze, niederländische Chansons und Instrumentalsätze.

Isch-Wall

französischer Chansonsänger, Ende 19. Jahrhundert. Er dichtet mit Paul Burani einen »Chant de l'internationale«.

J

Jacob, Max

französischer Dichter, geboren 1876, gestorben 1944. Seine Werke werden unter anderem von dem Komponisten → Francis Poulenc vertont.

Jäger, Hanns Ernst

österreichischer Schauspieler und Chansonsänger, geboren am 1. Januar 1900 in Wien, gestorben am 15. August 1973. Er spielt sich nach Engagements unter anderem am Bochumer Schauspielhaus, in Frankfurt und am Wiener Burgtheater in die erste Reihe deutschsprachiger Bühnenmimen. Er ist bekannt und beliebt für den Spaß und die Hingabe bei seinem Spiel. »Mit Präzision, Knappheit und Bestimmtheit gibt er her, was er hergeben kann« (Westdeutsche Allgemeine Zeitung). Sein »Kälbermarsch« aus dem »Schweyk« ist ein berühmt gewordenes Beispiel für seine brillante Darstellungskunst. Zugleich ist er einer der überzeugendsten Protagonisten des Brechtschen Werkes, wie sein Plattenalbum »→ Bertolt Brecht – Songs, Gedichte, Prosa« verdeutlicht. Er verkörpert die disziplinierte Nüchternheit, die Bertolt Brecht immer verlangt hat, aber auch das leidenschaftliche Temperament, das dazu gehört. »Anregen zum kritischen Denken will er, aber nicht auf langweilige, lehrhafte, sondern auf eine vergnügsame, temperamentvolle Weise« (Westdeutsche Allgemeine Zeitung).

Auch mit seinem 1969 veröffentlichten Album »Opposition! Opposition!«, in dem er Texte des Satirikers und Dichters → Kurt Tucholsky interpretiert, kommt er bei der Kritik gut an. »In diesen Rillen sitzt Dynamit. Deutschtümler und reaktionäre Pädagogen werden von der gepfefferten Satire, von dem sprühenden Spott, von dem Sarkasmus Tucholskys und seines Sprechers eingedeckt« (Nürnberger Nachrichten).

Janequin, Clément

französischer Komponist, geboren um 1485 in Châtellerault, gestorben etwa 1560 in Paris. Er wirkt als Geistlicher in Bordelais und in Anjou. Ab 1534 leitet er die Chorkapelle der Kathedrale von Angers. Er lebt ab 1549 in Paris, ist um 1555 Sänger, bald darauf »compositeur ordinaire« der königlichen Kapelle. Experten nennen ihn den Hauptmeister der weltlichen französischen Chansons des 16. Jahrhunderts. Besonders bekannt sind seine programmatischen, auf Tonmalerei beruhenden Chansons wie »La chasse«, »Le chant des oiseaux« und »Le cris de Paris«. Er kommt mit seinem Loblied »La guerre«, das die Schlacht von Marignano beinhaltet, zu großem Ansehen. Das Chanson ist so rhythmisch, daß es rasch zu einer Art Nationalhymne aufsteigt. Zur Zeit von → François I. darf es nur stehend gesungen und gehört werden, die Herren haben während des Vortrags die Hand an den Degen zu legen. Er komponiert rund 400 Chansons. Die meisten davon erscheinen in der 25bändigen Chanson-Sammlung des Pariser Notendruckers und Musikverlegers → Pierre Attaignant. Die Texte seiner Chansons geben meist Alltäglichkeiten wieder, wie Weibertratsch und Eifersuchtsszenen.

Jeanmaire, Zizi

(eigentlich Renée Jeanmaire), französische Chansonsängerin, geboren am 20. April 1924. Sie ist die erste, die Chansons von → Guy Béart in einer großen → Music-hall singt. Sie studiert Ballett und ist als Revue-Tänzerin eine »Nachfolgerin« der → Mistinguett und → Josephine Baker. Von ihrer Persönlichkeit gehe das Flair aus, das man mit dem Wort »Paris« verbindet, meint ein Kritiker.

Jeunesse dorée

Die Truppe von Bürgerjugendlichen macht gegen Ende der → Französischen Revolution (1789 bis 1795) Jagd auf die Jakobiner und singen dazu sadistische Chansons wie »Vaudeville par les citoyens Hector Chaussier et Martainville«.

Jeu parti

Liedgattung der → Troubadours und → Trouvères im 12. und 13. Jahrhunderts. Es ist ein Streitlied zwischen zwei Sängern. Der erste trägt eine Frage oder These vor, der zweite nimmt dazu – melodisch oder poetisch sich dem ersten angleichend – Stellung. Der Herausforderer vertritt abermals die Antithese, dabei ersetzt man den ursprünglichen Text gelegentlich durch einen neuen, unter Umständen mit entgegengesetztem Sinn. Zum Schluß entscheiden Unbeteiligte den Streitgesang. Die Jeu partis, von denen etwa 180 erhalten sind, werden vor allem in den bürgerlichen Sängerwettbewerben der nordfranzösischen Bürgervereinigungen, der sogenannten → Puys, gepflegt.

Joana

(eigentlich Johanna Emetz), deutsche Chansonsängerin und → Liedermacherin, geboren am 11. Oktober 1945 in Neustadt (Schwarzwald). Bereits früh zeigt sie ihre künstlerische Begabung. Sie nimmt Klavier- und Gitarrenunterricht, tritt mit Gedichten und Liedern in Mannheimer Mundart auf. Mit sechzehn Jahren ist sie in einer Schülerband als Sängerin und Gitarristin aktiv. Nach ihrem Abitur beginnt sie ein Gesangsstudium und entdeckt dabei ihre Vorliebe für die Lieder von Franz Schubert. 1964 gastiert sie in der Fernsehsendung »Und Ihr Steckenpferd?« mit dem von → Edith Piaf gesungenen Chanson »Non, je ne regrette rien«. Wenig später macht sie mit Interpretationen französischer Chansons und deutschen Kabarettstücken aufmerksam. Als Vorlage dienen ihr unter anderem → Barbara, → Jacques Brel, → Georges Brassens, → Frank Wedekind, → Erich Kästner und → Kurt Tucholsky. Ab 1965 studiert sie Germanistik und Romanistik. Doch schon ein Jahr darauf erfolgt ihr Schallplattendebüt mit internationaler Folklore, eine Eigenproduktion der Studentin: »Ich habe die Platte selbst finanziert und lange daran geknabbert.« 1968 gewinnt sie den Wettbewerb »Les no. 1 de demain«, den der französische Radiosender »Europe No. 1« zur Nachwuchsförderung ins Leben gerufen hatte. Das Finale findet in der traditionsreichen Pariser → Music-hall → »Olympia« statt. Das Jahr 1970 bringt für Joana gleich mehrfache Erfolge: zum einen legt sie ihr Staatsexamen ab, zum anderen gewinnt sie einen weiteren Wettbewerb, der ihr unter 8000 Bewerbern den ersten Platz und einen Drei-Jahres-Vertrag mit einer renommierten Schallplattengesellschaft einbringt. Bereits darauf erscheint ihr erstes Album mit eigenen Chansons: »Für dich, du heile Welt«. Weitere folgen: »Eine Sekunde der Ewigkeit«, »Ich suche einen Job«, »Wie sieht es denn hier aus«, »Ich habe die Nacht geträumt« und »Lieder von der Bühne«. Zudem engagiert sie sich in der wissenschaftlichen Reflexion ihres Faches, indem sie Arbeiten über Chansons veröffentlicht. Später übernimmt sie auch die Moderation der Sendung »Chanson de Paris« des Saarländischen Rundfunks. Joanas Lieder sind einfach gestrickt, erinnern oft an Volkslieder, sind aber dennoch frei von Klischees und Kitsch. »Ihr Markenzeichen ist ihre besonders tiefe, angenehme, manchmal schmeichelnd warme, manchmal neckisch ironische Stimme« (Thomas Rothschild). Doch auch ihre Texte zeigen, daß sie treffsicher mit Worten umzugehen weiß. Sie kämpfen gegen soziale Ungerechtigkeit, Heuchelei und Spießbürgertum. Gegen Umweltverschmutzung und Rassenhaß. »Subtil in ihrer musikalischen und textinhaltlichen Aussage ist sie ganz im Gegensatz zur aggressiven Realität« notiert ein Journalist. Thomas Rothschild übt aber auch Kritik: »Joana macht sich lustig über Modisches und Spießiges, über Vorurteile und Macken. Sie reflektiert ihre Rolle als Frau und Künstlerin und nimmt sich dabei gelegentlich zu wichtig. Was bei → Hanns Dieter Hüsch sprachwitzig sensibilisiert und Erkenntnis vermittelt, gerät bei Joana bisweilen in Leerlauf.«

Joc-partit

→ Provenzalisches Streitlied. → Jeu parti.

Josquin, Desperez

Komponist, geboren um 1440 in Beaurevoir, gestorben wahrscheinlich am 27. August 1521 in Condé-sur-l'Escaut. Er tritt als Sänger von 1459 bis 1474 in Mailand auf. Danach ist er im Dienst der Sforza und 1486 bis 1499 in der päpstlichen Kapelle tätig. Von 1501 bis 1505 ist er Kapellmeister am herzoglichen Hof von Ferrara. Er gilt als einer der größten Komponisten des Abendlandes, der schon zu seiner Zeit uneingeschränkte Anerkennung findet. Zwischen Mittelalter und Neuzeit ist er der entscheidende Mittler, der der Musik den Weg zu subjektiv-seelischem Ausdruck öffnet. Er schreibt vor allem Messen, Motetten und französische Chansons.

Jougleur

Sänger, Spaßmacher und Spielmann zur Zeit der → Troubadours. Später bis Ende des 18. Jahrhunderts Bezeichnung für den Berufsstand selbständiger Musiker. Seiltanzen, Mersserwerfen, Zaubertricks, Tierebändigen, Singen und das Spiel auf Instrumenten ist das Repertoire des Jougleurs. »Den Klerikern sind sie ein Ärgernis, nicht nur der Chansons wegen, die sie singen. Sie tragen bunte Kleidung, schoren Kopfhaar und Bart, ziehen von Ort zu Ort, singen in Burgen und Schenken, auf Jahrmärkten, zu Hochzeiten und anderen Festlichkeiten, sammeln auf Tellern Kleingeld vom niederen Volk und lassen sich von den Reichen mit Gold und Silber, Schmuck und Kleidung belohnen. Sie singen auf Schlössern zu Festessen und häufig auch nach den Gastmählern. Noch Louis IX. läßt sich täglich nach dem Essen von Jougleurs Chansons vorsingen und vortanzen. Auch militärisch treten die Jougleurs in Erscheinung. In der Schlacht bei Hastings 1066 und beim Vormarsch auf Châtillon-sur-Loire 1070 lassen die Soldaten einen Jougleur vorangehen, der ihren Mut mit Heldenchansons anfeuern muß« (Wilhelm Neef). Aus Steuerlisten geht hervor, daß die Jougleurs in Paris in der nach ihnen benannten Straße »Rue des Jugléeurs« wohnen.

Jouy, Jules

französischer Chansonsänger, geboren 1855, gestorben 1897. Er verdingt sich zunächst als Arbeiter, ist später als Journalist tätig und als Mitarbeiter des Linksorganes »Parti ouvrier«. Sein Repertoire enthält revolutionäre, soziale und satirische Chansons wie »Cri du peuple«, »Paris«, »La bataille« und »Un bal chez le ministre«.

Jürgens, Udo

(eigentlich Udo Jürgen Bockelmann), österreichischer Schlagersänger, Komponist und Chansonsänger, geboren am 30. September 1934 auf Schloß Ottmanach bei Klagenfurt. Er gehört seit Mitte der sechziger Jahre zu den führenden deutschsprachigen Schlagersängern. Jürgens tritt als Chansonsänger mit seinen meist selbstkomponierten und getexteten Lieder vor allem am Anfang seiner Karriere in Erscheinung. Seine ersten musikalischen Handgriffe lernt er auf einer Mundharmonika. Mit 14 beginnt er neben seiner Schulausbildung ein Musikstudium am Konservatorium in Klagenfurt.

1951 gründet er die »Udo Bolan-Band«. Der erste Schallplattenvertrag folgt und der Titel »Es waren weiße Chrysanthemen«. Er wird ein Flop. Auch die nächsten Platten liegen wie Blei im Verkaufsregal. Mit Tingeln hält er sich über Wasser (»Zum Verhungern zu viel, zum Leben zu wenig«). Den ersten Erfolg verbucht er 1960 beim Schlagerfestival in Knokke. Dort holt er sich mit »Jenny« den Preis des »besten Sängers«. Das Lied bringt Udo Jürgens zum ersten Mal in die Charts. Bergauf geht es dann, als er den Musikverleger und Manager Hans R. Beierlein trifft. Unter seinen Fittichen entsteht »Tausend Träume«, ein Hit in Österreich. Der endgültige Durchbruch gelingt ihm dann 1964 mit »Warum nur, warum?«, ein Titel, der beim »Grand Prix d'Eurovision de la Chanson« in Kopenhagen in der Spitzengruppe landet. Mit dieser Komposition wird

Udo Jürgens: Mut zum Ausgefallenen.

ein Welthit geboren. Matt Monroe nimmt ihn auf und verkauft unter dem Titel »Walk Away« eineinhalb Millionen Platten. Zugleich wechselt Udo Jürgens mit ihm in die anspruchsvollere Chansonsschiene. Ein Jahr später schlägt er erneut beim »Grand Prix« zu. »Sag ihr, ich laß sie grüßen« festigt sich ebenfalls unter den Top-Plazierungen. Sein Meisterstück macht er 1966. Mit hohem Punktevorsprung schafft er in Luxemburg mit »Merci, Chérie« den ersten Rang. Eine Repräsentativ-Umfrage nach den »Idolen der deutschen Jugend« sieht Udo Jürgens zu diesem Zeitpunkt nach John F. und Robert Kennedy auf dem dritten Platz. 1971 löst sein kritisches Lied »Lieb Vaterland« eine große öffentliche Diskussion aus. Mit dem Titel »Geschieden« reflektiert er erneut die Wirklichkeit. Mit seinem Mut zum ausgefallenen Thema und anspruchsvollen Lied führt er die deutsche Schlagerschmiede aus dem Tal in Richtung Chanson. »Ich gestehe offen, daß unter Udo Jürgens Liedern einige sind, die ich gerne selbst komponiert hätte. Die musikalische Galanterie, die viele seiner Lieder auszeichnet, hat Seltenheitswert im deutschen Liederschaffen« (→ Peter Kreuder). Und der Schriftsteller Hans Hellmut Kirst befindet: »Er macht nicht Musik – er ist Musik.« Danach plaziert er sich mit vielen Kompositionen (unter anderem »Griechischer Wein«, »Ein ehrenwertes Haus«, »Tante Emma«, »Aber bitte mit Sahne«) in den Hitparaden. Doch diese Millionenauflagen haben mit dem Genre Chanson nichts mehr zu tun.

K

Kaas, Patricia

französische Chanson- und Popsängerin, geboren am 5. Dezember 1966 in Forbach (Lorraine). Die Tochter eines französischen Minenarbeiters und einer deutschen Mutter wird von Kindesbeinen an zum Singen ermutigt. Bereits als Achtjährige tritt sie bei Talentwettbewerben und lokalen Tanzveranstaltungen auf. Mit elf Jahren gastiert sie im Saarbrücker Kabarett »Rumpelkammer«, wo sie dreimal pro Woche auf der Bühne steht und dem Etablissement sieben Jahre treu bleibt. 1985 veröffentlicht sie ihre erste Platte: »Jalouse«. Filmstar Gérard Dépardieu ist von ihrer gewaltigen Stimmkraft so angetan, daß er diese Einspielung produziert. Im April 1987 folgt die Hitsingle »Mademoiselle chante le blues«. Im gleichen Jahr tritt sie im weltberühmten Pariser → »Olympia« auf, wo die Karrieren von Stars wie → Edith Piaf, → Juliette Gréco, → Jacques Brel und → Gilbert Bécaud begonnen haben. Ihr Debütalbum »Mademoiselle chante le blues« bringt den Stein dann endgültig ins Rollen. Sechs Singles werden ausgekoppelt. Für »D'Allemagne« erhält sie den französischen Musik-»Oskar«. Mit ihrer zweiten LP »Scéne de vie« hält sie Einzug in die bundesdeutschen Charts. Die erste Singleauskopplung daraus, »Les hommes qui passent«, erreicht in Frankreich Platz 1 der Hitparade. Die zweite Auskopplung »Mannequins d'osier«, ein rockiges Chanson über die Weidenpüppchen der eigenen Kindheit, festigt in Deutschland endgültig ihre Stellung in der ersten Garde der frankophilen Stars von Weltgeltung. 1992 nimmt sie zusammen mit einem Streichquartett Edith Piafs Chanson »La vie en rose« auf und stiftet die Einspielung einem Sammelalbum zugunsten der Anti-Aids-Kampagne »Urgence«. Ihr Longplayer »Je te dis vous« entpuppt sich, so die Kritik, »als einfühlsames, farbenprächtiges Stück«. Die verschiedensten musikalischen Richtungen vereinigt sie in ihrer Produktion »Dans ma chair«. Ihre Liebelei zu rhythmisch modernen Sounds, Chansons und soften Liedern umschreibt sie so: »Wenn man immer nur geradeaus schaut, verpaßt man leicht, was rechts oder links neben einem geschieht.« Die Chansons von Patricia Kaas sind »gefühlvolle Werke voller Weiblichkeit, Charme, Sensibilität und Wollust. Sie sind von vorn bis hinten Kunst-

Patricia Kaas: Chansons voller Weiblichkeit, Sensibilität und Wollust.

werke, die auf fast magische Art aus dem Rahmen fallen« (Andreas Helmis).

Kabarett

Kleinkunstbühne. → Hanns Dieter Hüsch nennt das Kabarett »Waffe gegen den Schmerz, mal mit der Fackel, mal mit der Narrenkappe«. Wie kaum eine andere Kunstgattung ist Kabarett direkt und unverblümt. Es prangert an, geistreich und wortgewaltig, in Wort und Gesang. Hier »mokieren sich die Gedankengänger nach Herzenslust über die Sitten der Spießbürger, über Insider und Outsider, über Besitzende und Besessene, über Freibeuter und Freiwild«. Ironie und Witz, gepaart mit frechen vorder- oder hintergründigen Chansons, sind die Basispfeiler des Kabaretts. 1901 werden die ersten deutschen Kleinkunstbühnen in Berlin gegründet. Sie können damals aus einer Fülle von musikalischen und dichterischen Talenten schöpfen. Musik und Text gehen eine brodelnde Mixtur ein. Schon vor dem Ersten Weltkrieg ist → Rudolf Nelson als erfolgreicher Komponist und Kabarettveranstalter hervorgetreten. Doch die meisten der damals entstandenen Künstlerkabaretts sind nur kurzlebig. Enthusiasmus und Spekulation können gewachsene Tradition nicht ersetzen. Was in Paris in seiner frechen Aggressivität urwüchsig ist, wirkt in mancher deutscher Kopie plump und naiv, läppisch-pikant oder schulmeisterlich. Hinzu kommt, daß die herrschende wilhelminische → Bourgeoisie diese liberale Art Unterhaltung ablehnt. Nicht selten kreuzen Staatsanwalt und Polizei auf oder ergeht gegen die Künstler – unter dem Vorwand, die »öffentliche Sittlichkeit« schützen zu müssen – Zensur. Dies hat die Kabaretts interessant und zeitweise auch attraktiv gemacht. Auf die Dauer fehlt aber der gehobene Mittelstand und die vermögensstarke Oberschicht, um die Bühnen auf eine vernünftige finanzielle Grundlage zu stellen. Kleinbürger oder gar Arbeiter können sich in der Weimarer Zeit den Luxus eines solchen Unterhaltungsspektakels in der Regel nicht leisten. Trotz allem setzen Komponisten wie → Friedrich Hollaender und → Mischa Spoliansky den eingeschlagenen Weg fort. Ihnen stehen geistreiche Autoren wie die Satiriker → Kurt Tucholsky und → Marcellus Schiffer zur Verfügung. Stars wie → Trude Hesterberg und → Rosa Valetti verpacken Ernstes mit Witz, Charme und Musikalität. Die beiden sind nicht nur Chansonsängerinnen mit schnörkelloser Direktheit. Sie gründen und leiten auch die → »Wilde Bühne« und das → »Café Größenwahn«, die beiden erfolgreichsten Kabarettbühnen der Weimarer Zeit. Nach dem Ersten Weltkrieg, von den Fesseln der Zensur befreit, widmen sich die Kabaretts verstärkt den gesellschaftlichen Ereignissen. Was zählt, ist die Gegenwart. Das zaghafte Experimentieren mit der Demokratie wird von den Kabarett- und Chansonkünstlern sarkastisch aufgegriffen. Lieblingsthema ist zunächst die Erotik, dann der Sex. Einhergehend mit einer Stripteasewelle stellt das Kabarett die früher kaschierten Formen des Sexualverhaltens in voller Offenheit dar. Neben dem Sex spielt die Politik eine wichtige Rolle. »Wenn Trude Hesterberg mit ›Mir ist heut so nach Tamerlan‹ nach einen einem Macho-Eroberer schmachtet«, weiß Peter Jelavich zu berichten, »parodiert sie nicht nur das Klischee der vom dicken deutschen Spießbürger sexuell ver-

Kabarett: mit Fackel und Narrenkappe gegen den Schmerz.

nachlässigten Frau, sondern zieht auch die Rechtsextremisten, die für Deutschland einen Führer verlangen, durch den Kakao.« Als der Führer dann erscheint, vergeht den Kabarettisten das Lachen, obwohl selbst er in einigen Liedern dem Spott nicht entgeht. Das Weimarer Kabarett geht zu Ende. Die meisten seiner Akteure retten sich ins Exil. Nach dem Zweiten Weltkrieg beginnt ein zögernder Prozeß. Nur mühsam päppelt sich die Kabarettszene hoch. Der 12. Dezember 1956 geht schließlich in die Kabarett-Geschichte ein. An diesem Tag wird in München die »Lach- und Schießgesellschaft« gegründet. Zusammen mit den Berliner »Stachelschweinen« sticht die »Lach & Schieß« kräftig von links, mit Witz und Schnauze und einer Reihe von flotten, neuen Chansons. Als spitze Waffe des heimlichen Widerstands entpuppen sich später die Leipziger »Pfeffermühle« und die Magdeburger »Kugelblitze«. »Ich kann aus Trauer Trost machen, aus Schmerzen Heiterkeit, aus Zorn Zärtlichkeit, aus Feinden Freunde und aus Weinen lachen«, beschreibt Hans-Dieter Hüsch die Wirkung von Kabarett.

Kabarettrevue

Sie entwickelt sich vor allem in Paris, Berlin und München Mitte der zwanziger Jahre des 20. Jahrhunderts anstelle der losen Nummernfolge bisheriger Programme. Ein locker geknüpfter Handlungsfaden verbindet darin die einzelnen Darbietungen. Für diese → Revuen schreiben unter anderem → Kurt Tucholsky, → Walter Mehring und → Erich Kästner. Die Kabarettrevue schlägt eine Brücke vom reinen Amüsement zum literarisch ambitionierten Chanson. Neben Rudolf Nelson, der 1920 mit »Total Manoli« die erste Kabarettrevue in Berlin herausbringt, profilieren sich vor allem → Marcellus Schiffer und → Friedrich Hollaender in diesem Genre. Sie geben diesem Bereich die stärksten zeitkritischen Impulse.

Kästner, Erich

deutscher Schriftsteller, geboren 1899 in Dresden, gestorben 1974 in München. Er studiert in Leipzig, Rostock und Berlin Germanistik, Geschichte und Philosophie, promoviert 1925 und arbeitet bereits während seiner Schulzeit als Redakteur. 1928 erscheint sein erster Gedichtband »Herz auf Taille« und sein Kinderbuch »Emil und die Detektive«. Er ist Mitarbeiter der »Weltbühne« und schreibt freche, zeitkritische Chansons, unter anderem »Ganz besonders feine Damen« für → Trude Hesterberg, »Surabaya-Johnny II« → für Kate Kühl und »Ankündigung einer Chansonette« für Annemarie Haas. Sein größter Chansonerfolg wird »Kennst du das Land, wo die Kanonen blühen?« (1928). Ende der zwanziger, Anfang der dreißiger Jahre gilt Kästner als Lyriker vom Range eines → Kurt Tucholsky und ist als politischer Satiriker gefürchtet. Ein damaliger Rezensent meint: »Kästner hat scharfe Augen, man staunt, was er alles sieht, er sieht die Lüge, die Attrappe, die Kulisse, die Imitation, die die Gegenwart beherrschen. Uns lehrt er sie sehen. Kästner hat helle Ohren, er hört das Sterbemurmeln aller Zeiten, hört die Lautsprecher des Rückschritts, hört den Applaus für den neuesten Sieg der Dummheit. Wir hören das auch, nur hören wir nicht genau genug hin. Kästner lehrt uns diese hören.« Und Nele Löw Beer charakterisiert: »Er ist ein Moralist ganz undeutscher Art, der dem Pathos mißtraute, aber seine eigene Sorte schnoddriger Rührseligkeit durchaus nicht scheute.« Als die freie Meinungsäußerung durch die Nazis Schritt für Schritt eingeschränkt wurde, veröffentlichte er das erste Gedicht seines Zyklus »Gesang zwischen den Stühlen«: »Was auch immer geschieht: / Nie dürft ihr so tief sinken, / von dem Kakao, durch den man euch zieht / auch noch zu trinken.« Nach Hitlers Machtergreifung 1933 erhält er das Etikett »zersetzend«. Seine Bücher werden verbrannt und er als »politisch unerwünschter Autor« mit Schreibverbot belegt. Dieses wird 1942 gelockert, damit er an den Filmen »Münchhausen« und »Der kleine Grenzverkehr« mitarbeiten kann. »Und als der Spuk vorbei ist, wirft sich der fanatisch fleißige Arbeiter sofort wieder auf das, was er als seine Aufgabe sieht: witzig und allgemeinverständlich den deutschen Michel an seiner Schlafmütze zu ziehen« (Nele Löw Beer). Nach 1945 leitet er das Feuilleton der »Neuen Zeitung« in München und eröffnet das Kabarett »Die Schublade«. Seine ersten großen Erfolge erntet er mit seinen Kinderbüchern (unter anderem »Pünktchen und Anton«, »Der 35. Mai«, »Das fliegende Klassenzimmer«, »Das Schwein beim Friseur«, »Das verhexte Telefon«, »Die Konferenz der Tiere«, »Das doppelte Lottchen«) und dieser Gattung gelten auch seine Bücher, die er nach dem Krieg schreibt. Er erhält unter anderem den Internationalen Jugendbuchpreis und die Christian-Andersen-Medaille. Kästner: »Die meisten Menschen legen ihre Kindheit ab wie einen alten Hut. Sie vergessen sie wie eine Telefonnummer, die nicht mehr gilt. Früher waren sie Kinder, dann wurden sie erwachsen, aber was sind sie nun? Nur wer erwachsen wird und ein Kind bleibt, ist ein Mensch.«

Kanzone

→ Canzone.

Karl der Große

König der Franken und römischer Kaiser, geboren 768, gestorben 814. Er ist ein Herrscher von ungewöhnlicher Vielseitigkeit und für das Mittelalter das Vorbild eines christlichen, weisen, hochsinnigen und gerechten Regenten, obwohl nicht ohne Züge barbarischer Unbeherrschtheit. Für die Nachwelt gilt er als das sagenumwobene Ideal christlicher Kaiserherrlichkeit überhaupt. Seine weltgeschichtliche Bedeutung liegt darin, daß er alle deutschen Stämme in einem Reich und einem Glauben einigt und das Kaisertum sowie die Herrschaft über Italien mit dem fränkischen Königtum verbindet. Nicht allein auf kriegerischer Machtentfaltung bedacht, zeichnet sich Karl auch aus durch große politische Kunst, betreibt eine planmäßige Wirtschafts-, Finanz- und Wohlfahrtspolitik. Karl nennt sich als erster regelmäßig »von Gottes Gnaden«. Im Innern stärkt er die Macht des Königtums, beseitigt die Stammesherzogtümer, hält die Verwaltung und Rechtspflege durch die Königsboten unter Aufsicht und entfaltet eine reiche Tätigkeit als Gesetzgeber. Selbst von vielseitigem geistigen Interesse erfüllt, besonders für theologische und astronomische Fragen, läßt er sich auch die Pflege seiner deutschen Muttersprache angelegen sein. Er gründet eine Hofschule, indem er einen internationalen Kreis von Gelehrten an seinen Hof zieht. Karl ist auch eifriger Sammler von Chansons, wie sein gelehrter Schreiber Eginhard berichtet: »Item barbara et antiquissima carmina, quibus veterum regum actus et bella canebantur, scripsit memoriaeque mandavit« (Er schreibt barbarische und uralte Gesänge auf, in denen Taten und Kriege früherer Könige besungen werden, und überliefert sie der Nachwelt.) Der heilige Eifer von Karls Sohn Ludwig, genannt »der Fromme«, übergibt die »barbarischen« Chanson dem Feuer.

Keller, Gerta
(eigentlich Margaretha Keller), österreichische Chansonsängerin. Die gebürtige Wienerin erhält mit acht Jahren Ballettunterricht, will zur Oper, nimmt dann Schauspielunterricht. Sie debütiert auf der Bühne des »Pavillon« in Wien, später geht sie nach Prag und Berlin, hier enge Zusammenarbeit mit → Peter Igelhoff und → Peter Kreuder. Sie ist 1936 die erste Sängerin, die in Deutschland einen ganzen Abend im Konzertsaal bestreitet. Sie wandert nach den USA aus, wo sie wegen ihrer Dreisprachigkeit auch am Broadway (zum Beispiel mit Gene Kelly in »Pal Joey«) und in Filmen wie »Five Fingers« eingesetzt wird. Daneben singt sie im Rundfunk und tritt mit bekannten Orchestern auf. Während des Krieges singt sie für die Truppen. Seit 1946 unternimmt sie wieder Gastspiele in Europa. → Max Reinhardt sagt von ihr, sie habe eine, Stimme, die nur Gott zerstören könne. Besonders interessant ist ihr Chanson-Zyklus »Aus dem Tagebuch der Dame«.

Kirchenchanson
Der Brauch, über mitunter sehr weltliche, ja galante und gewagte Themen Kirchenchansons zu schreiben, geht auf die Epoche der Christianisierung Galliens zurück. Der Klerus will durch Erklingen vertrauter Chansons dem Volk die Kirche heimisch machen. Noch bis ins 18. Jahrhundert sind vor allem geistliche Texte auf profane, oft galante und laszive → Timbres gesungen worden.

Klabund
(eigentlich Alfred Henschke), deutscher Schriftsteller und Lyriker, geboren 1890, gestorben 1928. Er führt sich mit bänkelhaft-volkstümlichen Chansons ein, wie »Harfenjule«, »Ich baumle mit de Beene« (Musik von → Friedrich Hollaender), das → Blandine Ebinger singt, und »Mit'n Zopp« (Musik von → Werner Richard Heymann), das Annemarie Hase interpretiert. Klabund kehrt als Pazifist aus dem Ersten Weltkrieg zurück und hat der Durchhaltebourgeoisie seine »Berliner Weihnacht 1918« ins Stammbuch geschrieben: »Am Kurfürstendamm, da hocken zusamm' die Leute von heute mit großem Tamtam.« Seine → Bänkelsänge erinnern an → Frank Wedekind und → Joachim Ringelnatz. Auch sein Humanismus gibt sich antibürgerlich-bohèmehaft. Seine Sozialkritik verbindet sich

mit einer elektizistischen dichterischen Spezifik. Seine Chansons haben teils volkstümliche, teils kabarettistische, burleske Töne. Klabund ist einer der wesentlichen Autoren des deutschen literarischen Chansons.

Kleine, Werner

deutscher Komponist, geboren am 1. Dezember 1907 in Castrop-Rauxel. Er promoviert in München mit den Fächern Musik, Theaterwissenschaft und Kunstgeschichte. In der Studienzeit trifft er mit → Helmut Käutner, Kurt E. Heyne und Bobby Todd zusammen. Sie gründen ein »akademisches Brettl«. Heinrich George verpflichtet später Kleine an das Schillertheater. In Berlin schreibt er Bühnenmusiken. Nach dem Zweiten Weltkrieg ist er Theaterleiter in Halle / Saale, geht aber 1953 als Leiter der Abteilung »Musikalische Unterhaltung« zum WDR nach Köln, später nach München zum Bayerischen Rundfunk. Kleine schreibt unter anderem für → Marlene Dietrich das Chanson »Sieht man mir an, daß ich geweint habe?«. Bekannt wird sein »Peterle«, das Mimi Thoma berühmt macht, und »Mußt nicht traurig sein«. Er schreibt auch Kammermusik, → Revuen und Romane.

Knef, Hildegard

(eigentlich Hildegard Frieda Albertine Knef), deutsche Chansonsängerin und Schauspielerin, geboren am 28. Dezember 1925 in Ulm. Sie kommt mit einem Jahr nach Berlin, arbeitet zunächst als Trickzeichnerin, dann als Nachwuchsschauspielerin bei der Ufa. 1953 geht sie nach England, 1957 in die USA, wo ihr Name in »Hildegarde Neff« geändert wird. Die Künstlerin baut sich seit Ende der fünfziger Jahre in Deutschland eine Karriere als Chansonsängerin auf. Ihre meist selbstverfaßten Lieder haben oft autobiographische Züge, formulieren sehr persönliche Meinungen, Gedanken, Gefühle. »Das Geheimnis liegt in ihrer Persönlichkeit, ihrem Stil und guten Geschmack, natürlich auch in ihrer Musikalität, einer natürlichen Menschlichkeit und gesundem Menschenverstand. Die drei ›H‹, die bei jedem Künstler eine große Rolle spielen – Herz, Hirn und Hand –, sind bei ihr in besonders aparter Mischung deutlich: Hier ist eine Frau, die die Höhen und Tiefen der Karriere wie das Lebens kennt, die ein warmes Herz mit Verstand und moderner

Einstellung verbindet und die auch über das handwerkliche Können dank ihrer schauspielerischen und musikalischen Begabung verfügt« (Dietrich Schulze-Koehn). »Hildegard Knef lotet ihre Texte aus. Sie gibt den Inhalten die zweite Dimension der Interpretation. Und die Grundstimmung ist Bejahung: Da ist eine Zeit zu lachen und zu leben! Zu leiden und streben jedoch ebenso«, heißt es ein andermal. Mit Platten wie »Hildegard Knef spricht und singt → Tucholsky«, »Ich seh' die Welt durch deine Augen«, »Halt mich fest«,

Hildegard Knef: kein leeres Dazwischen.

und »Träume heißen du« avanciert Hildegard Knef ab 1966 zur »Nummer 1 des neuen deutschen Chansons«. »Bei ihr gibt es kein passives Weghören, kein leeres Dazwischen. Entweder dazugehören – oder abschalten«, stellt Hans-Ulrich Kreutzer fest. Und Produzent Fred Weyrich meint: »Jedes Lied nimmt sie in ihre Hände, als wär's eine Szene aus einem klassischen Werk.« Sie spielt in zahlreichen Filmen die herbe, zugleich erotisch-selbstbewußte Frau, unter anderem im ersten deutschen Nachkriegsstreifen »Die Mörder sind unter uns«, in »Schnee am Kilimandscharo«, »Entscheidung vor Morgengrauen«, »Nachts auf den Straßen«, »Die Sünderin«, »Jeder stirbt für sich allein« und »Fedora«. Rollen am Broadway, unter anderem Bühnenerfolg als Ninotchka in dem Musical »Silk Stockings« von Cole Porter. Sie schreibt unter anderem die Autobiographie »Der geschenkte Gaul« und die Bücher »Das Urteil oder der Gegenmensch« und »So nicht«.

Kobus, Kathi

deutsche Kabarettwirtin, geboren 1856, gestorben 1929. Sie macht aus dem Münchner Künstlerstammtisch, der »Dichtelei«, ein → Kabarett. Dort tritt unter anderem → Frank Wedekind auf. 1903 zieht sie in das »Café Kronprinz Rudolph« um. Der Verleger Albert Langen verleiht dem neuen Kabarett den Namen seiner satirischen Zeitschrift »Simplizissimus«. Es erhält seine besondere Note durch den Hausdichter → Joachim Ringelnatz.

Koczian, Johanna von

deutsche Schauspielerin und Sängerin, geboren am 30. Oktober 1933 in Berlin. Sie absolviert eine Schauspielausbildung am Mozarteum in Salzburg. Danach Bühnen- und Filmarbeit. Auswahl ihrer zahlreichen Chansons: »Heut' hat mein Herz tausend Flügel« und »Immer wenn du fortgehst«.

Kollo, Walter

deutscher Komponist, geboren 1878, gestorben 1940. Er besitzt ein eigenes Kabarett: »Roland von Berlin«. Der Titel »Immer an der Wand lang« wird ein Gassenhauer.

Kosma, Joseph
französischer Komponist ungarischer Herkunft, geboren 1905 in Budapest, gestorben 1969 in Paris. Er studiert an der Franz Liszt-Musikhochschule seiner Vaterstadt, ist eine Zeitlang Kapellmeisterassistent an der Staatsoper Budapest und geht 1929 als Stipendiat des Ungarischen Instituts nach Berlin. Dort lernt er → Hanns Eisler und die Musik der Avantgarde kennen. 1933 läßt er sich in Frankreich nieder und wird bald ein bekannter und begehrter Filmkomponist. Durch seine Filmtätigkeit kommt er mit → Jacques Prévert in Verbindung und komponiert nach und nach mehr als 50 Chansons aus der Feder Préverts. Kosma, der Eislers Kompositionstechnik studiert, bringt Intelligenz und Einfallsreichtum mit – bei den Chansonkomponisten zwischen den beiden Weltkriegen eine Rarität. Die ersten Chansons Préverts in der Komposition Kosmas werden von 1936 bis 1945 nicht gedruckt. Man schreibt sie ab und gibt sie von Hand zu Hand weiter. In Kosmas Werk finden sich auch Kompositionen unzähliger anderer Chansonpoeten. Bis in die fünfziger Jahre reicht seine Produktion. Als ausgesprochen politischer Komponist bleibt Kosma seinem Engagement treu, das er 1929 in Berlin eingeht und das ihn 1942 in die → Résistance führt. Einige seiner Chansons protestieren gegen den Krieg in Vietnam (»Petite soeur Vui«), gegen den Algerienkrieg (»Celui qui part pour la guerre«) und gegen die amerikanische Rassenpolitik (»Histoire crèvante«). Für das Weltjugendfestival in Berlin 1951 komponiert er eine Chansonkantate nach einem Poem von Henri Bassis zur Verherrlichung der → Commune von 1871 (»A l'assaut du ciel«).

Kreisler, Georg
österreichischer Chansonsänger und Kabarettist, geboren am 18. Juli 1922 in Wien. Er ist der Sohn eines jüdischen Rechtsanwalts. Seinen Vater schildert er als »Despot im eigenen Haus«, der den Jungen schlägt, ihn zwingt, mit vier Jahren lesen zu lernen und ihn mit sechs ans Klavier setzt. Zusätzlich fühlt er sich in der Schule wegen seiner Religion, seiner Korpulenz und der verfrühten Lesefähigkeit als Außenseiter. Diese Einstellung legt er auch nach seinem Abitur und dem Studienbeginn am Wiener Konservatorium nicht ab. Als die Familie nach dem Einmarsch der Deutschen gezwungen ist, nach Amerika zu emigrieren, wendet sich für ihn das Blatt. Er studiert an

der »University Of Southern California« weiter Musik und komponiert Soundtracks für Hollywood-Filmproduktionen. Zudem ist er als Dirigent tätig. 1942 erhält er die amerikanische Staatsbürgerschaft und dient als Soldat in der US-Army. Nach Ende des Zweiten Weltkrieges kehrt er nach Hollywood zurück und arbeitet mit Charlie Chaplin an dem Film »Monsieur verdoux«. 1946 übersiedelt er nach New York, tritt dort als Chansonsänger in Nachtlokalen, Kneipen und Clubs auf und schreibt Lieder für Rundfunk und Fernsehen. 1947 spielt er bei »Victor Records« ein Plattenalbum ein unter dem Titel »Please, Shoot Your Husband«. Doch die Platte kommt nie in die Läden, weil sich die Vertreter der Firma weigern, ein Album mit einem derart »unmoralischen Titel« anzubieten. 1955 kehrt er in seine Geburtsstadt Wien zurück. In Gerhard Bronners »Marietta Bar« gastiert er erfolgreich mit seinen Chansons. Hans Weigel schreibt seinerzeit: »Georg Kreisler beherrscht vollendet etwas unendlich Seltenes, Schwieriges, Köstliches und Kostbares, eine wienerische Mischung aus → Frank Wedekind, → Maurice Chevalier und → Kurt Weill.« Zusammen mit Bronner übernimmt er die Leitung des »Intimen Theaters« und produziert das Kabarettprogramm »Blattl vorm Kopf«. »Taubenvergiften im Park«, 1956 mit anderen »Makabren Melodien« veröffentlicht, macht ihn schlagartig berühmt. Respektlos nimmt er darin Dinge aufs Korn, die vielen heilig sind – witzig, ironisch, mit einem Zug schwarzem Humor und bissiger Sozialkritik. »Orchestriert wird sein Durchbruch durch eine jahrelang schrille Ächtung seitens von Rundfunk und Fernsehen und einem Aufschrei gut bürgerlichen Entsetzens« (Passauer Neue Presse). 1958 zieht er mit seiner Frau → Topsy Küppers nach München und widmet sich verstärkt der Schallplattenproduktion seiner Chansons. 1969 erscheint sein Album »Anders als die anderen«, das stark unter dem Einfluß der Studentenbewegung steht. Seine Lieder werden zusehends politischer. Er wendet sich gegen Duckmäuserei und staatliche Unterdrückung oder hält den menschlichen Schwächen schonungslos den Spiegel vors Gesicht. Diese Tendenz verstärkt sich, als er 1976 erneut den Wohnsitz wechselt und nach Berlin zieht. Ein eindrucksvolles Beispiel dafür ist seine 1983 veröffentlichte Platte »Taubenvergiften für Fortgeschrittene«. »Die

Georg Kreisler: »Die Lügen auf der Bühne sind die Wahrheit.«

alten, bösen Liedern«, 1997 auf CD aufgenommen, beinhalten seine Werke, die ihn in den fünfziger und sechziger Jahren berühmt gemacht haben, von der Wanderniere zu den tangotanzenden alten Tanten, vom Musikkritiker bis zum Bluntschli. Der »Meister makabrer Poesie« ist »ein hochkarätiger Solitär zwischen all dem wohlfei-

len Talmi der Dünnbrettler und Lachmixer, der Flachsinnler und Hau-Ruck-Entertainer. Was Georg Kreisler seit Jahrzehnten zu Papier bringt, ist Literatur pur, vergleichbar der Kunst eines → Friedrich Hollaender oder → Erich Kästner. Er präsentiert hintersinnig-böse oder doppelzüngig-geschliffene Mogeleien in Verseform. Sein Programm ist ein Feldzug gegen die Wonnen der Gewöhnlichkeit, ein Stachel wider die Mittelmäßigkeit der Durchschnittstypen und Ewiggestrigen« (Berliner Morgenpost). »Was Kreisler bietet, ist von bestem satirischen Feinschliff, sprachlich grandios, musikalisch perfekt, politisch scharf und brisant« (Münchner Merkur).

Kreuder, Peter
deutscher Komponist, geboren am 18. August 1905 in Aachen, gestorben am 28. Juni 1981 in Salzburg. Er studiert in München Musik. Später spielt er bei → Rudolf Nelson zweites Klavier und arrangiert für → Friedrich Hollaender und → Mischa Spoliansky. 1950 erhält er die musikalische Leitung der Bühnen von → Max Reinhardt. Er begleitet → Marlene Dietrich auf der Bühne und auf der Platte. In den dreißiger Jahren wirkt Kreuder acht Jahre am Künstlerkabarett → »Bonbonnière« in München. Hier kommt er auch mit dem Film in Berührung, dem er seine eigentliche Berühmtheit verdankt. Viele seiner Melodien leben heute noch als Evergreens: »Ich spür' in mir ...« (aus »Mazurka«), »Schön war die Zeit« (aus »Serenade«), »Ich werde jede Nacht von Ihnen träumen« und »Einmal von Herzen verliebt sein« (aus »Gasparone«), »Wenn die Sonne hinter den Dächern versinkt« (aus »Weiße Sklaven«), »Ich brauche keine Millionen« und »Auf dem Dach der Welt« (aus »Hallo, Janine«) sowie »Für eine Nacht voller Seligkeit« (aus »Kora Terry«). Kritiker sehen es bei seinen Werken als schwierig an, die Trennungslinie zwischen Schlager und Chanson zu ziehen.

Kreuzchanson
Lied, das für die Teilnahme am → Kreuzzug wirbt und die hehren Ziele des Kreuzes verdeutlicht.

Kreuzzug
Feldzüge der abendländischen Christenheit im 11. bis 13. Jahrhundert gegen den Islam. Neben dem religiösen Ziel, Jerusalem von den

Ungläubigen zu befreien und durch die Teilnahme am »Heiligen Krieg« Vergebung der Sünden zu erlangen, sind auch wirtschaftliche Interessen für die Kreuzzüge maßgebend. Die Ritter hoffen, Landbesitz zu erwerben, und die italienischen Seestädte wollen ihre Handelsvorrechte im östlichen Mittelmeer bewahren. Unter Führung Gottfrieds von Bouillon, des Herzogs von Nieder-Lothringen, wird 1096 der erste Kreuzzug unternommen, um Jerusalem zu befreien. Beim zweiten Kreuzzug (1147 bis 1149) werden sowohl die deutschen Kreuzfahrer unter Konrad III. als auch die französischen Truppen unter Louis VII. vernichtend geschlagen. Der Mißerfolg der Aktion stürzt die abendländischen Christen in tiefe Verzweiflung. In einem weiteren Kreuzzug schlägt 1190 ein deutsches Heer unter der Führung von Kaiser Friedrich I. in Kleinasien die türkischen Seldschuken und überschreitet den Taurus. Zwei Jahre später schließt König Richard Löwenherz mit Sultan Saladin einen Waffenstillstand. Die Christen erhalten die Erlaubnis, die heiligen Stätten zu besuchen. Kreuzfahrer unter dem Dogen von Venedig erobern schließlich 1202 bis 1204 Byzanz und gründen unter Balduin von Flandern ein Lateinisches Kaiserreich, das bis 1261 besteht. Im fünften Kreuzzug (1228 bis 1229) erringt Kaiser Friedrich II. ohne Kampf die Herrschaft über Jerusalem, Bethlehem und Nazareth und krönt sich selbst zum König von Jerusalem. Außer diesen größeren Attacken gegen die Ungläubigen werden noch eine Reihe weiterer Heerfahrten zum Heiligen Land unternommen. Nach den Kreuzzügen geht Palästina bald wieder an die Mohammedaner verloren. Die Mamelucken setzen zum Gegenangriff an. 1291 fällt mit Akkon die letzte Festung. Das Ziel, die heiligen Stätten zu befreien, ist nicht erreicht. Die Chansons künden von der Begeisterung der Ritter, von siegreichen Schlachten gegen die Ägypter und von neugegründeten Königsreichen. Sie stellen das Ringen zwischen Welt- und Gottesreich dar und den Sündennachlaß durch Tapferkeit.

Kröher, Hein und Oss

deutsche → Liedermacher, geboren am 17. September 1927. Die Zwillinge werden schon in ihrer Jugend musikalisch geprägt. Als Mitglieder der deutschen Jugendbewegung lernen sie die Instrumente Gitarre, Klavier und Blockflöte, nehmen regelmäßig an Liederabenden teil und beginnen selbst Lieder zu komponieren. In ihrer späteren Musikerkarriere greifen sie auf diese Wurzeln zurück: zum einen in den Themen ihrer Lider, die sich den Idealen der Freiheit und der Demokratie verpflichten, zum anderen aber auch in der Auswahl ihrer Musik. Sie lassen deutsche → Arbeiter-, Seemanns-, vor allem aber Volkslieder erklingen, interpretieren französische Chansons und schreiben eigene Kompositionen. Dabei überzeugen sie durch die geradlinige und schlichte Einfachheit ihres Vortrages und ihrer Werke. Vor allem nach dem Zweiten Weltkrieg gelingt es ihnen deutsches Liedgut aus dem Bannkreis des Mißbrauchs durch die Nationalsozialisten herauszulösen. 1947 bestehen beide das Abitur und halten sich mit Gelegenheitsjobs über Wasser. 1951 unternehmen sie eine abenteuerliche Reise. Sie touren mit Motorrad und Beiwagen durch Kleinasien. Im Zuge dieser Reise haben sie auch ihre ersten öffentlichen Auftritte: als die »Corano Brothers« sind sie in Zirkusshows zu sehen. Bei Radio Bagdad treten sie erstmals im Rundfunk auf. Als sie nach Deutschland zurückkehren, beginnt Oss Kröher zu studieren, Hein macht eine Kaufmannslehre. Zusammen mit anderen Künstlern gründen sie 1964 das berühmte → »Festival Chanson Folklore International« auf → Burg Waldeck. In den siebziger Jahren produzieren sie mehrere Platten, in den achtzigern sind sie vornehmlich in Fernsehfilmen des WDR zu sehen. Zudem gehen sie immer wieder auf Tournee. Die Musik und die Stimmen des Zwillingspaares sind gleichermaßen schlicht wie kraftvoll. »Sie vermeiden das Künstliche und Übertriebene, um die Aussage ihrer Lieder nicht zu verfälschen.«

Kühl, Kate

deutsche Kabarettkünstlerin und Sängerin, geboren um 1900. Sie stellt in den zwanziger Jahren eine feste Nummer in der Kunst des deutschen → Kabaretts dar. → Rudolf Nelson schreibt für sie Chansons, auch → Bertolt Brecht und → Joachim Ringelnatz. Sie singt frivole Lieder, aber auch Berliner Milieu-Songs. Wegen ihres sozialkritischen Engagements in ihren Chansons erhält sie den Beinamen »Die rote Nachtigall«. Sie tritt in zahlreichen Künstlerbühnen auf, so im → »Café Größenwahn«, in der »Katakombe« und an der → »Wilden Bühne«. Einige Titel: »Rote Melodie«, »Ein Pferd klagt an«, »Surabaya-Johnny«, »Matrosenlied« und »Die zersägte Dame«.

L

Lafforgue, René-Louis

Schauspieler und Chansonsänger, geboren am 13. März 1928 in St. Sebastian (Spanien). Er kommt 1937 während des Bürgerkrieges nach Frankreich. Mit zwanzig besucht er die Schauspielschule, fängt dann an zu singen, zunächst in → Cabarets, wo er sich auf der Gitarre begleitet. Bald schreibt er auch Chansons. Er bevorzugt das spanisch-lateinamerikanische Genre. Neben seiner Chansonstätigkeit arbeitet er mit großem Erfolg auf der Bühne, im Fernsehen und im Film.

Lai

eine Form des Chansons der → Trouvères. Der Lai ist seit der Mitte des 12. Jahrhunderts nachweisbar. Seine Spätblüte erreicht er im 14. Jahrhundert bei → Guillaume des Machault, → Eustache Dechamps und → Christine de Pisan. Die Inhalte sind sowohl weltlich als auch geistlich. Er besteht häufig aus unzähligen vier- bis achtsilbigen Verszeilen unterschiedlichen Metrums und Rhythmus, die zu unregelmäßigen Strophen zusammengefaßt sind. Musikalisch ist der Lai durchkomponiert, nur zwei gleichgebaute Halbstrophen sind nach derselben Melodie zu singen.

Laisse

Strophenform des altfranzösischen Heldenepos und des → Chanson de geste. Eine Laisse besteht aus einer wechselnden Anzahl isometrischer Verse, die durch Reim oder, so in den älteren Dichtungen, durch Assonanz verbunden werden. Gängige Versformen sind der Zehnsilbler und der Zwölfsilbler. Nur aus dem 13. Jahrhundert sind vollständige Laissemelodien erhalten geblieben, und zwar die

Chansons und Chansonstrophen aus der »Chante fable« (Prosadichtung mit eingestreuten Chansons).

Langspielplatte

Die Erfindung der Langspielplatte eröffnet dem Chanson neue Möglichkeiten. Mit ihr kann das Chanson als Kunst der Interpretation festgehalten werden. Durch die Platte wird das Chanson zu einem der bedeutendsten Aktivposten des französischen Exports, eine Zeitlang sogar in Idealkonkurrenz mit den Filmen, in denen Brigitte Bardot ihre Reize naiv-frivol darstellt.

La Rue, Pierre de

Komponist aus → Burgund, geboren um 1460 wahrscheinlich in Tournai, gestorben am 20. November 1518 in Kortrijk. Neben → Josquin Desprez ist er einer der bedeutendsten Musiker seiner Zeit. Von 1492 bis 1516 betätigt er sich als Kapellsänger des burgundischen Hofes. 1505 tritt er die Stelle eines Kanonikus in Kortrijk an, wo er ab 1516 lebt. Mit starker Neigung zu Kanontechniken schreibt er zahlreiche Messen, Meßsätze, Motetten und Chansons.

Lasso, Orlando di

(auch Roland de Lassus), niederländischer Komponist, geboren um 1532 in Mons, gestorben am 14. Juni 1594 in München. Der hochtalentierte Sängerknabe an Saint-Nicolas in Mons geht im Gefolge des Vizekönigs von Sizilien, Ferdinand Gonzaga, nach Italien. Dort vervollständigt er seine Ausbildung. 1553 wird er Kapellmeister am Lateran in Rom. Nach Aufenthalten in Frankreich und Flandern wirkt er ab 1556 bis an sein Lebensende zunächst als Tenorist, ab 1565 als Kapellmeister von Herzog Albrecht V. von Bayern in München. In hoher Vollendung beherrscht er das Madrigal ebenso wie die französischen Chansons und das deutsche Lied. Er verfaßt mehr als 2000 kirchliche und weltliche Werke. In ihnen verkörpert er den Typ des universellen kosmopolitischen Abendländers.

Lassus, Roland de

→ Lasso, Orlando di.

Leander, Zarah
(eigentlich Sara Stina Hedberg), schwedische Chansonsängerin und Filmschauspielerin, geboren am 15. März 1907 in Karlstadt, gestorben am 23. Juni 1981 in Stockholm. Sie erhält bereits in jungen Jahren Klavierunterricht, arbeitet zunächst als Verlagssekretärin, tritt dann in → Revuen, Operetten und Lustspielen auf und besingt Schallplatten. In ihren ersten Filmrollen verkörpert sie die Rolle des Vamp zwischen Halbwelt und Salon, später schlüpft sie mit ihrer tief liegenden, rauchigen »Männer«-Stimme in den Typus der mondänen → Femme fatale. 1936 wird sie ans »Theater an der Wien« engagiert. Ein Jahr später unterzeichnet sie einen Vertrag mit der »Ufa«. Die daraus resultierenden Filme, wie »Zu neuen Ufern«, »La Habanera« und »Es war eine rauschende Ballnacht«, machen sie zum Star. Auch als Sängerin erzielt sie großen Erfolg. Sie interpretiert unter anderem »Der Wind hat mir ein Lied erzählt«, »Kann denn Liebe Sünde sein?« und »Ich weiß, es wird einmal ein Wunder geschehen«. Der Titel »Es geht alles vorüber, es geht alles vorbei«, der besonders nach der Niederlage von Stalingrad seinen Höhepunkt an Popularität erreicht, wird von den braunen Machthabern verboten. Kurze Zeit später wird sie aufgefordert, die deutsche Staatsbürgerschaft anzunehmen und auf ihre Bezahlung in Devisen zu verzichten. Darauf hin kehrt sie nach Schweden zurück. Im Nachkriegsfilm kann sie nicht mehr entscheidend Fuß fassen. Sie unternimmt Konzerttourneen und gastiert in Operetten und Musicals. 1958 startet sie ein Gesangscomeback. Titel: »Kann denn Liebe Sünde sein?«, »Nur nicht aus Liebe weinen!«, »Es gibt so viele, nicht nur den einen« und »Merci, mon ami«.

Lechtenbrink, Volker
deutscher Schauspieler und → Liedermacher, geboren am 18. August 1944 in Cranz (Ostpreußen). Er wächst zunächst in Bremen, später in Hamburg auf. Schon während seiner Kindheit schnuppert er Bühnenluft. Gelegentlich ist er im Kinderfunk des Norddeutschen Rundfunks zu hören, mit zehn Jahren spielt er am »Thalia«-Theater. Ein Jahr später erweckt er verschiedene Kinderrollen am Deutschen Schauspielhaus zum Leben. Als 15jähriger spielt er in Bernhard Wickis Erfolgsfilm »Die Brücke« mit. Danach nimmt er Schauspielunterricht. Nach der Abschlußprüfung debütiert er als Prinz von

Aragon im »Kaufmann von Venedig« in Hannover. Es folgen Engagements in Köln, Amsterdam, Berlin und München. 1972 führt er erstmals Regie (»Der Kinder Segen«). Vier Jahre später erscheint seine erste Langspielplatte. Sie beinhaltet eingedeutschte Songs von Kris Kristofferson. Weitere Plattenveröffentlichungen kommen auf den Markt. Seine bekanntesten Titel sind »Der Macher«, »Harry Lehmann« und »Leben so wie ich es mag«.

Leclerc, Félix

kanadischer Chansonsänger, geboren 1914 in Quebec. In seiner Heimat arbeitet er zunächst als Holzfäller, Radiosprecher, Landwirt und Schriftsteller. 1950 holt ihn → Jacques Canetti nach Paris und verhilft damit dem französischen Chanson zu einer Verjüngungskur. »Le Monde« erklärt ihn zum »ersten würdigen Nachfolger von → Charles Trenet«. Leclerc verläßt sich bei seinem musikalischen Vortrag ausschließlich auf den intimen Klang der Gitarre, deren Töne seiner Naturpoesie und seiner erdverbundenen anglofranzösischen Sprache entgegenkommen. Seiner ungewohnten Ausdrucksweise verdankt er auch einen gut Teil seines Erfolges in Frankreich. In seinen Chansons läßt er oft den kleinen Außenseiter zu Wort kommen, dem plötzlich das Glück lacht, der den Besitz schmäht und eindringlich rät, auf Luxus und materiellen Reichtum zu verzichten. 1955 kehrt er nach Kanada zurück. Dort wird er zum Vorkämpfer des Chanson québecoise, der kanadischen Schwester des französischen Chansons. Seine atmosphärische Naturlyrik nimmt die erste Generation der kanadischen Chansonautoren und -interpreten zum Vorbild.

Le Forestier, Maxime

französischer Chansonsänger, geboren am 10. Februar 1949 in Paris. Er stammt aus einer Familie, die ihn schon früh in seiner Musikalität unterstützt. Vor allem seine Mutter, die beruflich amerikanische Fernsehserien für das französische Fernsehen bearbeitet, legt Wert auf die musikalische Ausbildung der drei Kinder. Zusammen mit seiner Schwester Anne hat er bereits in jungen Jahren Auftritte als Gesangsduett. 1968 nehmen sie ihre erste Schallplatte auf. Zudem schreibt er in diesem Jahr seine ersten Chansons für die Sängerkollegen → Serge Reggiani und Serge Lama. Die Wehrpflicht unterbricht zunächst seine künstlerische Laufbahn, regt ihn jedoch später zu dem Chanson »Parachutiste« an. Nach der Militärzeit setzt er seinen Weg ohne seine Schwester fort. 1972 erscheint seine erste Langspielplatte. Im selben Jahr steht er im Vorprogramm von → Georges Brassens auf der Bühne der → Music-hall → »Bobino«. In den folgenden Jahren tritt er zusammen mit dem Gitarristen Alain Le Douarin und dem Bassisten Patrice Caratini mehrmals in Paris auf. Maxime Le Forestier ist von den Idealen der revolutionären 68er Jahre beeinflußt, hält die Preise seiner Konzerte niedrig und verkauft bei Auftritten alternative Zeitungen. Auch in seiner Musik und seinen Texten versucht er einfach und allgemein verständlich zu bleiben. Seine Themen sind meist autobiographischer Natur. Wenn er politisch wird, setzt er nicht zum intellektuellen Rundumschlag an, sondern bleibt poetisch. Seine Chansons stehen in der Regel der Folklore oder dem Blues nahe und vermeiden künstlerische Extravaganzen.

Legay, Marcel

französischer Chansonsänger, Ende des 19. Jahrhunderts. Er singt unter anderem in dem Gesellschaftsclub → »Hydropathen« alte und neue Chansons.

Le Houx, Jean

französischer Chansonsänger, geboren 1550, gestorben 1616. Er trägt seine Chansons in ungewohnt suggestiver Kraft vor. Ihm gelingt es aber auch, Stimmungsbilder sinnfällig mit einfacher Vokaltechnik vorzutragen.

Le Jeune, Claude

französischer Komponist, geboren zwischen 1528 und 1530 in Valenciennes, gestorben am 28. September 1600 in Paris. Er gilt als führender Komponist der zweiten Hälfte des 16. Jahrhunderts. 1596 steigt er zum königlichen Kammerkomponisten auf. Einen guten Namen macht er sich auch durch seine Vertonungen von Dichtungen. Er veröffentlicht Psalmen, Motetten und über einhundert weltliche und geistliche Chansons.

Lemper, Ute

deutsche Chansonsängerin und Schauspielerin, geboren am 5. Juli 1963 in Münster. Sie beginnt mit neun Jahren mit Klavier- und Tanzunterricht. Im Anschluß an ihre musikalische Ausbildung in Salzburg, Köln und Berlin kommt sie am Wiener Max Reinhardt-Seminar erstmals mit der Bühne in Berührung. Mit 20 nimmt ihre Karriere einen großen Aufschwung, als Andrew Lloyd Webber ihr eine Rolle in der Wiener Inszenierung des Musicals »Cats« anbietet. 1985 erhält sie die Titelrolle in der musikalischen Komödie »Peter Pan«. Im folgenden Jahr spielt sie in der in Lyon, Düsseldorf, Rom und Paris gespielten Inszenierung des Musicals »Cabaret« den Part der Sally Bowles. Für ihre Leistung bei er Pariser Aufführung am »Théâtre Mogador« bekommt sie den begehrten Molière-Preis. 1987 spielt und singt sie in New York vor ausverkauftem Hause in einer Show, die auf dem Leben und dem Werk von → Kurt Weill beruht. Diese Vorführung erweist sich als Sprungbrett für ihre erste weltweite Gastspielreise an die renommiertesten Theater: An das »Piccolo Teatro« in Mailand, an das »Berliner Ensemble«, nach Tokio und Hongkong, in die New Yorker »Alice Tully Hall«, an das »Bouffes-du-Nord« in Paris, zum »Jerusalem Festival«, an das »Almeida Theatre« und die »Royal Festival Hall« in London sowie an das »Poliorama« in Barcelona. Großen Anklang findet Ute Lemper auch für ihre filmische Darstellung der → Marie-Antoinette in »L'Autrichienne«, ihre Rolle als Ceres in dem Film »Prospero's Books« und ihren Part als Alberta in »Pret à Porter«. 1995 spielt sie neben Gerard Depardieu und Whoopie Goldberg in dem Spielfilm »Bogus«. Ein Jahr später übernimmt sie die Hauptrolle in einer Episode der amerikanischen Fernsehserie »Tales From The Crypt«. Ihre Diskographie umfaßt unter anderem die Alben »Ute Lemper Sings Kurt Weill«, »Die Dreigroschenoper« und »Die sieben Todsünden«, darüber hinaus »Illusions«, das auf dem Repertoire von → Marlene Dietrich und → Edith Piaf beruht, sowie »City Of Strangers«, eine Aufnahme mit Texten und Musik unter anderem von → Jacques Prévert, → Joseph Kosma und → Hanns Eisler. Mit »Berlin Cabaret Songs« ist ihr eine »wunderbare Sammlung von Chansons aus den Berliner → Kabaretts zur Zeit der Weimarer Republik in den zwanziger und frühen dreißiger Jahren« gelungen. Auf diesem Album sind die Kult-Songschreiber der damaligen Ära vertreten: unter anderem → Friedrich Hollaender, → Rudolf Nelson und → Mischa Spoliansky. Daneben stehen eine Reihe von Bühnenauftritten. So singt sie unter anderem die Lola in der musikalischen Komödie »Der blaue Engel« und in »Die sieben Todsünden« mit dem London Symphony Orchestra. Das Spektrum der Tätigkeiten Ute Lempers dehnt sich auch auf die Malerei (Ausstellungen in Paris und Hamburg), den Jour-

Ute Lemper: Liebe zu bissigen, geistreichen und zweideutigen Chansons.

nalismus (Artikel für »Libération«, »Die Welt« und »The Guardian«) und die Schriftstellerei aus.

Lenya, Lotte

österreichische Schauspielerin und Sängerin, geboren am 18. Oktober 1898 in Wien, gestorben am 27. November 1981 in New York. Die in erster Ehe mit → Kurt Weill verheiratete Künstlerin wird vor allem bekannt als Interpretin der Bühnenwerke »Die Dreigroschenoper« »Aufstieg und Fall der Stadt Mahagonny« und »Die sieben Todsünden«. 1933 emigriert sie nach Paris, ab 1935 weiter in die USA. Dort verhilft sie der »Dreigroschenoper« in der Rolle der Spelunken-Jenny zum Erfolg. 1955 kehrt sie für kurze Zeit nach Deutschland zurück und nimmt einige Chansonplatten auf.

Le Puy-Notre-Dame

In Paris entsteht Anfang des 13. Jahrhunderts die erste Gesellschaft literarisch interessierter Bürger. Nach ihr nennt man später die bürgerlichen Poetenvereinigungen → »Puy«.

Le Ray, Catherine

französische Chansonsängerin, geboren am 14. Januar 1953 in Paris. Sie wächst in einer Künstlerfamilie auf dem → Montmartre auf und absolviert ein Sprachstudium an der Sorbonne. Danach lebt sie mehrere Jahre in England, jetzt in Deutschland. Ihren ersten Erfolg verzeichnet sie mit dem im Juli 1990 aus der Taufe gehobenen Trio »La France en Chansons«. Das Ensemble interpretiert in erster Linie französische Lieder der fünfziger Jahre. Das Repertoire umfaßt unter anderem Chansons von → Léo Ferré, → Edith Piaf und → Charles Trénet. Unter dem Namen »Femmes Fatales« erweckt Catherine Le Ray mit Rita Marx Größen wie → Marlene Dietrich und → Zarah Leander zu neuem Leben. Wechselnde Musiker (unter anderem Philippe Beetz, Patrick Fauvart, Philippe Mallards, Roman D. Metzner, Philippe Sierka, Lionel Roche und Sergio Tomassi) begleiten sie auf ihre musikalische Reise durch das französische Liedgut des traditionellen Chansons. Mit ihm Gepäck sind so unvergeßliche Kompositionen wie »Sous le ciel de Paris« und »Paris canaille«. Genau jenes französische Lebensgefühl, wovon so oft geträumt wird, legt sie auf der CD »Atmosphère« vor. »Catherine Le Ray überzeugt bei dieser Einspielung mit ihrem unverwechselbaren Charakter. Daß das Songmaterial meist schon einige Jahrzehnte auf dem Rücken hat, wird durch die zündenden Arrangements erst im Unterbewußtsein bemerkt. So zeitnah, so lebendig und frisch kommt es von ihren Lippen« (Stadtzeitung Augsburg). »Sie zierliche Französin mit der kräftigen Stimme erinnert immer wieder an die große Piaf« (Frankfurter Rundschau).

Le Roy, Adrian

französischer Komponist, Lautinist und Musikdrucker, geboren um 1520 in Montreuil-sur-Mer, gestorben 1598 in Paris. Er begründet mit seinem Vetter Robert Ballard 1551 den Pariser Musikverlag Le Roy & → Ballard. Der Künstler gibt Lauten- und Gitarrentabulaturen sowie eine Chansonsammlung mit 25 Büchern heraus.

Leroy, Gustave

französischer Chansonsänger, geboren 1818, gestorben 1860. Zeitgenossen schildern den gemäßigten Sozialisten als glänzenden Interpreten. Sein Herz gilt dem Proletariat. Er steht bei der → Revolution von 1848 auf seiten der Arbeiter. Sein kritisches Chanson »Le

Catherine Le Ray: musikalische Reise durch das französische Liedgut.

bal et la guillotine« bringt ihm eine Verhaftung und eine Gefängnisstrafe ein. Er stirbt an den Folgen eines Unfalls. Seine bekanntesten Chansons sind »Les aristos«, »La république française«, »Les soldats du désespoir«.

Lice chansonnière

Chansongesellschaft. Die Mitglieder treten für Fortschritt und Opposition ein und engagieren sich für liberale, demokratische und republikanische Ideen. Das Bürgerkönigtum verbietet die Vereinigung, so daß sie von 1830 bis 1848 ein Untergrunddasein fristet. Trotz aller Schwierigkeiten und Polizeiverfolgungen besteht sie bis 1883.

Lido

weltbekannte → Music-hall am → Champs-Elysées. In den zwanziger Jahren des 19. Jahrhunderts von Léon Volterra gegründet, der schon das → »Olympia« aus der Taufe gehoben hat und das → »Casino de Paris« wiedereröffnet. 1945 wandeln Pierre-Louis Guérin und René Frayday das Etablissement in ein exklusives Lokal um. Hier zieht es die Prominenten hin, hier treten weltbekannte Artisten und Akrobaten auf. Gastspiele von Chansoninterpreten haben in der Programmstruktur des Hauses allerdings nur eine untergeordnete Rolle.

Liederjan

deutsches Volkslied-Ensemble. Die Formation wird Mitte der siebziger Jahre von Jörg Ermisch, Anselm Noffke und Jochen Wiegandt aus der Taufe gehoben. Sie versteht sich zwar auch politisch motiviert, überzeugt aber von Anfang an durch ihre erfrischend undogmatische Haltung, perfektes Entertainment und durch eine textlich wie musikalisch farbige Palette. So profiliert sich das Ensemble gleichermaßen in A-capella-Sätzen der Renaissance (»Entlaubet ist der Walde«) wie mit umgetexteten Schlagern der dreißiger oder fünfziger Jahre (»Video«, »Lou Lila«) oder mit plattdeutschen Liedern. Anfang der achtziger Jahre ersetzt Rainer Prüss Jochen Wiegandt. Mit ihren Interpretationen von Songs von → Bertolt Brecht oder der → Couplets von → Otto Reutter knüpft die Gruppe zudem an die große Tradition des deutschen Kabarettchansons an.

Liedermacher
Bezeichnung für Personen, die Lieder mit aktuellen Inhalten selbst dichten, komponieren und vortragen. Ihre Werke lassen sich dabei nicht ohne weiteres von anderen Genres abgrenzen. Bekannte Liedermacher sind → Reinhard Mey, → Hanns Dieter Hüsch, → Dieter Süverkrüp, → Konstantin Wecker. Den Begriff setzt → Wolf Biermann als erster bewußt ein. Ab Anfang der sechziger Jahre bezeichnet sich der Sänger und Dichter als Liedermacher als Gegenpol zum »Stückeschreiber« → Bertolt Brecht. Viele Liedermacher sind geprägt vom französischen Chanson, besonders von → Georges Brassens, vom amerikanischen Protestsong und vom traditionellen → Arbeiterlied, aber auch von Bertolt Brecht, → Frank Wedekind, → Joachim Ringelnatz und → Klabund. Es hat Stimmen gegeben, die sagten, nach dem Schrecken von Auschwitz, nach Schreib- und Auftrittsverbot, sei keine Lyrik – und damit auch kein Lied – mehr

Liederjan: undogmatische Haltung.

möglich. Die Tradition sei zerschlagen und vergewaltigt. Aber es ist anders gekommen. Die Nachkriegsgeneration kritisiert wieder, engagiert sich. Als Medium bietet sich das Lied, das Chansons, an. Die Liedermacher der ersten Stunde – Wolf Biermann, → Franz Josef Degenhard, → Hans Wader – klagen die Gesellschaft an, bekennen sich zum Pazifismus und strotzen vor politischem Engagement. Sie öffnen den Markt und schaffen Breitenwirkung für die nachfolgende Liedermacher-Ära. Diese Resonanz hat aber auch ihre Kehrseite. Die Plattenindustrie ist hellhörig geworden und vermarktet den Boom. Viele Liedermacher passen sich an, machen Zugeständnisse und treiben zum Teil ins seichte Schlagereinerlei ab.

Lingen, Theo

(eigentlich Franz Theodor Schmitz), Schauspieler und Sänger, geboren am 10. März 1906 in Hannover, gestorben am 10. November 1978 in Wien. Er hat an einem Boulevardtheater in Hannover seinen ersten Bühnenauftritt. Danach arbeitet er an verschiedenen Theatern, unter anderem in Münster und Frankfurt am Main. In Berlin schlüpft er 1929 am »Theater am Schiffbauerdamm« in die Rolle des Macheath in Brecht / Weills »Die Dreigroschenoper«. Es folgen → Kabaretts, unter anderem in Werner Fincks »Katakombe«, → Revues und Komödien. Er macht sich im Film vor allem einen Namen als Vertreter des komischen Fachs. Er stellt näselnde Diener, bescheuerte Würdenträger und preußisch akkurate Beamtentypen dar. Nach dem Zweiten Weltkrieg kommt er zunächst an verschieden Bühnen (Wiener Burgtheater, Berliner Renaissance-Theater) unter. Seine Filmrollen beschränken sind nun zumeist auf belanglose Heimat- und Klamaukfilme. Er singt unter anderem die selbstgetextete »Ballade vom semmelblonden Emil« (1938) und die Titel »Der Schallplattenverkäufer«, »Man darf bei den Mädels nicht schüchtern sein« (aus dem Tonfilm »Die Musterlilli«, 1937) und »Der Theodor im Fußballtor« (1950).

Lion, Marga

deutsch-französische Chansonsängerin, geboren am 28. Februar 1899 in Konstantinopel, gestorben am 25. Februar 1989 in Paris. Sie debütiert im Berliner Kabarett → »Wilde Bühne« von → Trude Hesterberg. Dort stellt sie sich mit einem Lied ihres späteren Ehemannes, des Autors → Marcellus Schiffer, vor: »Die Linie der Mode«. Darin gibt sie den modischen Schlankheitskult der Lächerlichkeit preis. Um ihren Vortrag optisch zu unterstreichen, wickelt sich die überschlanke Lion eng in ein meterlanges schwarzes Seidenband, bemalt sich das Gesicht kalkweiß und die Lippen schwarz. Schnell steigt sie durch ihre Exzentrik und ihre direkten Liedinhalte zum Szenenstar und zur boshaftesten Parodistin Berlins auf. Sie verkörpert die halb mondäne, halb »kodderschnauzige« Berlinerin. Sie wirkt unter anderem in der → Revue »Es liegt in der Luft« (1928) mit. Hier sorgt sie mit der Nachwuchsdarstellerin → Marlene Dietrich im lesbisch angehauchten Duett »Wenn die beste Freundin« für Aufsehen. Im Herbst 1930 tritt sie in den Revuen »Quick« und »Bei uns um die Gedächtniskirche rum« auf. 1932 wählt ihr Gatte Marcellus Schiffer, der viele ihrer Chansons schreibt, den Freitod. 1933 flüchtet sie vor den Nationalsozialisten nach Paris. Danach glänzt sie in Filmen wie »La bandéra« (deutsch: »Kompanie der Verlorenen«) und in den Pierre Chenal-Streifen »L'homme de null part«, »L'alibi« (deutsch: »Alibi«) und »L'affaire Lafarge«. Daneben erscheint eine Reihe von Schallplatten mit ihren Chansons.

Literarisches Chanson
Qualitätsbegriff. Die poetische Überhöhung des gesprochenen Wortes durch Musik.

Little Tich
(eigentlich Harry Relph), englischer Clown und Sänger, geboren 1868 in der Nähe von Sevenoaks, gestorben 1928. Er erhält seinen Namen wegen seines zwergenhaften Wuchses. Er debütiert in den »Rosherville Pleasure Gardens« in Gravesend. Rasch wird er mit seiner Unterhaltungskunst auf beiden Seiten des Kanals bekannt. Bei seinen Bühnenauftritten präsentiert er sich gern in Damenkleidern. Seine Chansons und sarkastischen Sketchen geben wiederholt den englischen Hof der Lächerlichkeit preis. Mit seinen Markenzeichen – steifer Hut, übergroße ausgetretene Schuhe und kleines Stöckchen – steht er Pate für das Habit von Charlie Chaplin. In Frankreich wird er zum »Ritter der Ehrenlegion« erklärt.

Longue d'oc
→ provenzalische Sprache.

Louvier, Nicole
französische Chansonsängerin, geboren am 23. Juni 1933 in Paris. Sie arbeitet als Journalistin, dann als Übersetzerin. Nach ihrem ersten Roman schreibt sie Chansons. Kritiker nennen sie wegen ihrer Direktheit im musikalischen Stil in einem Atemzug mit → Anne Sylvestre und → Mireille.

M

Macias, Enrico

(eigentlich Gaston Ghenassia), Chansonsänger, geboren am 11. Dezember 1938 in Constantine (Algerien). Der Sohn eines Pianisten tritt bereits in jungen Jahren in Nachtclubs in Algerien auf. Er gastiert 1964 und 1965 in der Pariser → Music-hall → »Olympia« und gilt als Vertreter des → »Chanson de charme«. Für sein Chanson »Mon cœur d'attache« erhält er 1966 den »Prix → Vincent Scotto«.

Mackeben, Theo

deutscher Komponist, geboren am 5. Januar 1897 in Stargard (Pommern), gestorben am 10. Januar 1953. Er erhält eine fundierte Ausbildung als Pianist, Dirigent und Komponist in Warschau. 1927 dirigiert er die Uraufführung der »Dreigroschenoper«. Wie viele seiner Kollegen komponiert er fast alle chansonhaften Lieder für den Tonfilm. Seine bekanntesten Titel sind »Eine Frau wird erst schön durch die Liebe«, gesungen von → Zarah Leander, »Du hast Glück bei den Frau'n, bel ami« (aus dem → Willi Forst-Film »Bel ami«), »Drei Sterne sah ich scheinen« und »So oder so ist das Leben«, das Brigitte Horney 1934 in dem Streifen »Liebe, Tod und Teufel« singt. Mackeben schreibt auch »Komm auf die Schaukel, Louise« für → Hans Albers und für das Lustspiel »Anita und der Teufel« das Chanson »Bei dir war es immer so schön«. Nach dem Zweiten Weltkrieg vertont er einige Chansons von → François Villon. Weiter verfaßt er Opern, Kirchen- und Filmmusik.

Mac Nab, Maurice

französischer Chansonsänger, geboren 1856, gestorben 1889. Er ist Beamter von Beruf, sieht sich jedoch als gemäßigter Republikaner mit anarchistischen Neigungen. Die Bürokratie und die Wahlmanipulationen der Dritten Republik sind ihm ein Dorn im Auge. Mit Humor und Direktheit nimmt er in seinen Werken dazu Stellung. Besonders sein Chanson »Le pendu« hat die Lacher auf seiner Seite. Darin macht er sich über die Paragraphenreiter lustig, die zunächst die Zuständigkeit klären, bevor sie den Selbstmörder vom Ast knüpfen, und so die mögliche Rettung verhindern.

Manessische Liederhandschrift

Die größte der drei Sammelhandschriften des → Minnesangs. Das Werk enthält nahezu 6000 Strophen und 138 Bilder von 140 mittelhochdeutschen Dichtern aus der Zeit von 1160 bis 1330. Sie soll am Hof von Rüdiger Manesse, der ab 1264 die Ritterschaft im Rat der Stadt Zürich vertritt, entstanden sein. Mit seinen ganzseitigen Autorenporträts, unter anderem von → Walther von der Vogelweide, zählt der Prachtcodex zu den bedeutendsten Liederhandschriften des Mittelalters. Seit 1888 befindet sich die Schrift im Besitz der Heidelberger Universitätsbibliothek.

Marcabru

(auch: Marcabrun), geboren um 1100 in der Gascogne, gestorben um 1150. Einer der ältesten bekannten → Troubadoure. Er verdient seinen Lebensunterhalt an französischen und spanischen Höfen. Von ihm sind über 40 Chansons (zum Teil mit Noten) aus der Zeit zwischen 1130 und 1150 erhalten, von denen viele die → Minne schmähen, da sie die Ritter verweichliche.

Marc et André

französisches Chansonduo. Marc Chevalier stammt aus Avignon, André Schlesser aus Paris. Sie treten zusammen seit 1950 auf. Davor haben sie als Schauspieler der Truppe des »Théâtre National Populaire« angehört und ihr eigenes → Cabaret »L'Ecluse« geleitet. Das Duo wird von der französischen Regierung im Rahmen des kulturellen Austausches in viele Länder geschickt. Es drückt ihn seinen Chansons das Sinnlose der heutigen Zeit aus. Die Künstler sprechen unmißverständlich die durch Härte und Gleichgültigkeit getarnte Zärtlichkeit an. Aber auch Derb-Volkstümliches und Humoristisches ist in ihrem Repertoire vertreten.

March

Musikstück, das rhythmisch das gleichmäßige Marschieren einer Gruppe unterstützt und erleichtern soll und daher Bedeutung für die Militärmusik hat. Der instrumentale Marsch ist aus dem meist zweiteiligen Marschlied hervorgegangen, das durch Instrumente verstärkt wird.

Marie-Antoinette

Gattin von König Louis XV., geboren 1755 in Wien, gestorben 1793 in Paris. Die lebenslustige Tochter der deutschen Kaiserin Maria Theresia ist bei den Franzosen namentlich wegen der Parteinahme für ihre frühere österreichische Heimat unpopulär. Vom Volk wird sie zudem wegen ihrer erotischen Abenteuer und ihren kostspieligen Allüren gehaßt. Am Vorabend der → Französischen Revolution (1789) wird sie das Opfer höfischer Verschwendungssucht: Für ein Schmuckstück soll sie sich einem liebestollen Kardinal hingegeben haben. Nach einem mißglückten Fluchtversuch (1791) verhandelt sie heimlich mit dem Ausland, um das französische Königtum zu retten. Sie endet auf der Guillotine. Viele Chansons weisen auf ihre Skandale hin.

Marot, Clément

französischer Dichter, geboren 1496 in Cahors, gestorben 1544. Er bewahrt der alten gallischen Poesie die Treue, als die Renaissance die lateinische Mode nach Frankreich bringt. Während seines Jurastudiums beginnt er mit Gelegenheitsdichtungen für die Theatergesellschaft → »Clercs de la basoche«. Trotz eines wechselvollen Lebens – er nimmt am italienischen Feldzug gegen Habsburg teil, wird ins Gefängnis geworfen und flieht wegen einer Ketzeranklage nach Italien – avanciert er zum »Vater der französischen Dichtung«. Er übersetzt die Psalmen Davids und hat damit großen Erfolg. Ein Jahr nach ihrem Erscheinen, 1543, werden sie von der → Sorbonne als ketzerisch verurteilt. Marot flieht nach Genf. Er stirbt vollkommen mittellos und in tiefer Resignation. Berühmt wird sein Chan-

son »De soi-même«. Als → Chanson artistique singt man es noch im → »Chat Noir« Ende des 19. Jahrhunderts.

Marseillaise

französische Nationalhymne. Ursprünglich als »Kriegslied der Rheinarmee« von dem Komponisten und Offizier → Claude Joseph Rouget de Lisle Ende April 1792 in Strasbourg verfaßt und vertont, wird das Lied erstmals am 30. Juli 1792 von einem Freiwilligenbataillon aus Marseille beim Einzug in Paris gesungen. Wohl selten ist eine Melodie so häufig, auch von unterschiedlichen gesellschaftlichen Schichten, genutzt worden, wie dieser Gesang der → Französischen Revolution. Das Lied wird zunächst 1795, endgültig 1879 zur Nationalhymne erklärt.

Massary, Fritzi

deutsche Chanson- und Operettensängerin, geboren am 21. März 1882 in Wien, gestorben am 30. Januar 1969 in Beverly Hills. Sie entstammt einem jüdischen Elternhaus aus kleinen Verhältnissen. 1904 kommt sie nach Berlin und feiert schon bald als Operetten-, Revue- und Chansonstar (»Auf ins Metropol!«, »Das muß man sehen!«, »Der Teufel lacht dazu«) Triumphe. Ihr Erfolg hält bis in die »goldenen Jahre« zwischen den beiden Weltkriegen. Sie spielt unter → Max Reinhardt und singt mit → Hans Albers. Die »Kaiserin von Berlin«, wie sie von Fans liebevoll genannt wird, verkörpert in ihren Interpretationen und Darstellungen glaubhaft und selbstbewußt sowohl exotische Verführerinnen als auch derbe Koketten und feine Damen. Selbst bezeichnet sie sich als »singende Schauspielerin«. Der Reiz ihres Vortrags besteht vor allem darin, daß sie viele Operettenarien wie Chansons vorträgt. Dies macht sie zu einer Vorbildfunktion für viele Chansonsängerinnen und Kabarettkünstlerinnen. 1917 heiratet sie den Schauspieler → Max Pallenberg. Das Künstlerehepaar hat für Deutschland eine ähnliche Bedeutung wie in Frankreich → Mistinguett und → Maurice Chevalier. Der Dirigent Bruno Walter meint über sie: »Fritzi Massary vereint in sich die Talente einer → Diseuse à la → Yvette Guilbert, den fabelhaften Instinkt für das Herausheben einer Pointe, die geniale Fähigkeit,

Marie-Antoinette: erotische Abenteuer und teure Allüren.

Stimmung zu verbreiten, mit dem Reiz einer pikanten Weiblichkeit und mit einer echten Musikalität.« Die Nazis machen dem Erfolg ein Ende. 1933 emigriert die vielgefeierte Heldin der leichten Muse nach Kalifornien zu ihrer Tochter.

Mathieu, Mireille
französische Chansonsängerin, geboren am 22. Juli 1946 in Avignon. Durch den vitalen, prononcierten Klang ihrer Stimme wird sie frühzeitig als Nachfolgerin von → Edith Piaf gefeiert, erreicht aber nicht deren persönliche Ausstrahlungskraft. Sie erzielt zahlreiche Erfolge mit Chansons in deutscher Sprache, unter anderem mit »Hinter den Kulissen von Paris«. »Ihre Lieder kommen kräftig und homogen daher« (Hans-Ulrich Kreutzer). »Die Geschlossenheit ihres künstlerischen Stils beeindruckt. Es bleibt der Reichtum und die Schönheit ihrer Klangkombinationen, besonders der bezaubernde Charme ihrer Persönlichkeit« (Doris Bürger).

Maumariée
Bezeichnung für Chansons, die unglückliche Heiraten gegen den Willen des einen oder anderen Partners behandeln.

May, Gisela
deutsche Schauspielerin und Chansonsängerin, geboren am 31. Mai 1924 in Wetzlar. Sie ist die Tochter einer Schauspielerin und eines Chefdramaturgen. Schon als Kind erhält sie Klavierunterricht und singt in einem Chor mit. Aus dieser musikalischen Beschäftigung entsteht ihre Vorliebe für die Werke von Johannes Sebastian Bach. Später nimmt sie in Leipzig Schauspielunterricht und debütiert 1943 im Dresdener »Komödienhaus«. Nach dem Zweiten Weltkrieg ist sie in Leipzig tätig, gründet das Kabarett »Die Rampe«. 1947 wechselt sie nach Schwerin, dann nach Halle an das »Landestheater«. Dort sieht sie der Intendant des Berliner »Deutschen Theaters«, Wolfgang Langhoff, in der Rolle als »Tatjana« in Maxim Gorkis »Feinde«. Er ist von ihren schauspielerischen Qualitäten überzeugt: 1951 wechselt Gisela May nach Berlin. Sie spielt zunächst hauptsächlich Werke der klassischen dramatischen Literatur. Doch 1957 passiert ihr ein ähnlicher Zufall wie in Halle: als sie bei einer → Bertolt Brecht-Matinee für eine erkrankte Kollegin einspringt

und zusammen mit → Ernst Busch Lieder aus der »Dreigroschenoper« singt, sitzt der Komponist → Hanns Eisler im Publikum. Mays überzeugende Interpretationen veranlassen diesen, sie aufzufordern, sich weiter mit dem Gesang zu beschäftigen. 1961 beendet die Künstlerin ihr Engagement beim »Deutschen Theater«. Zwischenzeitlich hat sie weitere Anerkennungen für ihre Brecht-Interpretationen gesammelt. Sie schließt sich dem »Berliner Ensemble« an. Fortan ist sie hauptsächlich in Stücken Bertolt Brechts zu sehen: 1963 in dem Musiktheater »Die sieben Todsünden der Kleinbürger« an der »Deutschen Staatsoper«, 1966 in der »Dreigroschenoper« und 1978 in »Mutter Courage und ihre Kinder«. Zudem singt sie 1970 die Hauptrolle in dem Musical »Hello Dolly« von Michael Stewart und Jerry Hermann. Zwei Jahre vorher nimmt sie den → »Grand Prix de l'Académie du Disque Français« entgegen. Mittlerweile ist sie als Interpretin von überwiegend sozialkritischen Chansons unter anderem auch auf Texte von → Kurt Tucholsky und → Erich Kästner international bekannt. 1972 wird sie an die »Akademie der Künste« der DDR geladen und dort mehrmals mit dem Nationalpreis geehrt. »Bei Brecht findet nicht nur mein Interesse an der darstellenden Kunst, sondern auch die Liebe zum gesungenen Vortrag die besten Vorlagen«, blickt sie zurück. »So wird es für meine künstlerische Entwicklung geradezu notwendig, der Interpretation seines Werks den Vorrang zu geben«. Dennoch wartet die Künstlerin mit einer enormen Vielfalt an Aktivitäten auf: neben den vielen Rollen, die sie als Schauspielerin darstellt und ihrem Engagement als Sängerin, tritt sie im Fernsehen auf, geht auf Tourneen und produziert über zwanzig Schallplatten. Als Gastdozentin im Bereich Chanson ist sie an zahlreichen renommierten Musikhochschulen innerhalb Europas tätig. Bei ihren Auftritten rückt die Musik stets ins zweite Glied hinter dem Text zurück. Ähnlich wie → Yvette Guilbert bricht sie auch immer wieder zu Gunsten der sprachlichen Metrik aus dem Rhythmus der Musik aus. Zudem besitzt sie eine intonationssichere, volle Stimme, mit der sie die verschiedensten Emotionen auszudrücken und zu wecken weiß. Trotzdem versucht sie eher den Verstand des Zuhörers zu treffen, indem sie in ihrem Vortrag die Textaussage akkurat auf den Punkt bringt. »Wohltuend eigenwillig und vielgestaltig ist die Inszenierung ihrer Konzerte«, stellt die Kritik fest.

Mayol, Félix

französischer Chansonsänger, geboren 1872, gestorben 1941. Er ist der Star der → Belle Epoque. Ihm gelingt es, das oft platt-anzügliche Chanson der → Cafés-concerts zu veredeln, indem er es mimisch und mit Tanzschritten ausschmückt, es nach allen Regeln der Kunst inszeniert und es so den Bedürfnissen der → Music-hall angleicht. → Chanson des gestes, in Gebärden umgesetztes Lied – so tauften die Kritiker Mayols Schöpfung. Mit seinen Liedern aus der Welt der Dienstmädchen und armen Näherinnen läßt er die Kassen so laut klingeln, daß allerorten Mayol-Imitatoren auftreten. Er verkörpert die Sorglosigkeit und Ausgelassenheit der Belle Epoque schlechthin. Seine Texte von sympathischen kleinen Arbeiterinnen, Näherinnen und Lehrmädchen begleitet er mit einstudierten, harmonischen Gesten. Chansons wie »Viens poupoule«, »Cousine«, »Les mains de femmes« und »A la cabane bambou« machen ihn so berühmt, daß viele Cafés-concerts Mayol-Imitatoren anstellen.

Mazarinades

Bezeichnung für die satirischen Pamphlete und Chansons gegen Kardinal Mazarin (geboren 1602, gestorben 1661). Anna von Österreich, die ab 1643 für den erst fünf Jahre alten Louis XIV. regiert, macht Mazarin zu Richelieus Nachfolger. Mit ihm regiert sie Frankreich. In unzähligen Chansons – über eintausend allein in den Jahren 1637 und 1649 – wird das Verhältnis der Regentin zu ihrem Günstling satirisch behandelt. → Rutebeuf singt: »Les couilles de Mazarain, / Homme fin / Ne travaillent pas en vain; / Car, à chaque coup qu'il donne, / Il fait branler la couronne« (Die Hoden von Mazarin, / Dem feinen Mann, / Arbeiten nicht vergebens; / Bei jedem Stoß, den er erteilt, / Wackelt die Krone).

Mehring, Walter

deutscher Schriftsteller, Chansonautor und Politiker, geboren 1846, gestorben 1919. Der Sohn eines Berliner Journalisten hat im Ersten Weltkrieg als Soldat und als Kabarettist im Berliner Wedding, als Matrose auf Frachtschiffen und als Antifaschist in den Gefängnissen des Vichy-Regimes in Frankreich während des Zweiten Weltkrieges Kontakt mit der Arbeiterklasse. Er schreibt unter anderem für das Münchner → Kabarett → »Schall und Rauch«. Seine ironischen, antibürgerlichen Chansons »Heimat Berlin« (Musik von → Friedrich Hollaender), sein »Choral für Seemannsleute« (auf die Melodie von »It's A Long Way To Tipperary«), »Die kleine Stadt« (Musik von → Werner Richard Heymann), das → Trude Hesterberg singt, machen ihn berühmt. Mit seinen späteren → politischen Chansons warnt er vor der faschistischen Gefahr. Von den Nazis verfolgt, muß er 1933 nach Paris emigrieren. 1941 gelingt ihm die Flucht aus den Gefängnissen Pétains und Lavals. Über Marseille und Martinique geht er nach Amerika. Zuletzt lebt er in Ascona. Er ist Mitglied des Spartakusbundes und der KPD. Die Popularität seiner Chansons in Berlin, die zeitweilig an die der Gassenhauer heranreicht, habe ihn die Aufnahme in fast jede seriöse Literaturgeschichte gekostet, berichtet Mehring augenzwinkernd. Seine Bücher werden von den Nazis verbrannt, sie fallen dem faschistischen Feldzug gegen alles freie, kritische Denken und Dichten zum Opfer.

Meistersang
zunftmäßig betriebene Liedkunst des 15. und 16. Jahrhunderts in Deutschland. Bald nach dem Tod von Hans Sachs (1576) setzt der Niedergang des Meistersangs ein, sein Ende kommt jedoch erst spät im 19. Jahrhundert. Die Anlehnung an → Minnesang und Spruchdichtung zeigt sich in der Form der Meisterlieder wie im Inhalt: die Meistersinger betonen ihre gelehrte Bildung und neigen stark zum Lehrhaften und Erbaulichen. Geistliche Stoffe haben Vorrang. Die bedeutendste erhaltene Sammlung von Meisterliedern ist die »Colmarer Liederhandschrift«.

Ménagerie
Chansongesellschaft. Von → Charles Gille gegründet, erfreut sich die Vereinigung wegen ihrer zeitkritischen Einstellung großer Beliebtheit vor allem unter Arbeitern und Handwerkern. Sie zählt bisweilen bis zu 500 Mitgliedern. 1846 gelingt es der Polizei, die untergetauchte Gesellschaft zu stellen. Mit Militärunterstützung wird das Lokal besetzt und die Verhafteten schließlich angeklagt.

Ménestrel
in der französischen Literatur des Mittelalters Bezeichnung für den im Dienst eines Hofes stehenden Spielmannes, seit dem 13. Jahrhundert auch für den Spaßmacher und Spielmann überhaupt.

Mercouri, Melina
(auch Merkuri; eigentlich Maria Amalia Mersouris), griechische Schauspielerin und Chansonsängerin, geboren am 18. Oktober 1925 in Athen. International berühmt wird sie durch den Film »Sonntags nie« (1959; daraus der Liedtitel »Ein Schiff wird kommen«). 1967 bürgert das Regime sie aus. Fortan macht sie sich bis 1974 stark gegen die griechische Militärjunta. Danach erhält sie ein Mandat für das Parlament. Sie wird Ministerin für Wissenschaft und Kultur.

Mey, Reinhard
deutscher Chansonsänger und → Liedermacher, geboren am 21. Dezember 1942 in Berlin. Er entstammt einer Beamtenfamilie, hat aber schon als Kind eine besondere Affinität für Musik. Mit zwölf Jahren beginnt er Klavier zu spielen und bringt sich selber Gitarre und Trompete bei. 1957 wird er Mitglied und später Leiter der »Rotten Radish Skiffle Guys«. Im Zuge eines Schüleraustausches lernt er die Chansons von Les → Frères Jacques und → Georges Brassens kennen, die ihn tief beeindrucken. Von da an versucht er sich selber im Schreiben von Chansons. 1961 tritt er mit Schobert Schulz und einem häufiger wechselnden dritten Mann unter der Firmierung »Les Trois Affamés« auf. Er vertont die Freß-, Sauf- und Venusballaden von → François Villon und die Gedichte von Georg von der Vring. Doch die erwartete Resonanz bleibt aus. Die Gastspielorte beschränken sich auf Studentenpinten und Kellerkneipen. 1963 macht er sein Abitur und beginnt eine kaufmännische Lehre, schreibt aber nebenbei weiter an seinen Kompositionen. Im Rahmen des ersten → »Festival Chanson Folklore International« auf → Burg Waldeck im Hunsrück stellt er 1964 sein Chanson »Ich wollte wie Orpheus singen« vor. Ein Jahr später beginnt Mey in Berlin Betriebswirtschaft zu studieren. Parallel dazu hat er Erfolg mit seinem Singledebüt »Geh‘ und fang den Wind«, eine sensible Augenblicksbeobachtung. Seine Wahrnehmungen und Alltagsmomente verdichten

sich zu einer Szenerie, die sich 1966 in zwei Langspielplatten, »Fred Kasulzke« und »Die drei Musketiere«, vertieft. Für seine erste französische Platte, die 1968 unter dem Pseudonym »Frédéric Mey« auf den Markt kommt, erhält er den »Prix International« der »Académie de la Chanson Française«. Den Durchbruch in Deutschland erzielt er mit der 1969 erscheinenden LP »Ankomme, Freitag, den 13.«. Reinhard Mey eilt nun von Erfolg zu Erfolg. »Gute Nacht, Freunde« wird 1973 zu einem Dauer-Hit, ebenfalls sein Lied »Über den Wolken«, in dem er eindrucksvoll sein Hobby, das Fliegen, schildert. Alben wie »Menschenjunges« (1977), »Jahreszeiten« (1980), »Freundliche Gesichter« (1981), »Alleingang« (1986), »Farben« (1990), »Immer weiter« (1994) und »Leuchtfeuer« (1996) vermitteln neue Erfahrungen, Spielerisches, Besinnliches und viel Persönliches. Zahlreiche seiner Platten werden mit »Gold« ausgezeichnet (unter anderem »Ich bin aus jenem Holze«, »Reinhard Mey – Live«, »Mein achtel Lorbeerblatt«, »Wie vor Jahr und Tag« und »Mein Apfelbäumchen«). Seine zweite französische Langspielplatte, »Frédéric Mey, Volume 2«, wird 1972 mit dem → »Grand Prix du Disque de l'Académie Charles Cros« geehrt. In Holland erhält er 1976 für »Als de dag van toen« eine Platin-Veredelung. 1993 veröffentlicht er die CD »Ich liebe Dich« als Benefizalbum für die »Kinder-Aids-Hilfe Deutschland«. Fröhlichkeit, Satire mit einem Schuß Kritik und lockerer Humor sind stark verwendete Farbtupfer in Meys Alben. Trotz seiner unübersehbaren Erfolge sind die Kritiker mit Reinhard Mey oft sehr hart ins Gericht gegangen. Sie bezeichnen ihn als politisch undifferenziert und als »Heino fürs Dritte Programm«. In der Tat hat sich Mey immer wieder in die Nesseln gesetzt, beispielsweise mit seinem Lied »Anabelle«, in dem er die Frauenbewegung unglücklich karikiert. Auch hat er sich immer wieder mit nichtssagenden »netten« Liedern abgegeben. Trotzdem gibt es auch politisch sehr engagierte Texte von ihm, in denen er Fremdenhaß, Scheinmoral und Krieg anprangert. In »Sei wachsam« warnt er vor Machtmißbrauch und Obrigkeitswillkür. »Paß auf, daß du deine Freiheit nutzt, die Freiheit nutzt sich ab, wenn du sie nicht nutzt!« heißt es darin. Ein andermal unterweist er in die Physiognomie der »Pöter«, weil er gelernt hat, daß man Leute nicht am Gesicht, sondern am Gesäß erkennt. Als sich Mitterand und Helmut Kohl bei einem Besuch von Kriegsgräbern bei Verdun fotogen an den Händen halten, kommt Mey die Inspiration zu seinem wohl nachdenklichsten und packendsten Lied. »Und der Wind geht allezeit über das Land« ist mehr als ein zeitkritischer Anti-Kriegs-Song. Mey versteht seine musikalischen Erzählungen als Ermunterung. Das humoristische Lachen, die Pointe, ist ihm wichtiger als der Ernst. Trotzdem ist die Welt, die er aufzeichnet, seine Erfahrung menschlichen Ausgesetztseins zwischen Natur und Alltäglichem. »Er bringt den Alltag zum Klingen und zündet Leuchtfeuer. Sie wärmen, und wenn man ganz aufgetaut ist, läuft einem ein Frösteln über den Rücken« (Christina Matte). In seinen Liedern beschreibt er die Hürden, die Menschen jeden Tag in den Weg stellen. So ist er für die einen »der Vorkämpfer des deutschsprachigen lyrischen Chansons und der Meister im Umsetzen von Erlebnissen und Gedanken in ausdrucksstarke Textbilder« (Hans-Ulrich Kreutzer), für die anderen »der mäßig talentierte Vorreiter einer Schlager-Romantik-Welle« (Maximilian Banke).

Milhaud, Darius

französischer Komponist, geboren am 4. September 1892 in Aix-en-Provence, gestorben am 22. Juni 1974 in Genf. Er studiert am Pariser Konservatorium, unter anderem bei → Paul Dukas. Seine besondere Liebe gehört den literarisch-musikalischen Projekten, die er zusammen mit Paul Claudel durchführt. Er feiert mit »La création du monde« einen großen Erfolg. Der Sohn einer jüdischen Familie emigriert nach Amerika und nimmt im kalifornischen Oakland eine Lehrtätigkeit auf. Nach dem Zweiten Weltkrieg kehrt er zurück und erhält als Kompositionslehrer eine Stelle am Pariser Konservatorium. »Die Geschichte der Musiktheorie sieht in Milhaud den Exponenten polytonaler Harmonik, wobei jedoch mehrere gleichzeitig erklingende unterschiedlichen Tonarten zugehörige Schichten meist als ›Farbgegensätze‹ im Umfeld einer dominierenden ›Farbe‹ zu verstehen sind« (Reclams Konzertführer). Bedeutende Chansoninterpreten haben seine Werke gesungen, unter anderem → Marianne Oswald.

Milva

(eigentlich Maria Ilva Biolcati), italienische Chansonsängerin, geboren am 17. Juli 1939 in Gorno (bei Ferrara). Sie nimmt Gesangs-

und Tanzunterricht. 1961 beteiligt sie sich beim Festival von San Remo und wird mit dem Titel »Il mare nel cassetto« als Schlagersängerin über Nacht in ganz Italien bekannt. Später wendet sie sich mehr dem anspruchsvollen Chanson zu. 1965 kommt von »La Rossa«, wie sie wegen ihrer roten Mähne genannt wird, das Album »Canti della liberta« auf den Markt. Diese Lieder singt sie auch anläßlich der Feier zum 20. Jahrestag der Befreiung vom Faschismus.

Milva: sensibel für Stil und Qualität.

Danach entwickelt sich eine enge Zusammenarbeit mit Giorgio Strehler an dessen »Piccolo Teatro« in Mailand. 1966 brilliert sie mit einem spektakulärem → Bertolt Brecht-Recital. Mit sicherem Gespür für Stil und Qualität schafft sie sich über die Jahre ein Podium für ihre Brecht-Adaptionen ebenso wie einen exquisiten Ruf als Schauspielerin und Opernstar. 1972 spielt sie in der Inszenierung von Giorgio Strehler die Seeräuber-Jenny in Brechts »Dreigroschenoper«, neun Jahre später folgt die Hauptrolle in »Die sieben Todsünden der Kleinbürger« an der Deutschen Oper in Berlin. Zuvor, 1975, erhält sie den Preis der »Deutschen Schallplattenkritik« für ihre Langspielplatte »Milva canta Brecht«. 1977 erscheint ihr erstes deutschsprachiges Album, »Auf den Flügeln bunter Träume«, mit Liedern unter anderem von → Friedrich Hollaender und → Peter Kreuder. Ohne Berührungsängste gelingt ihr in den folgenden Jahren eine publikumswirksame Gradwanderung zwischen Massenkost und emotionaler Tiefe. Ihr Album »Von Tag zu Tag«, auf der Lieder von Mikis Theodorakis mit Texten von Thomas Woitkewitsch zu hören sind, erreicht Platinstatus. Titel wie »Zusammenleben« und »Die Macht der Gewohnheit« wachsen zu Hymnen einer neuen selbstbewußten Frauengeneration. Französischsprachige Alben folgen (»Attends la vie«, »Moi, je n'ai pas peur«), danach »Mut zum Risiko«, »Gefühl und Verstand«, »Tausendundeine Nacht«. Eine Japantournee stellt sie unter das Motto: »Hommage an → Edith Piaf«. Großen Beifall zollen Kritiker ihrer 1996 erschienenen CD »Non sempre splende la luna – Milva canta un nuovo Brecht«. Mit Entdeckergeist hat sie sich in das Werk Bertolt Brechts gestürzt und zaubert selten gehörte Kleinodien hervor. Nicht wie so oft nur die Arbeiten des Erfolgsgespanns Brecht / Weill kommen zu Gehör, auch kaum bekannte Kompositionen von → Paul Dessau und → Hanns Eisler enthält das abwechslungsreiche, musikalische Mosaik. »Bei den Chansons klingt nicht nur Milva durch, da steckt sie dahinter. Pur. Leibhaftig. Welch ein Vergnügen, mit Milva den verspielten Humoristen Brecht näher kennenzulernen, wenn sie die Geschichte von ›Jakob Apfelböck oder die Lilie auf dem Felde‹ erzählt, den melancholischen Poeten, wenn sie ihn mit ›Un amara canzone d'amore‹ als Verfasser sehnsuchtsvoller Liebeslieder offenbart oder in fragilen Deutsch ›Von der Freundlichkeit der Welt‹ berichtet« (Hans-Ulrich Kreutzer). Ins gleiche Horn stößt Bernd Lacker: »Wie keine andere Künstlerin intoniert Milva jede Zeile mit Inbrunst und Humor, hat sich ins Werk von Bertolt Brecht nicht bloß eingelesen, sondern hineingefühlt und lebt nun unsichtbar, aber in schier unendlich feinen, stimmlichen Nuancen das Lebens seiner Figuren, als seien sie ihrer eigenen Phantasie entsprungen. Ob Hanna Cash oder die vom Surabaya-Johnny betrogene Geliebte, Höllenlili oder die Judenhure Marie Sanders, sie alle scheinen, besungen, beklagt, belacht von Milva, sogar von der Musikkonserve zu ungestümen Leben zu erwachen.«

Minne

mittelhochdeutsches Wort für Liebe. Insbesonders im 12. und 13. Jahrhundert die Liebe des dienenden Ritters zu seiner Herrin (einer verheirateten Frau), in deren Namen und Zeichen er kämpft. Die ritterliche Kunst der Kreuzfahrer erhebt die geistliche und weltliche Minne zu ihrem Idol und verwebt die Liebe zur Mutter Christi mit der Liebe zu der erwählten Dame des eigenen Herzens. Die hohe Minne, Leitideal der höfischen Erziehung, gibt sich würdevoll. Die niedere Minne dient dem sinnenfrohen Genuß und der Befriedigung des Geschlechtstriebs.

Minnesang

die mittelhochdeutsche Liebeslyrik der höfisch-ritterlichen Kultur. Die Chansons der → Troubadours und → Trouvères regen den deutschen Minnesang an, der sich ab etwa 1170 eigenständig und kraftvoll weiterentwickelt. Umherziehende, aber auch fest bei einer Burg ansässige Sänger tragen ihre selbstverfaßten Lieder vor. Der Gesang wird von Fiedel, Laute, Harfe und anderen Instrumenten begleitet. Die Melodien sind teils von den Sängern selbst erfunden, teils werden sie auch von anderen Liedern übernommen. Die erste Epoche des deutschen Minnesangs liegt zwischen 1170 und 1200. Inhaltlich befassen sich die Lieder mit der Sehnsucht des Herzens, dem Lob der Standestugenden, Abenteuerlust und mit der Verehrung einer vornehmen verheirateten Burgdame durch den Sänger, der sozial unter ihr steht und sie bittet, »Minnedienst« leisten zu dürfen. Als Gegenleistung erhofft sich der Sänger kleine Zeichen der Gunst. Ein Winken der Dame gilt bereits als Lohn. Minne bedeutet also nicht die gegenseitige, sinnliche Liebe, sondern die verehrende

Liebe zu einer Dame ohne Hoffnung auf einen »Liebeslohn«. Mit der Angebeteten huldigt der Sänger zugleich auch der ganzen höfischen Gesellschaft. Dadurch erhofft er sich auch von ihr Anerkennung. Mit den → Kreuzzügen kommt ein zweites Element in die Minnelyrik. Der Sänger gerät in Widerstreit mit sich selbst, ob er zu Hause um die Zuneigung seiner Dame ringen oder auf dem Kreuzzug die »Gottselige« erlangen soll. Nach etwa 1200 entstehen verschiedene Formen der Minnedichtung. Einige Sänger vertreten noch die »Hohe Minne«, in der die angebetene Dame immer unpersönlichere Züge erhält. Der Sänger wird als Lohn von der Dame zu den sittlichen Idealen des → Rittertums erzogen. So enstehen die → Tagelieder, die den Abschiedsdialog zweier Liebender bei Tagesanbruch wiedergeben. Im Minnesang vereinen sich ferner Naturverbundenheit und hohes Lebensgefühl.

Minstrel
→ Ménestrel.

Mireille
französische Komponistin und Chansonsängerin, geboren 1906. Sie ist eine der legendären Figuren des französischen Chansons, vor allem als Komponistin (»Couchés dans le foin«, »Puique vous partez en voyage«, »Qu'est-ce qui revient«). Sie gibt ihr Debüt 1934 im → »Théâtre de l'A.B.C.«, tritt auch am Broadway auf und später in Hollywood. Sie schlägt in ihren künstlerischen Werken einen Bogen von der Generation der »Jungen Wilden« zu den Künstlerzirkeln von → Saint-Germain-des Prés, den Existentialisten. Schon in den zwanziger Jahren bildet sie mit dem Chansondichter Jean Nohain ein Team, aber erst 1931 landet sie mit ihm ihren ersten großen Hit. Ihr Titel »Couches dans le foin« aus der Operette »Fouchtra« findet in der Interpretation des Sängerduos Jacques Pills und Georges Tabet große Resonanz. Zwei Jahre später kann sich → Jean Sablon dank des Mireille-Nohain-Titels »Puisque vour partez en voyage« einen vorderen Platz in der Chansonwelt erobern. Auch Stars wie → Maurice Chevalier (»Quand un vicomte«) und → Yves Montand (»Une demoiselle sur une balancoire«) greifen gern auf Mireille-Titel zurück. Nach dem Zweiten Weltkrieg gründet sie mit Nico Papadakis das Pariser → Cabaret »La → Rose Rouge«. 1954 erfindet und

betreut die Künstlerin die Sendereihe »Le petit conservatoire de la chanson«, die zunächst im Rundfunk, später dann auch im Fernsehen läuft. Sie wirkt hinter den Kulissen mit Ratschlägen und als Entdeckerin und Förderin junger Talente.

Mirliton

→ Cabaret im Rotlichtviertel des → Montmartre. Als der Inhaber des → »Chat Noir« nach einer Messerstecherei sein Lokal aufgibt und an anderer Stelle wieder eröffnet, richtet → Aristide Bruant in den alten Räumen das »Mirliton« ein.

Mistinguett

(eigentlich Jeanne-Marie Bourgeois), französische Chansonsänger, geboren am 5. April 1873 in Enghien-les-Bains bei Paris, gestorben am 5. Januar 1956 in Bougival bei Versailles. Die Tochter eines Matratzenhändlers beginnt sich schon in ihrer Kindheit für Musik und Theater zu interessieren, will selbst einmal auf der Bühne stehen. Sie nimmt Schauspiel-, Geigen- und Gesangsunterricht. Die glamouröse Welt des Theaters habe sie so stark angezogen, erinnert sie sich, daß sie sogar als Blumenverkäuferin vor dem Casino ihres Heimatortes arbeitet, nur um der Bühne nahe zu sein. Der Revueautor Saint-Marcel vermittelt ihr 1890 Auftritte im → Café-concert »Trianon«. Ab 1895 tritt sie unter dem Pseudonym »Mistinguett« auf. Dieser Name entsteht aus der Operette »Miss Helyett« und dem populären Chanson »Vertinguette«. Jahre später avanciert sie im »Eldorado« zur → Vedette. Es folgen umjubelte Auftritte, unter anderem im → »Moulin Rouge«. 1912 trifft sie → Maurice Chevalier, mit dem sie fortan beruflich zusammenarbeitet und auch eine intime Liebesbeziehung eingeht. Sie treten zusammen auf und gehen auf ausgedehnte Tourneen. 1918 trennen sie sich wieder wegen privater und beruflicher Eifersüchteleien und Querelen. In den zwanziger Jahren steigt sie zum großen Revuestar auf. Durch ihren herben Charme und ihren Mutterwitz, ihre Schlagfertigkeit und Eleganz sowie die auf ihre Person abgestimmten Revuen wie »Paris, qui dance« und »Paris en l'air« wird sie beim Publikum zum Synonym für »Paris«. Für ihre Bewunderer ist sie die »beste Interpretin im heiteren Fach«. Ihre zuweilen romantischen Chansons handeln über schöne, arme Mädchen von der → Seine, die vor Glück, Reichtum und der großen Liebe schwärmen. Ihre Auftritte strotzen vor berauschenden Kostümen, Make-up und Dekors. Ebenso pompös ist die Musik, die Maurice Yvain und José Padilla für sie komponieren. In ihren Interpretationen versteht sie es, die Kraft ihrer Emotionen in den Vortrag zu legen und sich mit der Aussage des Lieds zu identifizieren. Dadurch wirkt sie für das Publikum ebenso überzeugend wie nachvollziehbar. Ihre besondere Ausstrahlung erreicht sie durch die Mischung von elegantem Pariser Chic und unverhohlenem Sexappeal. »Unnachahmlich ist ihr Gang, wenn sie, die wohlgeformten Beine entblößend, die für diesen Zweck eigens gebaute hohe Bühnentreppe hinabschreitet«, notiert ein Zeitgenosse.

Modernes Chanson

Epochale Bezeichnung für Chansons, die in der Form der unmittelbaren Präsentation einem großen öffentlichem Publikum dargebracht werden. Diese Entwicklung beginnt in der zweiten Hälfte des 19. Jahrhunderts. In dieser Zeit blühen in Paris die → Cafés-concerts wie nie zuvor auf. Bald darauf setzt der Boom der → Musichalls ein. Später kommt die Aufzeichnung und Verarbeitung durch die Schallplatte hinzu, dann durch den Rundfunk und wieder später durch den Tonfilm und das Fernsehen. Andere nennen als die »Geburtsstunde« des »modernen Chansons« die »goldenen zwanziger Jahre«. Begründung: »Nach 1918 hat sich das Chanson aller Variationen sowohl in bezug auf die Musik (Einfluß des Jazz) als auch im Hinblick auf die Wahl der Sujets verwandelt« (Charles Imbert).

Môme Piaf

Môme ist ein französischer → Argot-Ausdruck und bedeutet Gassenkind, in diesem Zusammenhang also das großtuerische Gassenkind.

Moncrif

französischer Chansondichter, geboren 1687, gestorben 1770. Er ahmt in seiner Interpretation mit viel Pathos die tragischen → Complaintes des Mittelalters nach.

Mondor

Französischer Schauspieler und Chansonsänger, Anfang 17. Jahrhundert. Er tritt zusammen auf mit → Tabarin. Das Duo ist mit seiner Ausdruckskraft und dynamischen Interpretation um 1622 bis 1625 die Sensation des → Pont-Neuf.

Mont, Henry du

(eigentlich Henry Dumont de Thier), wallonischer Komponist, geboren 1610 in Villers-l'Evêque bei Lüttich, gestorben am 8. Mai 1684 in Paris. Er arbeitet zunächst als Organist an Saint-Paul in Paris. 1663 ist er königlicher Kapellmeister, 1676 Kanonikus an der Sint Servaaskerk in Maastricht. Zeitgenossen nennen ihn den bedeutendsten Kirchenkomponisten am Hofe von Louis XIV. Er schreibt Motetten, Werke für Tasteninstrumente und Chansons.

Montand, Yves

(eigentlich Yvo Livi) französischer Schauspieler und Chansonsänger italienischer Herkunft, geboren am 13. Oktober 1921 in Monsumano. Die Familie macht sich von Italien aus auf den Weg nach Amerika, als die Faschisten ihr Haus niederbrennen. In Marseille bleibt sie jedoch hängen, weil die USA den Emigranten die Einreise verweigern. Bereits während seiner Kindheit trägt er zum Lebensunterhalt der Familie bei. In der folgenden Zeit wird er Docker, Tellerwäscher, Barmann und Friseur. Durch Kinofilme und Schallplatten entsteht bei ihm der Wunsch, selbst Sänger zu werden. Der Besitzer eines → Varietés vermittelt dem Siebzehnjährigen schließlich einen Auftritt. Jetzt nennt er sich Yves Montand, angeblich, weil seine Mutter ihm immer »Yvo, monta!« (Yvo, komm herauf!) zugerufen hat. Mit seinen Gastspielen in der bekannten Marseiller → Music-hall »Alcazar« kommt seine Karriere ins Rollen. Er begeistert das Publikum mit dem Chanson »Les plaines du Far-West« und gibt seine Stelle im Friseurgeschäft auf, um professioneller Sänger zu werden. Der Zweite Weltkrieg macht ihm zunächst einen Strich durch die Rechnung: Er wird Fabrikarbeiter und muß zum Arbeitsdienst. Bei seiner Rückkehr nach Marseille begegnet er dem Impresario Audiffred, der ihn fortan unterstützt. Montand lernt musikalische Grundkenntnisse, Tanzen und Englisch. Mit großen Erfolg tritt er wenig später als »amerikanischer Sänger« auf. Der erneuten Einberufung zum Arbeitsdienst entzieht er sich durch seine Flucht nach Paris. Dort gastiert er in der berühmten Music-hall → »Théâtre de l'A.B.C.«. 1944 bestreitet er das Vorprogramm für → Edith Piaf im → »Moulin Rouge«. Die Sängerin ist von seinem Talent überzeugt und unterstützt ihn. Neben dem Gestenspiel bringt sie dem Autodidakten vor allem eine präzise Artikulation bei. »Stundenlang muß ich Rimbaudverse aufsagen, tagelang mit dem Bleistift im Mund singen, damit ich den südlichen Akzent verliere«, blickt er zurück. Mit Edith Piaf spielt er dann auch in seinem ersten Film »Etoile sans lumière«. Die Hauptrolle in »Les portes de la nuit« (deutsch: »Pforten der Nacht«) bringt ihm 1946 ein sehr geteiltes Echo ein: Als Schauspieler wird er von der Kritik verrissen, doch die Chansons »Feuilles mortes« und »Les enfants qui s'aiment« werden Erfolgsschlager. Zudem lernt er über diesen Film zuerst → Joseph Kosma und → Jacques Prévert, dann → Francis Lemarque kennen, die Texte für seine Chansons schreiben. Er singt von Alltagsaugenblicken, von kleinen Freuden und Spaziergängen auf den Boulevards. Seine Liebe gilt allerdings der Welt der Arbeiter. In seinen Interpretationen verherrlicht er sie mit optimistisch-lyrischen Chansons. Lemarque veranlaßt den Sänger zudem, sich mehr politisch und sozialkritisch zu äußern. 1950 unterschreibt er den Stockholmer Friedensappell gegen Atomwaffen, singt gegen Unterdrückung, Armut und Krieg, gegen das Spießbürgertum und das nukleare Wettrüsten. Auch die Kommunistenjagd des amerikanischen Senators MacCarthy nimmt er kritisch aufs Korn. Nach und nach wendet er sich mehr und mehr dem Film zu. Er dreht unter anderem mit Shirley MacLaine und steht in dem Film »Let's make love« an der Seite von Marilyn Monroe. Seine »wirklichkeitsnahe Darstellung« eines spanischen Partisanen in dem Streifen »Der Krieg ist vorbei« wird preisgekrönt. In den folgenden Jahren ist er weiterhin künstlerisch äußerst aktiv, erklärt jedoch gegen Ende der sechziger Jahre seinen Rückzug vom Showgeschäft. Bis 1974 hält er es ohne die Bühne aus, dann gibt er ein Benefizkonzert für chilenische Flüchtlinge. 1978 erscheint eine Single mit den Chansons »Cassetéte« und »Gébé«, in denen er ebenfalls die Menschenrechtsverletzungen in dem südamerikanischen Land anklagt. Durch den Erfolg ermutigt und aus neugewonnener Freude am Singen gibt er zwei Jahre darauf eine Langspielplatte heraus und tritt in der Folge auch wieder vor Publikum auf. Kritiker nennen seine Präsentation eine »One-Man-Show«. »Er singt, tanzt und schauspielert nach allen Regeln der Kunst: Durch seinen intensiven Einsatz für politische und soziale Gerechtigkeit und die Menschenrechte hat er sich in die Herzen vieler Menschen gesungen, sich aber auch viele Feinde geschaffen, vor allem in der Politik und im Establishment« (Manfred Eisenschmidt).

Monte, Philipp de

niederländischer Komponist, geboren 1521 in Mecheln, gestorben am 4. Juli 1603 in Prag. 1568 tritt er seine Stelle als Kapellmeister am kaiserlichen Hof unter Maximilian II. und Rudolf II. in Wien und Prag an. Er komponiert zahlreiche Messen, unzählige Motetten und 45 französische Chansons. Neben → Orlando di Lasso ist er einer der bedeutendsten Vertreter der spätniederländischen → Polyphonie.

Montéhus

(eigentlich Gaston Brunswick), französischer Chansonsänger, geb. 1872, gestorben 1952. Er führt vor und nach dem Ersten Weltkrieg die Tradition eines → Charles Gille und → Eugène Baillet fort. Sein Titel »La butte rouge« mit der Musik von Georges Krier beschwört noch einmal die Erinnerung an die Kämpfe der → Commune. Später singt er bittere Chansons gegen die herrschende → Bourgeoisie. Sein Chanson »Le chant des jeunes gardes« wird das Lied der Kommunistischen Jugend Frankreichs. Während des Ersten Weltkrieges macht er keinen Hehl aus seiner Kriegsverdrossenheit. Sie fließt ein in seinen Antikriegschansons wie »On a besoin de rire«, »Les soldats on passé par là«, »Vérité en marche« und »On va m'fusiller«.

Montmartre

malerischer, hochgelegener Stadtteil im Norden von Paris. Lange Zeit gilt das Vergnügungs- und Künstlerviertel als Zentrum des Pariser Lotterlebens. »Vater« dieser Domäne ist → Rodolphe Salis. Er mietet 1881 auf dem noch ländlichen, von Weinbergen beherrschten Montmartre eine Kneipe, die er → »Chat Noir« nennt. Damals gibt es hier nur ein einziges Ausflugslokal, in dem allwöchentlich ein Bürgerball stattfindet. Außerdem siedeln sich um eine in den vierziger Jahren gegründete Kunstdruckerei herum Maler an, wie

Edouard Manet und Edgar Degas. Vom Beginn des 20. Jahrhunderts an ist der Stadtteil das Wohn- und Vergnügungszentrum der Gesellschaft der Dichter und Maler. Pablo Picasso unterhält auf dem Montmartre sein berühmtes Atelier »Bateau-Lavoir«. Der französische Schriftsteller Léo Malet schildert den Pariser Bezirk als »Lasterhöhle der großen und kleinen Gauner, die den Touristen Pornos und andere Mitmenschen ein Loch im Kopf anbieten«. Auch heute ist der Montmartre noch wegen seines Amüsierbetriebes und der berühmten Kirche Sacré Cœur eine internationale Touristenattraktion.

Montoya, Gabriel

französischer Chansonsänger, Ende 19. Jahrhundert. Er fährt viele Jahre als Schiffsarzt zur See. Im → »Chat Noir« steuert er romantische Chansons von See, Himmel, Sehnsucht und Liebestod bei. In seinen typischen bretonischen Chansons verarbeitet er folkloristische Elemente.

Montparnasse

südlich gelegener Stadtteil von Paris. Der einst unscheinbare Ort entwickelt sich zu einem modischen Künstlerquartier und zum Sitz alles Radikalen und Umstürzlerischen in Kunst und Politik. Hier findet die »verlorene Generation« Zuflucht, hier dichten Ernest Hemingway, Dos Passos und Gertrude Stein. Im »Dôme« oder der »Rotonde« sitzen André Gide und → Jean Cocteau. Seit Ende des Zweiten Weltkrieges lebt hier ein wirres Durcheinander aller Bevölkerungsschichten und Rassen. Die Künstler sind abgezogen und haben → Saint-Germain-des-Prés als neuen Mittelpunkt erkoren. Geblieben sind die Vergnügungsstätten, die Bars und Stripteaselokale.

Moralitès

Sie haben sich aus den → Jeux-partis entwickelt. Die Werke sind allegorisch, gelegentlich satirisch mit politischen Anspielungen.

Moreau, Hégésippe

französischer Chansonsänger, geboren 1810, gestorben 1838. Er gehört zu den Interpreten der → Revolution von 1830. Er tritt in

→ Goguettes auf und schreibt satirische Chansons. Sie richten sich gegen Charles X. und die Korruption am Hofe. In ihnen betrauert er aber auch die gefallenen republikanischen Arbeiter und stellt bei politischen Ereignissen die Hilflosigkeit des Volkes fest.

Morgenstern, Christian

deutscher Dichter, geboren 1871, gestorben 1914. Er schreibt melancholische und grotesk-satirische Gedichte. Mit seinen teil-

Montmartre: lange Zeit Domäne des Pariser Lotterlebens.

weisen surrealistischen und mit »schwarzem Humor« angereicherten »Galgenliedern« gilt er als einer der Wegbereiter des deutschen Chansons.

Moritat

eine Sonderform des → Bänkelsangs. Sie wird wie dieser auf Jahrmärkten vor einer Bildertafel gesungen. Der Inhalt erzählt eine schauerliche oder rührselige Geschichte, der Schluß enthält eine belehrende Moral. Im 19. Jahrhundert entwickelt sich die Moritat zunehmend zum Schauerchanson. »Das Blut fließt in Strömen, die Angst, die Mordlust wird mit heuchlerischem Moralismus geschildert und kommentiert« (Felix Schmidt). »Die Texte, die an den Sadismus des Publikums appellieren, sollen scheinbar einer strengen Moral Genüge tun« (Lucien Rioux). Die Schauerballaden sind nicht selten bis zu 50 Strophen lang. Sie signalisieren in der Geschichte des Chansons den Verfall des poetischen Liedes.

Moßmann, Walter

deutscher → Liedermacher, geboren am 31. August 1941 in Karlsruhe. Er ist ein programmatischer Nonkonformist, der mit seinen politischen Liedern der Gesellschaft empfindlich zu Leibe rückt. Nicht selten macht er deshalb Bekanntschaft mit Sende- und Auftrittsverbot, verweigert er sich doch stets jeglicher Zensur. Nach seinem Abitur studiert er Germanistik, Politikwissenschaften und Soziologie an mehreren Universitäten. Sein erster größerer Auftritt als Liedermacher findet beim → »Festival Chanson Folklore International« auf → Burg Waldeck statt. Das Publikum kann jedoch mit seinen verklausulierten Texten wenig anfangen. Die Resonanz bleibt gering. 1966 gelingt ihm aber am gleichen Ort der Durchbruch. Die Leute sind begeistert. Wenig später veröffentlicht er seine erste Platte: »Achterbahn«. Als die Studentenbewegung beginnt, äußert Moßmann seine politischen Ansichten immer direkter in seinen Liedern. 1970 zieht er sich zweifach zurück: zum einen bricht er sein Studium ab, zum anderen stoppt er seine Aktivitäten in der Musikszene. Er findet beim Rundfunk eine Anstellung als Moderator einer Sendung für Jugendliche, gerät aber bald mit seinen Vorgesetzten in Konflikt und quittiert seinen Job. In der folgenden Zeit ist er als freier Autor tätig. 1974 findet er wieder zur Liedermacherei zurück und versucht Sprechchöre und Handzetteltexte in Liedform herauszubringen. Dabei unterstreicht er nach eigenen Worten den Gebrauchswert des Liedes. Ein Jahr später bringt er seine neuen Ideen auf dem Album »Flugblattlieder« heraus. 1977 arbeitet er zusammen mit Peter Schleuning für die ARD an dem Drehbuch für den Film »Zweierlei Volksmusik«. Im Jahr darauf veröffentlicht das Autorenduo eine Liedersammlung »Alte und neue politische Lieder«. 1981 erhält Moßmann den »Deutschen Kleinkunstpreis«, er selbst hält allerdings seine Sendeverbote für weitaus größere Auszeichnungen. Weitere Schallplatten folgen, unter anderem »Neue Flugblattlieder« und »Frühlingsanfang«. Moßmann praktiziert in seiner Musik künstlerischen Minimalismus. Seine Lieder sind einfach gestrickt und eingängig, die Auftritte mit einfachem Equipment gestaltet. Musikalisch greift er immer wieder Elemente der Volks- und Folkloremusik auf und bedient sich im Vortrag des Dialekts.

Moulin Rouge
Pariser Amüsierbetrieb am Boulevard de Clichy. Als der Hippodromdirektor Charles Zidler das Lokal 1887 kauft, heißt es »Bal de la Reine« und ist ziemlich heruntergekommen. Zunächst etabliert es sich als → Café-concert. 1903 baut es der Besitzer als → Varieté um. Das Unternehmen reagiert stets auf modische Trends und bewahrt damit seine Aktualität in der Unterhaltungsbranche. 1907 zeigt sich zum erstenmal ein Mädchen auf der Bühne, das nur mit drei Muscheln bekleidet ist. Quadrille und Can-Can erleben hier eine Blüte. Namen wie Paulus und → Yvette Guilbert oder Artisten wie »Valentine-le-désossé« werden zum Begriff. 1914 brennt das »Moulin Rouge« völlig nieder. Die Neueröffnung zeigt das Etablissement in noch schönerem Gewand. → Henri de Toulouse-Lautrec stellt die bunte Welt des »Moulin Rouge« in Lithographien und Plakate dar.

Mouloudji, Marcel
französischer Chansonsänger, geboren am 16. September 1922 in Paris. Der Sohn eines arabischen Maurers und einer Haushaltshilfe muß wegen der Finanzknappheit seiner Eltern bald selbst zum Auskommen beitragen. Unter anderem singt er auf Festen der lokalen Arbeiterschaft, wo ihn 1932 der Regisseur und Schauspieler Sylvain

Itkine entdeckt. Dieser ist vom Talent des Jungen überzeugt und verschafft ihm ein Treffen mit Jean-Luis Berrault, der ihn an die → »Groupe Octobre« weitervermittelt. Dort lernt er Marcel Duhamel und → Jacques Prévert kennen. Ersterer nimmt ihn sogar bei sich auf, schickt ihn zur Schauspielschule und stellt ihm seine private Bibliothek zur Verfügung. 1936 folgt sein Filmdebüt. Bis 1939 spielt er vor der Kamera verschiedene Kinderrollen. Mit 22 Jahren veröffentlicht er seinen ersten Roman (»Enrico«), der den »Prix de Pléiade« erhält. Ein Theaterstück folgt. Drei Jahre später wird er mit dem → »Grand Prix de l'Académie du Disque Français« ausgezeichnet. Sein Chansonrepertoire handelt meist von gesellschaftlichen Außenseitern, von Schönheiten aus den Armenvierteln, von skurrilen Snobs, die Diamantenringe tragen und schwarze Fingernägel haben, aber auch von zwischenmenschlichen Beziehungen voller Poesie und Ausdruckskraft. Greift er anfangs noch auf fremdes Textmaterial zurück, wie »Chanson de Tessa« von Jean Giraudoux und »Le Coquelicot« von Raymond Asso und Marguerite Monot, so textet er später viele seiner Lieder selbst. Anfang der sechziger Jahre zieht sich Mouloudji mehr und mehr von der Musik zurück, um sich der Malerei und seinen Romanen zu widmen. Erst 1966 startet er sein Comeback als Chansonsänger, diesmal verstärkt mit eigenen Texten. Mouloudji ist künstlerisch äußerst vielseitig. Dies zeigt sich sowohl in der Palette der Disziplinen, in denen er tätig ist, als auch in der Themenbreite seiner Chansons. Er verarbeitet autobiographisches Material, singt von Liebe und Freiheit und sehr viel über seine Heimatstadt Paris. Dabei zeigt er sich sozialkritisch und als Feind der bourgeoisen Gesellschaft. »Seine Chansons sind sehr subtil, nicht agitativ oder kämpferisch.«

Moustaki, Georges
französischer Chansonsänger griechischer Abstammung, geboren am 3. Mai 1934 in Alexandria. Der Sohn eines Buchhändlers geht nach dem Abitur 1951 nach Paris. Diesen Umzug betrachtet er als seine »eigentliche Geburt«, ist er doch Ausgangspunkt seiner künstlerischen Laufbahn. Dort arbeitet er zunächst im Verlag eines Schwagers und schlägt sich später mit Gelegenheitsjobs durch, unter anderem als Straßenmusikant. Er spielt Gitarre und beginnt eigene Lieder zu schreiben. 1957 lernt er über den Gitarristen Henri Colla die

Chansonsängerin → Edith Piaf kennen. Sie nimmt ihn unter ihre Fittiche. Zudem entwickelt sich zwischen den beiden eine intensive Liebesbeziehung. Für sie schreibt er mehrere Chansons, unter anderem das berühmte »Milord«. Dieser Welterfolg wird für Moustaki in den folgenden Jahren immer wieder zum Prüfstein, an dem er sich messen lassen muß. 1959 / 60 geht er mit Edith Piaf auf Amerika-Tournee. Bei einem Auftritt in New York bricht die von Drogen und Alkohol gezeichnete Sängerin zusammen. Bald ist auch ihre Beziehung zu Ende. Moustaki fällt es schwer, den Kummer zu ver-

Georges Moustaki: »Chansons sind die Ausdrucksform des Volkes.«

dauen. Auch künstlerisch wird er zurückgeworfen. Der erste Hit nach »Milord« ist sein Chansons »La dame brune«, das er für seine Sängerkollegin → Barbara schreibt. 1967 nehmen die beiden das Lied auf Schallplatte auf und ernten damit durchwegs positive Resonanz. Über Barbara lernt er den Sänger und Schauspieler → Serge Reggiani kennen, mit dem er fortan eng zusammenarbeitet. 1968 veröffentlicht Reggiani auf seiner Platte unter anderem auch die Moustaki-Chansons »Sarah« und »Ma liberté« und erringt damit den → »Grand Prix de l'Académie du Disque Français«. Im gleichen Jahr gelingt Moustaki als Interpret mit »Le métèque« der Durchbruch seiner Karriere. 1969 hat er mit Barbara ein Engagement in der berühmten → Musik-hall → »Olympia«. Kurze Zeit später steht er im → »Bobino« auf der Bühne. Weitere Auftritte rund um den Globus folgen und er beginnt auch Soundtracks für Filme zu verfassen. 1973 publiziert er sein Buch »Questions à la Chanson«, in dem er seine Gedanken und Prinzipien für das Chansons darstellt. Mit Titeln wie »Je suis un autre«, »Les enfants d'hier« und »Les marchands« läßt er aufhorchen. In seinen Liedern charakterisiert sich Moustaki immer wieder als Außenseiter, eine Rolle, die er auch nach den vielen Jahren seines Lebens in Frankreich nicht überwinden kann. Wichtig ist ihm vor allem mit seinen Liedern Gefühle zu vermitteln. Dabei geht er stets mit sehr einfachen Mitteln vor. Seine Kompositionen sind simpel und eingängig, ebenso seine Texte. Er sieht sich als Sänger des Volkes, wie er auch das Chanson als Ausdrucksform des Volkes betrachtet. Insofern versucht er stets allgemeinverständlich zu bleiben und sich in das Gemüt seines Publikums zu singen.

Mouton, Jean

(genannt Jean de Hollingue), französischer Komponist, geboren um 1460 in Haute-Agnes, gestorben am 30. Oktober 1522 in Saint-Quentin. Er arbeitet in Nesles, Amiens und Grenoble, bevor er Mitglied der königlichen Kapelle von Ludwig XII. und Franz I. wird. Mit seinen Messen, Motetten und Chansons gehört er zu den bedeutendsten Komponisten der Zeit von → Josquin Desprez.

Mühsam, Erich

deutscher Schriftsteller und Chansonautor, geboren 1878, gestorben 1934. Bekannt wird er vor allem mit seinem Titel »Ich lade Euch zum Requiem«. Er verfaßt zahlreiche Chansons.

München

Landeshauptstadt von Bayern. Der Name der Stadt deutet auf die ursprüngliche Siedlung Munichen (»bei den Mönchen«) im 11. Jahrhundert hin. Heinrich der Löwe verleiht 1158 das Stadtrecht. Ab 1255 ist München Sitz der Wittelsbacher. 1632 wird die Stadt durch Gustav Adolf und später durch die Österreicher besetzt. Die bayerischen Regenten fördern im 18. und 19. Jahrhundert großzügig Wissenschaften, Musik und Künste, was München zu einer der wichtigsten deutschen Kunststädte macht. Im Zweiten Weltkrieg wird die Stadt stark zerstört. 1972 ist sie Austragungsort der Olympischen Spiele. München ist Sitz des Bundesfinanzhofes, des Bundespatentamtes und des Europäischen Patentamtes. – Die Stadt hat vor und zwischen den beiden Weltkriegen neben → Berlin die Vormachtstellung bei den bedeutenden Künstlerkabaretts. Der Chansonsänger Marc Henry baut hier nach Montmartre-Vorbildern das »Chat Noir« auf. Zum Stammensemble der → »Sieben Tantenmördern« gehört unter anderem → Frank Wedekind. Der → »Simpl« erhält seine besondere Note durch seinen Hausdichter → Joachim Ringelnatz. Zu einer First Class-Adresse mausert sich die → »Bonbonnière«. Sie hält sich selbst über die Zeiten der Inflation hinweg und präsentiert renommierte Chansonkünstler, dient aber auch unzähligen Talenten als Sprungbrett.

Music-hall

Saal beziehungsweise → Varieté für ein Massenpublikum. Die von England übernommene Einrichtung kommt Ende des bürgerlichen Zeitalters auf und verspricht Artistik, Gesang und Tingeltangel. Hauptanziehungskraft ist in der Regel ein Gesangsstar der Spitzenklasse, der allein eine Programmhälfte für sich beansprucht. Im Gegensatz zu den → Cabarets und → Cafés-concerts bieten sie nicht nur einem größeren Auditorium Platz, sondern erheben auch ein ausdrückliches Eintrittsgeld, da sie ihre Darbietungen nicht über den Verzehrzwang finanzieren. Mit dem Aufkommen der Music-halls verliert sich auch die spezielle, aktuelle gesellschaftliche und politische Thematik der → Goguettes, die persönliche Beziehung zum Chanson, die individuelle Äußerung durch das Lied. Maurice Donnay drückt es so aus: »Man singt Chansons aller Art: skandalöse, ironische, zarte, naturalistische, realistische, idealistische, zynische, lyrische, nebulöse, chauvinistische, republikanische, reaktionäre – nur eine Sorte nicht: langweilige Chansons.« Einer der Hauptreize der Music-halls wird der hochbezahlte Star. Um ihn herum gruppiert man Tingeltangel mit Girls, die schlecht bezahlt werden und halbnackt oder nackt mit Tanzschritten den Star umrahmen. Die hier gesungenen Chansons sind zumeist kosmopolitische, schlüpfrige Modeware. »Während der vier Jahre des Ersten Weltkrieges geht ein kitschiger Zweckpatriotismus über die Bühnen der Music-halls. Unter der Trikolore heben Revuegirls zu Marschmusik die Beine und zwitschern das ermunternde Chanson ›On les aura‘«. → Maurice Chevalier meint: »In diesem verführerischen Wettbewerb von Fleisch und Esprit gibt es keinen Zweifel mehr über den Sieger. In diesem Sinne hat die moderne Zeit die Music-hall entwickelt. Die Fremden sollen dort Schönheiten bewundern können, die es bei ihnen zu Hause nicht gibt.« Bekannte Pariser Music-halls sind → »Olympia«, → »Bobino« »Alhambra«, → »Théâtre de l'A.B.C.«.

Myhre, Wencke

norwegische Schlagersängerin, geboren am 15. Februar 1947 in Oslo. Nach ersten Erfolgen als Kinderstar im norwegischen Fernsehen gelingt ihr 1966 beim Deutschen Schlagerfestival mit »Beiß nicht gleich in jeden Apfel« der Durchbruch. Bis Anfang der siebziger Jahre hat sie vor allem in Deutschland weitere Hits (»Sprich nicht drüber«, »Komm allein« »Er steht im Tor«, »Er hat ein knallrotes Gummiboot«). Anfang der achtziger Jahre gelingt ihr ein Comeback mit eigener Fernsehshow sowie anspruchsvolleren Chansons (»Wir beide gegen den Wind«).

N

Nadaud, Gustave

französischer Chansonsänger, Ende des 19. Jahrhunderts. Sein Werk umfaßt eine breite inhaltliche Palette. Es reicht von ernsten und heiteren bis hin zu satirischen Chansons. Seine bekanntesten Lieder sind »La garonne« und »Pandore«.

Nelson, Rudolf

(eigentlich Rudolf Levyson), deutscher Chansonkomponist und Schöpfer mondäner Kabarettrevuen, geboren am 18. April 1878 in Berlin, gestorben am 5. Februar 1960 in Berlin. Er ist eines von sieben Kindern eines armen jüdischen Kaufmanns. Schon bald entwickelt er sich zum musikalischen Wunderkind. Seinen ersten großen Erfolg hat er mit dem Chanson vom »Ladenmädel«. 1920 bringt er mit »Total Manoli« die erste Kabarettrevue in Berlin heraus. Mit der Gründung eines Künstlerkabaretts, das er nach dem berühmten Pariser Vorbild → »Chat Noir« nennt, führt er einen neuen Unterhaltungsstil in der Welt des Chansons ein. 1923 gastiert bei ihm → Josephine Baker, → Gustaf Gründgens, → Marlene Dietrich, → Hilde Hildebrandt und → Grete Weiser spielen und singen bei ihm. Die Nelson-Revuen folgen einander bis 1933. Nach der Machtergreifung durch Hitler geht Nelson mit seinem Ensemble auf Tournee nach Österreich und in die Schweiz, und läßt sich in Holland nieder, wo er auch kein → Kabarett gründet. Nach Beendigung des Krieges kehrt er 1949 nach Berlin zurück. Seine unzähligen Chansons sind aus dem Leben gegriffen, pikant, aber nicht schlüpfrig. »Sie haben das Zeug, populär zu werden und dennoch auch ›höheren Ansprüchen‹ zu genügen, sie sind Unterhaltung in bestem Sinne. Nelsons Bedeutung liegt nicht nur in seinem musikalischen Talent, in der Art, wie er Sentimentales mit Kapriziösem, Erotisches mit Schwungvollem, Großstädtisch-Mondänes mit Volkstümlichem verbindet, sondern auch in seinem Gespür für Zeitgemäßes und für Talente« (Dietrich Schulze-Koehn). Die Geschichte des deutschen Chansons ist ohne ihn undenkbar.

Neumen

Notenzeichen des Mittelalters, mit denen die einstimmigen Melodien, vor allem die der liturgischen Gesänge, aufgezeichnet werden. In ihrer frühen Form bezeichnen sie weitgehend nur den allgemeinen Verlauf der Melodien und sind so mehr oder weniger nur Gedächtnisstützen bei der Ausführung der aus mündlichen Überlieferung bekannten Gesänge. Auch der Rhythmus der Melodien bleibt in dieser Notierung unberücksichtigt.

Nick, Edmund

deutscher Komponist, geboren am 22. September 1891 in Reichenberg. Er absolviert zunächst ein Jura-Studium, später studiert er Musik in Wien und Dresden. Seine Karriere startet er als Kapellmeister und ist bis 1933 Leiter der Musikabteilung beim Reichssender Breslau, ein Posten, den er nach dem Zweiten Weltkrieg wieder in Köln beim WDR bekleidet. Dazwischen liegt eine vielseitige Tätigkeit als Kapellmeister, Musikkritiker und Komponist. Nick vertont etliche Werke von → Erich Kästner, unter anderem das »Marschlied 1945« und das »Spielzeuglied«. Eine Zeitlang spielt er auch Klavier in der Berliner »Katakombe«.

Noel

wahrscheinlich die älteste Form von Gesang. Ihn singt das Volk im neunten Jahrhundert in Vulgärsprache in der Kirche. Das Wort ist keltischen Ursprungs und wird auch als Ausdruck im Sinne von »Vivat!« gebraucht. Im 12. Jahrhundert bezeichnet man damit die in der Nacht der Lichtwende (Weihnachtsfest) zu Spiel und Tanz gesungenen Chansons. Später erlangen diese Bezeichnung allgemein Weihnachtslieder oder auch sonst religiöse Chansons. Sammlungen von Noels titeln sich »Bible des noels«.

Noels de cour
satirische Chansons, die sich Anfang des 18. Jahrhunderts von Paris aus über ganz Frankreich verbreiten. Sie richten sich gegen König, Fürsten, Kleriker und Mätressen bei Hofe.

Nougaro, Claude
französischer Chansonsänger, geboren am 9. September 1932 in Toulouse. Der Sohn eines Opernsängers ist stark von amerikanischen Vorbildern beeinflußt, von → Frank Sinatra und Sammy Davis jr. Sein Ziel ist es, die Gegenwart im Chanson einzufangen und auszudrücken, wie man einen Film in Szene setzt.

O

Ockeghem, Johannes
flämischer Komponist, geboren um 1425 in Flandern, gestorben am 6. Februar 1497 in Tours. Er ist von 1443 bis 1444 als Chorsänger an der Kathedrale in Antwerpen tätig. Von 1446 bis 1448 gehört er als Mitglied der Kapelle Karls I. von Bourbon in Moulins an, danach in der Kapelle der französischen Könige. Von 1456 bis 1459 verwaltet er als Schatzmeister die Abtei Saint-Martin in Tours. Reisen führen ihn 1470 nach Spanien, 1484 nach Flandern. Er komponiert Messen, Motetten und über 20 Chansons. Seine Bedeutung liegt darin, daß er den Stil der niederländischen → Polyphonie um 1460 entscheidend prägt.

Offenbach, Jacques
(eigentlich Jakob Offenbach), deutsch-französischer Komponist, geboren am 20. Juni 1819 in Köln, gestorben am 5. Oktober 1880 in Paris. Seine musikalische Begabung zeigt sich bereits in der Kindheit. Er erlernt das Geigen- und Cellospiel und geht 1833 nach Paris. Als Kapellmeister des »Théâtre Français« lernt er die klassische Schauspielliteratur kennen. 1855 hebt er an den → Champs-Elysées eine eigene kleine Theaterbühne aus der Taufe. Drei Jahre später landet er mit der Operette »Orpheus in der Unterwelt« einen Riesenerfolg. Große Resonanz erzielen weiter »Die schöne Helena« und die Oper »Hoffmanns Erzählungen«. Aber auch seine Lieder, Tänze und Chansons haben bis heute nichts an Popularität verloren.

Okudschawa, Bulat Schalwowitsch
russischer Schriftsteller und Liedermacher, geboren 1924, gestorben 1997. Er ist der Sohn einer Armenierin und eines Georgiers.

Sein Vater gehört zu den Kommunisten, die Stalin in den dreißiger Jahren im Kaukasus verfolgt und zu Tode bringt. Dennoch ist Okudschawa Mitglied der Kommunistischen Partei. Obwohl damals noch ein Kind, muß er an Kriegshandlungen teilnehmen. Diese traumatische Erfahrung sucht er immer wieder in Liedern zu verarbeiten. Ende der fünfziger Jahre beginnt er Gedichte in seiner Wohnung zur Gitarre zu singen. Mitgeschnittene Musikstücke werden heimlich weiterverteilt. Seine Autorenlieder gewinnen an Popularität und dienen einer ganzen Generation als Protestform. Vergleichbar mit → Georges Brassens oder dem frühen Bob Dylan schreibt er Lieder -»Liedchen«, wie er selbst viele von ihnen betitelt –, die unkompliziert, aber aussagestark sind. »Er bevorzugt die leisen Töne und spielt nie den Helden. Weder singt er freche Spottlieder aufs KGB, noch verfaßt er Hetzgedichte gegen das Politbüro, und er schreibt auch keine aufmüpfigen Pamphlete gegen die halbdebilen Abteilungslei-

Bulat Schalwowitsch Okudschawa: Melancholie zwischen den Zeilen.

ter der Macht« (Hannes Stein). Dennoch eckt er immer wieder an bei den offiziellen Stellen. Zu sanft, hieß es, zu pazifistisch. »Der Barde faßt zwischen den Zeilen jenes in Worte, was viele Sowjetbürger fühlen: Er bedauert verständnisvoll, daß die Welt so ist, wie sie ist« (Der Spiegel). In den siebziger Jahren gastiert er mit seinen von Weichheit, Melancholie und Tristesse gekennzeichneten Liedern unter anderem in Großbritannien, Frankreich und Deutschland. Ab den späten siebziger Jahren geht er zu einer größeren Ausdrucksform über und beginnt, historische Romane zu schreiben, in die er kunstvoll politische Invektiven hineinwebt. »Aber Okudschawas Spott bleibt immer gutmütig: scharfe Satire, böser Witz, hämische Ironie waren seine Sache nicht« (Hannes Stein).

Olympia

→ Music-hall am Boulevard des Capucines in Paris. Das Haus wird 1887 von Léon Volterra und Beretta eröffnet. Später muß es seine Pforten schließen, wird aber im Oktober 1914 wiedereröffnet. Hier soll 1902 der Cakewalk eingeführt worden sein. Das Etablissement ändert im Laufe seiner wechselvollen Geschichte mehrmals die künstlerische Hauspolitik. 1961 rettet es → Edith Piaf mit ihrem → »Tour de chant« vor dem finanziellen Zusammenbruch.

Oswald, Marianne

(eigentlich Marianne Colin), deutsche Chansonsängerin geboren 1903. Sie entnimmt ihren Künstlernamen einem Drama von Ibsen. Die als Jüdin akut gefährdete Künstlerin verläßt 1933 die Reichshauptstadt Berlin in Richtung Paris. Dort debütiert sie 1934 im »Le Boeuf sur le Toit«, ist eine der ersten Interpretinnen der Chansons von → Jacques Prévert und → Joseph Kosma. In ihren Rezitals spricht sie neben Prévert-Gedichte auch Lyrik von → Jean Cocteau und singt Chansons von → Darius Milhaud und → Arthur Honegger. Oft enden ihre Abende mit Krawallen, die von Rechtsextremisten inszeniert werden. Noch vor der französischen Erstaufführung der »Dreigroschenoper« präsentiert die deutsche Sängerin den Parisern die Songs von → Bertolt Brecht und → Kurt Weill. Ein Chansonkritiker urteilt: »Mit Marianne Oswald hält die deutsche Expressivität Einzug in das französische Chanson: eine Flammenmähne über einem dünnen Kleid, eine rauhe, ungeschliffene Stimme, eine eigentümliche Vortragsart, deren Kraft durch die deutschen Konsonanten noch verstärkt wird, ein Ausdruck – abwechselnd zart und gewalttätig. Wenn auch auf intellektuelle und künstlerische Zirkel beschränkt, so ist der enorme Einfluß von Marianne Oswald nicht zu schmälern: Durch ihre Kühnheit in der Textauswahl und durch ihr Spiel auf der Bühne hat sie frischen Wind in das Chanson gebracht.« So begeistert sich auch Jean Cocteau für die Sängerin. Er erfindet für sie ein neues Genre, das → Chanson parlée, wie er seine für Marianne Oswald geschriebenen, mehr gesprochenen Texte »Anna la bonne« und »La dame de Monte-Carlo« nennt. Der Operettenkomponist Maurice Yvain vertont für sie »Le jeu de massacre«, ein Gedicht von Henri-Georges Clouet. Umgekehrt engagiert sich Marianne Oswald für das Werk von Jacques Prévert. Dieser äußert enthusiastisch über sie: »Ihre Stimme gleicht keiner anderen.«

Oswald von Wolkenstein
Liederdichter und -komponist, geboren um 1377 in Schloß Schöneck, gestorben am 2. August 1445 in Meran. Er entstammt dem Zweig der Tiroler Adelsfamilie der Vilanders, die sich nach Burg Wolkenstein im Grödnertal nennt. Mit zehn Jahren verläßt er das Elternhaus, kehrt um 1400 nach Tirol zurück. Seit 1415 ist er mit diplomatischen Missionen im Dienste König Sigismunds unterwegs. Von 1421 bis 1423 befindet er sich in der Haft Friedrichs IV. von Österreich. Sein Schaffen ist nach Umfang und Bedeutung eines der wichtigsten literarischen Werke zwischen Mittelalter und Renaissance. Seine etwa 130 vorwiegend weltlichen Lieder mit Melodien sind hauptsächlich in drei Sammelhandschriften erhalten. Die einstimmigen Lieder sind ein Höhepunkt der mittelalterlichen Musik, moderner sind die 34 mehrstimmigen Lieder, Adaptionen aus der französischen und italienischen → »Ars nova«.

P

Pallenberg, Max

deutscher Operettensänger und Schauspieler, geboren 1877, gestorben 1934. Er ist mit → Fritzi Massary verheiratet. Während seine Ehefrau auf der Bühne den mondänen Typ verkörpert, agiert er als genialer Clown. Er gilt als der bedeutendste Vertreter des komischen Operettenfaches. Auf der Bühne des »Theaters am Nollendorfplatz« macht er als »Soldat Schwejk« Theatergeschichte, indem er auf einem Förderband den berühmten »Marsch nach Budweis« antritt. Kritiker loben ihn als einen »großartigen Gestalter und Interpret«. Bei seiner Vortragsart sprechen sie auch von »Operettenchansons«. Zahlreiche Chansonsänger holen sich von seiner Präsentationsart Anregungen. Er singt auch → Couplets von Nestroy, die → Friedrich Hollaender neu vertont hat.

Pamphletchanson

Es entsteht immer dann, wenn das französische Volk unzufrieden ist. Der Liedinhalt ist in erster Linie gegen König, Adel und Geistlichkeit gerichtet. Diese Art von Chanson sind die wirksamste Waffe der revolutionären Agitation und spiegelt die augenblicklichen Zeitumstände wider. Es klärt die Massen auf und ruft sie – wenn es den Verfassern notwendig erscheint – zum Handeln auf. »Notre saint Père est un dindon« richtet sich gegen den schlechten Einfluß der Kleriker auf die Regierung und gegen die Teuerungen. Das »Chanson patriotique« wandet sich gegen die Korruption der Gerichte und fordert Wählbarkeit der Beamten sowie eine Reformierung der Rechtspflege.

Paris

Hauptstadt Frankreichs. Sie liegt auf beiden Seiten der → Seine und auf zwei Inseln. Stadtkern ist die Cité. Der nördliche Stadtteil ist der eigentliche Mittelpunkt von Paris. Hier befinden sich die Tuilerien, der Louvre und die Oper. Von der Place de la Concorde führt die Avenue des → Champs-Elysées zur Place de l'Etoile mit dem Arc de Triomphe, von der zwölf Straßen ausstrahlen. Im Norden findet man das Vergnügungsviertel → Montmartre mit der Kirche Sacré-Cœur. Die östlichen Ortsteile sind überwiegend Arbeiter- und Mittelstandsviertel. Auf dem Südufer der Seine liegen das → Quartier Latin mit den höheren Bildungseinrichtungen und das Künstlerviertel → Montparnasse, das Panthéon, Jardin und Palais de Luxembourg und das Palais Bourbon, das Parlamentsgebäude, gegen Westen das Marsfeld mit dem → Eiffelturm. Ein Blick in die Geschichte: Paris wird 508 Residenz der Merowinger und ist seit 987 Hauptstadt von Frankreich. Die 1150 gegründete Universität Sorbonne bringt der Stadt Weltruf. Unter König Philipp II. August wird um die Häusern an den beiden Ufern der Seine und auf der Insel eine Stadtmauer gezogen. 1420 erobert der englische König Heinrich V. die Stadt. Unter Loius XIV. erfolgt der Ausbau zum Verwaltungssitz des Zentralstaates, Boulevards werden angelegt und um die Stadt zahlreiche Schloßbauten (unter anderem Versailles) errichtet. Seit dem 16. Jahrhundert ist Paris das geistige Zentrum des Landes, Ausgangspunkt der → Französischen Revolution und des napoleonischen Kaiserreichs wie der → Revolutionen von 1830 und 1848. Im deutsch-französischen Krieg von 1870 / 71 wird Paris von deutschen Truppen eingenommen, worauf bald der Aufstand der → Commune ausbricht. Zur kulturellen Führung gelangt die Stadt im 17. und 18. Jahrhundert durch die »Académie française«, Theater und bildende Künste. Paris ist im 19. Jahrhundert Mittelpunkt der europäischen Malerei und Literatur. Im Zweiten Weltkrieg ist die Stadt von 1940 bis 1944 von den Deutschen besetzt.- Paris ist der Inbegriff der verfeinerten Kultur, Stadt des Chansons und des → Cabarets. Nicht wenige behaupten: »Paris c'est la France.« Der polnische Komponist Frédéric Chopin bezeichnet Paris 1831 als »eine leichtlebige Stadt«. »Man findet hier zugleich den größten Luxus, die größten Schweinereien, Lärm, Geschrei, Krach und Dreck. Du kannst dich hier amüsieren, du kannst lachen – alles, was dir Freude macht. Und niemand wirft dir einen bösen Blick zu. Denn hier macht jeder, was ihm gefällt.« Als typische Stadt des Vergnügens bietet Paris eine überreiche Auswahl an → Variétés, Tanzlokalen, Kinos, Kaffeehäusern und Theatern. Paris ist oft besungen worden. Ein wirklicher Wurf ist allerdings → Léo Ferré gelungen mit »Paris canaille«. Das Chansons ist eine Beschreibung des lockenden, zärtlichen, grausamen, erbarmungslosen, geliebten und zugleich gehaßten Paris: »Paris, Verführer mit den Augen eines Mädchens ... / Lilienzweige, Freudenmädchen. / Paris, deine Vagabunden machen Szenen, aber unter / Deinen Brücken fließt die Seine. / Liebesabenteuer sind leicht, gepflasterte Wiesen, / Wo die Liebe wächst ... / Paris, du hast Millionen für deine Dichter, / Ein paar Centimes für mein Lied ... / Es reimt, und das ist schön!«

Paris: die Stadt des Chansons und des Cabarets.

Parodie

1. Satirische oder komische Umbildung eines Kunstwerkes, scherzhafte Nachahmung, Verspottung, auch im Chanson gebräuchlich. 2. Ersetzung des Originaltextes einer Vokalkomposition durch einen anderen Text.

Pascal, Jean-Claude

(eigentlich Pascal Chevalier de Villmont), französischer Filmschauspieler und Chansonsänger, geboren am 24. Oktober 1927 in Paris. Er kommt aus Anlaß einer Wohltätigkeitsveranstaltung zum Singen und tritt mit großem Erfolg im → »Olympia« auf. In Deutschland bekommt er eine eigene TV-Show. Sein größter dortiger Erfolg ist Ende 1965 sein Titel »Gefangen«.

Pastourelle

weitverbreitete Form der spätmittelalterlichen Chansonlyrik der → Trouvères. Thema ist der Versuch eines Ritters, eine bäuerliche, schöne Frau zu verführen. Beliebt ist der Gegensatz von Höfling und Hirtin. Charakteristisch ist eine Darstellungsweise in Dialogen. Nach Anfängen im 11. Jahrhundert liegt die Blütezeit der → provenzalischen Pastourelle im 13. Jahrhundert. Berühmt ist → Adam de la Halles »Le jeu de Robin et de Marion«.

Patachou

(eigentlich Henriette Billon), französische Chansonsängerin, geboren 1924 in Paris. Sie arbeitet als Sekretärin bei einem Musikverleger, wo sie hauptsächlich für → Charles Trenet tätig ist. 1948 eröffnet sie auf dem → Montmartre das Restaurant »Patachou« (eine Zusammensetzung von »Pâte à cou«, eine Art Windbeutel). Da es nicht floriert, unterhält sie die Besucher mit Gesang: Fortan ist eine neue Heimstätte des Chansons geboren. Bei ihr erhält der unbekannte → Georges Brassens seine erste Chance. Später nimmt sie als Künstlernamen den ihres Lokals an. Ihre Chansons sind geprägt von Ambiente, Authentizität und Charme.

Pavillon de l'Horlage

Unterhaltungsstätte an den → Champs-Elysées in Paris. Hier treten die ersten → Vedettes des Zweiten Kaiserreiches auf.

Peire Cardenal

→ Troubadour, geboren um 1174 wahrscheinlich in Le Puy, gestorben um 1272. Er stammt aus angesehener Familie, lebt an verschiedenen Fürstenhöfen Südfrankreichs, vor allem am Hof Jakobs I. von Aragonien. Seine erhaltenen Gedichte sind vornehmlich gegen die Geistlichkeit und den Adel gerichtet. Beispiel: »Ich dicht‘ hiermit ein neues Rügelied, / Das Hören soll am Tage des Gerichts / Er, der mich schuf und bildete aus nichts: / Denn wenn er dort zur Rechenschaft mich zieht / Und mich hinabstößt zu der Hölle Scharen, / So sag‘ ich: ›Herr, du solltest mild verfahren, / Denn ich bekämpfte stets die böse Welt, / Erlaß mir drum die Pein, wenn dir's gefällt.‘«

Peire d'Alvernhe

→ Troubadour, Poet und Komponist im 12. / 13. Jahrhundert. Er verfaßt das berühmte Chansons »Rossinhol, le seu repaire«. Es wird von Paul Heyse formgetreu nachgedichtet: »Nach der Kammer meiner Liebsten schwing dich hin, Frau Nachtigall.«

Peire Vidal

→ Troubadour, geboren 1175, gestorben 1237. Er reist weit umher, soll im Jahre 1189 in Genua geweilt haben. Später hält er sich längere Zeit am Hof des Markgrafen Bonifaz II. in Monferrat und in anderen Gegenden Oberitaliens auf. Er nimmt an den politischen Auseinandersetzungen des Landes teil. In einem → Sirventes jubelt er über einen Sieg, welchen Pisa über Genua erringt.

Pellegrin, Simon-Joseph

französischer Dichter, geboren 1661, gestorben 1745. Der Abbé wählt die → Timbres für seine Chansons erstmals aus Opern von Jean Baptiste Lully. Er führt damit eine Mode ein, die bis zum Ende des 19. Jahrhunderts währt.

Petrucci, Ottaviano

italienischer Musikverleger und Drucker, geboren am 18. Juni 1466 in Fossombrone, gestorben am 7. Mai 1539 in Venedig. Er erfindet den Mensuralnotendruck mit beweglichen Metalltypen. Seine handwerkliche Tätigkeit beruht auf die Veröffentlichung von Individual-

und Sammeldrucken. Sie beinhalten Messen, Motetten, Hymnen und Chansons.

Philippe de Vitry

französischer Geistlicher, Musiktheoretiker und Komponist, geboren am 31, Oktober 1291, gestorben am 9. Juni 1361. Er hat ab 1340 hohe Ämter am französischen Hof inne. 1351 wird er zum Bischof von Meaux ernannt. Neben seiner klerikalen Tätigkeit macht er sich auch einen bedeutenden Namen als Philosoph, Mathematiker und Dichter. Ein von ihm 1322 erscheinendes Werk wird der Namensgeber der als → »Ars nova« bezeichneten Epoche, die er auch als Komponist begründet.

Piaf, Edith

(eigentlich Edith Giovanna Gassion), französische Chansonsängerin, geboren am 19. Dezember 1915 in Paris, gestorben am 11. Oktober 1963 in Paris. Sie ist wohl die Sängerin, die als erstes assoziiert wird, wenn der Begriff Chanson fällt. Gründe dafür gibt es genügend: ihre mit Höhen und Tiefen behaftete Karriere, ihre spektakulären Auftritte, ihre zahllosen Liebschaften und Skandale. Sie ist eines von 19 Kindern eines Wanderakrobaten und einer Sängerin. Die Eltern haben weder Gelegenheit noch Lust, sich um sie zu kümmern. So verbringt das kränkliche Kind die ersten Jahre bei den Großeltern im tristen Pariser Vorort Belleville. Die Großmutter lebt nach dem Motto: Alkohol hält Leib und Seele zusammen. Nachbarn erbarmen sich des Kindes und bringen es bei Verwandten in der Provinz unter. Die Tante, die jetzt für die Kleine sorgt, betreibt ein Bordell in dem Normandie-Städtchen Bernay. Auf Drängen eines Pfarrers, die Tochter aus dem »Sündenpfuhl« zu befreien, nimmt der Vater das Mädchen wieder zu sich und beginnt mit ihr als Straßenartist umherzuziehen. Mit 15 Jahren verläßt sie ihren Vater und schlägt sich als Straßensängerin im zwielichtigen Milieu des → Montmartre durch. Unglückliche Liebschaften, Geldmangel, Labilität und der Tod ihrer knapp zweijährigen Tochter ziehen sie in den Strudel von Prostitution und krimineller Gesellschaft. Hilfe erhält sie 1935 von Louis Leplée. Er hört sie auf der Straße singen und ist der jungen Frau und ihrer Stimme sofort verfallen. Er verschafft ihr als »Piaf«, wie im Pariser → Argot der Spatz heißt, eine Anstellung in seinem Künstlerkabarett »Les Gerny's«. Als Leplée von einem Strichjungen erschossen und sie anfangs des Mordes verdächtigt wird, droht sie erneut abzugleiten. Sie geht nach Brest, nach Brüssel, tingelt in zweitklassigen Kinos, wo sie die Pause vor dem Hauptfilm mit Gesang überbrückt. Der Textdichter Raymond Asso bewahrt sie vor dem Absturz. Er schreibt für sie das Erfolgschanson »Mon légionnaire«. Gleichzeitig bringt er sie mit der Komponistin Marguerite Monot zusammen, die fortan die Musik zu den meisten Piaf-Chansons schreibt. Asso baut die Sängerin systematisch für eine große Karriere auf. Die Basis dazu legt sie mit vielumjubelten Gastspielen im Pariser Varieté → »Théâtre de l'A.B.C.« und im → »Bobino«. »Sie sieht so aus, als ob sie von der Last des Schicksals zermalmt wäre«, berichtet Georges Ricou. »Sie trägt Schwarz, die Farbe der Trauer, ihr Gesicht unter den roten Haaren ist leichenblaß. Die Klage ihrer schluchzenden Stimme wird durch knappe, armselige kleine Gesten der Verzweiflung unterstrichen. Sie ist die mitleiderregende Verkörperung der Verworfenen.« Als Raymond Asso 1939 zum Militär eingezogen wird, wechseln die Liebhaber. Eine ihrer Liebschaften greift → Jean Cocteau auf und formt daraus das Theaterstück »Le bel indifferent«, das 1940 mit Edith Piaf in der Hauptrolle zur Uraufführung kommt. Ab Mitte der vierziger Jahre unterstützt sie talentierte Nachwuchssänger. → Yves Montand ist ihre neue Flamme und zugleich der erste, dem sie so ihre Hilfe erweist. 1945 spielen sie zusammen in dem Film »Etoile sans lumiere« (deutsch: »Stern ohne Licht«). Nach der Trennung wendet sie sich der Gesangsgruppe → »Les Compagnons de la Chanson« zu. Die gemeinsame Schallplattenproduktion »Les trois cloches« erweist sich als Kassenschlager. Der nationale Ruhm Edith Piafs ist gesichert. Die nächste Etappe heißt USA. Doch die ersten Konzerte in einem völlig ungeeigneten New Yorker Saal verlaufen deprimierend. Erst der Umzug in einen intimeren Rahmen rettet die Tournee und beschert ihr glänzende Kritiken. Das Karussell der Romanzen dreht sich weiter, unter anderem reihen sich → Charles Aznavour und → Eddie Constantine ein. Es beginnt aber auch die Zeit der Krankheiten, der Drogen und des Alkohols. Durch Exzesse psychisch und physisch geschädigt, bricht sie zusammen. Wieder droht

Edith Piaf: die Tragödin des französischen Chansons.

sie dem Leben zu entgleiten. Erst 1956 steht sie nach einer Entziehungskur wieder auf der Bühne. In der »Carnegie Hall« von New York feiert sie ein frenetisch gefeiertes Comeback. Und mit dem Erfolg kommt auch eine neue Liebe. Sie heißt → Georges Moustaki. Er wird ihr Gitarrist und schreibt für sie den Welthit »Milord«. Gesundheitlich geht es dagegen weiter bergab. Im Februar 1960 bricht die Sängerin auf der Bühne des New Yorker Hotels »Waldorf Astoria« zusammen und muß operiert werden. Nochmals bäumt sie sich auf und findet in Charles Duomt einen neuen Partner. Er schreibt für sie das später zur Chansonhymne werdende »Non, je ne regrette rien«. Kurz vor ihrem Tod, heiratet sie 1962 noch einmal: den 20 Jahre jüngeren Théo Sarapo. Tod, Verlassenheit, Hoffnung, Verrat – das sind die Themen und ihr tatsächliches Leben, und das hat Edith Piaf mit schwarzen Lettern auf eine Seite des großen Albums des französischen Chansons geschrieben. Drei Jahrzehnte lang variierte sie in Liedern wie »Je suis comment«, »Celui que mon cœur à choisi« und »La vie en rose« mit Sentiment und Pathos unermüdlich die Liebe: die unglückliche, die einsame, die hoffende, die neue, schönere. Die Szenen und Dekors, die Bilderbuchwelt der Akkordeonspieler und Fremdenlegionäre, der Zuhälter, leichten Mädchen, der großen Gefühle und schweren Schicksalsschläge, die sie in ihren Chansons mit größter Eindringlichkeit und Farbigkeit malt, mit intensiver Suggestion besingt, sind die, in denen ihre triste Jugend sich abgespielt hat. »Eine wunderbare Frau, eine Besessene, eine Perfektionistin, kompromißlos, wenn es um ihre Kunst ging, eine Ruhelose in ihrem Leben« (→ Charles Aznavour).

Pierre de Ronsard

französischer Dichter, geboren 1524, gestorben 1585. Er strebt den Hof- und Militärdienst an. Ein Gehörleiden macht diese Karriere zunichte. Er wendet sich dem Studium der humanistischen Wissenschaften zu. Das → Chanson artistique und die → Voix-de-ville bereichert er mit sprachlich schöner Poesie. Berühmt wird sein Chanson »A sa maîtresse«, dessen Melodie mit ihrer Modulation und Kadenzstrebigkeit modern anmutet.

Pierrot

Eine Figur, die mit der italienischen Stegreifkomödie, der Commedia dell'arte, nach Frankreich kommt. Sie heißt ursprünglich Arlecchino. Die Gestalt des pfiffigen Dieners mit dem linkisch-melancholischem Charakterzug macht sich bald unter der Bezeichnung Pedrolino selbständig. In Frankreich wandelt sich Pedrolino zu einem bemitleidenswerten Tolpatsch, der unterschiedslos Gille oder Pierrot genannt wird. »Er gilt als scheuer, stets abgewiesener und deshalb ewig trauriger Liebhaber. Seine Markenzeichen sind das weiße, weitärmelige Kostüm, die weiße Maske und die weiße Tellermütze« (Klaus Reichold / Bernhard Graf). Pierrot, der traurige Clown, den alle Welt wegen seiner Hilflosigkeit verspottet, wird durch das → »Chat Noir« zur Symbolfigur des → Montmartre. Zuvor taucht die Figur bereits mehrmals im Werk des Malers Jean-Antoine Watteau (1684 bis 1721) auf. Adolphe Willette schafft um Pierrot und seine erbarmungswürdige Tristesse herum mehrere Folgen von Graphiken und gibt ab 1888 das Journal »Le Pierrot« heraus. Diese poetische Figur bleibt in Paris bis in den Anfang des 20. Jahrhunderts hinein lebendig und geistert auch durch zahlreiche Chansons.

Pisan, Christine de

französische Dichterin italienischer Herkunft, geboren 1365, gestorben nach 1431. Sie kommt im Alter von drei Jahren mit ihrem Vater, einem Zahnarzt, an den Hof von Charles V. und genießt dort eine umfassende Ausbildung. Nach dem Tod ihres Gatten widmet sie sich der Literatur. 1418 zieht sie sich in ein Kloster zurück. Ihre ersten Chansons besingen das junge Liebesglück. Später beklagt sie in den »Lamentations sur les maux de la guerre civile« die durch Machtkämpfe verursachte politische Zerrissenheit Frankreichs und fordert auf, Frieden zu schließen. 1429 schreibt sie ein Hymnus auf Jeanne d'Arc, die Jungfrau von Orléans. Kritiker loben ihre Chansons wegen ihrer Schönheit des Ausdrucks und der zwingenden Musikalität.

Plan-chant

Damit wird seit dem 12. und 13. Jahrhundert der einstimmige liturgische Gesang bezeichnet.

Plejade

französische Dichterschule der Renaissance. Ihr gehören das »Siebengestirn« Ronsard, Du Bellay, Baif, Jodelle, Dorqat, Belleau, Pontus de Thyard an. Die Autoren ahmen die Antike nach, besonders ihr Führer Ronsard in Oden und Hymnen, Du Belley in Sonetten und Jodelle im Drama (»La Cléopâtre«).

Pluhar, Erika

österreichische Schauspielerin und Chansonsängerin, geboren am 28. Februar 1939 in Wien. Sie ist die Tochter eines Verwaltungsbeamten. In der Schule hat sie erstmals die Möglichkeit Theater zu spielen. Sie macht 1957 ihr Abitur und nimmt Schauspielunterricht am Max Reinhardt-Seminar in Wien. Zwei Jahre später wird sie Mitglied im Ensemble des renommierten Wiener Burgtheaters und spielt vor allem Rollen in dramatischen Aufführungen. 1960 heiratet sie Serge Kirchhofer, einen Designer, trennt sich aber Ende der sechziger Jahre von ihm. 1968 steht sie unter der Regie von Helmut Käutner in dem Fernsehfilm »Bel ami« vor der Kamera. Weitere Filmrollen folgen, unter anderem in »Die Nacht in Lissabon« und »Verbannte«. Eingeengt durch ihr Image als → Femme fatale betritt sie 1970, nachdem sie den → Liedermacher → André Heller geheiratet hat, künstlerisches Neuland und versucht sich als Chansonsängerin. Sie interpretiert Werke ihres Mannes, singt aber auch Schlager aus den zwanziger und dreißiger Jahren. 1973 geht das Ehepaar getrennte Wege. Es folgt eine Reihe von Schallplatten wie »Vom Himmel auf die Erden falln sich die Engel tot«, »So oder so ist das Leben«, »Hier bin ich damals«, »Frühe Jahre« und »Alternativen«. Zu dieser Zeit meint das »Fono Forum«: »Sie ist mehr als nur eine Liedermacherin. Mehr um jene zwei Millimeter, die ein Bindestrich mißt: Sie ist eine Lieder-Macherin. Sie ›macht‹ Lieder, weil sie sie als Einheit von Text, Musik und Interpretation begreift.« Auf ihrem 1981 veröffentlichten Album »Narben« setzt sie erstmals eigene Texte ein. In einem Beiblatt zu ihrer 1985 erscheinenden Langspielplatte »Trotzdem« teilt sie mit: »Es war einmal eine Schauspielerin, die auch Lieder sang. Sie sang allerlei – altbekannte Lieder, oder solche, die verschiedene Herren für sie geschrieben hatten. Aber mit der Zeit stellte sich heraus, daß allzu viele Menschen diese gesungenen Worte so auslegten, als hätte sie, die Schauspielerin, sie selbst erdacht. Darüber begann sie nachzudenken, mehr und mehr. Und es gefiel ihr nicht. Und eines Tages fing sie an, sich ihre eigenen Worte aus dem eigenen Kopf und dem eigenen Herzen zu holen und ihre Lieder selbst zu schreiben.« Diese Verschlüsselung der eigentlichen Aussage ist typisch für die Lieder Pluhars. Stets verarbeitet sie echte Erfahrungen, macht sie aber durch bildhafte Symbolik unkenntlich. Ihre Vortragsweise ist meist opulent und kräftig. Nichts kommt dabei absichtslos, gar gedankenlos. »Wahrheit und Erkenntnis, Zielvorstellung und emotionaler Anspruch gehen bei ihr Hand in Hand. Erika Pluhar bietet keine Wegwerfschnulzen und keine politischen Eintagsfliegen.« Sie sucht den Dialog, die Diskussion. So wie beispielsweise mit ihrer Einspielung »Über Leben«. Hier schreibt sie die Texte zu 13 portugiesischen Kompositionen. »Es ist

Erika Pluhar: Verschlüsselung der eigenen Aussage.

das musikalische Händereichen zweier Länder und Mentalitäten. Eine Gemeinsamkeit, wie man sie leider in unserer aus Isolationen geschneiderten Welt so selten erlebt«, kommentiert sie.

Politisches Chanson

Das Chanson spielt im politischen Kampf Frankreichs eine beherrschende Rolle. Es ist Ventil für die Volksseele gegen Obrigkeit und Ungerechtigkeit, gilt als Barometer der gesellschaftlichen Stimmung, aber auch als Wachmacher aus der Lethargie. Sie sind meist in Krisen- oder Umbruchszeiten, in turbulenten und blutigen Epochen entstanden. Im Oktober 1789 marschieren beispielsweise die Frauen von Paris mit dem Lied »J'allons partir à Versailles« vor Louis XVI., um Brot und Nahrungsmittel zu fordern. Später entpuppt sich das Chanson in diesem Genre verstärkt als Propagandamittel und politische Waffe. Der Sturm auf die → Bastille spiegelt sich in den Liedinhalten ebenso wider wie der Einfluß des Klerus auf die Politik, die Priesterheirat, Kindesadoption und die Hinrichtung durch die Guillotine. Herrscher, Militärs und Kirchenhäupter bekommen darin für Skandale, erotische Abenteuer, kostspielige Allüren, Heucheleien und Ungerechtigkeiten ihr Fett ab. Da wird gespottet, verhöhnt und provoziert. Vor allem → Pierre-Jean de Béranger wählt die Form des Chansons, um harte Kritik zu üben. Auch → Eugène Pottier versteht es, mit seinen Liedern die Masse zu Aufruhr und Streik gegen die »heilige Trinität von Religion, Ordnung und Besitz« aufzustacheln. → Louis Festeau prangert 1850 die Unterdrückung der demokratischen Kräfte an. Ihren Höhepunkt und ihre größte Resonanz erlangen die politischen Chansons während der Bauernkriege (1524 / 25), der → Französischen Revolution (1789 bis 1795), der Befreiungskriege (1813 bis 1815) sowie während des Weberaufstands (1844) und der → Revolution von 1848. Erst mit der zunehmenden Demokratisierung finden die Chansonautoren weniger Angriffsflächen. Aber bereits das Aufleben des Kapitalismus im 19. und 20. Jahrhundert gibt dem politischen Chanson wieder neue Nahrung zur gesellschaftlichen Auseinandersetzung. Es entstehen Lieder gegen Ausbeutung, Imperialismus und Faschismus, Lieder gegen Krieg und politisch-kulturelle Unterdrückung. Parallel dazu entwickeln sich → Arbeiterlieder, die die politischen Aktivitäten wirksam unterstützen. Die Tradition des politischen Chansons in

Frankreich ist in anderen Ländern aufgenommen worden. »Protestsänger« wie Bob Dylan, Joan Baez und Pete Seeger wenden sich gegen die Vietnampolitik, gegen Rassendiskriminierung und den oberflächlichen American Way Of Life. In Spanien übt der Katalane Raimon Kritik. Er singt unmißverständlich »Diguem no«. Fausto Amodei richtet sich in Italien an die linksliberale Jugend, und in Belgien macht Miel Cools mit respektlosen Chansons auf sich aufmerksam. Aus der Sowjetunion dringen Protestverse von → Bulat Okudschawa. In Deutschland lehnen sich → Franz Josef Degenhardt, → Dieter Süverkrüp und → Walter Mossmann gegen die etablierte Ordnung auf. Davor ist bereits → Paul Dessau dem politischen Lied besonders verpflichtet gewesen. Von → Wolf Biermann stammt der Hinweis: »Lieder sind wie Pistolen.«

Pompadour, Marquise de
(eigentlich Jeanne Antoinette Poisson), geboren 1721, gestorben 1764. Die gebildete und geistreiche Tochter eines herzoglichen Stallmeisters ist seit 1745 Mätresse von König Louis XV. und zu jener Zeit die eigentliche Herrscherin Frankreichs. Bei der Besetzung politischer Ämter, bei wichtigen Entscheidungen – immer zieht der König seine Mätresse zu Rat. Unter ihrer Regierung wächst sprunghaft die Vergeudung. Sie wird vom Volk abgelehnt. Der Haß kommt in unzähligen Chansons und Pamphleten zum Ausdruck. Gegen sie gerichtete Chansons wie »Les quatre-vingts chasseurs« werden noch lange nach ihrer Regentschaft gesungen.

Polyphonie
Vielstimmigkeit, bei der jede Stimme eine selbständige melodische Führung besitzt.

Pomponette
heiteres Trinkchanson.

Pont-Neuf
Die Brücke verbindet die beiden Ufer der → Seine mit der Ile de la Cité, auf der die Kathedrale Notre-Dame, das Hôtel de Dieu und der Justizpalast stehen. Der Brauch, dort Chansons zu singen, hängt mit den strengen behördlichen Beschränkungen zusammen, denen

die → Jougleurs bei der Ausübung ihres Gewerbes unterworfen sind. In diesen Beschränkungen gibt es jedoch eine Lücke: die Brücken von Paris. Satirische Lieder, → Moritaten und → politische Chansons gegen Steuererhöhungen, gegen die Machthaber und das Militär, gegen Adel und Kirche sind eng verbunden mit der Geschichte des Pont-Neuf.

Potpourri

Mischmasch, Allerlei. In der Musik die Zusammenstellung verschiedener Melodien. Die Mixtur findet vor allem im 18. Jahrhundert ihre Liebhaber. Noch 1859 erscheinen in Frankreich solche Potpourris, wie »La vestale« mit 31 Einzelnummern oder »La tentation de Saint-Antoins« mit 13 aneinandergereihten Chansons.

Pottier, Eugène

französischer Chansonsänger, geboren 1816, gestorben 1887. Er besucht eine Klosterschule. Danach arbeitet er in der väterlichen Werkstatt als Kistenmacher. Die → Revolution von 1830 feiert er mit seinem ersten Chanson. Tags arbeitet er, abends sammelt er Gleichgesinnte um sich, denen er vorsingt und vorliest. 1839 verläßt er das Elternhaus und tritt in verschiedenen → Goguettes auf. Ein Jahr später schreibt er Chansons im Sinne des utopischen Kommunismus. Man seinen → Chants révolutionaires wiegelt er die Masse zu Aufruhr und Streik gegen die »Aushungerer« auf. 1864 wird Pottier Mitglied der französischen Sektion der auf Anregung von Karl Marx und Friedrich Engels in London gegründeten »Internationalen«. Im Deutsch-Französischen Krieg 1870 steht er als Bataillonskommandant an der Front. Nach dem tragischen Ende der Zeit der → Commune gelingt ihm die Flucht nach Belgien, dann nach England. Auf dieser Flucht entsteht die → »Internationale«. 1873 wandert er nach Amerika aus. Er tritt dort der neugegründeten Sozialdemokratischen Arbeiterpartei bei. Nach der Amnestie von 1880 kehrt er nach Frankreich zurück und schreibt noch eine Reihe von Chansons und Gedichten. Ein Schlaganfall lähmt ihn einseitig.

Poulenc, Francis

französischer Komponist, geboren am 7. Januar 1899 in Paris, gestorben am 30. Januar 1963 in Paris. Er hat bereits mit 18 Jahren einen nachhaltigen Erfolg mit der »Rapsodie nègre«. Kurze Zeit später schließt er sich der → »Groupe des Six« an. 1924 gelingt ihm der Durchbruch mit »Les biches«. Er schreibt eine ganze Reihe → Chansons artistique auf Texte von Max Jacob, → Jean Cocteau, Louis Aragon und Colette. Er benutzt Elemente der Parodie, wie den verfremdeten Rhythmus eines Walzers, um, der Sprachmelodie folgend, die Poesie auszukomponieren. Trotz aller Modulation und Kunstkniffe bleibt die Komposition im Bereich des → Chanson artistique. Neben »profaner« Kompositionen schafft er auch eine Reihe sakraler Werke, »die unverkennbar von Poulencs Bewunderung für die niederländische Vokalpolyphonie der Renaissance, aber auch vom zeremoniellen Gestus des französischen höfischen Barock geprägt« (Reclams Konzertführer) wird.

Prévert, Jacques

französischer Dichter und Drehbuchautor, geboren 1900. Er ist Verkäufer und tritt, nachdem er vom Militärdienst als »schwachsinnig« ausgemustert wird, gelegentlich als Schauspieler auf. Später schreibt er Bilderbücher (»Paris des rêves«, »Le petit lion«) und Drehbücher von Filmen Marcel Carnés (unter anderem »Drôle de drame«, »Quai des brumes«, »Le jour se lève«, »Les portes de la nuit«). Zum Chanson kommt er über das Theaterensemble → »Groupe Octobre«. Dort ist es seine Aufgabe, innerhalb weniger Stunden aktuelle Sketche, Chansons und Szenenfolgen zu liefern. 1933 holt er sich mit »La bataille de Fontenoye« beim Internationalen Arbeiterfestival in Moskau den ersten Platz. Prévert trifft mit seinen Werken die Aufmerksamkeit nicht nur der Intelligenz, sondern auch der Arbeitermasse. Mit seinen Wortspielen, surrealistischen Bildern und bewußt gewählten Wiederholungen findet er eine Sprache, die jeden anspricht. Er zieht in seinen Texten gegen Ungerechtigkeiten ins Feld, stellt den bourgeoisen Parlamentarismus bloß und warnt vor faschistischen Tendenzen. Chansons wie »L' orgue de barbarie«, »Paroles«, »La pluie et le beau temps« und »Barbara« erreichen beim Publikum große Resonanz. Mit »Les feuilles mortes« gelingt ihm ein Welthit. Die Melodie stammt aus dem Ballett »Le rendezvous«, das

Joseph Kosma auf ein Libretto von Prévert schreibt. Wilhelm Neef charakterisiert ihn als Künstlerpersönlichkeit voller Widersprüche: »Seine tiefe Menschlichkeit, sein Militaristenhaß, seine Verachtung für die herrschende → Bourgeoisie, seine Liebe zu den Kindern, seiner brüderlichen Verbundenheit mit den Entrechteten, Geknechteten, Zertretenen, seine Naturverbundenheit und seine individuelle Rebellion im Vertrauen auf die Massenwirkung seines Wortes geben ihm sein eigentümliches Profil.« Kurt Kusenberg vergleicht ihn mit »einem Tropfen → Erich Kästner, einen Tropfen → Joachim Ringelnatz, zwei Tropfen → Bertolt Brecht«.

Provenzalen

die Bewohner der Provence, im weiteren Sinne alle Südfranzosen. Sie haben die Geschichte des Chansons entscheidend geprägt.

Provenzalische Literatur

Sie ist die früheste aller romanischen Literaturen. Ihre Blütezeit erlebt sie im 12. und 13. Jahrhundert mit den → Troubadours.

Provenzalische Sprache

Sie wird nach der Bejahungspartikel auch »langue d'oc« genannt, die Mundarten Südfrankreichs.

Puy

Seit dem 11. Jahrhundert in Frankreich eine Vereinigung beziehungsweise Veranstaltung von kunstbeflissenen Bürgern und Künstlern zur Pflege und Aufrechterhaltung von Dichtkunst, Theaterspiel und Chanson. Zuweilen werden – um die besten Könner des jeweiligen Genres zu ermitteln – öffentliche Wettkämpfe ausgetragen. Im 13. Jahrhundert ist der Puy von Arras besonders bedeutend (hier war → Adam de la Halle Mitglied). Puys stehen vor allen in nordfranzösischen Städten wie Amiens, Douai, Rouen und Valenciennes. Blütezeit ist das 14. bis 16. Jahrhundert. Die Puys ziehen den deutschen → Meistersang der Hans Sachs-Zeit nach sich.

Puy d'amour

Dichterfest zur Ehre der Frauen. Hier wetteifern die Sänger mit ihren Chansons um den Sieg.

Q

Quartier Latin

Das Pariser Studentenviertel mit der Universität → Sorbonne.

Quatre géants de la chanson

Mit den »vier Riesen des Chansons« sind → Georges Brassens, → Charles Aznavour, → Jacques Brel und → Gilbert Bécaud gemeint.

Quod Libet

→ Cabaret in der Rue de Pré-aux-Clercs. Das Lokal ist zeitweilig ebenso berühmt wie »La → Rose Rouge«. Es wird 1946 eingeweiht. Die Wände der Kneipe sind mit Zeitungen tapeziert, ein Podium fehlt gänzlich. Die Künstler singen auf einer alten Sektkiste. Die Stars dieses Cabarets sind → Catherine Sauvage und → Léo Ferré.

Quodlibet

Verschiedene Melodien oder Themen werden gleichzeitig (→ Polyphinie), mitunter auch nach Art eines → Potpourris nacheinander vorgetragen. Dadurch entsteht ein vergnüglicher, humoristischer Moment. Erste Belege des polyphonen Quodlibets finden sich in → Motetten des 13. Jahrhunderts. Besonders im 16. bis 18. Jahrhundert ist es eine beliebte Form. Beispiel: Schluß von Johann Sebastian Bachs »Goldberg-Variationen«.

R

Rabelais, François

französischer Schriftsteller, geboren 1494 in Chinon, gestorben 1553. Er gilt als sarkastisch gnadenloser Kritiker der mittelalterlichen Mächte und als unerbittlicher Gegner des Papsttums. Er studiert Humanistik und tritt zuerst den Franziskanern, später den Benediktinern bei. Doch das Klosterleben behagt ihm nicht. Er flüchtet und verdingt sich als → Vagant und Student der Medizin. Später wird er Sekretär und Leibarzt des Bischofs von Paris, dann Arzt in Piémont. Als Ketzer verfolgt taucht er im reichsdeutschen Metz unter. Schließlich erhält er eine Pfarrpfründe in Meudon. »Fünfzehn Generationen lang haben die Chansonpoeten vom schöpferischen Reichtum und von der Erfindungskraft Rabelais' gezehrt« (Wilhelm Neef). Er selbst beruft sich gerne auf → François Villon.

Raol de Soissons

→ Trouvère im 13. Jahrhundert. Der Kreuzfahrer wird berühmt mit seinen Chansons »Quant voi la glaive meüre« und »Ha! Belle blonde«.

Raymond, Fred

(eigentlich Friedrich Vesely), österreichischer Komponist, geboren am 20. April 1900 in Wien, gestorben am 10. Januar 1954 in Überlingen am Bodensee. Er schlägt zunächst den Beruf eines Bankbeamten ein, schließt sich 1923 aber als Pianist einem Wiener Amateurkabarett an und schreibt Chansons und Schlager. Seine Lieder »Ich hab mein Herz in Heidelberg verloren« und »In einer kleinen Konditorei« werden Welterfolge. Dann ist er Hauskomponist am Berliner »Metropol-Theater«, wo seine Revue-Operetten wie »Lauf ins Glück« (1934) und »Maske in Blau« (1937) uraufgeführt werden. 1938 kommt seine Operette »Salzburger Nockerln« heraus, die später unter dem Titel »Saison in Salzburg« sehr erfolgreich wird.

Refrain

In strophischer Dichtung regelmäßig wiederkehrende Worte oder Zeilen, meist am Ende einer Strophe. Für die Liedgattungen des 12. bis 16. Jahrhunderts (→ Rondeau, → Virelai, → Ballade) ist der Refrain ein wesentliches, musikalisch gliederndes Element. Auch im Kunstlied des 19. Jahrhunderts sowie in liedartigen Szenen der Oper und im Chanson, Song, Schlager und Jazz tritt er häufig auf.

Reggiani, Serge

französischer Schauspieler und Chansonsänger italienischer Herkunft, geboren am 2. Mai 1922 Sanna (Italien). Er wächst in Paris auf. Später arbeitet er als Friseur und kommt als Statist zum Theater. 1940 übernimmt er seinen ersten größeren Part in → Jean Cocteaus »Les parents terrible«. Danach glänzt er in tragischen Rollen. Sein erstes größeres Filmangebot erhält er 1942 als aufsässiger Jugendlicher in Louis Daquins »Le voyageur de La Toussaint« und steigt rasch zum vielbeachteten Schauspieler auf. 1946 ist er an der Seite von → Edith Piaf und → Yves Montand in dem Streifen »Etoile sans lumière« (deutsch: »Stern ohne Licht«) vor der Kamera. Einen seiner größten Filmerfolge erzielt er 1952 mit dem Film »Caque d'or« (deutsch: »Goldhelm«) unter der Regie von Jacques Becker. Darin spielt er überzeugend einen Verbrecher aus Liebe. Die Partnerin ist Simone Signoret. Sie bringt den Stein zu seiner zweiten Karriere als Chansonsänger ins Rollen. Bei einem Treffen drängt ihr Freundeskreis darauf, Reggiani könne sich als Interpret versuchen. Er läßt sich überzeugen. So beginnt er Mitte der sechziger Jahre zu singen, läßt sich von → Maxime Le Forestier, → Goerges Moustaki und anderen Lieder schreiben und veröffentlicht bald darauf seine erste Schallplatte. 1968 bekommt er für seine Einspielung mit den von Moustaki geschriebenen Chansons »Sarah«, »Ma liberté« und »Madame Nostalgie« den → »Grand Prix de l'Académie du Disque Français«. Drei Jahre später absolviert er einen furiosen Auftritt im → »Bobino«. 1981 singt er im → »Olympia«. Danach folgen nur noch selten Filmaufnahmen. Reggiani bevorzugt für seinen Vortrag opulente, vielstimmige Arrangements. Indem er seinen Vortrag oftmals auf einen melodischen Sprechgesang reduziert, vermeidet er das Abgleiten in Kitsch und Klischees. Kritiker lobten den »reizvollen Kontrast zur orchestralen Instrumentation«.

Reimbaud de Vaqueiras

→ Troubadour, geboren um 1180, gestorben 1207. Er ist berühmt wegen seiner noch heute beliebten → Estampida »Kalenda maya« (um 1200). Die Melodie geht auf eine Volksmelodie zurück.

Reinhardt, Max

(eigentlich Max Goldmann), österreichischer Regisseur und Schauspieler, geboren 1873, gestorben 1943. Er ist passionierter Kabarettliebhaber und wirkt bahnbrechend in der Regie. 1901 gründet er in Berlin mit Gleichgesinnten das Künstlerkabarett → »Schall und Rauch«. Von 1905 bis 1932 übernimmt er die Leitung des »Deutschen Theaters« in Berlin. 1920 ist der Mitbegründer der »Salzburger Festspiele«. Er inszeniert unter anderem in den 30er Jahren im Pariser »Théâtre Pigalle« die Johann Strauß-Operette »Die Fledermaus«. Nach der Machtergreifung der Nationalsozialisten verläßt er Deutschland und geht nach Österreich. 1938 emigriert er in die USA. In Hollywood hebt er eine Theaterschule aus der Taufe und arbeitet beim Film. Hier prägt er einen auf vielfältige Sinneseindrücke abzielenden Stil, zum Beispiel durch rasante Verwendung von Drehbühne und Beleuchtung.

Religiöses Chanson

Bis zum 17. Jahrhundert gibt es keine genaue Trennung zwischen profaner und geistlicher Musik. Nicht selten kommt es vor, daß fromme Verse die Melodie eines frivolen oder zweideutigen Saufliedes zieren. Am stärksten beeinflußt wird das Chanson von den Passionsliedern aus dem 11. Jahrhundert. Daneben sind als Quelle für das Chanson auch die häufig außerhalb des Gotteshaus gesungenen Psalmen der Hugenotten und die Loblieder der Katholiken von Bedeutung. Mitte des 20. Jahrhundert erhält der Begriff »religiöses Chanson« eine neue Richtung. Man versteht darunter die Präsentation von Chansons mit religiösem Inhalt außerhalb des sakralen Raumes. Der Jesuitenpater Aimé Duval war der erste, der 1955

anfing, in Cafés und Sälen von Glaubenswille, Gott und das Göttliche zu singen. Sein Ziel: Er will froh machen, den Menschen Hoffnung schenken, sie zur inneren Einkehr zu bewegen. Sein Erfolg ruft bald andere Geistliche auf den Plan, die ihm nacheifern: Père Didier, Pater Maurice Jean Cocagnac, oder als weibliches Pendant: Sœur Sourire.
Auch das Repertoire der Berufs-Chansonsänger setzt sich mit Religiosität, Vergänglichkeit und Tod Einzug auseinander. → Jacques Brel greift religiöses Empfinden ebenso auf wie → Georges Brassens. Weltberühmt wird das »Chanson pour l'Auvergnat«, das ein Credo an die Nächstenliebe darstellt.

Renaud
französischer Chansonsänger und -komponist, geboren 1952. Er greift Techniken des traditionellen französischen Chansons auf und gibt ihm dennoch sprachlich und musikalisch neue Impulse. Wie → Aristide Bruant und → Georges Brassens bedient er sich ausgiebig des → Argots. Geschickt verbindet er alte Chansonmuster mit rockigem Sound. Der Durchbruch gelingt ihm 1978 mit dem Chanson »Laisse béton«, das Kritiker als »Vorstadt-Western in Chansons« bezeichnen. In »Germaine« besingt er mit präziser Zeichnung des Milieus eine Studentenliebe und in seinem »Chanson pour Pierrot« malt er sich liebevoll das Zusammensein mit → Pierrot aus, beschreibt er die Freundschaft zu seinem Sohn, den er noch nicht hat, aber von dem er träumt.

Renaud, Jean
Titelfigur einer → Ballade aus dem 16. Jahrhundert. »Le roi Jean Renaud«, verbreitet auch unter dem Titel »La mort de Jean Renaud«, ist eines der ältesten Lieder Frankreichs, das in vielen Versionen in allen Provinzen gesungen wird. Jean Renaud ist wohl kein König, aber seine Frau nennt ihn »mon roi«, und das Lied wird im Volk als »König Renaud« bekannt. Es ist eines der schönsten alten französischen Chansons. Die Melodie ist ernst, getragen, schmerzlich, die Worte einfach und tief. Der Zuhörer fragt sich, welches Leid mehr zu beklagen ist – das der jungen Frau, die Angst um ihren Mann hat, schon ehe sie von seinem Tod erfährt, oder das der heldenhaften Mutter, die die Wahrheit schon weiß, aber noch die Kraft hat zu

lügen. Die ganze Treue der Frau ist in diesem Lied spürbar, die ganze mütterliche Liebe.

Repertoire

Bestand an eingeübten Stücken beziehungsweise Rollen bei Musikern, Sängern und Schauspielern.

Résistance

Die von der KPF geführte Widerstandsbewegung. Sie ruft im Juli 1940 gegen Verrat und Versklavung auf. Von London aus bildet sich unter der Leitung von Charles de Gaulle die Bewegung »France libre«. In der Résistance kämpfen viele namhafte Künstler: unter anderem → Jacques Prévert, → Jean Paul Sartre, Albert Camus, → Joseph Kosma, → Arthur Honegger. In ihrem Umfeld entstehen viele Chansons, um die deutsche Besatzungsmacht zu unterminieren. Der »Chant des partisans« von Maurice Druon und Joseph Kessel mit der Musik von Anna Marly findet schnell Verbreitung.

Restauration

Wiederherstellung beseitigter rückschrittlicher gesellschaftlicher oder politischer Zustände; Wiedereinsetzen einer Dynastie, im besonderen die der Bourbonen in Frankreich im Restaurationszeitalter 1815 bis 1830, beziehungsweise bis 1848 (in Deutschland bis etwa 1860).

Reutter, Otto

(eigentlich Otto Pfützenreuter), deutscher Unterhaltungskünstler, Sänger und Komponist, geboren am 24. April 1870 in Gardeleben (Altmark), gestorben am 3. März 1931 in Düsseldorf. Der Sohn eines Hausierers wächst in ärmlichen Verhältnissen auf und beginnt eine Lehre als Kaufmann. Doch schon bald ändert er seinen Namen in Otto Reutter und stoßt zu den Karlsruher »Volkssängern«. Er verdingt sich als Kulissenschieber und Texter. Schon bald hat er seine ersten Bühnenauftritte. 1893 macht er sich selbständig und singt erfolgreich in verschiedenen → Varietés. Sechs Jahre später avanciert er im Berliner Varieté »Wintergarten« zum Publikumsmagnet. In seinen Programmen nimmt er aus seiner bürgerlichen Sicht unter anderem kritisch-parodierend zu Zeitgeschehnissen und zur wilhelminischen Ära Stellung, beispielsweise in dem → Couplet »Die Geschichte des Hauptmanns von Köpenick«. Diese kritische Haltung steht allerdings im Gegensatz zu seinem Engagement für den Krieg, das er in der → Revue »1914« zum Ausdruck bringt. In den letzten Kriegsjahren ist er der Leiter des »Palast«-Theaters in Berlin. »Obwohl Reutter nie in einem Kabarett aufgetreten ist, rechnet man ihn zu den Kabarettisten, und auch das Genre ›Chanson‹ kann ihn aus verschiedenen Gründen in Anspruch nehmen. Da ist einmal die literarische Art seiner Pointen; dann die Musik, die er selbst schreibt, und schließlich die ihm ganz ureigene Art des Vortrages. Da er stets auf den großen Bühnen der Varietés auftritt, stellt er gewissermaßen ein Bindeglied zur englischen → Music-hall dar« (Dietrich Schulz-Koehn). Zwei seiner berühmtesten Couplets sind »In fünfzig Jahren ist alles vorbei« und »Ick wunder mir über jarnischt mehr«. Reutter ist künstlerisch ungeheuer produktiv. Gerade in seinen letzten Lebensjahren schreibt er seine bedeutendsten Werke, wie die Titel »Bevor du sterbst« oder »Sei modern«. Dabei zeigt er sich beim Schreiben seiner Texte als geschickt, routiniert, zugleich aber elegant und einfallsreich. Als sein Hauptziel bezeichnet er es, Zeit und Gesellschaft – soweit es die Zensur zuläßt – möglichst drastisch zu glossieren. Mit ihr kommt er wegen seiner oft respektlosen Parodien immer wieder in Berührung. Seine Texte verbindet er oftmals mit bekannten eingängigen Melodien. Damit erzielt er bei den Zuhörern einen besonderen Überraschungseffekt. Bei seinen Auftritten präsentiert er sich meist im eleganten Frack, der im Widerspruch zu der mehr als stattlichen Figur des Sängers steht. Viele seiner Texte werden zu geflügelten Worten (»In fünfzig Jahren ist alles vorbei«, »Nehm'n Se'n Alten«).

Revolutionslied

Diese Liedgattung ist die wirksamste Waffe der revolutionären Agitation. Sie informiert die Volksmassen und ruft sie zum Handeln auf. Rund 3000 Chansons, davon 150 mit eigenen Melodien, sind allein aus der Zeit während der → Französischen Revolution (1789 bis 1795) überliefert. Der Sturm auf die → Bastille wird ebenso besungen wie die Proklamation der Menschenrechte. Das Motto von Freiheit, Gleichheit und Brüderlichkeit, aber auch die Hinrichtungsorgien finden Einzug in die Chansons. Zum Inbegriff des

Revolutionären wird die von → Claude Joseph Rouget de Lisle verfaßte → »Marseillaise«. Nicht minder bekannt ist das Werk → »Chant du départ« von → Marie-Joseph Chénier und → »La Carmagnole des royalistes«. Das Revolutionslied »Ah, ça ira« ist beispielsweise entstanden, als Pariser Bürger zum Marsfeld strömten, um den Platz für ein Fest der Verbrüderung aller Bürgerwehren Frankreichs am 14. Juli 1790, dem Jahrestag des Sturms auf die Bastille, herzurichten. Die Chansons der Französischen Revolution haben ein ganzes Jahrhundert in der Musik beeinflußt. Aber nicht nur Frankreich weist Revolutionsgesänge auf.
Das polnische Chanson »Warschawjanka«, das Waclaw Swiecicki um 1879 in der Warschauer Zitadelle zur Melodie eines Freiheitsliedes geschrieben hat, »erklingt in allen revolutionären Emanzipationsbewegungen als Kampfaufruf« (Inge Lammel). Zu den nachhaltigsten Werken auf diesem Gebiet gehören auch die beiden, von Hermann Scherchen ins Deutsche übertragenen russischen Revolutionslieder »Brüder, zur Sonne, zur Freiheit« und »Unsterbliche Opfer, ihr sanket dahin«. Sie sind während der Machtergreifung 1917 durch das Proletariat immer wieder in den Straßen des damaligen Petersburg erklungen.

Revolution von 1830

Die Ausgangssituation des Aufstandes ist die Befürchtung der Bevölkerung, das alte, abgeschafft geglaubte System fürstlicher Unterdrückung könne wiederauferstehen. Die Ängste gehen darauf zurück, daß König Charles X. die vorrevolutionären Verhältnisse von 1789 wieder herstellen will. Der Adel soll nicht nur seine alten Titel und Privilegien zurückbekommen, sondern auch eine Milliarde Francs als Entschädigung für den während der Revolution verlorenen Besitz erhalten. Als der Regent am 25. Juli 1830 in einem diktatorischen Akt auch noch die Pressefreiheit abschafft, die Abgeordnetenkammer auflöst und einem Großteil der Bürger das Wahlrecht entzieht, kocht die Volksseele über. Am 28. Juli bricht der Aufstand los. Drei Tage lang tobt der Straßenkampf. Am 3. August dankt Charles X. ab und flüchtet ins Exil. Der »Bürgerkönig« Louis Philipp von Orléans wird zum Oberhaupt der Franzosen gewählt. Die Ereignisse in Paris beeinflußen die nationalen und liberalen Bewegungen in Deutschland, Polen und Belgien. Zahlreiche Chansontexter greifen den Sieg der Bürger gegen den bombastischen Pomp der Privilegierten in ihren Werken auf

Revolution von 1848

Durch die wirtschaftliche Notlage des Landes flammen sozialistische Unruhen auf, die durch General Cavaignac niedergeschlagen werden. König Louis Philipp dankt ab und flieht nach England. Frankreich wird eine Republik, erhält eine parlamentarische Verfassung mit allgemeinem Stimmrecht. Louis Napoleon, der Neffe Napoleons I., wird zum Präsidenten gewählt. Von Frankreich aus ergreift die Februar-Revolution fast ganz Europa. Sie wird vom Bürgertum getragen und setzt liberale Verfassungen durch. In Deutschland wird dadurch unter anderem eine nationale Einheitsbewegung ausgelöst. Die Forderungen lauten: nationale Einheit, Verfassung und Pressefreiheit. Das neue bürgerliche Aufstreben und die Forderung nach »Abschneiden von alten Zöpfen« wird in zahlreichen Chansons dokumentiert und aufgegriffen.

Revue

Gattung des Unterhaltungstheaters. Die Revue verbindet Sprech-, Gesangs- und Tanznummern, Artistik sowie eine meist aufwendige Bühnenausstattung. Die Revue blüht 1830 bis 1848 in Frankreich als parodistisch-zeitkritische Jahresrevue auf. Nach der → Revolution von 1848 wandelt sie sich zum unpolitischen Amüsement. Aus dem → Café-concert übernimmt sie den Solovortrag von → Diseuse und Chansonsänger. Die Revue nimmt auch Elemente aus englischer → Music-hall und → Varieté sowie aus der Operette auf und entwickelt sich um 1880 zur Ausstattungsrevue in Häusern wie → »Folies Bergère«, → »Chat Noir« und → »Moulin Rouge«. Von Paris aus gelangt sie um die Wende zum 19. Jahrhundert in die europäischen und amerikanischen Großstädte. Zentrum der deutschsprachigen Revue ist neben Wien auch Berlin. Nach 1930 verliert die Revue an Bedeutung.

Richafort, Jean

franko-flämischer Komponist, geboren um 1480 im Hennegau, gestorben um 1547 in Brügge. Er ist wahrscheinlich ein Schüler von → Josquin Desprez und von 1507 bis 1509 Kapellmeister an Saint

Rombaud in Mecheln. 1531 wirkt er in Brüssel im Dienste der Regentin Maria von Ungarn und von 1543 bis 1547 als Kapellmeister an Saint-Gilles in Brügge. Er schreibt unter anderem Nessen, Motetten und Chansons.

Rinconette

Trinklied.

Ringelnatz, Joachim

(eigentlich Hans Bötticher). Der Sohn eines Kunstgewerblers ist eine schillernde Persönlichkeit. Er arbeitet in rund dreißig Berufen, fährt jahrelang zur See und dient im Ersten Weltkrieg bei der Marine. Als → Bänkelsänger und Kabarettdichter erwirbt er sich einen Namen mit seinen scheinbar improvisierten, unliterarischen Versen. Sie entspringen einer skurrilen, heiter-melancholischen Philosophie. Seine Karriere beginnt als Hausdichter des Münchner Kabarettlokals → »Simpl«. Dort tritt er 1907 jeden Abend für einen Schoppen Wein, ein Abendessen und zwei Mark auf. Seine Skala reicht vom derben Seemannsong bis zum zarten lyrischen Chanson. Ringelnatz ist ein einsamer → Bohemien in einer imperialistischen Umwelt. Seine Kritik an dieser Umwelt ist gemütlicher Art. Politisch hat er es nie zu entscheidenden Einsichten gebracht. Er liebt und bemitleidet die von den herrschenden Klassen seiner Zeit getretenen Menschen und schlägt gelegentlich sozialkritische Töne an (»Dritter Klasse«). Ringelnatz gibt sich gern als Bürgerschreck mit sarkastischem Spott; er selbst bleibt aber zeitlebens ein Bürger und kritisiert lediglich den Lebensstil, die Umgangsformen seiner Mitbürger, ihr privates, nicht ihr soziales Verhalten. Sein ewig besoffener Seemann Kuddel Daddeldu hat ihn berühmt gemacht. Aber er hat mehr geschaffen als diese volkstümliche Figur. Ganz gegen seine eigene, bescheidene Meinung ist er ein Dichter. Von seinen Chansons werden »Turnermarsch«, »Das Mädchen mit dem Muttermal« und »Lied von der Hochseekuh« berühmt.

Rittertum

Der mittelalterliche Berufskriegerstand entwickelt sich aus dem Lehenswesen und ersetzt allmählich das Volksheer. Blütezeit der ritterlichen Kultur ist die Zeit der → Kreuzzüge und der staufischen

Kaiser um 1200. Die Ausbildung der Ritter geht in festen Formen vor sich: Mit sieben Jahren Edelknabe, mit 14 Jahren Knappe, mit 21 Jahren Ritter durch Ritterschlag. Im → Minnesang spiegelt sich das Wesen des Rittertums: Zucht, Treue und Ehre, christliche Barmherzigkeit, Schutz der Schwachen und Minnedienst. Im Spätmittelalter entartet das Rittertum teilweise zum Raubrittertum. Die Chansons der → Troubadours und → Trouvères und der Minnesang leben von den Idealen des Rittertums.

Rive gauche

Bezeichnung für die Pariser Chansonszene in den Stadtteilen auf der linken Uferseite der → Seine. Hier befindet sich unter anderem das → Quartier Latin mit seinem Studentenviertel, → Saint-Germain-des-Prés und die vielen kleinen → Cabarets.

Rohland, Peter

deutscher → Liedermacher und Mitbegründer des → »Festival Chanson Folklore International« auf → Burg Waldeck, geboren am 22. Februar 1933 in Berlin, gestorben am 5. April 1966 in Berlin. Kurz nach der Geburt zieht er mit seinen Eltern nach Breslau. Sein Vater ist Jurist und ausgebildeter Opernsänger, der dem Sohn bereits früh Gesangsunterricht erteilt. 1939 trennen sich die Eltern. Die Mutter zieht mit ihren Kindern zunächst nach Stuttgart, dann nach Göppingen. Rohland tritt der »Schwäbischen Jungendschaft« bei. Hier flammt sein Interesse für Musik neu auf. Nach dem Abitur unternimmt er 1954 eine Reise in den Vorderen Orient schreibt unter diesen Eindrücken erste Lieder. Zurück in Deutschland beginnt er ein Jurastudium, belegt nebenbei Musikwissenschaft und hat erste Auftritte als Sänger. 1956 entdeckt ihn Willi Schaeffer, der ihn fortan unterstützt und ihm Bühnengastspiele verschafft. Nach einer Begegnung mit dem französischen Chansonsänger Daniel Lalou geht er 1962 nach Paris. Dort erhält er Auftrittsmöglichkeiten in den → Cabarets »La Contrescarpe« und »Petit Pont« sowie im französischen Rundfunk und beim Fernsehsender »R.T.F.« In Deutschland stellt er unter der Mitarbeit von Experten jiddischer Sprache ein Repertoire an jiddischen Liedern zusammen. Dieses Programm führt er erstmals 1963 in der »Galerie Diogenes« in Berlin auf und kann Publikum wie Kritiker begeistern. Parallel dazu arbeitet er an einem zweiten Konzept, seinen »Landstreicherballaden«. 1964 erscheint Rohlands Schallplattendebüt. Zusammen mit den Brüdern → Hein und Ossi Kröher sowie den Mitgliedern der »Arbeitsgemeinschaft Burg Waldeck« begründet er im gleichen Jahr das »Festival Chanson Folklore International«. Im Jahr darauf steht er in diesem Rahmen mit seinem neuen → Repertoire »Lieder deutscher Demokraten 1848« auf der Bühne. Nach seinem Tod gerät er schnell in Vergessenheit. Zehn Jahre später veröffentlicht seine Plattenfirma jedoch noch eine Gesamtedition seiner Lieder (»Lieder deutscher Demokraten«, »Lieder des → François Villon«, »Jiddische Lieder«, »Landstreicherballaden« und »Lieder von Anderswo«). Trotz seiner prägnanten Stimme läßt Rohland niemals die Musik die Oberhand über den Text gewinnen. Sein Ziel ist ein intellektueller, kritischer Umgang mit dem Textmaterial, durch den er das Publikum zum Nach- und Mitdenken anregen will und nicht der emotionale Ausdruck. »Die heutige Liedermacherszene ist ohne sein Schaffen nicht denkbar« (Hartmut Huff).

Rolandslied

(Chanson de Roland). Das bekannteste und künstlerisch bedeutendste Epos seiner Zeit (um 1100). In ihm besingt der Pfaffe Konrad dichterisch → Karl den Großen und seinen Neffen Roland, der 778 mit der ganzen Nachhut bei Roncesvalles gegen eine arabische Übermacht gefallen sein soll. Die rund 4000 Verse sind zur Harfe oder zur Leier gesungen worden, gelegentlich getanzt oder pantomimisch dargestellt.

Romanze

lyrisches Musikstück in freier Liedform. Im 12. und 13. Jahrhundert versteht man darunter das lyrisch-epische Chanson dramatischen Inhalts galloromanischer Herkunft (in → provenzalischer Mundart). Eine der ältesten erhaltenen Romanzen ist die von »Raynaut und Erembor«. Da darin vom »König der Franken« die Rede ist, könnte das Chanson noch im 10. Jahrhundert entstanden sein. Später wechselt die ursprüngliche Bedeutung. Man verbindet damit das meist satirisch oder witzig pointierte → Vaudeville. Die Komponisten des 18. Jahrhunderts bezeichnen mit Romanze wiederum volkstümlich-sentimentale Strophenlieder.

Rondeau

Ein vom 13. bis 15. Jahrhundert verbreitetes Rundtanz- oder Reigenchanson. Es wird im Wechsel von Vorsänger und Chor gesungen. Zwischen den wiederkehrenden, meist zwei Refrainzeilen fügen sich Zusatzzeilen mit gleichem Endreim ein, die sich inhaltlich auf den Refrain beziehen. Das Rondeau findet zusammen mit → Ballade und → Virelai besonders im höfischen Umkreis Pflege und Aufmerksamkeit. Seit dem 13. Jahrhundert wird es auch mehrstimmig vertont (16 dreistimmige Rondeaux von → Adam de la Halle). Im 14. Jahrhundert greift es die kunstvolle Mehrstimmigkeit der → »Ars nova« auf.

Ronsard, Pierre de

französischer Dichter und Führer der → Plejade, geboren 1525, gestorben 1585. Sein Anliegen ist es, die französische Sprache zu »verklären und veredeln«. Er selbst bezeichnet seine Gedichte als »wunderbar für Musik geeignet«. Annähernd ein Dutzend Komponisten teilen diese Einschätzung und vertonen seine Liedzyklen in schönster → Polyphonie. Er schreibt Oden, Sonette und das Nationalepos »La franciade«.

Rose Rouge

→ Cabaret in Paris. Die Komponistin und Chansonsängerin → Mireille gründet das Lokal 1949 zusammen mit ihrem Freund → Jacques Prévert. Für den großen Andrang ist das Lokal bald zu klein. Die Inhaber siedeln in einen größeren Kellerraum in der Rue de Rennes um. In kurzer Zeit wird das Gewölbe zum Mekka der Existentialisten im Viertel von → Saint-Germain-des-Prés. »Das Programm bietet Parodien, surrealistische und linke Lieder, Puppenspiele, Marceau-Pantomimen und alte Volksgesänge – vor allem aber wird kräftig gegen die neue → Bourgeoisie revoltiert.« → Boris Vian tritt hier ebenso auf wie → Marcel Mouloudji und → Juliette Gréco. Das Lokal ist nicht nur ein Treffpunkt der Neureichen und Privilegierten. Mit seiner eigenen künstlerischen Präsenz gibt es vielfältige Anregungen für die Chansonsszene. Das Unternehmen existiert bis 1958.

Rossi, Tino
(eigentlich Constantin Rossi), französischer Chansonsänger, geboren am 29. April 1907 in Ajaccio (Korsika), gestorben am 27. September 1983 in Neuilly-sur-Seine. Der typische Vertreter des → »Chanson de charme« ist buchstäblich über Nacht berühmt geworden. Von 1935 bis etwa 1965 hinein erfreut er sich ungebrochener Beliebtheit. Mit seiner Stimme und seinen sentimentalen Liebesliedern findet er vor allem bei den Frauen großen Anklang, die ihn als die Idealfigur des »latin lovers« sehen. Kritiker versinnbildlichen ihn dagegen als Inbegriff eines »Schmalzsängers«. Als er 1934 zum erstenmal im Pariser → »Théâtre de l'A.B.C.« auftritt, werden allein in einem Jahr von ihm fast eine halbe Million Schallplatten verkauft. Zu seinem größten Hit steigt »Vieni, vieni« auf. Er ist der erste Plattenkünstler Frankreichs, dessen Umsätze die Millionengrenze überschreiten. Auch im Film ist ihm Erfolg beschieden.

Rotrouenge
(auch: rotrowenge). In der Kunst der → Trouvères ein Chanson mit ernstem Inhalt. Die Strophen bestehen aus drei bis fünf gleichreimenden Versen mit gleicher Melodie und einem zweizeiligen → Refrain mit neuem Reim und eigener Melodie. Der Name geht wahrscheinlich auf den Grafen Rotrou zurück. Die Rotrouenge ist auch im deutschen → Minnesang nachgewiesen. Sie ist dort eine der beliebtesten Formen des Gesellschaftsliedes. Hier wird Refrain im Chor gesungen.

Rouget de Lisle, Claude Joseph
französischer Offizier, Schriftsteller und Komponist, geboren 1760, gestorben 1836. Er geht als Schöpfer der → »Marseillaise«, die er Ende 1792 in Strasbourg verfaßt, in die Geschichte des Chansons ein. Zeitlebens muß der Hauptmann der Rheinarmee allerdings gegen Vorwürfe ankämpfen, die die Authentizität seiner Melodie anzweifeln. 1826 gibt er im Selbstverlag 50 Chansons heraus, die den Autor wirtschaftlich ruinieren und ins Gefängnis bringen.

Rousseau, Jean-Jacques
französisch-schweizerischer Philosoph, Schriftsteller und Komponist, geboren am 28. Juni 1712 in Genf, gestorben am 2. Juli 1778

Jean Jacques Rousseau: Wegbereiter für eine naturgemäße Erziehung.

in Ermenonville. Er führt ein unstetes Wanderleben. Seine »Abhandlung über die Künste und Wissenschaften« (1750), in der er die Möglichkeit jeglichen Fortschritts leugnet, macht ihn mit einem Schlage berühmt. In Paris stößt er zu den »Enzyklopädisten«, lebt ab 1756 bei Montmorency, ab 1763, des Atheismus angeklagt, in der Schweiz und in England. 1767 kehrt er wieder nach Frankreich zurück. Rousseau ist einer der geistigen Wegbereiter der großen → Französischen Revolution, hauptsächlich durch seine Schriften »Le contrat social« (Verkündung der Souveränität des Volkes, das sich freiwillig durch den »Gesellschaftsvertrag« zum Staat zusammenschließt) und »Emile«, einen Erziehungsroman, in dem er eine naturgemäße Erziehung (»Zurück zur Natur!«) predigt. Von musikgeschichtlich weit ausstrahlender Wirkung ist auch seine Auffassung von der Musik in der Sprach- und Erziehungstheorie. Ebenfalls großen Erfolg erzielt die Komische Oper »Le devin du village« (1752), eine Nachahmung der italienischen Opera buffa, die durch die Verwendung des Chansons für die Frühgeschichte der französischen Opéra comique von Bedeutung ist. Sein Werk umfaßt auch zahlreiche Chansons, die in dem Sammelband »Les consolations des misères de ma vie« 1781 posthum erschienen sind. Sie lehnen sich äußerlich an die → Romanzen und → Bergerettes an und sind inhaltlich vor allem seiner Idee »Zurück zur Natur!« verpflichtet.

Rühmann, Heinz

deutscher Filmschauspieler und Sänger, geboren am 7. März 1902 in Essen, gestorben am 3. Oktober 1994 in Aufkirchen / Berg. Er bricht das Gymnasium vor dem Abitur ab und nimmt Schauspielunterricht. Ab 1920 tritt er an verschiedenen Theaterbühnen auf. 1926 erhält er seine erste Filmrolle in »Das deutsche Mutterherz«. Vier Jahre später feiert er in Wilhelm Thieles Tonfilm-Operette »Die Drei von der Tankstelle« einen großen Erfolg. Er steigt zu einem der meistbeschäftigten Komiker des deutschen Films auf und verkörpert die »Inkarnation des schüchtern-lausbübischen kleinen Mannes, der durch Pfiffigkeit, kleine Schwindeleien und Frechheiten Erfolg hat, sich im übrigen in sein Geschick fügt und Widersprüche verharmlost« (Lexikon Filmschauspieler international). Auch als Tolpatsch, der mit treuen Dackelblick von einem Fettnäpfchen ins nächste stolpert (»Nanu, Sie kennen Korff noch nicht?«) gelingen

Heinz Rühmann: Plakat seines Erfolgsfilmes »Die Drei von der Tankstelle«.

ihm Paraderollen. 1931 steht er neben → Hans Albers in dem Film »Bomben auf Monte Carlo« vor der Kamera. 1938 führt er erstmals Regie (»Lauter Lügen«) und produziert unter anderem »Quax, der Bruchpilot« (1941). Mit dem 1944 gedrehten Streifen »Die Feuerzangenbowle« gelingt ihm ein weiterer Hit. Nach dem Zweiten Weltkrieg kreiden ihm Kritiker an, in »Machwerke der Wehrertüchtigungspropaganda« mitgewirkt zu haben. Doch davon will Rühmann nichts wissen: »In keinem meiner Filme weht eine Hakenkreuzfahne!« In seinen späteren Filmen »weicht die Unbekümmertheit seiner Charaktere der Tragikomik. Rühmann ist in ernsten, väterlichen und Charakterrollen auf der Bühne wie im Film erfolgreich: Mit Bundesfilmpreisen ausgezeichnet für ›Der Hauptmann von Köpenick‹ und ›Das schwarze Schaf‹« (Lexikon Filmschauspieler international). »Heinz Rühmann hat die Deutschen zum Lachen gebracht, als sie nichts mehr zu lachen hatten« (Stern). Titelauswahl seiner Chansons: »Ich breche die Herzen der stolzesten Frau'n« (aus dem Film »Fünf Millionen suchen einen Erben«), »Jawoll, meine Herrn« (mit → Hans Albers), »Das kann doch einen Seemann nicht erschüttern« und »Mir geht's gut«.

Rutebeuf

(auch Rustebeuf) → Ménestrel, plebejischer Dichter und Gaukler, geboren um 1230, gestorben um 1285. Er stammt aus der Champagne und ist einer der bekanntesten → Puy-Sänger. Von 1250 bis 1285 lebt er in Paris, arm und verbittert, vor allem nach dem Tode seiner Gönner, des Comte Alfons de Poitiers und der ältesten Tochter des Königs Louis IX., Isabelle. Neben einem Mirakelspiel und moralisch-allegorischer Poesie schreibt er vor allem satirische Chansons. Darin tadelt er die Mönchsorden, daß sie sich auf Kosten der Armen bereichern. Er klagt Papst und Kirche an und nimmt Partei für die Pariser Studenten gegen die Anmaßungen der Dominikaner. Rutebeufs Chansons muten mit ihrer »Sprachgewalt und -gewandtheit sowie der persönlichen Unmittelbarkeit ihrer Aggressivität villonesk an«.

S

Sablon, Jean

französischer Chansonsänger, geboren 1906 in Nogent-sur-Marne. Sein Vater ist Komponist. Der Vertreter des → »Chansons de charme« präsentiert sich 1930 im → »Casino de Paris« an der Seite der → Mistinguett als Revue-Sänger. 1932 produziert er seine erste Schallplatte gemeinsam mit → Mireille, die ihn als Chansoninterpreten favorisiert. Später hängt er sich an die revolutionäre Swing-Welle, als → Charles Trenet und Johnny Hess 1936 für ihn den Titel »Vous qui passez sans me voir« zu Papier bringen. Vor dem Zweiten Weltkrieg gastiert er am Broadway. Von 1940 bis 1946 lebt er in Nord- und Südamerika, kehrt dann nach Frankreich zurück.

S.A.C.E.M.

(Abkürzung für Société des auteurs, compositeurs et éditeurs de musique). Verfasser von Chansons gründen 1851 diese Verwertungsgesellschaft von Urheberrechten. Der Sitz befindet sich in Paris. Sie ist Vorbild für die deutsche GEMA.

Saint-Germain-des-Prés

Stadtteil in Paris. Nach dem → Montparnasse wird er um 1946 der neue Treffpunkt der Theater- und Filmleute, Jazzmusiker, Chansoninterpreten und Schriftsteller. Die legendäre Pariser Kulturrevolution, die unter dem Stichwort »Existentialismus« in die Nachkriegsgeschichte eingeht, macht den Stadtteil berühmt. Allein der Name sei ein Chanson, das aus lauter Namen besteht, meint → Jacques Prévert. Hier geben → Juliette Gréco, → Catherine Sauvage, → Barbara, → Serge Gainsbourg und → Jean-Paul Sartre dem Chanson neue Impulse und eröffnen ihm neue Möglichkeiten der Ausdrucksweise.

Salis, Rodolphe

Baron de la tour de Naintre, französischer Literat, Zeichner und Kabarettist, geboren um 1830, gestorben 1897. Der Sohn eines Likörfabrikanten und Bierbrauers wittert in den ehemaligen → Goguettes und → Caveaux das große Geschäft, wenn man sie dem zahlungskräftigen Publikum zugänglich macht. Auf dem → Montmartre eröffnet er 1881 ein → Cabaret, nennt es → »Chat Noir« und läßt dort die Stars der Chansonszene auftreten. Mit diesem Schritt wird er zum Stammvater einer neuen Kunstrichtung, des → Chanson artistique.

Sartre, Jean-Paul

französischer Schriftsteller und Philosoph, geboren am 21. Juni 1905, gestorben am 15. April 1980 in Paris. »Er gilt als einer der bedeutendsten, wenn nicht der bedeutendste Vertreter der französischen Nachkriegsliteratur. In seinem erzählerischen, dramatischen und philosophisch-essayistischen Werk hat er die Grundideen seiner Exsistenzphilosophie in immer neuen Varianten wirkungsvoll dargestellt und zugleich in seinem politischen Engagement seine als Philosoph und Schriftsteller erworbene Reputation für von ihm als wichtig empfundene Anliegen energisch in die Waagschale geworfen« (Knaurs Großer Schauspielführer). Der Sohn eines Marineoffiziers wird nach seinem Philosophiestudium Gymnasiallehrer. 1934 geht er als Stipendiat für ein Jahr nach Berlin. Vier Jahre später erscheint sein Roman »Das Ekel«. Als Sanitäter gerät Sartre 1940 in deutsche Kriegsgefangenschaft. 1941 wird er freigelassen, nimmt seine Lehrtätigkeit in Paris wieder auf, beginnt mit der Niederschrift seines ersten philosophischen Hauptwerks »Das Sein und das Nichts« und tritt der → Résistance bei. 1945 gründet er die Zeitschrift »Les Temps Modernes«, das Sprachrohr der Existentialisten, und lebt seitdem als freier Schriftsteller in der Seine-Metropole. Politisch stark engagiert, tendiert Sartre mehr und mehr zum Kommunismus. 1959 erscheint sein zweites Hauptwerk, »Kritik der dialektischen Vernunft«. 1964 erhält er den Nobelpreis für Literatur, den er ablehnt. »In seinen Theaterstücken geht es ihm darum, sich aus der Ohnmacht der Intellektuellen zu lösen und mit seinen Werken die politisch-soziale Gegenwart mitzubestimmen. Immer handelt es sich in seinen Dramen um die gesellschaftliche Einkesselung eines Individuums, die die These der absoluten Freiheit ebenso fragwürdig erscheinen läßt, wie die Gewalt, die sie herausfordert« (Mosaik Schauspielführer). Wichtige Werke: »Die Fliegen« (1943), »Bei geschlossenen Türen« (1944), »Tote ohne Begräbnis« und »Die ehrbare Dirne« (1946), »Die schmutzigen Hände« (1948), »Der Teufel und der liebe Gott« (1951), »Das Spiel ist aus« (1958), »Die Eingeschlossenen« (1959). Daneben schreibt er eine Reihe von Chansons. Sie werden unter anderem von → Joseph Kosma vertont. Für → Juliette Gréco verfaßt er den Titel »Rue des blancs manteaux«.

Sauvage, Catherine
französische Chansonsängerin und Bühnenschauspielerin, geboren am 29. Mai 1929 in Nancy. Ihr Debüt feiert sie im »Le Boeuf sur le Tôit«. Sie lernt → Léo Ferré kennen und bekommt mit der Interpretation seines Titels »L'homme« 1954 den → »Grand Prix de l'Académie du Disque Français«. Kritiker sprechen von »ihrem nackten, bewegten Gesicht, auf dem alle Gefühle beieinander sind, so wie die strömende Bewegung auf der Oberfläche eines tiefen Gewässers«. Sie stellen in ihrem Vortrag »nichts Gewolltes, Affektiertes, Gekünsteltes« fest, sehen dafür eine Frau, »die ohne die geringsten Tricks dem Publikum Empörung, Hoffnung und die Leiden der Menschen offenbart«. »Ihre Stimme hat einen eigenen Zauber; ohne der Melodie Abbruch zu tun, scheint es, als ob sie ihre Chansons jemanden ins Ohr flüstere«, heißt es weiter. Als Schauspielerin verkörpert sie auf der Bühne Rollen in Stücken von → Bertolt Brecht und Claudel. Beim Festival in Annecy verkörpert sie die »Heilige Johanna« von Bernard Shaw.

Savoir vivre
Lebensart. Die Kunst des angenehmen Lebens wird in vielen Chansons aufgegriffen, verherrlichend, aber auch zuweilen kritisch betrachtend.

Savoyard
französischer Chansonsänger, geboren um 1600, gestorben nach 1665. Er übt das Gewerbe eines → Jougleurs aus, zieht von einem Ort zum anderen und singt auf Märkten und in Bürgerhäusern der Städte. Als er 1665 auf dem → Pont-Neuf auftaucht, ist er blind und fasziniert mit seiner außergewöhnlichen Stimme die Passanten. 1645 erscheinen seine Chansons bei Jean Promés in Paris unter dem Titel »Recueil général des chansons du capitaine Savoyard, par lui seul chantées dans Paris«.

Schall und Rauch
Künstlerkabarett in Berlin. Das Lokal wird 1901 von → Max Reinhardt, Friedrich Kayssler, Gertrud Eysoldt, Luise Dumont und Eduard von Winterstein gegründet. Es wird die Heimstatt von unzähligen Chansoninterpreten. Nach dem Ersten Weltkrieg wird das Kabarett – wiederum von Max Reinhardt – neu gegründet.

Schiffer, Marcellus
Schriftsteller und Chansonautor, geboren 1892, gestorben 1932. Ursprünglich Zeichner. Dem Chansontexter an der → »Wilden Bühne« von → Trude Hesterberg liegen zeitkritische Werke am Herzen. Er ist mit der Sängerin → Margo Lion verheiratet. 1928 hebt er mit → Mischa Spoliansky die Revue »Es liegt in der Luft« aus der Taufe. → Marlene Dietrich und Margo Lion singen darin das Duett »Wenn die beste Freundin«. Das Chanson porträtiert Frauen, die ihre Männer abschieben und zueinanderfinden. Das Lied wird zur inoffiziellen Hymne der lesbischen Bewegung in Deutschland. Überhaupt stürzt sich Schiffer mit Vorliebe auf aktuelle erotische Schlagwörter, wie in »Sexappeal« (1930) und »Ich bin ein Vamp« (1932). Er wählt den Freitod.

Schnog, Karl
Unterhaltungskünstler und Chansonsänger, geboren 1902 in Köln, gestorben 1964 in Berlin. Er ist Vortragskünstler und tritt mit eigenem → Repertoire in verschiedenen Berliner Künstlerkabaretts auf, so im → »Café Größenwahn«, in der → »Wilden Bühne« und im »Kabarett der Komiker«. 1924 gründet er mit → Erich Weinert, Leon Hirsch und Claus Clauberg »Die Wespen«. Bei der Machter-

greifung durch die Nationalsozialisten emigriert er zunächst in die Schweiz, dann nach Luxemburg, Dort gerät er den Nazis in die Hände und wird ins Konzentrationslager verschleppt. 1946 kehrt er nach Berlin zurück. Von seinen Chansons sind »Angst vor'm Schwimmunterricht«, »Vom Geldverdienen« und »Na ja! Klagelied eines Häftlings«, das 1943 im KZ entsteht, berühmt geworden.

Schröder, Friedrich
deutscher Komponist, geboren am 6. August 1910 in Näfels (Kanton Glarus), gestorben am 27. September 1972 in Berlin. Er studiert in Münster (Westfalen) und in Berlin, arbeitet dann als Arrangeur und Kapellmeister, wirkt von 1934 bis 1937 am Berliner »Metropol«-Theater und anschließend als freischaffender Film- und Operettenkomponist. Am bekanntesten sind seine Melodien »Man müßte Klavier spielen können« und »Liebling, was wird nun aus uns beiden«, das Walzerlied »Ich tanze mit dir in den Himmel hinein«, »Laß die Frau, die dich liebt, niemals weinen« und das von → Willi Forst kreierte Chanson »Gnädige Frau, wo war'n Sie gestern?«

Schroth, Hannelore
deutsche Bühnen- und Filmschauspielerin, geboren am 10. Januar 1922 in Hamburg. Sie etabliert sich als wandlungsfähige Mimin. Gelegentlich singt sie auch Chansons wie »Berliner Wiegenlied«. Sie wirkt bei den Langspielplatten »Es lag in der Luft – Chansons der zwanziger Jahre« und »In diesem Sinn ihr Knigge« mit.

Schultze, Norbert
deutscher Komponist, geboren am 26. Januar 1911 in Braunschweig. Er studiert zunächst in Köln Musik, spielt dann bei den → »Vier Nachrichtern« Klavier und kommt über eine Kapellmeister-Laufbahn zum Film. Er schreibt Bühnenwerke und im Krieg »Kampflieder«, aber auch das chansonhafte »Lili Marleen«, das in zahlreichen Übersetzungen um die Welt geht.

Scotto, Vincent
französischer Chansonkomponist, geboren 1874 in Marseille, gestorben 1958 in Paris. Er kommt 1906 nach Paris, wo er »La tonkinoise« schreibt. Es folgen weitere Erfolge wie »Les ponts de Paris«

(1913), »Cabotin« (1916), »Mon Paris« (1925) und → Josephine Bakers berühmtestes Chanson »J'ai deux amours« (1930). Insider sagen Scotto nach, daß er die Kunst beherrsche, für einen Chansonsänger das richtige Chanson zu schreiben. Einen Namen macht er sich vor allem mit dem Titel »Vieni, vieni«, mit dem → Tino Rossi einen Welthit hat. Scotto schreibt auch die Musik für zahlreiche Filme (wie »Marinella, ah reste encore dans mes bras« und »Naples au baiser de feu«).

Seefahrerchanson

Dieses Genre entsteht in jener Zeit, in der Frankreich unter Richelieu zu einer Seemacht aufsteigt. Beispiel: »Les filles de La Rochelle«. Die Texte strotzen oft vor erotischer Symbolik.

Seine

größter Fluß in Nordfrankreich. Er fließt durch Paris. Viele Chansons, so von → Léo Ferré, nennen die Seine in ihrem Text, vor allem Liebeschansons, bei denen die Liebenden an den Flußufern wandeln.

Serena

Abendlied der → Troubadours. Später wird daraus die Serenade, das Ständchen.

Sieben Tantenmörder

Kabarettlokal in München. Es wird gegründet kurz nach der Wende zum 20. Jahrhundert von dem ungarischen Komponisten Béla Laszky und Joseph Vallé. Zu ihrem Stammensemble engagieren sie → Frank Wedekind, → Marya Delvard und Marc Henry. Als Chansonsängerinnen agieren unter anderem Mary Irber und Else Ward. Doch die »Tantenmörder« können sich nicht lange halten. Als »Intimes Theater« existiert das Unternehmen noch bis 1906.

Simpl

Künstlerkabarett in München. Der Verleger Albert Langen verleiht dem → Kabarett den Namen seiner satirischen Zeitschrift »Simplizissimus«. Der »Simpl«, von der Wirtin → Kathi Kobus 1903 ins Leben gerufen, erhält seine besondere Note durch den Hausdichter

→ Joachim Ringelnatz, der 1909 seinen Einstand mit der »Simpl«-Hymne auf die Melodie »Strömt herbei, ihr Völkerscharen« gibt: »Mitternacht ist's. Längst im Bette / Liegt der Spießer steif und tot. / Ja, dann winkt das traulich nette / Simpl-Gasglüh-Morgenrot. / Und mich zieht's mit Geisterhänden, / Ob ich will, ob nicht, ich muß, / Nach den bildgeschmückten Wänden / In den Simplizissimus.« → Peter Kreuder ist hier acht Jahre lang musikalischer Leiter. → Lale Andersen beginnt hier ihre Karriere. Zu den Stammgästen des »Simpl« gehört unter anderem auch → Frank Wedekind. Von 1912 bis 1920 ist das Kabarett geschlossen. Nach der Wiedereröffnung engagiert Kathi Kobus Theo Prosel als künstlerischen Leiter. Während der Weltwirtschaftskrise muß die Inhaberin das Kabarett endgültig aufgeben.

Sinatra, Frank

(eigentlich Francis Albert Sinatra), amerikanischer Filmschauspieler und Sänger, geboren am 12. Dezember 1915 in Hoboken (New Jersey), gestorben am 14. Mai 1998 in Los Angeles. Nach dem Besuch der High School wird er Sportreporter und Sänger bei der Gruppe »The Hoboken Four«. Später singt er bei einigen der berühmtesten Bands, darunter 1939 der von Harry James und von 1940 bis 1942 bei der von Tommy Dorsey. Der Durchbruch gelingt ihm 1942 mit seinem überaus erfolgreichen Acht-Wochen-Engagement im New Yorker Paramount-Theater, das ihn in den ganzen Staaten berühmt macht. Zuvor spielt er bereits Rollen in einigen Filmen und produziert Schallplatten. Mit einer riesigen, ihn blind verehrenden Gefolgschaft steigt »The Voice«, wie er genannt wird, zum Schwarm unzähliger Mädchen auf und erreicht als Schallplattenstar mit Titeln wie »Angel Eyes, »The Lady Is A Tramp«, »Strangers In The Night«, »New York, New York« und »My Way« Weltruhm. Zeitweilig sind mehr als 40 Millionen Fans in Frank Sinatra-Clubs organisiert. Daneben startet er eine Filmkarriere, die ihm unter anderem »Oscar«-Nominierungen für »From Here To Eternity« (deutsch: »Verdammt in alle Ewigkeit«) und »The Man With The Golden Arm« (deutsch: »Der Mann mit dem goldenen Arm«) einbringt. 1960 gründet er die Schallplattenfirma »Reprise«. Zwei Jahrzehnte später zieht er sich weitgehend von der Filmarbeit zurück. Wiederholt geht er allerdings mit seinen Freunden Sammy Davis Jr. und Dean

Martin auf Konzertreise. 1980 gibt »Frankieboy« in Rio de Janeiro ein Konzert vor 150 000 Menschen. Prügeleien und Saufgelage haben allerdings seine Karriere überschattet. Immer wieder sind gegen ihn auch Vorwürfe erhoben worden, er stehe in enger Verbindung zur Unterwelt, zur Mafia und hege Sympathien für die Kommunisten. Der Frauenliebling, dem zahlreiche Affären nachgesagt werden, hat viermal geheiratet.

Sirventes

Eine der Hauptgattung der Lyrik der → Troubadours. Das Sirventes ist ursprünglich inhaltlich und formal nicht festgelegte, bezahlte Auftragsdichtung. Seit etwa 1150 wird es als Rüge-, Kriegs- und Morallied zu einer Form der satirischen Dichtung. Hauptvertreter sind → Giraut de Borneilh, → Marcabru und → Peire Cardenal. Darin kritisieren und beleuchten die Verfasser ironisch die Unzulänglichkeiten ihrer Zeit. Geistlichkeit, Fürsten und andere Personen aus dem Stand der Obrigkeit werden unter die Lupe genommen, zurechtgewiesen und nicht selten mit bittersten Worten gegeißelt. Heinrich Stiefel nennt diese Art von Sirventesen »eine Hintertreppenpolitik«. »Von einem Hinterhalt aus schütten sie vor den Augen der ganzen Mitwelt auf ihre Gegner erbarmungslos ihren beleidigenden Spott aus.«

Sobregaga companhia

Die »überaus heitere Gesellschaft« führt in Toulouse Sängerwettstreite durch. Die Sieger erhalten Blumen.

Société chantante

Sängerbund. In Paris existieren davon zwei Spielarten: die im 18. Jahrhundert entstehenden → Caveaux, deren Mitglieder meist liberale Literaten sind, und die jüngeren → Goguettes, deren Stamm Handwerker, Arbeiter und progressive Schriftsteller bilden.

Frank Sinatra: blind verehrende Gefolgschaft.

Soldatenchanson

Besonders bekannt ist »Trois jeunes tambours«. Das Lied erscheint selbst in deutschen Liedersammlungen. Aber auch »Auprès de ma blonde« und »Martin prit sa serpe« finden Gehör. Von poetischem und musikalischem Reiz, liebenswürdig-melancholisch und von mystischen und realistischen Zügen durchzogen ist »Sur les marches du palais«. 1831 erscheinen Soldatenchansons unter dem Titel »Les loisirs de deux gardes nationaux«. Darin wird hautpsächlich der Enthusiasmus über die »Trois glorieuses«, die drei glorreichen Tage der → Revolution von 1830 in Chansons zum Ausdruck gebracht.

Sorbonne

Universität in Paris. Sie wird 1253 von Robert de Sorbon gegründet.

Spoliansky, Mischa

(eigentlich Arno Billing), deutscher Komponist, geboren 1898, gestorben 1985. Er ist einer der bedeutendsten Chansonkomponisten der zwanziger Jahre. Ihm gelingt es, sich mit seinen Arbeiten schnell durchzusetzen und findet in → Marcellus Schiffer einen guten Partner. In ihrer → Revue »Es liegt in der Luft« (1928) wird → Marlene Dietrich entdeckt. Ihr »Rufen Sie Herrn Plim« kann als Vorläufer des Musicals bezeichnet werden. Spoliansky vertont auch Verse von → Kurt Tucholsky.

Stählin, Christof

deutscher → Liedermacher, Schriftsteller und Kabarettist, geboren am 18. Juni 1942 in Rothenburg ob der Tauber. Er zieht im Alter von 14 Jahren mit seiner Familie nach München und erhält drei Jahre lang Lautenunterricht. Nach dem Abitur studiert er Religionswissenschaft und Völkerkunde. Mehrmals wechselt er den Studienort und landet schließlich über Marburg und Bonn in Tübingen. 1960 startet er eine Sängerkarriere. Zwei Jahre später ist er Mitbegründer des »Pläne-Verlages«. Zusammen mit Michael Wachsmann tritt er unter dem Namen »Christof & Michael« mit einem gemischten Programm auf, das von Chansons bis zu elisabethanischen Liedern reicht. Sein besonderes Interesse gilt englischen, französischen und deutschen Kunstliedern der Renaissance- und Barockzeit und deren Harmonielehre. Zwei Jahre später spielt das Duo beim → »Festival Chanson Folklore International« auf → Burg Waldeck erfolgreich auf. Stählins Schallplattendebüt erfolgt auf dem Sampler »Makaber macht lustig«. Doch er kann mit der kommerziellen Schallplattenindustrie wenig anfangen. So gründet er nach seiner ersten Solo-Langspielplatte (»Privatlieder«) sein eigenes Label »Nomen + Omen«. 1974 ruft er mit dem Trompeter Edward H. Tarr das Ensemble »Fanfare der Poesie« ins Leben. 1976 erhält er den »Deutschen Kleinkunstpreis« in der Sparte Chanson. Dann erscheint eine Platte, auf der er Lyrik des Barockdichters Johann Christian Günthers verarbeitet. 1978 bekommt er für das Album »Das Ein-

Christof Stählin: Magischer Zauberer gegen leere Phrasen.

horn« den »Deutschen Schallplattenpreis«. Im Auftrag der »Berliner Festspiele« schreibt Stählin 1981 zum Preußen-Jahr das Programm »Schneeluft im Treibhaus«. Drei Jahre später folgt das Programm »Mag denn keiner die Bundesrepublik«. Als konstruktive Kritik gedacht, wird es konsequent mißverstanden. Der Kabarettist Dieter Hildebrandt will 1986 für seine Fernsehsendung »Scheibenwischer« Teile daraus übernehmen, doch der Bayerische Rundfunk zensiert den Beitrag mit der Begründung, Stählin vergleiche die Bundesrepublik Deutschland mit einem Konzentrationslager. 1989 entsteht das Bühnenprogramm »Sire, es ist Zeit«, das die → Französische Revolution (1789 bis 1795) beinhaltet, und 1993 »Die Kunst der Herablassung« über die Weltsicht eines Dandys. Parallel zu seinen Musik- und Bühnenarbeiten veröffentlicht der Künstler Essays unter anderem im »ZEIT-Magazin« und in der »Stuttgarter Zeitung« sowie Bücher wie »Findelkinder« (1981) und »Der Dandy und andere« (1986). Stählin geht meisterhaft mit Sprache und Musik um. Zudem kommt sein eindrucksvolles und imponierendes Lautenspiel. In seinen Werken behandelt er so alltägliche und scheinbar unbedeutende Dinge wie »Staub« und »Schneeflocken« und gewinnt ihnen einen magischen Zauber ab. Er wendet sich aber auch gegen verkrustete gesellschaftliche Strukturen und gegen die leeren Phrasen der Modemacher und Politiker. Doch nicht nur seine eigenen Texte präsentiert er überzeugend, auch die Werke anderer Künstler interpretiert er einfühlsam, wie er mit seinen Vertonungen Günthers unter Beweis stellt. »Den Liedern Christof Stählins fehlt der didaktische, der agitatorische Impuls. Sie sind introvertierter als die der eigentlichen Politsänger, weniger auf unmittelbare Kommunikation angelegt. Der späte Nachfahre der mittelalterlichen → Troubadours liebt das verzwackte sprachliche Bild, eine bisweilen metaphysische, bisweilen surrealistische Poesie, das Parodistisch-Verschmitzte in Wort und Melodie« (Thomas Rotschild).

Straus, Oscar

österreichischer Komponist, geboren am 6. April 1870 in Wien, gestorben am 11. Januar 1954 in Bad Ischl. Er besucht zunächst die Handelsakademie, studiert dann am Wiener Konservatorium und an der Berliner Musikakademie. Später wirkt er in verschiedenen Städten als Theaterkapellmeister. 1901 kommt er als musikalischer

Leiter und Hauskomponist an → Ernst von Wolzogens literarisches Berliner → Kabarett → »Überbrettl«. Für dieses Unternehmen schreibt er viele → Couplets und Chansons, darunter das sehr bekannt gewordene Lied »Die Musik kommt« nach einem Gedicht von Detlev von Liliencron. Außerdem komponiert er unter anderem einige Operetten für die damals berühmteste Berliner Operettendiva → Fritzi Massary, so 1932 die Revue-Operette »Weine Frau, die weiß, was sie will« mit dem populären Chanson »Warum soll eine Frau kein Verhältnis haben«. Während der Zeit des Nationalsozialismus lebt Straus als Emigrant in Amerika, kehrt 1948 über Zürich in seine österreichische Heimat zurück. Zwei Jahre später macht er mit seinem Walzer aus dem Film »Der Reigen« aufmerksam.

Streisand, Barbra
(eigentlich Barbara Joan Streisand), Schauspielerin und Sängerin, geboren am 24. April 1942 in Brooklyn (New York). Nach einem Besuch der High School tritt sie in diversen New Yorker Nightclubs auf. 1962 debütiert sie in der → Revue »Another Evening With Harry Stone«. Einher geht ihre erste Plattenveröffentlichung »The Barbra Streisand Album«, für die sie zwei »Grammys« erhält. Zwei Jahre später wird sie mit dem Kritikerpreis als beste Musicaldarstellerin des Jahres für die Broadway-Inszenierung »I Can Get It For You Wholesale« ausgezeichnet. 1964 triumphiert sie als Fanny Brice im Musical »Funny Girl«. In der Kinoversion bekommt sie dafür einen »Oscar« überreicht. 1972 schafft sie mit der Komödie »What's Up, Doc« (deutsch: »Is' was, Doc?«) einen weiteren Filmhit. Eine »Oscar«-Nominierung erhält sie 1973 ferner für ihre Rolle als engagierte Kommunistin Katie Morosky in dem Film »The Way We Were« (deutsch: »Cherie Bitter«). 1976 steht ein weiterer Erfolgsstreifen auf ihrer Liste: »A Star Is Born«. Für den darin enthaltenen Song »Evergreen« ist für sie ein weiterer »Oscar« fällig. Äußerst erfolgreich verläuft auch ihr Regiedebüt »Yentl« (1983), ein romantisches Drama mit Musik, in dem sich alles um eine couragierte junge Jüdin dreht, die herausfindet, daß dem Herz und Verstand nichts unmöglich sind. In »Nuts« (deutsch: »Nuts ... Durchgedreht«) greift sie ebenfalls eine ungewöhnliche Geschichte einer Frau auf. Barbra Streisand spielt darin die Hauptrolle, produziert das aussagekräf-

tige Stück und schreibt auch die Filmmusik dazu. Ihr Streifen »The Prince Of Tides« (deutsch: »Herr der Gezeiten«), der sich mit den Folgen von Kindheitstraumata und Familienbeziehungen befaßt, erhält unter anderem sieben Nominierungen für den »Oscar«. Die »singende Schauspielerin«, wie Streisand sich selbst nennt, ist auch wiederholt an der Spitze der Hitparaden zu finden. Ihr Album »Back To Broadway« ist eines der wenigen, das sich bereits in der ersten Woche nach der Veröffentlichung auf Nummer eins plaziert. Das Multitalent bedient mit ihrer ausdrucksstarken und charismatischen Stimme sowohl den Pop- und Rock-Musikbereich. Viele ihrer Titel sind → Balladen und knüpfen an die Tradition der Chansons an.

Barbra Streisand: Talent und Ausdruckskraft.

Süverkrüp, Dieter
deutscher → Liedermacher, Sänger und Gitarrist, geboren am 30. Mai 1934 in Düsseldorf. Er besucht das humanistische Gymnasium. Mit vierzehn Jahren nimmt er Gitarrenunterricht. Von 1951 bis 1954 studiert er an der Düsseldorfer Werkkunstschule und arbeitet anschließend in einer Werbeagentur. Er schließt sich als Gitarrist der Jazzgruppe »Feetwarmers« an und holt sich 1957 beim »Deutschen Amateur Jazz Festival« den Titel in der Kategorie »bester Jazzgitarrist«. 1958 begegnet er dem Lyriker Gerd Semmer, mit dem er bis zu dessen Tod 1967 zusammenarbeitet. Dieser übersetzt für eine Inszenierung Erwin Piscators Lieder der → Französischen Revolution ins Deutsche. Diese Übersetzungen vertont Süverkrüp und stellt sich daraus ein Programm aus Chansons, → Chants und → Couplets zusammen, das er 1959 auf der Schallplatte »ça ira« veröffentlicht. Eine weitere Platte mit → Revolutionsliedern erscheint 1973 unter dem Titel »1848 – Lieder der Deutschen Revolution«. Zu Beginn der sechziger Jahre fängt er an eigene Lieder zu schreiben. 1964 nimmt er beim ersten → »Festival Chanson Folklore International« auf → Burg Waldeck teil. Ein Jahr später folgt das Chansonalbum »Fröhlich ißt du Wiener Schnitzel«. 1967 steht er gemeinsam mit Wolfgang Neuss, → Franz Josef Degenhardt und → Hanns Dieter Hüsch auf der Bühne. Im selben Jahr erscheinen zwei neue Platten: »Die widerborstigen Gesänge des Dieter Süverkrüp«, mit der er sich auf die Seite der Studentenbewegung stellt, und das Oratorium »Vietnam«. Letztere spielt er zusammen mit der Kabarettgruppe »Floh de Cologne« ein und bezieht damit deutlich Stellung zum Krieg der Systeme. Seine Verbindung zum Jazz macht er auf der Anfang der siebziger Jahre erscheinenden Platte »Süverkrüps Hitparade« deutlich, auf der er ungewohnte Freejazz-Elemente einsetzt. Auch für »Das Auto Blubberbumm«, einem Musical für Kinder, arbeitet er wieder mit Jazzmusikern zusammen. Mit »Dieser chilenische Sommer war süß« von Hans Werner Henze und Rudi Bergmann und seinem Melodram »Alwin und Alwine – ein Musikerschicksal« nimmt Süverkrüp weitere Bühnenprojekte in Angriff. 1977 wird er mit dem Heinrich Heine-Preis der DDR ausgezeichnet. Es folgen die Platten »Soweit alles klar« und »Erich Mühsam: Ich lade Euch zum Requiem«, mit der er den von den Nationalsozialisten ermordeten Dichter ein musikalisches Denkmal setzt.

»Egal, ob im Kinderlied oder im Revolutionsgesang, immer zeigt sich Süverkrüp politisch engagiert und bereit, für seine Vorstellungen einzutreten« (Markus Schneider). Diese artikuliert er eindrucksvoll durch seinen eleganten Wortwitz und seine treffsichere Satire. »Knapp und präzise, aber trotzdem elegant und treffend bringt er seine Aussage auf den Punkt. Sein Schwert und sein Degen sind die subtile Ironie und das Wortspiel, mit denen er meisterhaft umzugehen versteht« (Ernst Ziegler). Damit gewappnet, zieht er ins Feld gegen die großen und kleinen Übel der Gesellschaft, gegen protzige Großbürger, Politiker und Intellektuelle, gegen »Omnibosse«, »Mercedes Benzyniker« und »Korrumpelstielzchen«, gegen Krieg und Atomkraft. Immer wieder gebraucht er dabei die hohlen Phrasen des Gegenspielers als Retourkutsche. In diesem Zusammenhang schlüpft er in viele Gewänder. »Er tritt auf als Schauspieler, Sänger, Musiker, Redner, Prügelknabe, Chorleiter, Marktschreier, Puppenspieler und Kabarettist. Zu erklären ist seine Vielseitigkeit nur durch diese künstlerische Neugierde, die ihn auch davor bewahrt, einer bestimmten Mache zu erliegen. In seinen Konzerten und auf seinen Schallplatten wird man immer literarische neben trivialen Formen finden, Kunst neben Agitprop und anderem. Er paßt in keine Schublade.«

Sylvestre, Anne

französische Chansonsängerin, geboren 1934 in Lyon. Sie studiert an der → Sorbonne. Ihr Debüt als Sängerin hat sie im Pariser → Cabaret »La → Colombe«. Es folgen weitere Auftritte im Cabaret »La Contrescarpe«, in den → Music-halls → »Bobino« und → »Olympia«. Schon bald erwirbt sie sich den Ruf, eine künstlerische Schwester von → Georges Brassens zu sein. Wie er legt sie eine Vorliebe für nostalgisches Vokabular an den Tag, bedient sich gern des Zitats, baut – wie in dem Chanson »J'ai pas peur du luop« – Elemente traditioneller Kinderreime ein. Typisch für Anne Sylvestre ist das meist ländliche Ambiente ihrer Lieder. Das Chanson »Mon mari est parti« (1960) rückt sie ins Bewußtsein einer breiteren Öffentlichkeit. Es erzählt die Geschichte einer schwangeren Frau, die den Kriegstod ihres Mannes nicht faßt. Gleich in der ersten Strophe skizziert sie die ländliche Idylle: »Mon mari est parti un Beau matin d'automne / Parti je ne sais où / Je me rappelle nous avions ramasseé des girolles / Au bois de Viremont / Les enfants venaient juste d'entrer á l'école« (Mein Mann ist an einem schönen Herbsttag davongegangen, / Fort, ich weiß nicht wohin. / Ich erinnere mich noch ganz genau: / Die Weinernte war gut, / Und der Wein war süß, / Am Tag davor hatten wir Pfifferlinge gesammelt / Im Wald von Viremont, / Die Kinder gingen gerade wieder in die Schule). Die Künstlerin flieht mit ihren Texten oftmals in eine märchenhafte Welt. Gegen Krieg und politisches Ungemach will sie nicht ankämpfen. Sie besingt lieber die Schafhirten, die Trauben- und Weinernte.

T

Tabarin

(eigentlich Jean Salomon), französischer Chansonsänger und Schauspieler, geboren 1584, gestorben 1633. Der Name Tabarin stammt von einer italienischen Komödienfigur, die unter Charles IX. mit der Truppe der »Gelosi« in Frankreich bekannt geworden ist. Tabarin tritt mit seinem Partner → Mondor auf. Ihre Chansons sind Duette, ihre → Farcen Frage-Antwort-Spiele, in denen Tabarin die Worte Mondors verdreht oder mißversteht. Um 1622 bis 1625 ist das Duo mit seinen Possen und Schwänke die Sensation des → Pont-Neuf. Tabarin kommt bei einer Jagd um.

Tabou

Club in Paris. → Juliette Gréco gestaltet 1946 gemeinsam mit Anne-Marie Cazallis und anderen Freunden ein verliesartiges Gewölbe in dem Kellerlokal aus, das sich schnell zu einem Künstlertreffpunkt etabliert. → Boris Vian, Albert Camus und Simone de Beauvoir verkehren darin ebenso wie → Jean-Paul Sartre und → Jean Cocteau. Als die Zeitung »Samedi soir« auf der Titelseite ein Foto aus dem »Tabou« mit Juliette Gréco veröffentlicht und auf die »unterirdische« Atmosphäre mit den »Höhlenmenschen« und »Existentialisten« verweist, bemächtigen sich die Schönen und Reichen des Treffpunkts. Die Stagnation des Clubs als Künstlertreffpunkt wird dadurch eingeleitet. Die Kehrseite: Juliette Gréco ist berühmt und wird als Leitfigur der intellektuellen Jugend betrachtet.

Tachan, Henri

französischer Chansonsänger, geboren am 2. September 1939 in Moulins. Der Sohn eines Arztes und einer Lehrerin besucht nach seiner Schulzeit eine Hotelfachschule, kommt schließlich im Pariser »Ritz« unter und geht 1961 nach Montreal. Dort schreibt er seine ersten eigenen Chansons. In dem Club »Chez Clairette« lernt er → Jacques Brel kennen, der ihn ermuntert, nach Paris zurückzugehen und dort als Sänger zu arbeiten. 1964 folgt er diesem Rat und tingelt in der Seine-Metropole. Bereits im Jahr darauf steht er an der Seite von → Juliette Gréco auf der Bühne der legendären → Music-hall → »Olympia«. Sein Debütalbum »Les mauvais coups« erhält den → »Grand Prix de l'Académie du Disque Français«. Die Platte besitzt beim Rundfunk allerdings schlechte Karten. Sie wird zensiert und nicht ausgestrahlt. Im → »Bobino« tritt er mit → Félix Leclerc und → Georges Brassens auf. Dennoch bleibt er immer ein Insider-Tip. Das liege unter anderem an dem hohen intellektuellen Anspruch seiner Lieder, meinen Kritiker.

Tagelied

In der mittelhochdeutschen Lyrik ein meist dreistrophiges Lied, das den Abschied zweier Liebender nach einer Liebesnacht darstellt. Dem Tagelied entspricht im altfranzösischen Sprachbereich die → Aube. Tagelieder schreiben unter anderem → Wolfram von Eschenbach, → Walther von der Vogelweide und → Oswald von Wolkenstein.

Tailleferre, Germaine

französische Komponistin, geboren am 14. April 1892 in Le Parc-de-Saint-Maur, gestorben am 7. November 1983 in Paris. Als Mitglied der → »Groupe des Six« ist sie an der Musik des Balletts »Les mariés de la tour Eiffel« beteiligt. Sie komponiert in der Tradition von Maurice Ravel Opern, Orchesterwerke, Kammer- und Klaviermusik, Chansons sowie Bühnen- und Filmmusiken.

Tenzone

lehrreich-polemisches Streitchanson. Es ist eine Hauptgattung der → provenzalischen Kunstlyrik des Mittelalters. Sie taucht im ersten Drittel des 12. Jahrhunderts vereinzelt auf. Das eigentümliche dieser Dichtart ist die typische Form ihrer Abfassung und ihr auf Liebe und → Rittertum bezogener Inhalt. Die Tenzone im engeren Sinn sind Gedichte und Lieder, die entweder einen wirklichen Kampf zwischen zwei Personen beinhalten, oder eine Streitfrage aufwirft, auf die der Dichter eine Stellungnahme erwartet. Dieses → »Joc-partit« nimmt seine Stoffe nur aus dem Gebiet der → Minne. Die älteste Tenzone – von Cercalmon und Guilhalmi verfaßt – ist auf das Jahr 1137 datiert. Tenzonen von → Bernart von Ventadorn entstehen in den Jahren 1152 bis 1154. Weitere Künstler dieses Genres sind → Raimbaut von Vaqueiras, → Peire Vidal und → Guiraut von Borneilh.

Thalheim, Barbara

deutsche Chansonsängerin, geboren am 5. September 1948 in Leipzig. Sie geht in Ost-Berlin zur Schule. »Ich war ein auffällig lebhaftes und aktives Kind, mit Neigung zum Phantasieren, das immer wieder aus der Rolle fiel«, erinnert sie sich. Ihr Interesse gilt hauptsächlich der Musik und lyrischen Themen. Sie beginnt Gitarre zu spielen und Melodien zu Gedichten zu komponieren. Nach ihrer Ausbildung als Sekretärin fängt sie am Deutschen Theater an als Botin und Assistentin zu arbeiten. 1968 stoßt sie als Sängerin und → Liedermacherin zum »Oktoberclub«. Anschließend studiert an der »Fachschule für Unterhaltungskunst«. An der → Hanns Eisler-Musikhochschule nimmt sie weiteren Unterricht und lernt dort auch die Mitglieder des Streichquartettes kennen, mit denen sie von nun an zusammenarbeitet. Für ihre Lieder wird sie mehrfach ausgezeichnet, mit dem Kunstpreis der »Freien Deutschen Jugend« und bei der »Leistungsschau für Unterhaltungskunst«. Bei ihren Tourneen kommt sie 1979 erstmals nach Westdeutschland. Hier erhält sie die Möglichkeit, ihre Schallplatte »Lebenslauf« zu veröffentlichen. Trotz der europaweiten Tourneen bleibt ihr Hauptaktionsgebiet der deutsche Osten. Für ihre Lieder scheut sie keine Experimente. Sie ist Nonkonformistin, läßt sich nicht einfach vor den staatlichen oder gesellschaftlichen Karren spannen. Sie kämpft gegen Spießbürgertum, Scheuklappendenken und die Anonymität der Masse. Um durch eine Reibung zwischen Musik und Text Spannung zu erzeugen, setzt sie bewußt Akzente und ungewöhnliche Mittel ein, wie Tonbandaufnahmen von Straßenumfragen.

Théâtre de l'A.B.C.

berühmte → Music-hall am Boulevard Poissonnière in Paris. Hier gelingt unter anderem 1937 der Durchbruch von → Edith Piaf. Jahre davor, 1934, umjubelt das Publikum dort → Tino Rossi. Später wird das Gebäude zu einem Kinopalast umgebaut.

Théâtre de la foire

Jahrmarktstheater.

Thérésa

französische Chansonsängerin, lebt im 19. Jahrhundert. Sie tritt erstmals 1856 auf und hat Erfolg mit der → Romanze »Fleurs des alpes«. Théodore de Banville urteilt: »Mit süßlicher Poesie ist man bis zum Erbrechen übersättigt; so sehnt man sich nach einer Speise von etwas Lebendigem. Dieses Etwas ist das Chanson Thérésas; allerdings hat man versäumt, es zu kochen, aber das von Wut gepackte Publikum hält sich mit solchen Nebensächlichkeiten nicht auf und verschlingt es roh!« Auch andere Kritiker werfen der Sängerin wiederholt »einfältige Darbietung« und »inhaltlose Texte« vor. Thérésa prägt den Charakter der → Café-concerts während eines halben Jahrhunderts und wird im Volksmund dafür die »Königin des Café-concert« genannt.

Thibaut de Champagne

König von Navarra, → Trouvère, geboren 1201, gestorben 1253. Er ermuntert die Standesherren, Burg und Familie zu verlassen, um Gott mit den → Kreuzzügen im Orient zu seinem Recht zu verhelfen. Von ihm sind noch heute Chansons bekannt und beliebt, wie seine → Pastourelle »L'autrier par la matinée«, sein Chanson »Pour ce se d'amer me dueil« und sein Titel »Las, si j'avais pouvoir oublier«, den → Yvette Guilbert in ihr Programm aufgenommen hat.

Thoma, Ludwig

deutscher Schriftsteller, geboren am 21. Januar 1867 in Oberammergau, gestorben am 26. August 1921 in Rottach-Egern. Er ist der Sohn eines Försters und studiert in München Rechtswissenschaft. Er läßt sich zunächst in Dachau, später in München als Rechtsanwalt nieder. Daneben beginnt er zu schreiben. 1899 verkauft er seine

Kanzlei und wird Redakteur. Durch seine Beiträge im »Simplicissimus« und vor allem durch sein Stück »Erster Klasse« und seinen »Lausbubengeschichten« wird er über die Grenzen Bayerns hinaus berühmt und anerkannt. Er steuert für das → »Überbrettl« satirische Texte bei wie »Untertanen sind wie Kinder« und gehört zu den Stammgästen des → »Simpls«. Seine Werke werden im Ersten Weltkrieg zensiert.

Thomalla, Georg
deutscher Bühnen- und Filmschauspieler, geboren am 14. Februar 1915 in Kattowitz. Er tritt von 1948 bis 1953 im Berliner »Theater am Nollendorfplatz« auf, später auch im Film und Fernsehen. Auf Platte singt er unter anderem die → Kurt Tucholsky-Chansons »In Japan ist alles so klein«, »Frage« und »Das Mitglied«.

Timbre
Bezeichnung für die Klangfarbe eines Instruments, besonders aber der individuellen menschlichen Singstimme. Auch Kennzeichnung einer Chansonmelodie durch ihren Titel oder die ersten Textworte.

Tinctoris, Johannes
flämischer Musiktheoretiker und Komponist, geboren um 1435 in Nivelles, gestorben 1511. Der Geistliche, Mathematiker und Rechtsgelehrte tritt um 1472 in den Dienst von König Ferdinand I. von Neapel, ist auch Kanonikus in Nivelles. Tinctoris zählt zu den bedeutendsten Musiktheoretikern der frühen niederländischen Musik. Sein »Terminorum musicaen diffinitorium« (gedruckt um 1473 / 74) gilt als erstes europäisches Musiklexikon. Von seinen Kompositionen sind Messen, Motetten und mehrere Chansons bekannt.

Tonalität
funktionelle Beziehungsmöglichkeiten aller Melodietöne und Harmonien auf den Grundton der Grundtonart.

Toulouse-Lautrec, Henri de
französischer Maler und Zeichner, geboren 1864, gestorben 1901. Er malt in Bars und Bordellen, in Ballsälen und Kabaretts. Dadurch

Henri de Toulouse-Lautrec: malender Chronist des Pariser Nachtlebens (hier sein Plakat zu einem Gastspiel von Aristide Bruant).

wird er zum bedeutendsten Chronisten des Pariser Nachlebens. Daneben zeichnet er für Zeitschriften und illustriert Chansons. Die Öffentlichkeit kennt ihn vor allem durch seine in Lithographie ausgeführten Plakate. Sein erstes wirbt für das Unterhaltungsetablissement → »Moulin Rouge«. Sein Hauptwerk ist »Elle«, ein Album über das Leben einer Dirne.

Tour de chant

Chansonprogramm. Bezeichnung für die kritische Auswahl und durchgefeilte Präsentation von Chansons.

Trenet, Charles

französischer Chansonsänger, geboren am 18. Mai 1913 in Narbonne. Er gehört zu den Giganten des Chansons. Er hat nicht nur unvergeßliche Chansons geschaffen, unzählige großartige Auftritte bestritten, Filme gedreht und Texte geschrieben, er hat vor allem auch vielen seiner Kollegen als Vorbild gedient. Sein Vater betreibt eine Anwaltskanzlei. In der Schule glänzt er nicht gerade durch hervorragende Leistungen. Schon früh begeistert er sich aber für Literatur. Diese Vorliebe prägt entscheidend sein Leben und veranlaßt ihn, Schauspieler zu werden. Die künstlerische Initiative ergreift Trenet nach einer Wienreise 1923. Er ist beeindruckt vom kulturellen Leben der Donaustadt und fängt an eigene Gedichte zu verfassen. Einige davon veröffentlicht die Zeitung »Le Coq Catalan«. Zunächst scheint er sich jedoch eher für eine Laufbahn als Bildender Künstler zu interessieren: Er malt sehr viel und nach seinem Abschluß im »Collège Arago« beschließt er, Perpignan – dort wohnt er seit 1922 – zu verlassen und an die Berliner Kunstgewerbeschule zu gehen. Dort hält er es allerdings nur zwei Jahre aus. 1930 kehrt er nach Paris zurück und kommt als Regieassistent bei Jacques de Baroncelli unter. Über einen Verleger, dem Trenet erfolglos ein Manuskript anbietet, lernt er den Dichter Max Jakob kennen. Dieser beeinflußt ihn entscheidend in Richtung des literarischen Chansons. 1933 macht er eine weitere wichtige Begegnung: In dem → Cabaret »College Inn« trifft er den Pianisten Johnny Hess, mit dem er das Duo »Charles et Johnny« ins Leben ruft. Sie spielten unter anderem in der → Music-hall → »Théâtre de l'A.B.C.«, veröffentlichen eine Schallplatte und bringen ein Lied bei dem populären Chansonsänger → Jean Sablon unter. Die Wehrpflicht unterbricht zunächst Trenets anbahnende Karriere. Doch schon 1938 singt er als Solokünstler im Radio. Zugleich präsentiert er sich mit seinen literarischen Chansons. Seine Titel »Fleur bleue« oder »Polka du roi« machen dieses Genre hoffähig. Mit den beiden Liedern »Y a d'la joie« und »Je chante« geht sein Stern dann über Nacht leuchtend auf. Er selbst nennt sich »le fou chantant« (der singende Narr). Seine äußerlichen Kennzeichen sind ein weicher Filzhut und eine Blume im Knopfloch. In seinen kommerziellen Chansons beschreibt er eine imaginäre, oftmals skurrile Welt. Der Titel »En quittant la ville« erzählt von Gespenstern, die im Nachtzug promenieren, oder er besingt das Rendezvous der Sonne mit dem Mond. Inspiriert von der Poesie seines Freundes → Max Jacob und von dem großen Anreger → Jean Cocteau dichtet er sich »mitten in den wechselnden sozialen und politischen Zeitströmungen in eine verwunschene Idylle« hinein. Über gesellschaftliche Gegensätze und Brennpunkte breitet er nicht selten eine üppige Romantik. Bei seinem ersten Auftritt nach der Besetzung von Paris interpretiert er mit einem Gedicht von Verlaine erstmals klassische Literatur. 1945 produziert er sein bekanntestes und erfolgreichstes Chanson: »La mer«. Auch der Film ruft. In den Streifen »Je chante« und »La route enchantée« ist er nicht nur als Schauspieler tätig, sondern auch für das Drehbuch und die Musik verantwortlich. 1957 spielt er an der Seite von → Charles Aznavour in dem Film »C´est arrivé à 36 chandelles«. In den sechziger und siebziger Jahren hat er seine großen Auftritte und Soloprogramme in den legendären → Music-halls → »Bobino« und → »Olympia«. Gleichzeitig produziert er weiterhin äußerst erfolgreiche Chansons, wie »Une noix«, »Le piano de la plage« und »Le jardin extraordinaire«. Trénet gehört zu den Sängern, denen der Text und seine Aussage wesentlich wichtiger sind, als die Musik. Phantastisches und Skurriles kommen bei ihm genauso vor, wie Kindheitsmotive und Autobiographisches. »Seine warme und einfühlsame Stimme setzt er elegant und ganz im Sinne der lyrischen Vorlage ein, wobei er jegliches Pathos vermeidet«, urteilt Kaspar Demmel. »Für seine Kompositionen bedient er sich bei Elementen der Volksmusik und der Folklore und reichert sie mit zündenden Jazzklängen an.«

Trobar clus
der gehobene dunkle Stil.

Trobar leu
der leichte Stil.

Trois Baudets
→ Kabarett auf dem → Montmartre in Paris. Das kleine Theater 1947 wird von → Jacques Canetti gegründet. Hier verdienen sich → Georges Brassens, → Jacques Brel, → Boris Vian, → Léo Ferré, die → Frères Jacques und → Anne Sylvestre ihre ersten Sporen.

Troubadour
→ provenzalischer Dichter-Komponist des 12. und 13. Jahrhunderts. Die einstimmigen Lieder, die die Troubadours selbst vortragen oder von bediensteten → Ménestrels oder → Jougleurs singen lassen, sind die ersten volkssprachlichen Kunstlieder in Europa. Sie werden in künstlerischen Formen gepflegt: unter anderem → Canzone, → Alba, → Romanze, → Tenzone und → Ballade. Die Sprache ist die südfranzösische Langue d'oc. Verbreitet ist die Kunst der Troubadours in den Grafschaften Poitou, Toulouse, im Herzogtum Aquitanien und im Gebiet der heutigen Provence. Überliefert sind Texte von rund 450 namentlich bekannten und zahlreichen anonymen

Troubadours
Ihre Lieder sind ein wichtiger Zweig der weltlichen einstimmigen Musik des Mittelalters. Sie werden allgemein instrumental begleitet. Ihrer sozialen Herkunft nach kommen die Troubadours aus dem Ministerialenstand, aber auch aus Hochadel, Klerus, Bürgertum und Unterschicht. Sie entwickeln eine aristokratische Formkunst, in deren Zentrum, ähnlich wie im deutschen → Minnesang, eine stilisierte Frauenverehrung steht. Auch satirische und politische Themen behandeln die Sänger. Der Inhalt versteigt sich oft zu verzwickter Theorie, die Form zu spielerischer Kleinlichkeit. Als ältester Troubadour gilt → Wilhelm IX. von Aquitanien. In der zwei-

Troubadour: Frauenverehrung in stilisierter Form.

ten Generation folgen unter anderem → Marcabru, dann → Bernart de Ventadour, später → Peire Vidal, im 13. Jahrhundert → Peire Cardenal und als einer der letzten → Guiraut Riquier de Narbonne. Gegen Ende des 13. Jahrhunderts geht die Troubadourkunst auf Bürger und Studenten über, vergleichbar dem Übergang des → Minnesangs in den → Meistersang.

Trouvère

französischer Dichter-Komponist des 12. und 13. Jahrhunderts. Die Kunst der Trouvères entwickelt sich nach 1250 vor allem unter dem Einfluß der → Troubadours, deren nordfranzösisches Spiegelbild sie sind. Zentren sind die Höfe von Champagne, Blois und Flandern sowie die Stadt Arras. In Thematik, Gattung und Form herrschen weitgehend Übereinstimmung mit der Troubadourkunst. Weiter spielen vor allem Tanzlieder mit → Refrain (→ Rondeau, → Ballade, → Virelai) eine Rolle, die aus einer höfisch überformten volkstümlichen Tradition herkommen. Besonders im 13. Jahrhundert tritt das volkstümliche Element auch in der Musik stark hervor. Hauptvertreter sind → Blondel de Neele, → Thibaut de Champagne und → Adam de la Halle.

Tube

In der Umgangssprache die Bezeichnung für ein erfolgreiches Chanson.

Tucholsky, Kurt

deutscher Publizist und Schriftsteller, geboren 1890, gestorben 1935. Der Ur-Berliner »Mann mit der eisernen Schnauze und dem goldenen Herzen« ist promovierter Jurist und arbeitet als politisch-satirischer Journalist bei der »Schaubühne« (später »Weltbühne) bis zu ihrem Verbot 1933. Ab 1921 ist er freischaffend tätig. Er steht der Arbeiterklasse nahe und schreibt neben umfangreichen Publikationen auch Chansons, die an Treffsicherheit, Klarheit und Echtheit des Gefühls zu damaliger Zeit kaum zu übertreffen sind. 1933 bürgern ihn die Nazis aus und verbrennen seine Bücher. Die letzten Chansons, die Tucholsky verfaßt, bevor er nach Paris emigriert, schreibt er für die Berliner Kabarettbühne »Gondel«. Verzweifelt über den anfänglichen Erfolg des Hitlerregimes, scheidet Tucholsky in Schweden freiwillig aus dem Leben. Neben feinfühligen Gedichten, die die Schönheit des Lebens besingen (»Augen in der Großstadt«), »Mutterns Hände«, Sehnsucht nach der Sehnsucht«), witzig-zärtlichen Idyllen (»Rheinsberg«, »Schloß Gripsholm«) und ätzenden Satiren gegen Spießertum, kapitalistische Klassenjustiz und Faschismus (»Deutschland, Deutschland über alles«) gelingen ihm scheinbar launisch-improvisiert hingeworfene, in Wirklichkeit der deutschen Sprache in mühevoller Arbeit abgerungene Chansons. Mady Christians singt 1920 in → »Schall und Rauch« sein »Lied vom Piepmatz«, Paul Graetz »Wenn der alte Motor wieder tackt ...«, → Gussy Holl »Immer um die Litfaßsäule rum« und → Rosa Valetti »Rote Melodie – für Erich Ludendorff«, alle von → Friedrich Hollaender komponiert.

Turlupin

(eigentlich Henri Legrand, auch Belleville genannt), französischer Chansonsänger, geboren Ende des 16. Jahrhunderts, gestorben 1637. Er tritt zusammen mit → Gaultier-Garguille und → Gros-Guillaume als Trio auf.

U

Überbrettl

Künstlerkabarett in Berlin, 1901 von → Ernst von Wolzogen ins Leben gerufen. Dem Gründer schwebt eine richtige Theaterbühne vor, ohne Ausschank von Getränken und Tabaksqualm. Damit zielt er allerdings an der Intimität vorbei, die das → Cabaret artistique auszeichnet. Demzufolge sucht man hier die naturalistischen Töne eines → Aristide Bruants oder die ungehemmte Sinnlichkeit → Frank Wedekinds vergeblich. So gewinnt die Musik im »Überbrettl« die Vorherrschaft.

Ulmer, Georges

dänischer Chansonsänger und -komponist, geboren am 27. Februar 1919 in Kopenhagen. Er betätigt sich auf vielen Gebieten: als Boxer, als Kämpfer im spanischen Bürgerkrieg, als Gitarrist und Englischlehrer. 1945 trat er in Paris auf. Seine größten Erfolge sind »Pigalle«, »Un monsieur attendait« und »Casablanca«.

V

Vaganten
fahrendes Volk. Im Mittelalter außerhalb der bürgerlichen Ordnung stehende, im Land umherziehende, heimatlose Leute, meist Taschenspieler, Gaukler und Spielleute, zu denen sich im 11. und 12. Jahrhundert die fahrenden Sänger, Studenten und die dichtenden Wandergeistlichen gesellen. Dieser Kreis sucht seinen Lebensunterhalt mit Trink-, Tanz- und Liebeschansons zu bestreiten, hin und wieder auch mit Chansons, die religiös-moralische oder politisch-satirische Inhalte haben, die sich gegen Kirche und Obrigkeit richtet. Als die ältesten Vagantenchansons gelten die von → Hilaire de Poitiers. Die meisten sind allerdings anonym. Die bedeutendste Quelle der Vagantendichtung ist die um 1300 entstandene Liedersammlung → »Carmina burana«. Gegen Ende des Mittelalters bilden sich aus dem fahrenden Volk zunftmäßige Vereinigungen mit eigenem Recht (Pfeifergilden, Bruderschaften). Dem Wandel des Unterhaltungsgeschmacks folgend, treten Vaganten vom 17. Jahrhundert an als Geisterbeschwörer, Quacksalber, Komödianten, später als Seiltänzer, Artisten und → Bänkelsänger auf.

Valente, Caterina
deutsche Schlagersängerin, geboren am 14. Januar 1931 in Paris. Sie ist das Kind einer angesehenen Artistenfamilie, wächst in Schweden auf und absolviert eine Ausbildung als Tänzerin. Durch ihre Heirat 1952 mit Eric van Aro wird sie Deutsche. Ein Jahr später macht sie zusammen mit Kurt Edelhagen die ersten Plattenaufnahmen: »Malaguena«, »The Breeze And I« und »Dreh dich nicht um«. Die Single »Ganz Paris träumt von der Liebe« (1954) wird ein Bestseller. 1959 heißt ihr Hit »Tschau, tschau, Bambina«, ein Jahr spä-

ter »Ein Schiff wird kommen«. Mit »Pepe« (1961) setzt sie die Hitliste fort. Die in zwölf Sprachen singende und ursprünglich vom Jazz beeinflußte Sängerin weiß sich auch in Amerika und Japan zu behaupten. 1965 erhält sie als erste Nichtamerikanerin den »Oscar« der Schallplattenkritiker. Später wendet sie sich dem Schlager zu. Sie singt sporadisch immer wieder Chansons, meist jedoch mit nationalem Kolorit.

Valetti, Rosa

deutsche Chansonsängerin und Schauspielerin, geboren 1878, gestorben 1937. Erst spät wendet sie sich dem Chanson zu. Hier knüpft sie bei den Sängern des → Montmartre an, widmet sich neben dem historischen auch dem zeitgenössischen Chanson und interpretiert es mit proletarischer Kraft. Der Kritiker Julius Bab schreibt über sie: »Und wenn die Valetti in einem Dirnenlied hoch herauspulvert, ... so ist mehr Aufruhr, mehr wirkliche Revolution darin als in sämtlichen expressionistischen Dramen zusammengenommen. Hier denkt man natürlich an → Yvette Guilbert. Doch in der

Caterina Valente: schillerndes Image.

wüsten Kraft, der revolutionären Geste hat niemals eine Deutsche die Französin so erreicht wie die Valetti.« In den Jahren 1924 / 25 gründet sie ein eigenes Kabarett, die »Rampe«.

van Veen, Herman

niederländischer → Liedermacher, geboren am 14. März 1945 in Utrecht. In der Schule zeigt er sich als phantasiebegabtes Kind, das – wie er meint – »an der Welt vor dem Fenster wesentlich mehr interessantes zu finden weiß als im Unterricht«. Einem Lehrer fällt die musikalische Begabung auf. Er ermöglicht ihm Geigenunterricht und versucht, das Talent zu fördern. 1962 wird er am Utrechter Konservatorium aufgenommen, studiert Musikpädagogik, Geige und Gesang. Nebenbei tritt er als Kabarettist auf und parodiert in seinem Programm »Musikjoke« klassische Literatur. Nach seinem Abschluß 1967 ist die klassische Musik Zielscheibe seiner Satire. Inspiriert von der Commedia dell'arte legt er mit dem Musiktheater »Harlekijn« – einer clownesken Ein-Mann-Show – in einem sehr persönlichen Stil den Grundstein für seine beeindruckende Karriere. 1968 gründet er mit Laurens van Rooyen »Harlekijn Holland«, eine Organisation mit »factory«-Charakter für multimediale Produktionen, ein Zusammenschluß von Künstlern, der kulturelle Programme ausarbeitet und inszeniert sowie Künstlernachwuchs fördert. Der zunehmenden Kommerzialisierung und den Anpassungszwängen der Plattengesellschaften widersteht er mit Bodenständigkeit und einer Portion Eigenwilligkeit. Zugute kommt ihm, daß ihm modische Musiktrends nicht interessieren. Ihm ist es wichtiger, seine Träume zu verwirklichen, eine persönliche Linie zu finden. Vorgeprägte Schablonen lehnt er ab. Lieber legt er poetisch die Finger auf die Wunden der Zeit. Aber nicht mit Zeigefingergehabe, sondern verhalten und mit musikalischer und textlicher Überschaubarkeit. Sein Entertainment ohne Zuckerguß-Idylle und seine Alternative zum bunten Musikkarussell kommen an. Seine Lieder, seine Gestik und Mimik, umkreisen die zentralen Probleme des Lebens. Sie sind zeitgemäße, wirkungsvolle Alltagsbilder, die er mit überzeugender Interpretation durchschaubar und stichhaltig macht. 1969 erhält er die »Silberne Harfe« der Stiftung Conamus. Mit einem Schlag rückt van Veen ins Rampenlicht. Der Grundstock ist da, die Marschroute geebnet. Preise und Auszeichnungen häufen sich. Seine ebenso scharfen wie sensiblen Beobachtungen, seine unverwechselbare Harmonie von Worten und Bildern eröffnen auch beim Publikum in Deutschland wache Ohren und Augen. Nach seinem deutschen Fernsehdebüt 1972 publiziert er seine erste deutsche Schallplatte: »Ich hab‘ ein zärtliches Gefühl«. Darin heißt es: »Ich hab‘ ein zärtliches Gefühl für den, der sich zu träumen traut, / Der, wenn sein Traum die Wahrheit trifft / Noch lachen kann – wenn auch zu laut...« 1977 entsteht die TV-Kinderserie »Die seltsamen Abenteuer des Herman van Veen«. Im August 1979 debütiert er in dem Kinofilm »Auseinander«. Das Titellied ist auch auf seinem zwei Jahre später erscheinenden Album »Die Anziehungskraft der Erde« zu hören, für die er den Schallplattenpreis der »Deutschen Phono-Akademie« erhält. 1982 dehnt er sein Aktionsgebiet erneut aus, diesmal in Richtung Amerika. Er tritt im »Ambassador Theatre« auf dem Broadway auf, später im → »Olympia« in Paris. Ein neues Artikulationsforum schafft sich der Künstler 1986 mit der Kulturzeitschrift → »Pierrot«, bei der er als Herausgeber verantwortlich zeichnet. Neben seinen Programmen und Liedern schreibt van Veen zahlreiche Film- und Ballettmusiken, Kinderbücher, Theaterstücke, Drehbücher für Fernsehserien, wie die 52teilige Zeichentrickfilmreihe über die Ente Alfred Jodocus Kwak. Er führt Regie und spielt Hauptrollen in mehreren Spielfilmen, darunter »Kunst – en Vliegwerk«, der 1989 bei den Berliner Filmfestspielen als bester Jugendfilm mit dem »Goldenen Bären« ausgezeichnet wird. »Wo andere sich laut ereifern, singt van Veen mit leiser, sanfter, manchmal auch wehmütiger Stimme. Seine Lieder sind nicht immer ›schön‹, teils unbequem, kritisch, manchmal bissig. Er erzählt Storys statt Phantasiegebilde, singt über alltägliche Begegnungen mit Worten, die das Alltägliche in neue Gestalt kleiden. Er entstaubt, rüttelt auch mal auf, zieht Zwischenbilanz. Seine Botschaft ist für den Menschen über den Menschen« (Bildpost). Dabei legt er vorgeprägte Muster kategorisch ab. Seine Alben »Inzwischen alles Gute« (1974), »Wunder was« (1975), »An eine ferne Prinzessin« (1977), »Liederbuch« (1979), »Solange der Vorrat reicht« (1982), »Signale« (1984), Anne« (1987), »Bis hierher und weiter« (1988), »Ja« (1993), »My Cat And I« (1994) umkreisen die zentralen Themen und Probleme des Lebens. »Es sind zeitgemäße, wirkungsvolle Alltagsbilder, die er mit überzeugender Interpretation durchschaubar und stichhaltig macht, fern von jeglichen Herz- und Schmerztönen. Seine Texte verschleiern keine Realitäten und lenken nicht von dem ab, worauf es ankommt« (Deutsche Post). »Ich möchte mit meiner Kunst Energie vermitteln, positive Energie, positive Kollektivität«, beschreibt er seine künstlerische Absicht. Gerne sieht er sich dabei in der Rolle eines Geschichtenerzählers. »Ich weiß noch genau«, erinnert er sich, »ich war so zehn Jahre alt, da hab' ich mir von Mutter einen Strumpf über den Kopf gezogen, bin damit runter in den Laden, unten an der Ecke, und hab' gebrüllt: ›Fruchtjoghurt oder Leben!‹ Sie haben mich zur Strafe in mein Zimmer gesperrt, die Vorhänge zugezogen, die Glühbirne aus der Fassung geschraubt und mich mit der Dunkelheit und einer Fliege, die da zwischen Vorhang und Fenster herumflog, allein gelassen. Da hab' ich mich hingesetzt und begonnen aus meinen Träumen einen Turm zu errichten. Einen Turm, bis rauf zum Him-

Hermann van Veen: mit literarischem Anspruch.

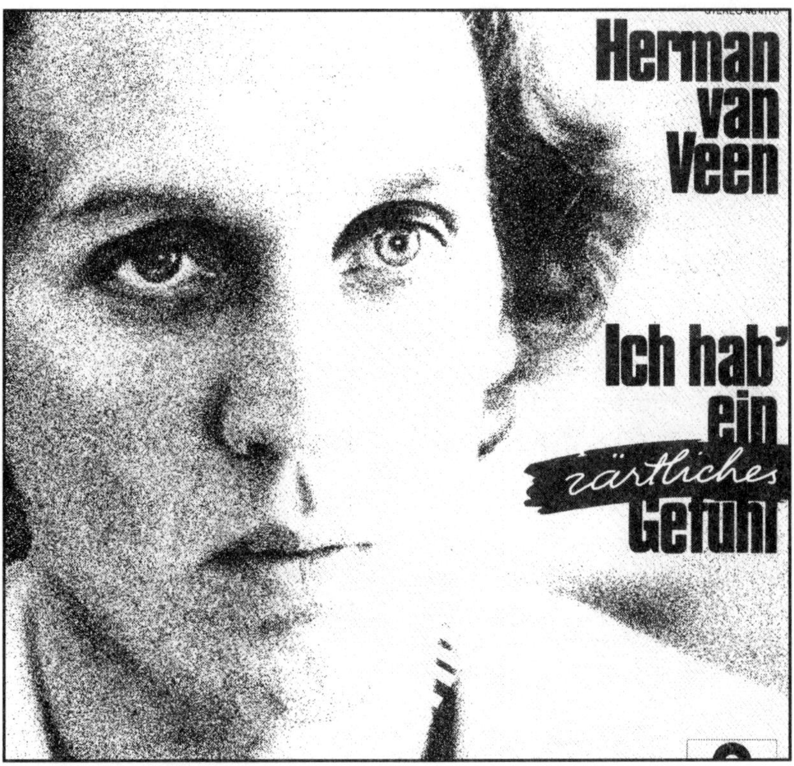

mel und ich und meine Freunde, der Max, der Thomas, der Johnni und auch die kleine Nelly, wir zogen durch die Straßen und riefen alle Kinder der Welt zusammen und luden sie ein, mit uns in diesen Turm zu ziehen. Ja, und das taten sie dann auch. Und plötzlich sprachen wir Kinder alle die gleiche Sprache, waren frei und glücklich, bis rauf zum Himmel, und niemand konnte uns stören dabei. Draußen vor dem großen Eingangstor war eine riesige feuerspeiende Fliege postiert, die uns beschützte. Und ich weiß noch genau, plötzlich polterte mein Vater ins Zimmer, mit seinen schwarzen schweren Schuhen, die er immer trug. Er riß die Vorhänge auf, erschlug die Fliege, schraubte die Glühbirne in die Fassung und rief: Ausgeträumt, mein Sohn – raus!‹ Da fiel mein Turm in sich zusammen und alle Kinder der Welt waren plötzlich, wie auf einen Schlag, in alle Himmelsrichtungen verstreut und keiner verstand mehr die Sprache des anderen. Und ich ging runter auf die Straße, traf auf den Max, den Thomas, den Johnny und auch die kleine Nelly und erzählte ihnen meine Traumgeschichte. Und an diesem Nachmittag beschloß der Max nicht Busfahrer, sondern technischer Zeichner zu werden, der Thomas beschloß Architektur zu studieren, der Johnny versprach Ziegelhersteller zu werden, die kleine Nelly wollte sowieso immer Maurer lernen und ich beschloß damals Geschichtenerzähler zu werden.« In seinem musikalischen Werk spürt man »die innere Reife des Künstlers, der seine Lieder erfreulich und erstaunlich unmittelbar zu singen weiß, die Stimmung feinfühlig nachbildet – aber nicht vergessen läßt, daß es sich hier weniger um eine musikalische Zusammenfassung von Erinnerungen und Gedanken handelt, viel mehr um Alltagsbilder. Diese – plastisch, genau im Detail und mit literarischem Ehrgeiz – sind Bekenntnisse und Anprangerungen, die Wechselwirkungen hervorrufen: Spielerisches, Trauriges, Heiteres.«

Vargas, Eva

deutsche Sängerin und Komponistin, geboren am 20. September 1930. Sie wächst im Schwarzwald auf, singt Wiegenlieder, → Moritaten, → Balladen, Bänkelsongs und Chansons. Plattenauswahl: »Fallobst vom Liederbaum«, »Länge der Mohnstraße«.

Varieté
aus dem Zirkus entstandenes Theater mit artistischen, tänzerischen und gesanglichen Darbietungen. Künstlerisch zählt die Varietékunst im Frankreich und Deutschland der zwanziger Jahre zum besten, was in Europa zu sehen ist. »Magie, Kraft, Artistik, Komik, Sport, Conference – und Girls, das ist die Mischung, aus der Varietéprogramme zusammengestellt sein müssen, wollen sie die Menschen in Massen anlocken, verzaubern und faszinieren« (Horst Steffens / Johannes Abele). Paris, Berlin, München und Hamburg gelten als Varietéhochburgen. Aber auch unterhalb der Metropolen hat sich schon im deutschen Kaiserreich eine Vergnügungsstruktur herausgebildet, an deren Spitze Städte wie Köln, Frankfurt, Mannheim und Stuttgart stehen. »Zwischen Revolution und Hitlers Machtübernahme, Inflationen und Währungsreformen, Aus- und Wiederaufbau des Sozialstaates, Arbeitslosigkeit und Streiks, Demonstrationen und Straßenkämpfen sind es vor allem die sogenannten Wundermedien, die immer wieder für Aufsehen und gefüllte Häuser sorgen. Varietés leben vom Tempo ihrer Shownummern, von der atemlosen Folge eines klug konzipierten Programms, das von allen Attraktionen etwas bietet. Neben bekannten Künstlern engagieren die Direktoren häufig auch Nachwuchskräfte und Künstler aus der Region, die nicht ausschließlich im Varieté, sondern auch bei Vereinsfeiern und ähnlichen Gelegenheiten auftreten. Sogar in der international glitzernden Welt der Varietékünste ist dies ein lohnendes Unterfangen, ziehen die einheimischen Akteure doch ihre Bewunderer ›von nebenan‹ ins Etablissement« (Horst Steffens / Johannes Abele). Große Resonanz finden auch die Girltrupps. Ihre Einbindung in das deutsche Varieté ist ein typischer »Amerikanismus«, eine Zeiterscheinung der prosperierenden Weimarer Jahre 1924 bis 1930. Nicht selten wenden sich die Varietés auch über die Tabus bürgerlicher Moral hinweg. Als ein Wiener Theater 1923 eine Ausstattungsrevue erstmals mit nackten Mädchen präsentiert, üben sich auch die deutschen Varietébühnen in diesem Genre. Hier stehe, so → Otto Julius Bierbaum über das deutsche Varieté um die Wende zum 20. Jahrhundert, »das Schrille neben dem Zarten, das Ausgelassene neben dem Ernsten, heißes Gefühl neben Tändelei, Sentimentaliät und Ironie nebeneinander«.

Vaudeville
Komödie oder possenhaftes Spiel mit Chansons. Ursprünglich populäre Lieder sowie Liedeinlagen in den Stegreifstücken der italienischen Komödianten in Paris (seit etwa 1640), dann auch Bezeichnung der Stücke selbst. Das Vaudeville ist zwischen etwa 1700 und 1750 die Hauptform des französischen Singspiels, das als satirische Zeitkritik auf dem Pariser Jahrmarktstheater gepflegt wird.

Vaudevires
→ Vaux-de-Vire.

Vaux-de-Vire
(eigentlich Val-de-Vire). Im »Tal der Vire« lebt nach 1400 der Dichter → Olivier Basselin und schreibt Chansons eingängiger Prägung, die nach seiner Heimat benannt werden. Später geht die Bezeichnung auf die einstimmig begleiteten Tanz-, Scherz- und Trinkchansons, die nach 1600 sehr in Mode kommen, und schließlich auf das possenhafte Singspiel mit heiteren Spottliedern als Einlagen (→ Vaudeville) über.

Vedette
Bezeichnung für Chansonstar um die Wende zum 19. Jahrhundert. Das → Repertoire der Vedettes besteht aus sentimentalen → Romanzen und → Chansons grivoises und comique.

Véhicule
Beförderungsmittel, Fahrzeug, Träger.

Vian, Boris
französischer Chansonsänger, geboren 10. März 1920 in Ville-d' Avray, gestorben am 23. Juni 1959 in Paris. Sein Vater ist Fabrikant und Goldhändler, hat aber durch die Weltwirtschaftskrise seinen Wohlstand weitestgehend eingebüßt. Die vier Kinder erhalten dennoch eine umfassende Erziehung: Boris lernt mehrere Instrumente, Sprachen und beschäftigt sich früh mit klassischer Literatur. 1935 erkrankt der Junge an Diphterie und kämpft fortan mit einer Herzmuskellähmung, die ihn zeitlebens stark beeinträchtigt. Mit dem

Berufswunsch Ingenieur beginnt Vian zu studieren. Die ersten Gedichte entstehen. 1942 schließt er sein Studium in Paris ab. Im selben Jahr tritt er einer Jazzcombo als Trompeter bei. 1943 schreibt er seinen ersten Roman »Trouble dans les Andains«, für den er jedoch keinen Verleger findet. Dies gelingt ihm erst über Beziehungen mit seinem zweiten Werk »Veroquin et le plancton«. Noch im gleichen Jahr veröffentlicht er unter dem Pseudonym Vernon Sullivan seinen dritten Roman »J'irai chracher sur vos tombes«. Kurze Zeit später kommt es um das Buch wegen Jugendgefährdung und Pornographie zum Prozeß. Vian wird als Autor öffentlich bekannt. Er arbeitet weiter als Schriftsteller, kann sich aber nicht durchsetzen, so daß er sich verstärkt auf das Schreiben von Chansons verlegt. Erfolgreich ist er dagegen seit Ende des Krieges mit seiner Jazzband. Mit ihr hat er zahlreiche Gastspiele, unter anderem auch im Club → »Tabou«. Dort lernt er die Existentialistengruppe um → Jean-Paul Sartre, → Jacques Prévert und → Juliete Gréco kennen. 1948 muß Vian allerdings sein Engagement bei der Combo aufgeben, weil er aus gesundheitlichen Gründen nicht mehr Trompete spielen darf. Der Kunst-

Varieté: Shownummern Schlag auf Schlag.

direktor der Schallplattengesellschaft »Philips« in Frankreich, → Jacques Canetti, nimmt den glücklosen Künstler von nun an unter seine Fittiche und verschafft ihm einen Posten bei seinem Label, als Redakteur der Abteilung für Jazz. Er ermutigt ihn, sich weiter dem Chanson zu widmen und beauftragt ihn, für andere Sänger Lieder zu schreiben. 1955 gerät Vian wieder mit der Zensur in Konflikt. Streitpunkt ist diesmal sein antimilitaristisches Chanson »Le déserteur«. Das in der heißen Phase des Indochinakrieges entstehende Lied erhitzt die Gemüter der Politiker. Nicht überzeugen kann Vian das Publikum als Sänger. Seine Stimme und sein Vortrag, der eine Art Sprechgesang ist und das Gewicht vor allem auf den Text legt, verzeichnet keinen Zuspruch. Kritiker charakterisieren seine Stimme als »dünn«, seine Gestik als »linkisch«. Vian ist künstlerisch ungeheuer produktiv. Neben seinen Romanen und den unzähligen Chansons verfaßt er Theaterstücke, spielt in Filmen mit und verfaßt einen Beitrag über Chansons. Ebenso vielfältig sind seine Themen. Mit beißender Ironie wendet er sich gegen Willkür und Grausamkeit, gegen blinden Gehorsam, Spießbürgertum und die eitle Welt der Schönen und Reichen. »Vians Abscheu vor den ›Scheusalen‹ ist ebenso glühend wie seine Liebe zu dem, was ihm am Herzen liegt« (Simone de Beauvoir). Zudem überträgt Vian einige Texte von → Bertolt Brecht ins Französische. Erst Jahre nach seinem Tod werden seine Werke erfolgreich: Andere Sänger interpretieren seine Chansons, → Jean Ferrat huldigt ihn in seinem »Pauvre Vian«. Ende der siebziger Jahre kommt eine Sammelausgabe seiner Lieder heraus, die mit dem »Grand Prix audio-visuel« ausgezeichnet wird. Auch seine Bücher werden nun häufiger verkauft. Klaus Völker nennt Boris Vian den »Prinz von → Saint-Germain-des-Prés«. Die »Frankfurter Allgemeine Zeitung« stellt fest, daß sich »Boris Vian für die ›Neger dieser Welt‹ einsetzt«..

Vier Nachrichter

Chansonensemble. Die Gruppe ist ursprünglich ein Faschingskabarett von vier Studenten des theaterwissenschaftlichen Instituts der Universität München. Ihr gehören Helmut Käutner, Bobby Todd, Kurt E. Heyne und Werner Kleine am Klavier an. In der Welt des Theaters und der Literatur finden sie ihre Thematik für Satiren, Parodien und Chansons. → Joachim Ringelnatz sieht sie und holt sie in das Künstlerkabarett → »Simpl,«. Im Goethejahr 1932 bringen sie eine Operettenparodie »Hier irrt Goethe« heraus. Nach einiger Zeit erweitert sich das Ensemble. Es wird von der Lewis Ruth-Band begleitet. Auf einer Tournee durch Deutschland bereiten sie ihr nächstes Programm vor: »Der Esel ist los«. In dieser literarischen Parodie auf die Fabel von des Esels Schatten persiflieren sie unter anderem SA-Lieder mit »Gib her den Speer, Penelope, und weine nicht so sehr!« Damit bringen sie die braunen Machthaber gegen sich auf. Ihr für 1935 vorbereitetes Programm »Der Apfel ist ab« wird von der Zensur verboten. Kurz darauf bricht das Ensemble auseinander.

Vigneault, Gilles

frankokanadischer Chansonsänger, geboren 1928. Er gastiert erstmals 1963 in Frankreich. Wie → Félix Leclerc verdankt er einen Teil seiner faszinierenden Wirkung auf die Franzosen dem Vokabular seiner Lieder, greift er doch auf das in Kanada gesprochene Französische zurück, das in manchem noch den Sprachzustand der meist westfranzösischen Einwanderer des 17. Jahrhunderts bewahrt. Der Sohn eines Fischers hat zunächst Erfolg mit Erzählungen, Gedichten und Theaterstücken. Bei der Musik macht er gern Anleihen aus früheren Jahrhunderten und legt seinen Liedern Tänze der Barock- und Rokokozeit zugrunde. Trotz aller Bodenständigkeit ist ihm Heimattümelei fremd. Mit »Les gens de mon pays« gelingt ihm eine bekenntnishafte Hymne.

Villon, François

französischer Dichter, geboren 1429, Sterbedatum unbekannt. Er gilt als einer der großen Lyriker Frankreichs und »Ahnherr der → Liedermacher« (Hartmut Huff). Er nennt sich nach seinem Gönner, einem Kleriker namens Gauillaume de Villon. 1452 wird er Magister der Künste. Drei Jahre später verletzt er in einem Streit einen Kleriker tödlich und flieht aus Paris. Er schließt sich einer Räuberbande an und landet schließlich im Gefängnis. Anläßlich der Thronbesteigung von Louis XI. wird er amnestiert. Von Schwindsucht und Syphilis schwer gezeichnet, kehrt er Paris den Rücken, nachdem er wegen Mordes zum Tod durch den Strang verurteilt und dann zu zehnjähriger Verbannung begnadigt worden ist. Sein Todestag ist der Nachwelt nicht bekannt. Seine Gedichte hingegen haben die

Jahrhunderte unbeschadet überlebt. Sein dichterisches Werk ist durchweg autobiographisch. In ihm zeichnet er seinen Lebensweg: die frühe Jugend, geprägt von Krieg, Hunger, Mord, Epidemien, Folterungen und Hinrichtungen, dann die neu erwachende Lebenslust mit Saufeskapaden und moralische Unbedenklichkeit. Die Sprache in seinen Chansons ist zupackend, direkt und hart, zuweilen mit kühner Artistik. Mit seinem Haß gegen die Mächtigen und feinen Leute der Oberschicht gibt er in seinen Liedern augenfällig das eigene Bild des aufmüpfigen, unangepaßten und liederlichen → Troubadours wider. Der Literaturhistoriker Nizard schreibt: »Villon hat Mut und Geschmack. Wer versteht es, von seinen Gefühlen nur die auszudrücken, die er mit jedermann gemein hat, und das, was ihn von anderen trennt, für sich zu behalten.« Hartmut Huff bezeichnet ihn als »Magister, Vagant, Gauner, Dichter, Räuber, Spötter, Sänger, Liebhaber, Verschollener, als die zweifellos faszinierendste Gestalt unter den unsterblich gewordenen Poeten und Rebellen«.

Vinçard-Ainé

französischer Chansonsänger, geboren 1796, gestorben um 1870. Er ist das Kind einer rechtschaffenen Handwerkerfamilie und schlägt die Laufbahn eines Tischlers ein. 1814 geht er als Arbeiter in eine Waffenfabrik und beginnt 1818 in → Goguettes als Sänger aufzutreten. Er steht der Chansongesellschaft → »Lice chansonnière« als Präsident vor. Seine erfolgreichsten Chansons sind »Aux pauvres gens«, »Le prolétaire«, »Elan«, »Aux goguettiers«, »Alerte« und »Appel à la chanson«.

Virelai

französische Liedform des 13. bis 15. Jahrhunderts, eine der zahlreichen Erscheinungsformen des Tanzlieds mit → Refrain. Das Virelai beginnt mit einem vierzeiligen Refrain. Es folgt eine dreiteilige Strophe, deren dritten Teil dem Refrain formal und musikalisch entspricht. Meist folgen dann zwei weitere auf diese Weise gebaute Strophen. Vers- und Reimformen sind frei. Ein Virelai aus nur einer Strophe heißt → Bergerette. Die bedeutendsten Verfasser von Virelais sind im 14. und 15. Jahrhundert → Guillaume de Machault, → Eustache Deschamps und → Christine de Pisan. Verwandte Formen sind die → Rotrouenge, die → provenzalische → Ballade und → Dansa.

Vissotzki, Vladimir

russischer Schauspieler, Dichter und Chansonsänger, geboren am 25. Januar 1938, gestorben am 20. Juli 1980. Er ist 16 Jahre lang festes Ensemblemitglied am Moskauer »Taganka«-Theater, das in den sechziger Jahren durch unkonventionelle Inszenierungen von sich reden macht, und Darsteller in zahlreichen Filmen. Seine größte Popularität aber erhält er durch seine Lieder, von denen die wenigsten zu seinen Lebzeiten auf Platte erscheinen. So werden seine Kassetten millionenfach privat überspielt, und seine Texte zirkulieren in unzähligen Kopien. Wie kein zweiter hat Vissotzki, unabhängig von Personengruppen, die Gefühle seiner Landsleute getroffen. Intellektuelle, Arbeiter, Jugendliche und Kriegsveteranen – sie alle kennen seine Lieder. »Man fragt mich oft, ob ich im Krieg war, ob ich zur See gefahren bin, ob ich Pilot war ...«, erzählt er einmal. »Nein, ich schreibe nur in der ersten Person; ich sage immer ›ich‹, und wahrscheinlich irritiert das die Leute. In all meinen Texten ist ein großer Teil Fiktion des Autors, Phantasie. Einiges habe ich nur gesehen, übernommen und in Versform gebracht, anderes habe ich mir ausgedacht. Über den Krieg schreibe ich nicht deshalb, um eine Rückschau in Liedform zu halten. Der Krieg hat uns alle beeinflußt; er hat in jedem Fall jeden Menschen hierzulande berührt. Das war ein so großes Unheil, das für vier Jahre unser Land überzogen hat, daß man sich immer daran erinnern wird. Und solange es Menschen gibt, die sich mit Schreiben beschäftigen und etwas in Worte fassen können, werden sie natürlich über den Krieg schreiben.« Dabei handeln die meisten dieser Geschichten nur vordergründig vom Krieg. »Eigentlich zielen sie auf den Nerv der Aktualität, das schmähliche Heldenleben des Sowjetalltags« (Musikblatt). »Seine von eigentümlichen Sprachbildern geprägte Lyrik ist hart und direkt, voll bissigen Humors, schmerzender Wut und leidenschaftlicher Liebe zu den Menschen« (Urban Frye). Seine Lieder sind untrennbar mit seiner Stimme verbunden, die alles andere als schön zu nennen ist, sondern von einer fast schon schockierenden Rauheit und unmittelbar berührender Ehrlichkeit zeugt und in ironischem Stakkato ihre Botschaft überbringt. »Er kann heulen wie ein verwundetes Tier oder mit spürbarem Abscheu die Brutalität schreiend anprangern und im nächsten Moment wieder leise und zärtlich von einer nie gelebten Liebe singen, die bitter und berauschend in einem ist« (Urban Frye). »Er singt, schreibt, komponiert mitreißende Chansons. Sie leben von der Ausdruckskraft des singenden Schauspielers, von dem Modulationsreichtum der dunklen Stimme« (tz, München). Seine Lieder sind aufrüttelnd. Neben wütenden Anklagen gestaltet er auch tiefempfundene → Balladen. »Musikalisch bewegt er sich zwischen → Georges Brassens und Fabrizio de Andre, ohne die russische Seele zu verleugnen« (HiFi Vision).

Vita, Helen

(eigentlich Hélène Reichel), deutsche Sängerin und Kabarettistin, geboren am 7. August 1928 in Hohenschwangau. Sie besucht das Konservatorium in Genf, spielt in Paris Theater, in Deutschland auch in Filmen. Die Künstlerin geht aus dem Schweizer »Cabaret Fédéral« hervor. Sie singt Chansons wie »Die Dame mit'n Avec«, »Stoßseufzer einer Dame in bewegter Nacht« und »Wir sind süß, aber doof«. Ihre Platten mit Chansons aus dem alten Frankreich erregen dagegen Anstoß und werden 1966 und 1967 beschlagnahmt beziehungsweise verboten.

W

Wader, Hannes

deutscher → Liedermacher und Gitarrist, geboren am 23. Juni 1942 in Bielefeld. Schon früh lernt er Mandoline spielen, später Saxophon, Klarinette und Gitarre. Nach seiner Lehre als Dekorateur beginnt er 1962 ein Studium als Graphiker, wechselt dann an die Berliner »Akademie für Graphik, Druck und Werbung«. In der deutschen Metropole trifft er auf Musiker wie → Katja Ebstein oder → Reinhard Mey. Unter dem Eindruck der Chansons von → Georges Brassens beginnt er eigene Lieder zu schreiben und hat erste Auftritte. Vor einem größeren Publikum steht er erstmals Pfingsten 1966 beim → »Festival Chanson Folklore International« auf → Burg Waldeck. Zwei Jahre später klinkt er sich in die Studentenbewegung ein, demonstriert gegen die Springer-Presse, den Schah von Persien und den Krieg der Amerikaner in Vietnam. 1969 veröffentlicht er seine erste Schallplatte »Hannes Wader singt«, auf der er sich noch ganz in der Tradition von Georges Brassens zeigt. »In pseudo-autobiographische Strophenliedern wird der Outsider dargestellt, der Bohemien, dem es nicht gelingen will, sich seiner spießigen Umwelt anzupassen«, macht Thomas Rothschild aufmerksam. »Seine Lieder provozieren. Sie kümmern sich um keine Tabus. Was vom Kleinbürgertum verdrängt wird – Sex, Krankheit, Tod – Wader macht es geradezu lustvoll zu seinem Thema.« Ein Jahr später folgt die Langspielplatte »Ich habe mir noch soviel vorgenommen«, mit Werner Lämmerhirt an der Gitarre. Sie ist bereits vom Einfluß Bob Dylans und Pete Seegers geprägt. Auf dem Album »7 Lieder« singt Wader erstmals drei fremde Werke. Der surrealistische Titel »Der Tankerkönig« wird dabei als Sympathiegeste für die Baader-Meinhof-Bande mißverstanden. Gleichzeitig fliegt seine untervermietete Hamburger Wohnung als Hauptquartier der Terroristengruppe auf. Die an »Hella Utesch« überlassene Immobilie ist der Tarnname von RAF-Mitglied Gudrun Enslin. Die Behörden leiten ein Ermittlungsverfahren wegen Unterstützung einer kriminellen Vereinigung gegen Wader ein. Die Folge: Auftrittsboykott durch Fernseh- und Rundfunkanstalten und Konzertveranstalter. Erst nach Jahren wird das Verfahren gegen ihn eingestellt. 1974 wartet er auf seiner Platte »Plattdeutsche Lieder« mit ungewohnten Klängen aus dem Bereich der Volksmusik auf. Auch mit »Hannes Wader – Volkssänger« bleibt er dieser Linie treu. Zwar kann er mit diesem Versuch, die deutsche Volksmusik aus dem Bannkreis des Mißbrauchs durch die Nationalsozialisten zu lösen, seine Fans nicht beeindrucken, wird dafür aber mit dem »Deutschen Schallplattenpreis« ausgezeichnet. Nach diesem Ausflug in die Volksmusik kehrt er mit seiner Einspielung »Kleines Testament« wieder zu seinem alten Stil zurück. Fast jedes Jahr bringt er eine neue Langspielplatte heraus: 1978 die durch seinen Eintritt in die »Deutsche Kommunistische Partei« beeinflußte »Arbeitslieder« und im Jahr darauf »Shanties«, die ihm eine erneute Auszeichnung mit dem »Deutschen Schallplattenpreis« einbringt. Auf den Parteieintritt reagieren die Medien erneut mit Boykott. In den folgenden Jahren ist Wader stark politisch aktiv. Er singt in bestreikten Betrieben, auf politischen Veranstaltungen und engagiert sich in der Friedensbewegung. Es entstehen die Alben »Wieder unterwegs«, »Es ist an der Zeit«, »Nicht nur ich allein«, »Daß nichts bleibt, wie es war« (mit dem fast schon legendären Titel »Heute hier, morgen dort«), »Glut am Horizont«, »Liebeslieder«, »Bis jetzt« und »Nach Hamburg«. Er möchte »keine Wegwerf-Kultur« machen, sagt er, sondern »Lieder aus Eiche«. Und in »Damals« trägt er vor: »Meine Lieder klingen nicht mehr so wie damals, frei und leicht. Heute singe ich um mein Leben.« Mit dem Erscheinen von Michail Gorbatschow auf der politischen Bühne bröckelt, so Wader, »meine bis dahin felsenfeste politische Überzeugung« ab. 1991 erscheint »Nie mehr zurück«, vier Jahre später »Zehn Lieder«. 1996 nimmt er die CD »Hannes Wader singt Bellman« auf, gesanglich unterstützt von Reinhard Mey und → Klaus Hoffmann. 1998 erscheint die Live-Platte »Hannes Wader – Auftritt«. Der Liedermacher versucht bei Gastspielen und bei der Interpretation seiner Werke möglichst einfach und ungekünstelt zu wirken. Er vermeidet Pathos und Emphase, konzentriert sich darauf, den Inhalt seiner Lieder verständlich zu machen. Auch wenn seine Texte oft metaphorischen Charakter haben, bleiben sie einleuchtend und anschaulich. »Als Liedermacher in der Tradition der fahrenden → Bänkelsänger klagt er an, kritisiert die Oberen und wettert mit bissiger Ironie gegen Krieg und Ungerechtigkeit.« Kein anderer Sänger deutscher Zunge hat »je Sentiment und zynischen Witz so in einer Brust vereint wie Hannes Wader. Kaum nachvollziehbar gespalten, aber immer glaubwürdig« (Frankfurter Allgemeine Zeitung). In Konzerten Mitte der neunziger Jahre richtet sich dagegen »sein einst so scharfer, sozialkritischer Blick lieber auf Vergangenes, auf die Deutsche Revolution von 1848 statt auf die von 1968 oder auf die Zeit des Dreißigjährigen Krieges. In der Rolle eines Landsknechtes klagt er auf der ›Laute aus Perlmutt‹ über Folter und Hexenverbrennung. Am Ende steht die lapidare Erkenntnis »... es gibt keinen Frieden für einen wie mich‘« (Augsburger Allgemeine).

Waldoff, Claire
deutsche Chansonsängerin, geboren am 21. Oktober 1884 in Gelsenkirchen, gestorben am 22. Januar 1957 in Bad Reichenhall. Genauso, wie die → Mistinguett untrennbar mit Paris verbunden ist, so gehört Claire Waldoff zu Berlin. Ihre Karriere, ihre Lieder, ja sogar ihre Persönlichkeit ist ohne die Großstadt an der Spree nicht faßbar. Die »Times« schreibt über sie: »Wer Berlin kennenlernen will, muß das Brandenburger Tor, eine Max Reinhardt-Inszenierung und die Waldoff sehen.« Sie entstammt einer kinderreichen Familie. Ihre Eltern betreiben eine Gaststätte. 1896 geht sie auf ein Mädchen-Gymnasium in Hannover und will nach dem Schulabschluß eigentlich Medizin studieren, geht dann aber ans Theater. Sie gastiert am »Fürstlichen Sommertheater« in Pyrmonth und am Kattowitzer »Interimstheater«. Durch den Erfolg bekräftigt, zieht sie nach Berlin. Dort erhält sie ein Engagement am »Figaro Theater« und ist unter anderem in Stücken von Paul Scheerbart zu sehen. In einer Posse im »Neuen Schauspielhaus« fällt sie dem Kritiker Alfred Kerr als »ganz originelles Talent« auf. Als sie 1907 im »Roland von Berlin« ihr Kabarettdebüt antritt, kommt sie mit der Zensur in Konflikt. Das antimilitaristische Programm wird gestrichen und ihr verboten, im Hosenanzug und mit Krawatte aufzutreten. Stadtbekannt

wird sie über Nacht mit dem von Kapellmeister Walter Kollo für sie komponierten Lied »Das Schmackeduzchen« nach einer Textvorlage von Hermann Frey. Es folgen weitere Engagements in den berühmten Berliner Bühnenorten »Chat Noir« und »Kabarett unter den Linden«. Dort macht sie mit Liedern wie »Hermann heeßt er« oder »Nach meine Beene is ja janz Berlin varickt« von sich Reden. Als der Erste Weltkrieg ausbricht, stellt sie sich zeitweise in den Dienst der Propaganda, glänzt aber ab 1917 in den unzähligen Aufführungen von Walter Kollos Operette »Drei alte Schachteln«. Diesem enormen Erfolg schließen sich in den zwanziger Jahren mehrere Tourneen mit zahllosen Auftritten an. 1924 verbucht sie einen weiteren Meilenstein in ihrer Karriere: unter dem Eindruck einer Parisreise, bei der sie neben den → Revuen auch ihr französisches Pendant → Mistinguett kennengelernt, wirkt sie bei Erik Charells Revue »An Alle« mit. Mit »Warum soll er nich mit ihr?« hebt sie ihr bekanntestes Chanson aus der Taufe. Zwei Jahre später steht sie unter anderem mit → Marlene Dietrich in der Revue »Von Mund zu Mund« auf der Bühne und beschwert sich mit dem Spottgesang »Raus mit den Männern aus dem Reichstag«, einer Revue-Einlage von → Friedrich Hollaender, über den Chauvinismus ihrer männlichen Mitmenschen. Drei Jahre später veröffentlicht sie ihre erste Schallplatte. In den nächsten sechs Jahren publiziert sie rund sechzig weitere Scheiben, unter anderem »Es gibt nur ein Berlin«, »Wer schmeißt denn da ...« und »Immer ran an‹ Speck«. Keine kann so wie sie → Kurt Tucholskys »Mutterns Hände« interpretieren. Mit Beginn des Naziregimes kommt ihre Karriere ins Stocken. Die Machthaber belegen sie mit Auftrittsverbot. 1939 zieht sie sich nach Bayrisch-Gmain zurück. Nach dem Krieg versucht sie im Berliner »Uhlenspiegel« ein Comeback, das jedoch erfolglos bleibt. Claire Wadoff fühlt sich den kleinen Leuten verbunden, denen sie in ihrer Musik über die Schulter schaut, deren Probleme, Ängste und Freuden sie darstellt. Sie ist gleichzeitig humorvoll und kritisch, aber niemals polemisierend. Ihre kesse Art und die »Berliner Schnauze mit Herz« begeistert das Publikum. Von Kritikern wird sie die »Nachtigall von Spree-Athen« genannt, aber auch »eine der originellsten, eine der ganz großen → Diseusen deutscher Zunge«. Neben dem schlagfertigen Mundwerk besitzt sie subtiles Einfühlungsvermögen und eine eigenwillige Interpretationskunst. Ihre Chansons, literarischen Monologe und Tingeltangellieder präsentiert sie mit sensiblem Fingerspitzengefühl und ausdrucksstarker Stimme.

Walther von der Vogelweide

deutscher Minnesänger, geboren um 1170 vermutlich in der Nähe von Klausen (Südtirol), gestorben um 1230 in Würzburg. Als nachgeborener Sohn aus niedrigem Adel ist er der größte fahrende Sänger, der von Burg zu Burg zieht und seine Lieder vorträgt. Er verfaßt sowohl Lyrik, in die er das Element der gegenseitigen → Minne einbezieht, wie auch politische Spruchdichtung. Trotz Abhängigkeit von Auftraggebern und Brotherren prägt sich bei ihm erstmals in der deutschsprachigen Literatur ein starkes geistiges und künstlerisches Selbstbewußtsein durch. Kommt im Gefolge der Herren von Säben zu den Babenbergern an den Wiener Hof. Durch die staufisch-welfische Doppelwahl wird er in den politischen Streit gezogen und läßt ihn zum politischen Dichter reifen. Er zieht 1198 nach dem Tod von Herzog Friedrich I. zu Philipp von Schwaben. Dann schlägt er sich auf die Seite von König Otto (seit etwa 1215) und Kaiser Friedrich II. Um 1220 erhält er von Friedrich II. ein Lehen, das sein Auskommen sichert. Fortan tritt er auf seinen Wanderfahrten als leidenschaftlicher Gegner des Papstes für seinen Lehnsherrn ein. Seine letzte politisch-dichterische Tätigkeit gilt dem → Kreuzzug von 1228 bis 1229. Sein umfassendes Werk ist überwiegend von der Minnethematik beherrscht. Ein Teil seiner Lieder ist in der »Manessischen Liederhandschrift« enthalten.

Wecker, Konstantin

deutscher → Liedermacher und Pianist, geboren am 1. Juni 1947 in München. Die künstlerische Ader hat er wohl vom Vater erhalten, der Bildender Künstler und Opernsänger ist. 1952 fängt er an, Klavier zu spielen und singt in einem Kinderchor, mit dem er 1960 seine erste Schallplatte aufnimmt. Bereits mit zwölf Jahren erstellt er eigene Kompositionen und verfaßt, fasziniert von den Werken Georg Trakls, eigene Gedichte. Mehrmals läuft er von Zuhause weg, um – nach eigenen Worten – »als freier Dichter zu leben«. Bis nach Italien kommt er bei diesen Ausflügen, kehrt jedoch jedesmal wegen Geldmangels zurück. Seine Eltern halten zu ihm, selbst dann, als er 18jährig mit einem Kumpel einen Geldschrank aufbricht und für mehrere Monate ins Gefängnis wandert. 1969 holt er sein Abitur nach und studiert an der Münchener Musikhochschule, wechselt aber bald auf die Fächer Psychologie und Philosophie. Während dieser Zeit ist er an verschiedenen Theatern als Korrepetitor und Studiopianist tätig. Die ersten Theatermusiken entstehen. Er erhält eine Nebenrolle in dem Musical »Jesus Christ Superstar« und steht in Chuck Keremans TV-Film »Die Autozentauren« vor der Kamera. Die angestrebte Karriere als Schauspieler endet zwar zunächst beim Sexfilm, doch als Musiker veröffentlicht er 1972 seine erste eigene Schallplatte, »Die sadopoetischen Gesänge des Konstantin Wecker«. Den ersten Kassenschlager landet er 1977 mit dem Lied »Willy«, das seiner Langspielplatte »Genug ist nie genug« entstammt. Zudem erhält er in diesem Jahr den »Deutschen Kleinkunstpreis« in der Sparte Chanson. Zusammen mit seinen Begleitmusikern gründet er die subkulturelle GmbH »Team Musikon«, über die er von nun an seine Veröffentlichungen produziert und seine Auftritte managt. Unter dem Titel »Eine ganze Menge Leben« publiziert Wecker 1978 seine erste »Team Musikon«-Platte und einen Sammelband mit seinen Gedichten und Liedern. Im Jahr darauf steht er für den Film »Schwestern oder die Balance des Glücks« wieder vor der Kamera und komponiert dazu den Soundtrack. 1980 steigt er jedoch wieder aus dem Alltag aus, ersteht ein Haus in der Toskana und zieht sich für einige Jahre vom Showgeschäft zurück. Nach seiner Rückkehr nach München macht er da weiter, wo er aufgehört hat, veröffentlicht Platten und Bücher und geht auf Tournee. 1988 kommt die Langspielplatte »Ganz schön Wecker« auf den Markt, danach »Stilles Glück – trautes Heim« (1989), »Konstantin Wecker Classics« (1991), »Uferlos« (1993), »Wenn du fort bist« (1994) und »Gamsig« (1996). Viele seiner Lieder sind nonkonformistische Werke, die oft geprägt sind von bissig-ironischer Resignation und einem Hauch Endzeitstimmung. Andere bilden einen thematischen Brennspiegel aktueller Situationen. 1997 reiht er sich in die Liste namhafter nationaler und internationaler Interpreten ein, die Lieder und Texte von → Bertolt Brecht vortragen. Mit seiner Einspielung »Brecht« gelingt ihm »die große Verweckung Brechts« (Süddeutsche Zeitung). Dazwischen schreibt er Filmmusiken für die »Tatort«-Reihe (»Der Bierkönig«, 1990), für »Kir Royal« (1991), »Lilien auf der Bank« und »Schtonk« (1992), »Ärzte« (1994) und »Kriminaltango« (1995), aber auch Bühnenmusiken wie zu »Faust I« (Bremer Theater, 1988), »Liebeskonzil« (Schillertheater Berlin, 1989), »Die Jungfrau von Orléans« (Wiener Volkstheater, 1989) und »Die Räuber« (Schauspielhaus Köln, 1991) und wird in einem aufsehenerregenden Prozeß wegen Kokain-Besitz verurteilt. »Konstantin Wecker spinnt in seinen Liedern ein sensibles Lyrikgeflecht von Innenwelt und äußerem Geschehen. Dabei taucht all das auf, was die Menschen heutzutage bedrückt und beschäftigt. Angesprochen werden unter anderem die Schwierigkeiten der Selbstverwirklichung und der Wunsch nach freiheitlichem Lebensraum. Er zitiert die Öffentlichkeit schlechthin, die oftmals nur ihr schlechtes Gewissen zu kaschieren versucht. Man spürt Weckers bewußtes Einfühlen in die Realität, sein Aussteigen, um ein anderer zu werden, seine Mahnungen und seine Wach-auf-Funktionen.« Regisseur Klaus Emmerich charakterisiert ihn so: »Wecker ist grob, unkontrolliert und wenig fein. Er ist einer der letzten Ehrlichen. Geschont hat er niemanden. Am wenigsten sich selbst. Und genau da trifft er Brecht. Da wird er zu Baal. Zu Meckie Messer. Da ist er der reitende Bote. Da klingen seine Trommeln in der Nacht. Da verheddert er sich im Dickicht der Städte. Und verzweifelt an Maßnahmen. Er hat einen neuen Klang. Drucklos, leicht, unangestrengt ist die neue Musik. Das schwere, wuchtvoll Wichtige früherer Arbeiten ist einem spielerischen Gestus gewichen, voll humorvoller Zärtlichkeit. So beschwingt ist einer nur, wenn er Zentnerlasten abgeworfen hat.« Wecker hat sich auch immer wieder experimentierfreudig gezeigt, verarbeitet nicht nur Elemente der Musik Carl Orffs, sondern versucht die festgelegten musikalischen Strukturen aufzubrechen. Seine Texte sind beeinflußt von den expressionistischen Lyrikern, wie Gottfried Benn, aber auch Rainer Maria Rilke und → Hanns Dieter Hüsch haben bei ihm Spuren hinterlassen.

Wedekind, Frank

deutscher Schriftsteller, geboren am 24. Juli 1864 in Hannover, gestorben am 9. März 1918 in München. Er faßt nach Studien der Germanistik, der französischen Literaturgeschichte und der Rechtswissenschaften 1886 den Entschluß, sich ganz der Literatur zu widmen. Den ersten großen Theatererfolg verbucht er 1900 mit »Erdgeist«. Zu diesem Zeitpunkt hat ihm seine Tätigkeit für die satirische Zeitschrift »Simplicissimus« bereits eine Festungshaft und sein Auftreten mit eigenen Liedern zur Laute im Münchner Kabarett »Die → elf Scharfrichter« Bühnenruhm eingebracht. Mit der Unterkühlung und harten Straffung der Sprache stoßt er in neue Bereiche vor. So schafft er im Gegenständlichen wie im Sprachlichen einen Kosmos des Unwirklichen, in dem sich Realität weitgreifend spiegelt. Der erotischen Rauschwelt und Verlogenheit seiner Zeit setzt er bewußt eine »Wirklichkeit der Triebe und Gefühle« entgegen. Er stellt die Schönheit der Begierde über die Heuchelei, mit der Sexualität verleugnet wird, und fordert eine Überwindung der verhängnisvollen Trennung von Geist und Sinnlichkeit. Er gilt heute als »Stammvater« des deutschen Chansons. Er ist unbestritten die Künstlerpersönlichkeit, die das Genre »deutsches Chanson« aus der Nachahmung des französischen Vorbildes eigenschöpferisch weiterentwickelt und viele Chansonsänger nach ihm bis hin zu → Bertolt Brecht Vorbild wird. Heinrich Mann gibt seine Erinnerungen an Frank Wedekind so wieder: »Damals ist sein Auftreten niegesehen, von geradezu schauriger Niegesehenheit. Die bebänderte Laute in schwerfälligen Händen, tritt vor die schöne Welt ... eine mit allen Wassern gewaschene Erscheinung, von Gott weiß wo herbeigefahren in dieses bäurische Lokal. Kleine Schritte, ›ich komme, ihr entgeht mir nicht‹. Untersetzt, ein scharfgeschnittener Kopf mit Cäsarenprofil, die Stirn unheilverheißend gesenkt und von geschorenen Haaren ausgezackt. Augen aber, die anzüglich aufzuckten, unbekannt warum. Auch zuckt Gereiztheit mit, und gleich danach verstummt sie schwermutsvoll. Klimpern wie gereizt, dann der Vortrag. Nasal, scharf, schallend.« Wedekind ist der Sohn eines vielgereisten Arztes und einer ungarischen Schauspielerin. Er wächst in der Schweiz auf, lebt zunächst als Journalist, Reklamechef, Zirkussekretär und Rezitator zwischen Paris, London und München, wird 1899 für sein gegen Wilhelm II. gerichtetes satirisches Chanson »König David« wegen Majestätsbeleidigung zu Gefängnis verurteilt und zu dreiviertel Jahr Festungshaft begnadigt. Wedekind orientiert sich an → Aristide Bruants Unverblümtheit und Schamlosigkeit in der Sprache. Mehr noch: Er macht sich auch Bruants unprätentiöse Vortragsweise zu eigen. Sein Werk – Chansons, Gedichte, Prosa und Dramen – wendet sich gegen die verlogene Moral der herrschenden Klassen, entlarvt deren dekadente Lebensformen, orientiert sich auf Außenseiter der Gesellschaft und predigt Vitalität, Schönheit und Kraft. Wie Aristide Bruant trägt er das Banner des Nonkonformismus vor sicher her. Bei den → Bänkelsängern borgt er sich seine in Wort und Musik bewußt niedrige Stillage und besingt Tabus der wilhelminischen Gesellschaft, die kindliche Sexualität (»Ilse«), die gleichgeschlechtliche Liebe (»Vergänglichkeit«), attackiert Tendenzen der zeitgenössischen Literatur (»Der Symbolist«, »Das Lied vom armen Kind«) oder verbreitet seinen beißenden Spott über Kaiser Wilhelm (»Der Zoologe von Berlin«, »König David«). Angefeindet, umstritten, oft verboten und am Ende entmutigt, vertritt er die Position eines kleinbürgerlich-anarchistischen Rebellen mit antikapitalistisch romantischen Illusionen. Frank Wedekind ist neben Gerhart Hauptmann der bedeutendste kritisch-realistische Dramatiker der Neuzeit. Sein Schüler Bertolt Brecht schreibt in seinem Nachruf: »Er gehört mit Tolstoi und Strindberg zu den großen Erziehern des neuen Europa. Sein größtes Werk war seine Persönlichkeit.«

Wegner, Bettina
deutsche → Liedermacherin und Chansonsängerin, geboren am 4. November 1947 in Berlin. In ihren stark persönlich gefärbten Liedern besingt sie Kriegsängste und Frauenprobleme in Ost und West. Am bekanntesten ist sie mit Kinderliedern für Erwachsene (»Sind so kleine Hände«) geworden. 1981 kommt sie nach mehrfachen Auftrittsverboten seitens der DDR-Behörden in die Bundesrepublik Deutschland.

Weill, Kurt
deutscher Komponist, geboren am 2. März 1900 in Dessau, gestorben am 3. April 1950 in New York. Musikalische Ausbildung an der Berliner Musikhochschule, unter anderem bei Engelbert Humperdinck, danach Korrepetitor und Kapellmeistertätigkeit. Von 1921 bis 1924 vervollständigt er seine Ausbildung als Kompositionsschüler von Ferruccio Busoni an der Berliner Akademie der Künste. Seine ersten Kompositionen beginnt er mit Orchesterwerken, Kammermusik und Klavierstücken. Schon bald zeichnen sich seine Werke mit »formaler Knappheit, straffer organischer Gliederung, strenger Stilisierung des dichterischen Ausdrucks und schmissig aggressiver

Eleganz« (Mosaik Opern-, Konzertführer) aus. Mehr und mehr wendet sich sein künstlerisches Interesse dem modernen Theater zu. In den Werken »Die Dreigroschenoper« und »Aufstieg und Fall der Stadt Mahagonny« verwirklicht Weill dann musikalisch → Bertolt Brechts Auffassung eines modernen epischen Theaters. »Weills aus → Ballade, → Bänkelsang und Kabarettchanson entwickelte und kühn mit Elementen des Jazz verschmolzene Songs wirken stilbildend und haben bis heute nichts von ihrer Originalität und kraftvoll-aggressiven Eindringlichkeit verloren.« 1926 heiratet er die Schauspielerin und Chansonsängerin → Lotte Lenya, die in vielen seiner Bühnenwerke mitwirkt. 1933 emigriert er mit ihr nach Frankreich und zwei Jahre später nach Amerika. 1943 wird er amerikanischer Staatsbürger. Er benutzt Elemente des nach dem Ersten Weltkrieg nach Deutschland gekommenen amerikanischen Jazz zu bewußt trivialen und zugleich kunstvollen Kompositionen, die den Stil der bürgerlichen Oper persiflieren. Überwältigender Erfolg mit »Die Dreigroschenoper«. Die »Moritat von Mackie Messer«, »Kanonensong«, »Zuhälterballade«, »Die Seeräuber-Jenny« und »Die Ballade vom angenehmen Leben« werden schnell berühmt und sind zum Teil heute noch Weltschlager. Einen ähnlichen Erfolg hat Weill mit »Aufstieg und Fall der Stadt Mahagonny« (1930). »Nur zu leicht aber lassen Weills weltberühmt gebliebene Songs, dazu seine im Exil rasch vollzogene Anpassung an die Bedürfnisse Hollywoods und des Broadway vergessen, daß die Anfänge des Komponisten einen spannungsgeladenen Expressionismus bezeugen, der auch durch Feruccio Busonis glättenden Einfluß seiner ursprünglichen Vitalität nicht völlig verlustig ging« (Reclams Konzertführer). »Mit dem Ziel einer amerikanischen Volksoper wies er in Zusammenarbeit mit gesellschaftskritisch engagierten, profilierten Autoren dem Musiktheater neue Wege« (Mosaik Opern-, Konzertführer).

Weinert, Erich
deutscher Chansonautor, geboren 1895, gestorben 1953. Er avanciert zum bedeutendsten politisch-satirischen Dichter des deutschen Proletariats. Sein Wirken ist eng mit dem politischen Kampf der Arbeiterklasse verbunden. In seinen Chansons klagt er zum Teil scharf die deutsche Kriegsrüstung und Faschisierung an. Er beginnt 1921 am Leipziger → Kabarett »Retorte«, wirkt 1923 im Berliner

»Künstler-Café« und bei politischen Veranstaltungen der revolutionären Arbeiterbewegung. 1931 geht Weinert ins Saargebiet. 1936 beteiligt er sich am Kampf der Internationalen Brigaden in Spanien und siedelt 1939 in die Sowjetunion. 1946 kehrt er nach Deutschland zurück und arbeitet bis zu seinem Tode unermüdlich als Schriftsteller und in hohen öffentlichen Funktionen. Josma Selim singt 1927 Weinerts »Ich kenne ein anderes Berlin« (Musik von → Ralph Benatzky). Berühmt ist sein »Pasteurisiertes Freudenhaus« (1924) und »Der Führer, deutsches Volkslied« (1942).

Weiser, Grete

(eigentlich Mathilde Ella Dorothea Margarethe Nowak), deutsche Schauspielerin, geboren am 27. Februar 1903 in Hannover, gestorben am 2. Oktober 1970 bei Bad Tölz. Sie hat in einem → Kabarett am Kurfürstendamm in Berlin ihre ersten Bühnenauftritte. Nach einem Gesangsunterricht gastiert sie in Operetten und Kabaretts. »Im Film zunächst nur in Nebenrollen von Köchinnen, Hausmädchen und Zofen wie 1927 in ›Männer vor der Ehe‹. Erst 1937 spielt sie mit schlagfertigem Witz und Begabung in der Titelrolle von Erich Waschnecks ›Die göttliche Jette‹ über den Aufstieg der Berliner Vorstadtkomödiantin Jette Schönborn zum Revuestar Henriette Sonntag. Anschließend Hauptrollen, zum Beispiel als ehekittende Platzanweiserin in ›Meine Freundin Barbara‹ und als kesse Soubrette in Johannes Meyers ›Ehe in Dosen‹« (Lexikon Filmschauspieler international). Im Nachkriegsfilm agiert sie vorwiegend als »Herz mit Schnauze«. Kritiker loben ihre Schlagfertigkeit, ihren Mutterwitz und ihren ausgeprägten Sinn für Humor. Spielt 1927 im Lokal »Die Fledermaus« von → Rudolf Nelson. Plattenauswahl: »Sag' mir schnell gut' Nacht«, »Emils Hände«, »Oh, diese Männer« und »Ein Mädchen mit Charakter«.

Werner, Margot

Ballettänzerin, Schauspielerin und Chansonsängerin, geboren in Salzburg. Die ehemalige Primaballerina der Bayerischen Staatsoper, die schon bald als »die Werner« apostrophiert wird, hängt mit den Ballettschuhen nur ein Medium ihrer künstlerischen Ausdruckskraft an den Nagel. Bereits 1973 beweist sie in einer der ersten One-Woman-Shows in Sammy Drechsels Münchner → Kabarett »Lach-

und Schießgesellschaft«, daß sie »auch« singen kann. Sie spielt die Rolle der Spelunken-Jenny in der »Dreigroschenoper«, erhält den Schwabinger Kunstpreis und nimmt das Album »Und für jeden kommt der Tag« auf. 1976 wendet sie sich endgültig der leichten Muse zu. Langspielplatten mit neuinterpretierten Evergreens von → Zarah Leander- und → Marlene Dietrich-Liedern und zeitgenössischen Chansons, Personality Shows im Fernsehen, Gastauftritte bei Opernbällen, Gala-Abende und Tourneen mit Max Greger junior, ihrem musikalischen Leiter und Partner am Flügel, sowie TV-Rollen (»Zum Weißen Rössl«, »Collin«) reflektieren ein in allen Facetten schillerndes Image: → Femme fatale, Grande Dame und Vollblutweib werden Standards in der Beschreibung der multimedialen Künstlerin. Ihr Album »... denn ich bin ich« (1983) – inzwischen ist sie längst zu Deutschlands Chansonstar Nummer eins aufgestiegen – enthält unter anderem auch den Titel → »Café Größenwahn«, in dem sie wortspielerisch über das illustre Publikumspanoptikum des einstigen Münchner Künstlerkabaretts sinniert. »Wer unter ›Chanson‹ lediglich frankophile Melancholie versteht, hat sich bei Margot Werner gehörig in den Finger geschnitten«, meint ein Kritiker.«Ihr Vortrag ist lasziv, frech und heimlich augenzwinkernd und trifft Bissigkeit und Würze der Größenwahnschen Philosophie millimetergenau«.

Wilde Bühne

Künstlerkabarett, gegründet von → Trude Hesterberg. Die Chansonsängerin setzt hier aber nicht nur bekannte Künstler wie → Friedrich Hollaender und → Kurt Tucholsky. Sie gibt auch dem Nachwuchs eine Chance, so im Januar 1922 → Bertolt Brecht. Er entfesselt mit dem antimilitaristischen Text zu seinem Chanson »Die Legende vom toten Soldaten« einen solchen Tumult im Saal, daß die »Wilde Bühne« ihrem Namen alle Ehre macht. Zeitweilig nannte man das Lokal aber auch »Weiberkabarett«, weil namhafte → Diseusen, Kabarettistinnen und Chansonsängerinnen gastieren, wie → Kate Kühl. 1923 brennt das Lokal ab.

Willaert, Adrian

flämischer Komponist, geboren zwischen 1480 und 1490 in Brügge oder Roeselare, gestorben am 7. Dezember 1562 in Venedig. Er wirkt von 1522 bis 1525 am Hof von Herzog Alfonso I. d'Este in Ferrara, danach als Kapellmeister an San Marco in Venedig. Willaert ist der Begründer der sogenannten »Venezianischen Schule«, die epochale internationale Geltung erlangt. Sein Stil ist eine Synthese der polyphonen niederländischen Tradition mit italienischen Satz- und Klangtechniken. Im Mittelpunkt des Schaffens stehen die vier- bis siebenstimmigen geistlichen Motetten. Zur weltlichen volkssprachigen Musik trägt er mit französischen Chansons bei.

Wolfram von Eschenbach
mittelhochdeutscher Dichter, geboren um 1170 / 1180, gestorben um 1220. Sein Werk umfaßt mehrere Lieder, darunter fünf → Tagelieder, die den Höhepunkt dieser Gattung in der mittelhochdeutschen Literatur bilden.

Wolzogen, Ernst von
Er gründet, inspiriert durch Nietzsches »Übermenschen«, Anfang 1901 das → »Überbrettl« in Berlin, das erste deutsche → Kabarett. In seinen Programmen gibt er dem erotisch tändelnden Lied, den amourösen Chansons, den Vorzug.

XYZ

Xanrof, Léon

(eigentlich Fourneau), französischer Chansonsänger, geboren 1867, gestorben 1953. Der Jurist verschwört sich in seinen Chansons vorwiegend der Satire. Im → »Chat Noir« tritt er unter anderem mit seinen realistisch-komischen Chansons »L'enterrement«, »Le fiacre« und »L'hôtel numéro trois« auf. Die Chansonsängerin → Yvette Guilbert hat sich ihr erstes Repertoire unter anderem mit Titeln von Xanrof aufgebaut.

Zupfgeigenhansel

schwäbisches Folk-Duo. Gegründet von Erich Schmeckenbecher (geboren 1953) und Thomas Friz (geboren 1950). Die Gruppe wird innerhalb kürzester Zeit zu so etwas wie einer Institution in Sachen deutsches Volkslied. Es stöbert vergessene Lieder auf, entstaubt sie und taucht sie in frische, fröhliche, farbige und subtile Arrangements. Die 1976 und 1977 erscheinenden Alben »Volkslieder 1« und »Volkslieder 2« erinnern an finstere Zeiten (so Widerstandslieder aus dem Dritten Reich) und an solche, in denen der utopische Horizont hell aufgerissen ist (so die vertonten Flugschriften aus der Zeit des Vormärz). Mit der Interpretation der Landstreicher-Ballade »Als wir jüngst verschütt jegangen sind« nehmen die Musiker gleich beim Debüt auf → Peter Rohland bezug. Ein anderes Lied ihrer ersten Produktion, »Es wollt ein Bauer frühaufstehn«, wird zum Markenzeichen des Ensembles. Es liefert gleichzeitig den Titel für ein Liederbuch des Duos. Die ersten beiden Platten enthalten Liebesweisen in alemannischer Mundart ebenso wie berlinische Spottverse und jiddische Songs, eine fränkische → Moritat ebenso wie das Lied der Pariser → Commune. Trotz der Vielfalt haben diese Lieder von aufsässigen Bauern und lüsternen Pfaffen, Handwerksburschen und Soldaten, Vagabunden und Arbeitslosen, freiwilligen und unfreiwilligen Auswanderern einen gemeinsamen, scharf umrissenen Nenner: Sie bezeugen als kulturelle Produkte einer demokratischen Tradition erlebte Unrechtswelt und wenden sich als Artikulationsformen der Machtlosen gegen die Verhältnisse der Mächtigen. Von der rebellischen Vergangenheit ihrer Altvorderen und deren Aufbegehren gegen die Macht von geistlichen und weltlichen Herren berichten Lieder aus der Zeit des Bauernkrieges. Andere handeln von den schweren Aufständen der demokratischen Republikaner in Baden während der Revolutionsjahre 1848 / 49. Wieder andere erzählen davon, wie im »Schwabenländle« ein besonders selbstgefälliger Landesherr regiert. Auch mit der dritten Langspielplatte »Im Krug zum Grünen Kranz« wird das Duo seinem kritischen, in Brechtschem Sinne volkstümlichen Anspruch gerecht und stellt den demokratischen Charakter eindrucksvoll heraus. »Indem die Gruppe Pfiffigkeit statt Penetranz setzt, unterscheidet sie sich von all jenen, welche die Gefühle ihres Publikums schamlos ausnutzen und das Volkslied zum schmalztriefenden Klangbrei verfälschen«, meint die Kritik. 1978 erhalten sie von der »Deutschen Phonoakademie« das Prädikat »Künstler des Jahres«. Die 1979 publizierte Einspielung jiddischer Lieder »'ch hob gehert sogn« zeigt die Künstler erneut in der Nachfolge von Peter Rohland. Hier verleihen sie Themen wie Arbeitslosigkeit und Hunger, Emigration und Gefangenschaft, Unglück, Leid und Not fast poetischen Charakter. Diese Lieder versteht das Duo mehr als den Spiegel einer Misere, sie sind darüber hinaus auch Mittel der Selbstdarstellung und Ausdruck einer trotzigen Haltung.

Benutzte Literatur

Béranger, Pierre-Jean de: Lieb war der König, oh-la-la. Ahrensburg 1966.

Bock, Hans-Michael (Hrsg.): Lexikon Filmschauspieler international. Band 1 und 2. Reinbek 1997.

Budzinski, Klaus: Linke Lieder. München 1967.

Eggebrecht, Hans Heinrich (Hrsg.): Meyers Taschen-Lexikon Musik. Band 1 bis 3. Mannheim 1984.

Goodman, Alfred: Wörterbuch der Musik, München 1982.

Greul, Heinz (Hrsg.): Chansons der zwanziger Jahre. Zürich 1962.

Hippen, Reinhard (Hrsg.): Das Kabarett-Chanson. Zürich 1986.

Hösch, Rudolf: Kabarett von gestern und heute. Berlin (Ost) 1972.

Huff, Hartmut: Liedermacher, Songpoeten, Mundartsänger, Blödelbarden, Protestsänger. München 1980.

Imbert, Charles: Geschichte des Chansons und der Operette. Lausanne und Zürich 1967.

Kathrein, Karin: Mosaik Schauspielführer. München 1986.

Laufenberg, Frank: Pop + Rock Almanach. Bergisch Gladbach 1980.

Mathis, Ursula: Existentialismus und französisches Chanson. Wien 1984.

Neef, Wilhelm: Das Chanson. Leipzig 1972.

Pankiewicz, Annie: La chanson française depuis. München 1981.

Petzold, Leander: Bänkelsang – Vom historischen Bänkelsang zum literarischen Chanson. Stuttgart 1974.

Piaf, Edith: Mein Leben. Reinbek 1966.

Reichold, Klaus / Graf, Bernhard: Bilder, die die Welt bewegen. München 1998.

Renner, Hans / Schweizer, Klaus: Reclams Konzertführer. Stuttgart 1976.

Rieger, Dietmar (Hrsg.): Französische Chansons – Von Béranger bis Barbara. Stuttgart 1987.

Rothschild, Thomas: Liedermacher – 23 Porträts. Frankfurt am Main 1980.

Rudolf, Reginald: Schach der Show – Über Lach- und Liedermacher in Deutschland. Wiesbaden 1974.

Ruttkowski, Wolfang Victor: Das literarische Chanson in Deutschland. Bern und München 1966.
Schatter, Reinhard: Die Geschichte des Chansons. München 1969.
Schelm-Spangenberg, Ursula: Geschichte zum Nachschlagen. Köln 1969.
Schmidt, Felix: Das Chanson – Herkunft, Entwicklung, Interpretation. Frankfurt am Main 1982.
Schulz-Koehn, Dietrich: Vive la Chanson – Kunst zwischen Show und Poesie. Gütersloh 1969.
Schumann, Werner: Das große Zille-Album. Frankfurt am Main 1957.
Versch.: Das große Lexikon von A – Z. Düsseldorf 1962.
Versch.: Knaurs Großer Schauspielführer. München 1994.
Versch.: Mosaik Opernführer Konzertführer. München 1986.
Vogel, Thomas: Das Chanson des Auteur-compositeur-interprète – Ein Beitrag zum französischen Chanson der Gegenwart. Frankfurt am Main 1981.

SCHWARZKOPF & SCHWARZKOPF VERLAG

HALLO HIER SPRICHT EDGAR WALLACE
DIE GESCHICHTE DER DEUTSCHEN KRIMINALFILMSERIE
1959 1972.
Von Joachim Kramp. 320 Seiten, Großformat 22 x 28 cm, gebunden mit Schutzumschlag. Etwa 400 schwarzweiße und farbige Abbildungen. ISBN 3-89602-140-0. DM 49,80

HORST SCHIMANSKI
»TATORT« MIT GÖTZ GEORGE
DAS GROSSE BUCH FÜR FANS
Von Frank Goyke und Andreas Schmidt
Ca. 250 Abbildungen. 280 Seiten, gebunden mit Schutzumschlag. ISBN 3-89602-131-1. 49,80 DM

DIE OLSENBANDE
DAS GROSSE BUCH FÜR FANS
Von Frank Eberlein und F.-B. Habel
256 Seiten, Großformat 21 x 28 cm, gebunden mit Schutzumschlag. Mit etwa 250 Abbildungen.
ISBN 3-89602-056-0, DM 49,80

COLUMBO DAS GROSSE BUCH FÜR FANS
Von Armin Block & Stefan Fuchs
300 Seiten, Großformat 21 x 28 cm, gebunden mit Schutzumschlag. Mit etwa 250 Abbildungen.
ISBN 3-89602-167-2.
DM 49,80

BILDBÄNDE ZU KINOFILM, FERNSEHEN, THEATER, MODE UND FOTOGRAFIE

SCHWARZKOPF & SCHWARZKOPF VERLAG

EKEL ALFRED:
»EIN HERZ UND EINE SEELE«
DAS GROSSE BUCH FÜR FANS
Von F.-B. Habel. 200 Seiten, 200 Abbildungen,
Großformat, gebunden mit Schutzumschlag,
ISBN 3-89602-062-5; 49,80 DM

GOJKO MITIC, MUSTANGS,
MARTERPFÄHLE
DIE DEFA-INDIANERFILME
DAS GROSSE BUCH FÜR FANS
Von F.-B. Habel. 280 Seiten, gebunden mit Schutzumschlag
250 z.T. farbige Abbildungen. ISBN 3-89602-120-6, 49,80 DM

HEINER MÜLLER 1929 1995:
DAS LEBEN IN BILDERN
Mehr als 500 (!) Seiten, mit 500 Abbildungen,
Grossformat 24 x 30 cm, gebunden mit Schutzumschlag.
ISBN 3-89602-061-7
Sonderpreis: Früher 98,00 DM, jetzt nur 48,00 DM

WOLF BIERMANN: AUSGEBÜRGERT
FOTOGREFIEN VON ROGER MELIS
Großformat 24 x 30 cm, gebunden mit Schutzumschlag,
ca. 240 Seiten mit ca. 200 Abbildungen. ISBN 3-89602-060-9
Sonderpreis: Früher 78,00 DM, jetzt nur 38,00 DM

BILDBÄNDE ZU KINOFILM, FERNSEHEN, THEATER, MODE UND FOTOGRAFIE

SCHWARZKOPF & SCHWARZKOPF VERLAG

GODZILLA, GAMERA, GAPPA.
Die Geschichte der japanischen Monsterfilme.
Von Detlef Claus und Dr. Rolf Giesen
220 Seiten, Hardcover, mit ca. 350 farbigen und schwarzweißen Abbildungen, ISBN 3-89602-165-6.
DM 38,00

FILM AB: HEINZ ERHARDT
Das große Buch für Fans.
Eine Gratulation zum 90. Geburtstag des beliebten Komikers.
Von Manfred Hobsch.
Ca. 250 S., mit vielen Abbildungen, Großformat 22 x 25 cm, gebunden. ISBN 3-89602-182-6
DM 44,00

VERRÜCKT VOR BEGEHREN
Die Filmdiven aus der Stummfilmzeit
Ein leidenschaftlicher Blick zurück in die Zeit der ersten Stars von Frank-Burkhard Habel
Ca. 220 Seiten, Großformat 22 x 25 cm, gebunden.
Mit über 200 großformatigen Abbildungen
ISBN 3-89602-128-1. ca. DM 44,00

AL BUNDY:
»EINE SCHRECKLICH NETTE FAMILIE«
DAS GROSSE BUCH FÜR FANS
200 Seiten, Großformat, gebunden.
Mit ca. 180 großformatigen Abbildungen.
ISBN 3-89602-118-4.
38 DM

BILDBÄNDE ZU KINOFILM, FERNSEHEN, THEATER, MODE UND FOTOGRAFIE

SCHWARZKOPF & SCHWARZKOPF VERLAG

SCHATTEN IM PARADIES
VON DEN »LENINGRAD COWBOYS«
BIS »WOLKEN ZIEHEN VORÜBER«
DIE FILME VON AKI KAURISMÄKI
Herausgegeben von Beate Rusch.
220 Seiten, gebunden. 200 großformatige Abbildungen.
ISBN 3-89602-119-2, 38 DM

LIEBE, TANZ UND 1000 SCHLAGERFILME
Ein illustriertes Lexikon mit allen Kinohits des deutschen Schlagerfilms, von 1930 bis heute. Von Manfred Hobsch
Ca. 300 Seiten, etwa 300 Abbildungen,
Gebunden, Großformat 22 x 24 cm,
ISBN 3-89602-166-4,
DM 49,80

»SIBYLLE« MODEFOTOGRAFIE AUS DREI JAHRZEHNTEN DDR
Herausgegeben von Dorothea Melis.
Mit Fotografien von Arno Fischer, Günter Rössler,
Roger Melis, Sibylle Bergemann, Ute Mahler u.a.
320 Seiten, ca. 300 Abbildungen, gebunden mit Schutzumschlag,
Großformat 22 x 24 cm, ISBN 3-89602-164-8; 49,80 DM

SEEWOLF & CO.
ALLES ÜBER DIE GROSSE TRADITION DER ABENTEUER-VIERTEILER IM ZDF
Von Ulf Marek und Oliver Kellner
Ca. 300 Seiten, gebunden mit Schutzumschlag.
Mit etwa 250 Abb., DM 49,80
Erscheint im Herbst 1999

BILDBÄNDE ZU KINOFILM, FERNSEHEN, THEATER, MODE UND FOTOGRAFIE

KULTur für alle!
MAD
...vom Leben gezeichnet!
Sergio Aragonés
MAD Taschenbuch Nr. 2
MAD
SPION & SPION
Antonio Prohias
MAD Taschenbuch Nr. 1
SCHLUSS MIT LUSTIG!
Die MAD-Taschenbücher sind da!
Dino COMICS
www.dino-verlag.de

Hollywood
DAS FILM- UND ENTERTAINMENT-MAGAZIN
ALLE NEUEN FILME!
STARS, NEWS UND KLATSCH
Hollywood
Hollywood
SEX'99
VERONA VERFÜHRT
JEDEN MONAT NEU!
JETZT BESTELLEN:
PUBLICATIONS GmbH Red. HOLLYWOOD
Helmtrudenstr. 8 80805 München
Tel.: 089/360 382-0
Fax: 089/361 079-00

DER AUTOR

Siegfried P. Rupprecht, Jahrgang 1952, arbeitet als freier Journalist für zahlreiche Zeitungen und Zeitschriften, hauptsächlich aus dem Kulturbereich. Für Musikmagazine porträtiert er Bands und Solisten aus dem ganzen Pop-Musik-Spektrum. Diverse Fachzeitschriften bekommen von ihm Rezensionen der aktuellen CDs und Musikbücher. Rupprecht ist Mit-Autor des Werks »30 Jahre Popgeschichte von 1958 bis 1988«. Neben Kinderbüchern hat Rupprecht auch zahlreiche Sachbücher aus dem Bereich Popmusik geschrieben. Einige seiner Bücher wurden bereits verfilmt. Rupprecht schreibt nicht nur Reiseberichte über Frankreich und seine Kultur, sondern hat in einem Magazin bereits eine Serie über das Chanson und seine Interpreten veröffentlicht.

IMPRESSUM

Chanson-Lexikon. Zwischen Kunst, Revolution und Show.
Die Lieder und Interpreten der tausend Gefühle
Von Siegfried P. Rupprecht. ISBN 3-89602-201-6
Herausgeber: Arno Löb. Lektorat: Dietmar Thom.

KATALOG